東京大学史料編纂所影印叢書 3

室町武家関係文芸集

東京大学史料編纂所 編

八木書店

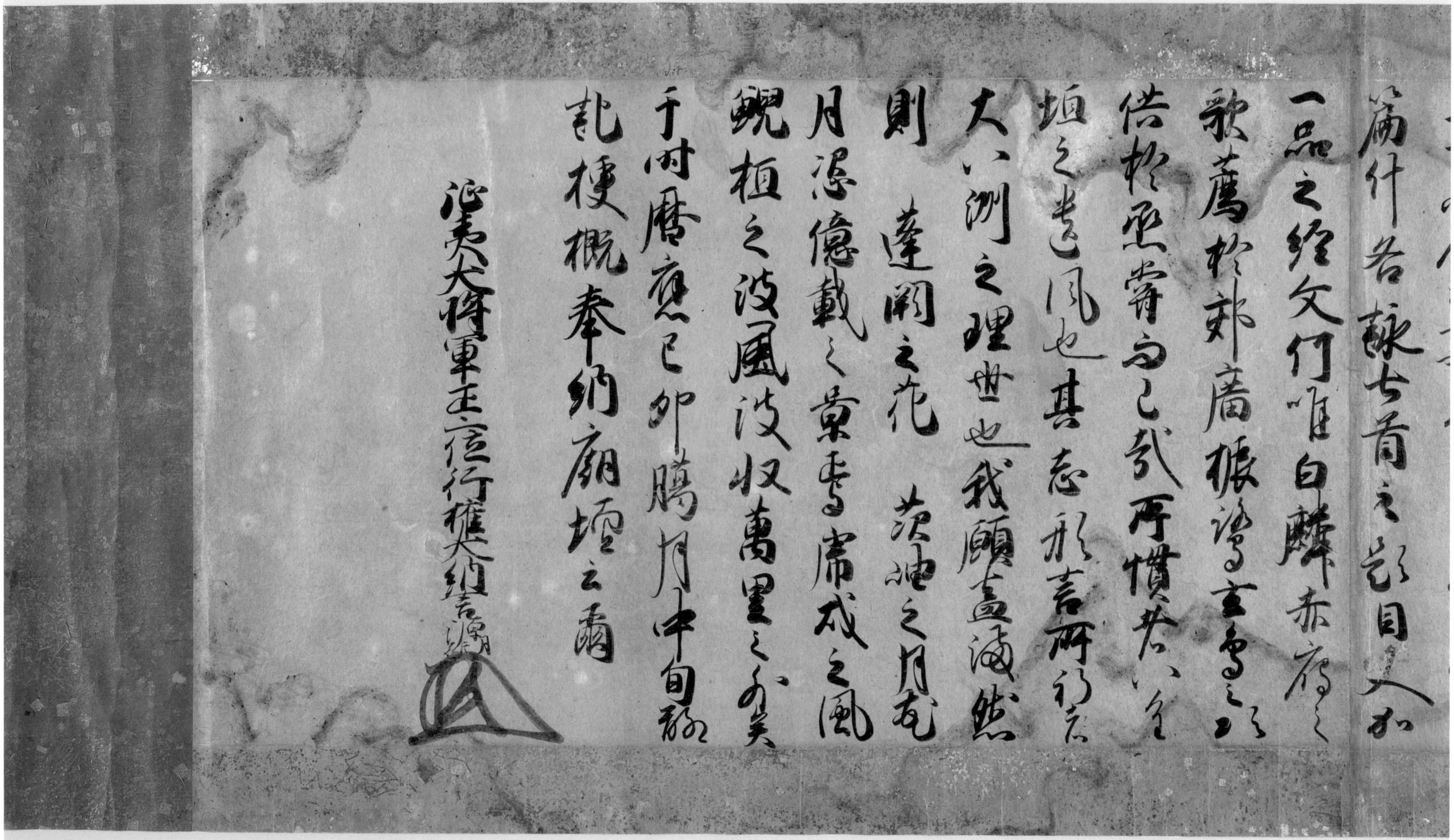

足利尊氏奉納稲荷社詠八首和歌（七頁）

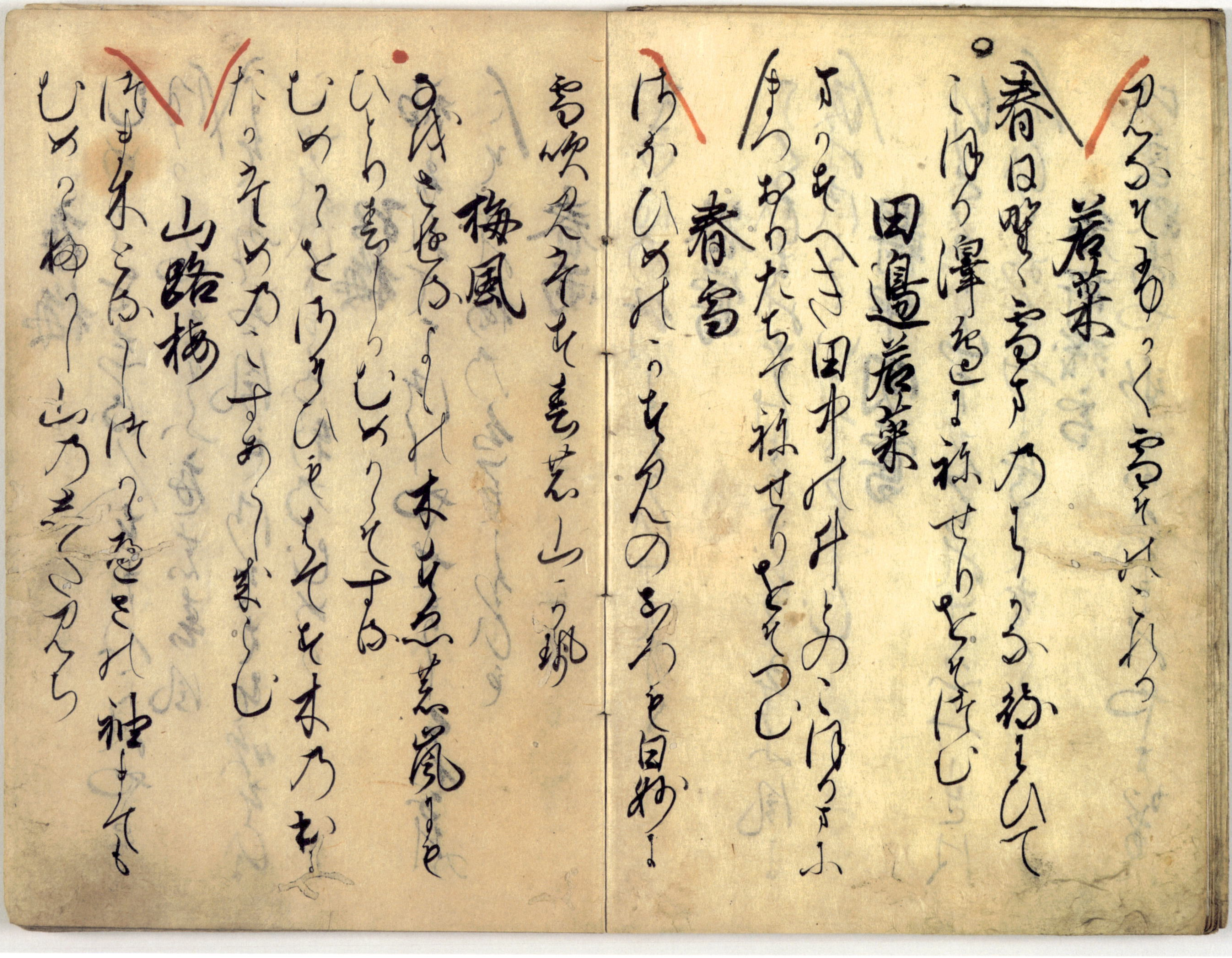

若菜

田邊若菜

春雪

梅風

山路梅

例言

一、東京大学史料編纂所影印叢書は、東京大学史料編纂所が所蔵する原本史料等を精選し、影印によって刊行するものである。

一、本冊には、室町武家関係文芸集として、『足利尊氏奉納稲荷社詠八首和歌』『源経氏歌集』『耕雲紀行』『飛鳥井雅縁譲状』『飛鳥井雅親消息案』『飛鳥井雅康消息』『蜷川親元筆百首和歌』『蜷川親元詠草』『蜷川親元書状』（二通）を収めた。

一、各書目の配列は、成立年代順を原則とし、飛鳥井氏のもの、蜷川親元のものは各々まとめた。

一、図版の配列は原則として原本の現状に従ったが、『蜷川親元詠草』は内容に従って配列し直した。

一、紙背については、裏打ちを外した状態で一紙ごとに撮影した。

一、紙数は、巻子装については、巻首から現状での紙の継目ごとに第一紙、第二紙と数え、図版の下欄、各紙右端にアラビア数字を括弧で囲んで、(1)、(2)のように、冊子装などについては、丁付けを図版の下欄右左に、(1ウ)、(2オ)のように標示した。

一、『源経氏歌集』では、合点などが朱であることを示すため、図版の該当箇所上欄に、右朱合点はA、左朱合点はB、朱円（星）点はCと標記した。『蜷川親元詠草　紙背　月庵和尚仮名法語』では、内容の順を示すため、図版の上欄、半丁ごとの右端にアラビア数字を標示した。

一、本冊の解説は簡潔を旨とし、原則として常用漢字を用い、必要に応じて参考図版を挿入した。

一、本冊の解説は東京大学史料編纂所員が執筆した。分担は、各解説の最後に示した。

一、本冊の図版撮影等は、東京大学史料編纂所史料保存技術室が担当した。

一、本冊の刊行にあたり、協力を惜しまれなかった各位に対し、厚く感謝の意を表する。

二〇〇八年五月

東京大学史料編纂所

目次

足利尊氏奉納稲荷社詠八首和歌

足利尊氏奉納稲荷社詠八首和歌　表紙

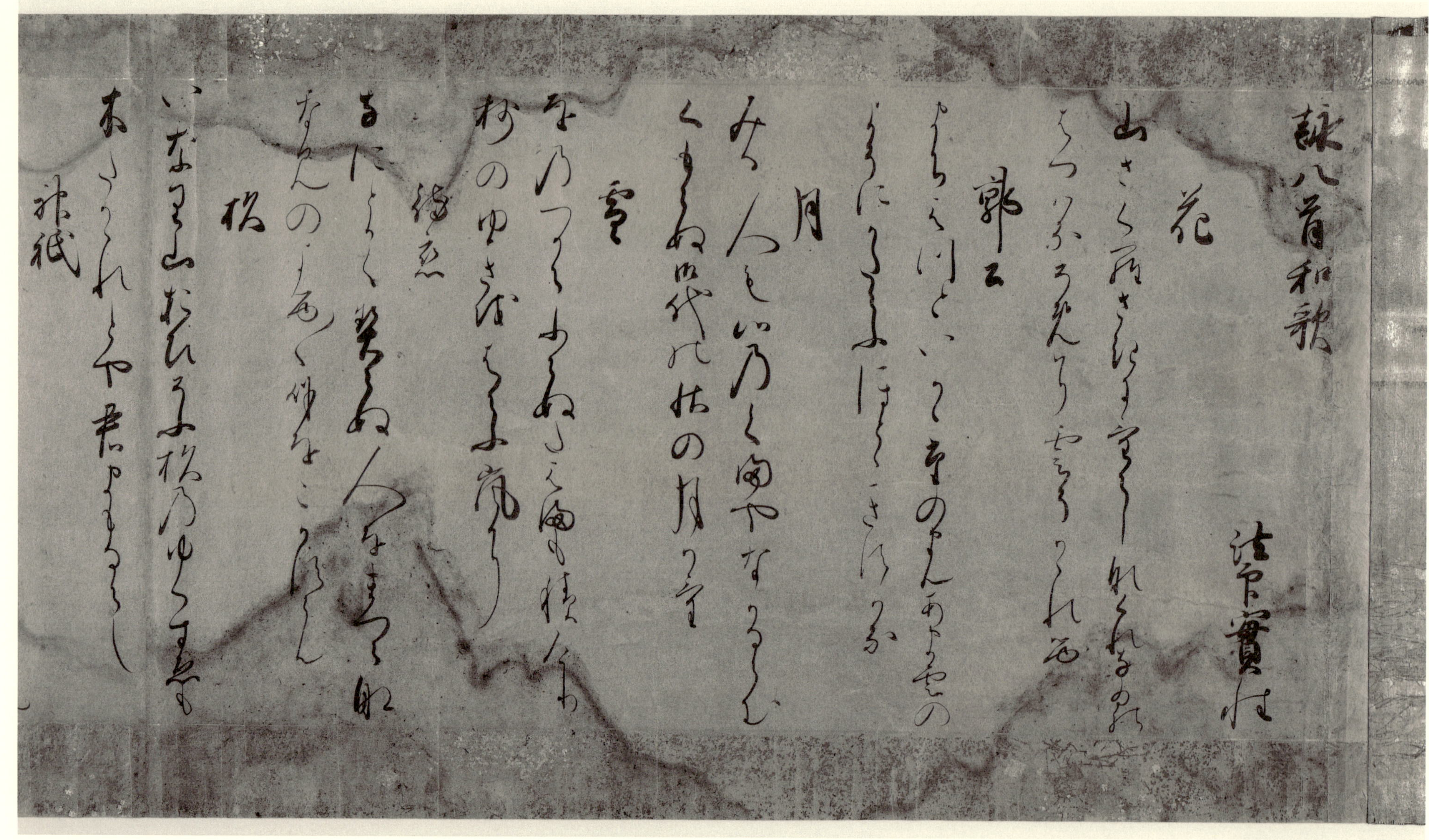

（1）

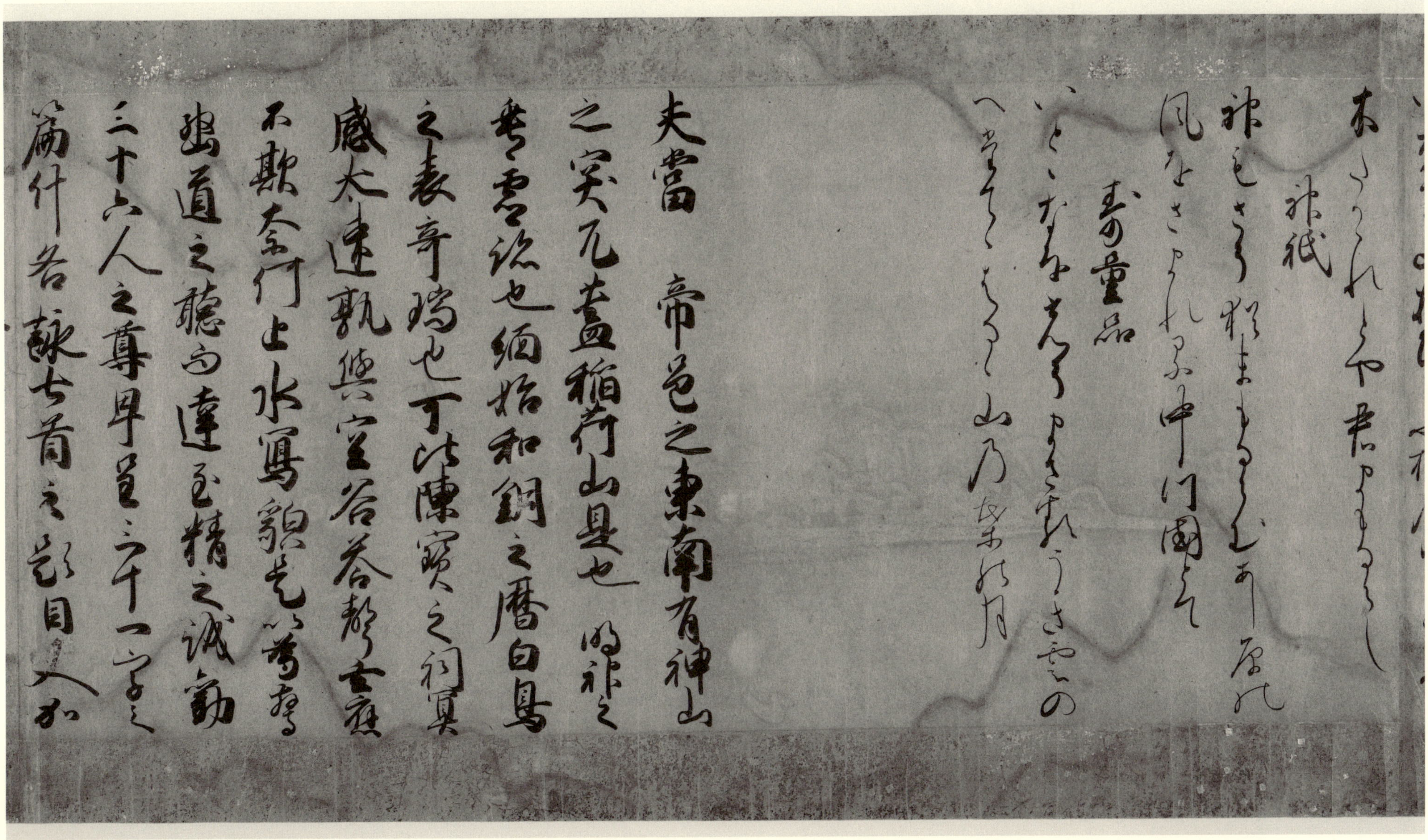

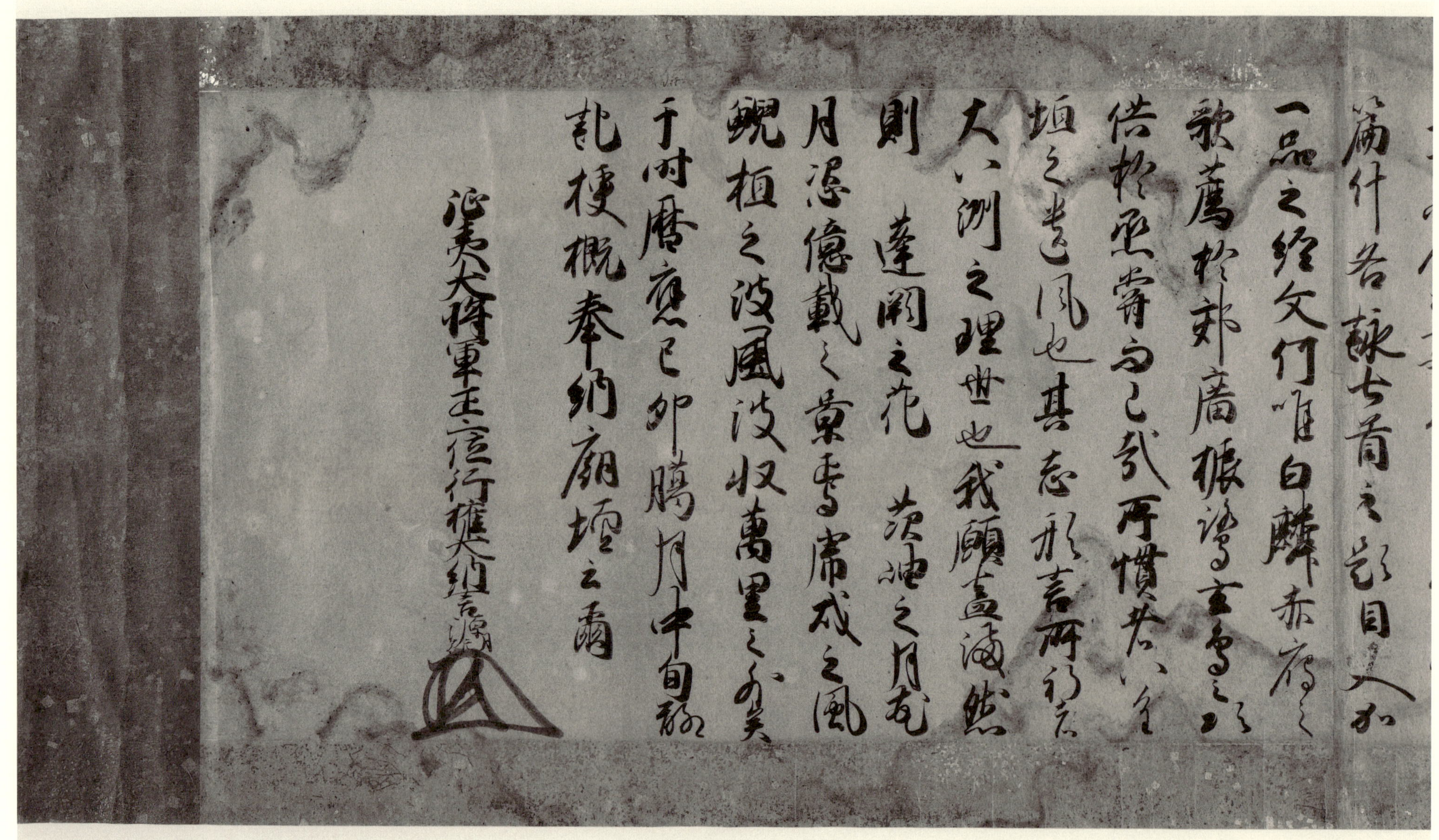

（3）

源経氏歌集

源経氏歌集　表紙

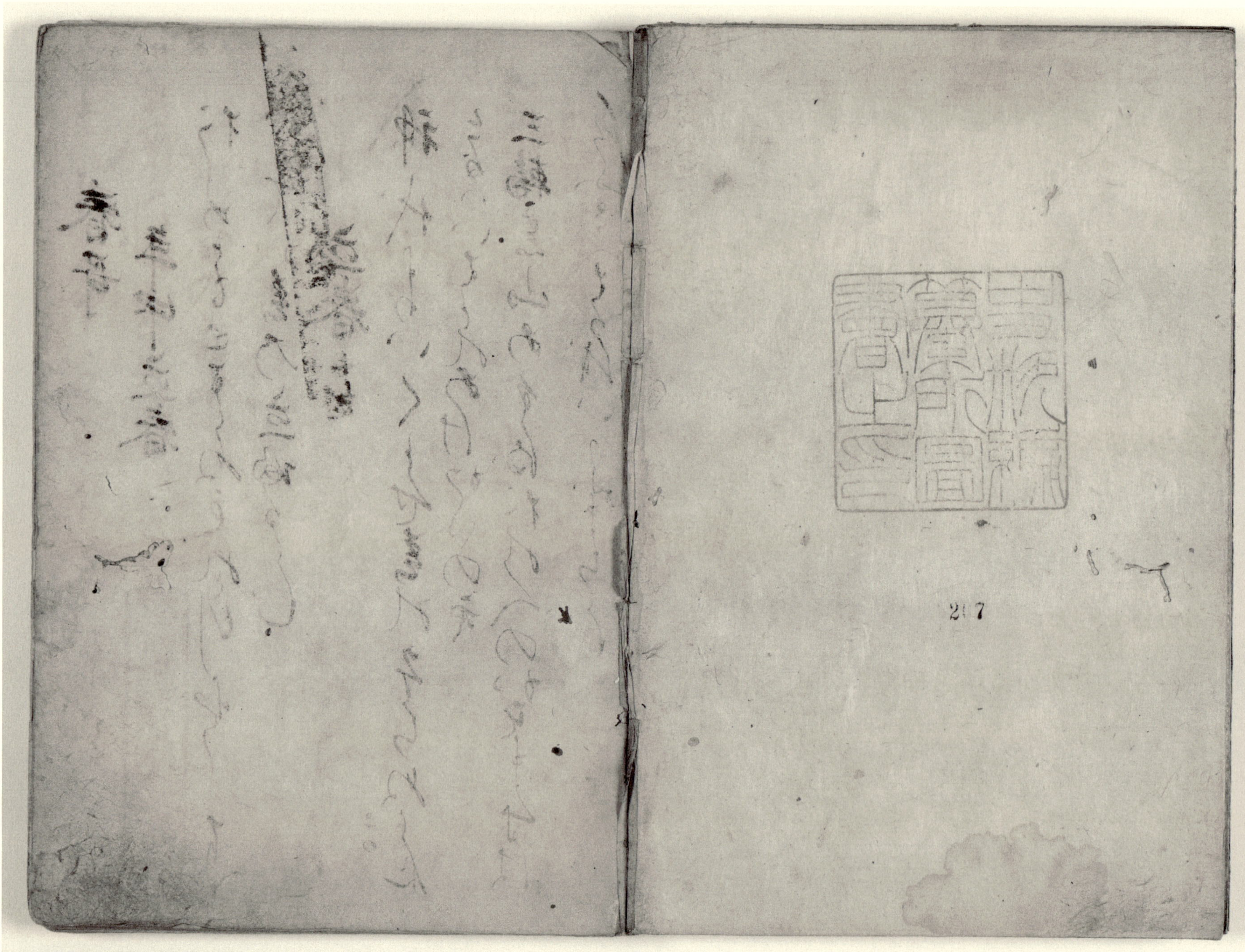

（1オ）

A　C　A

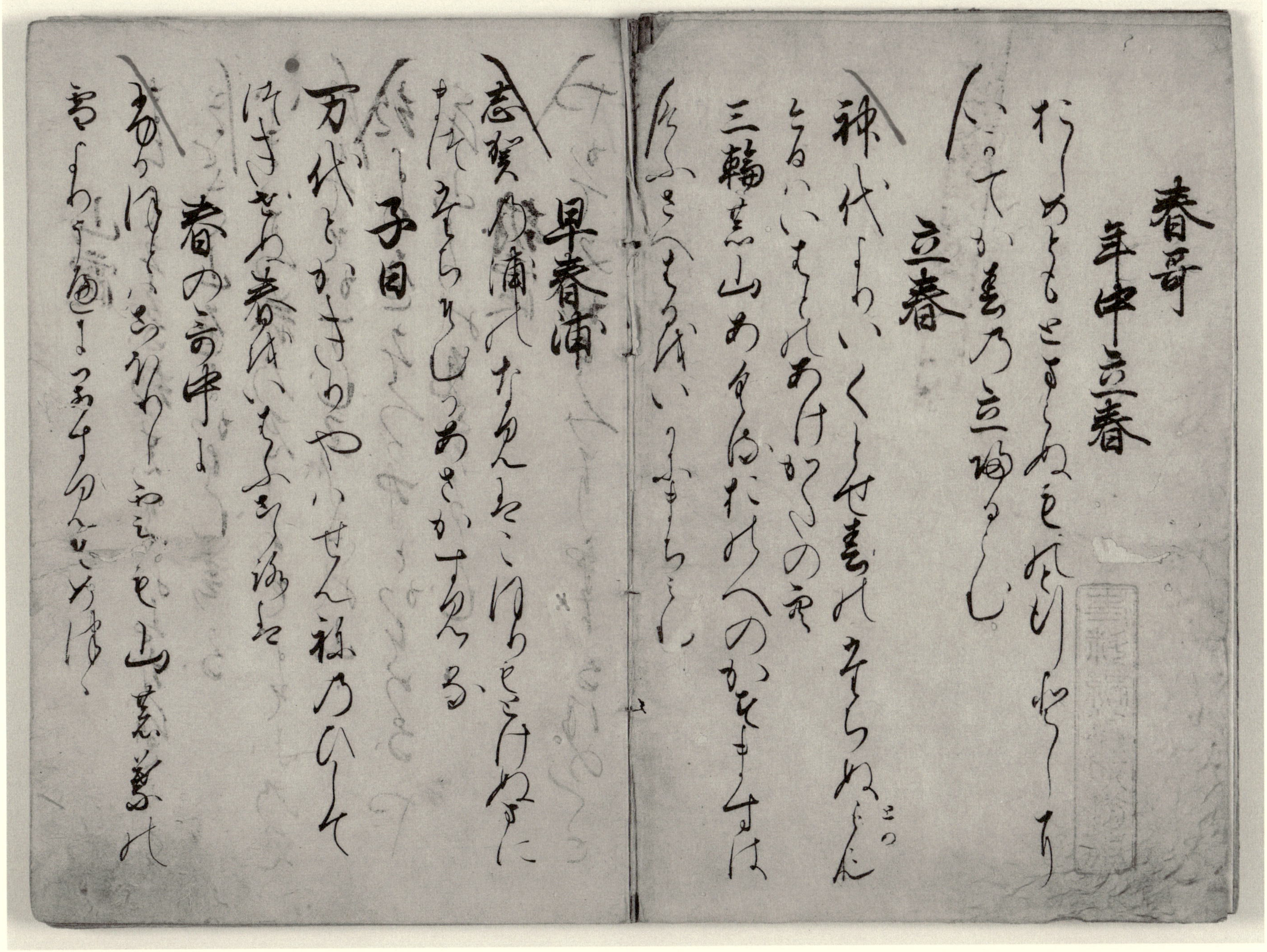

（1ウ）

（2オ）

A

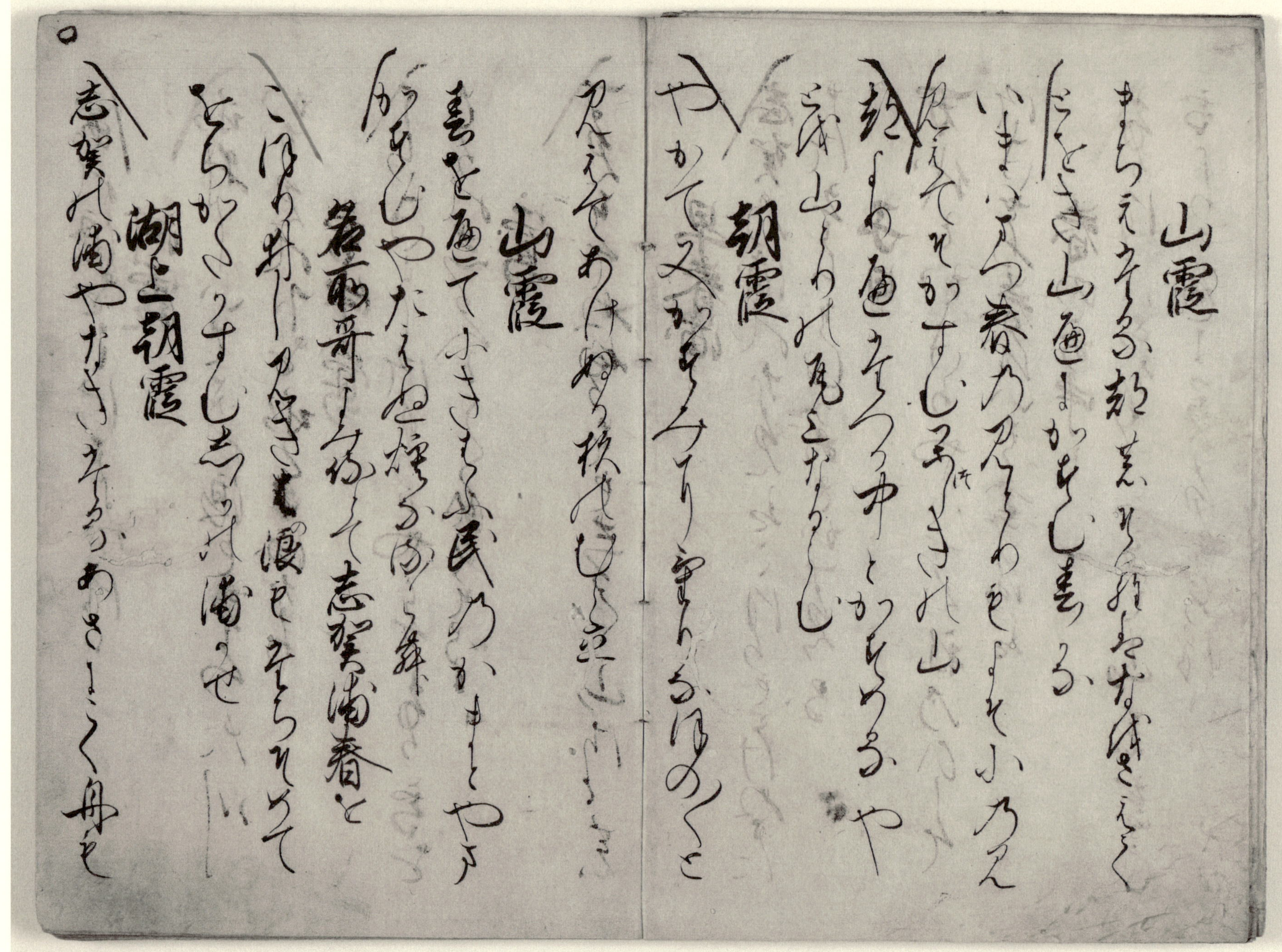

（３オ）　　（２ウ）

A

A

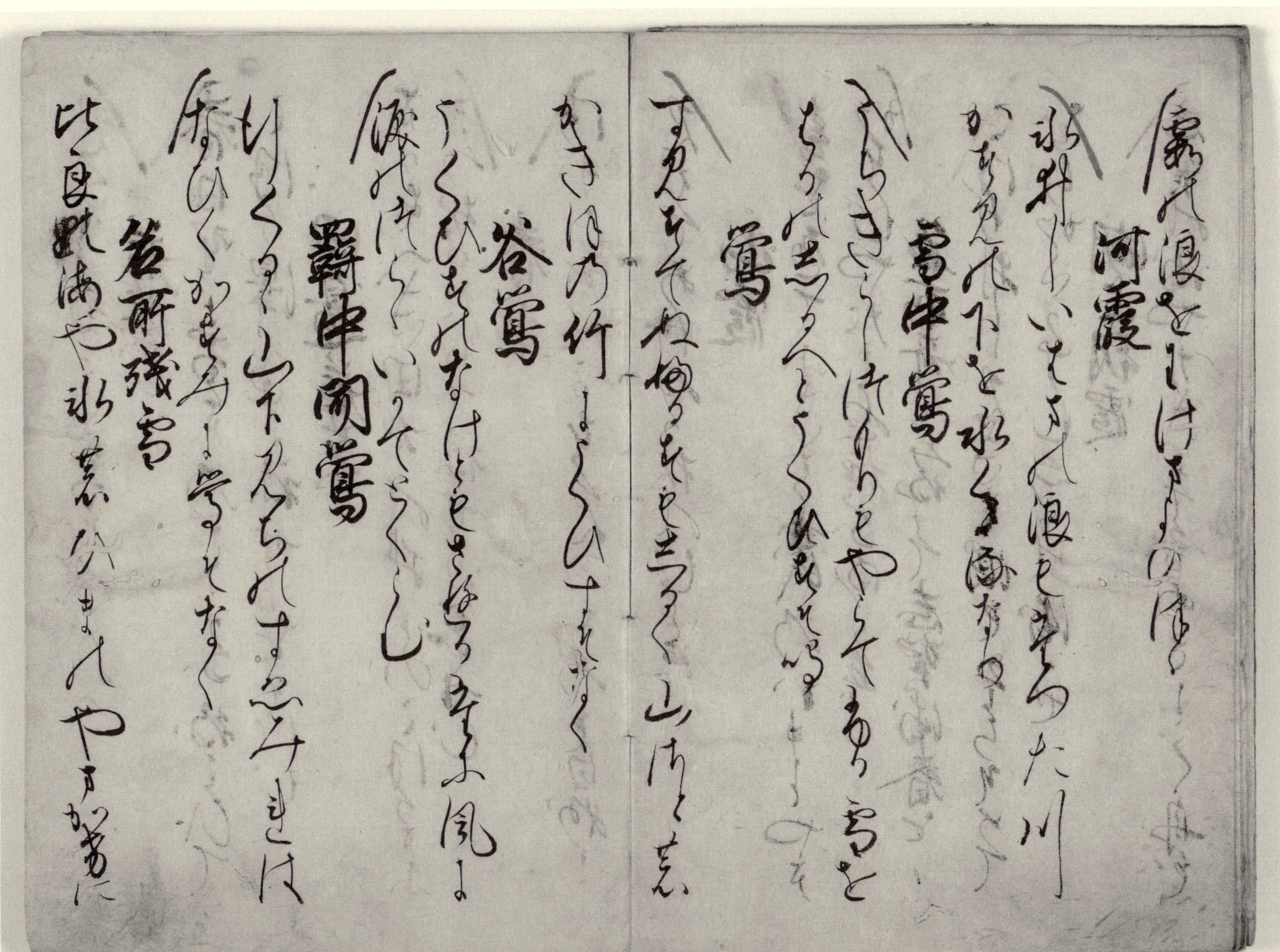

（4オ）

（3ウ）

B　A　C　B　A

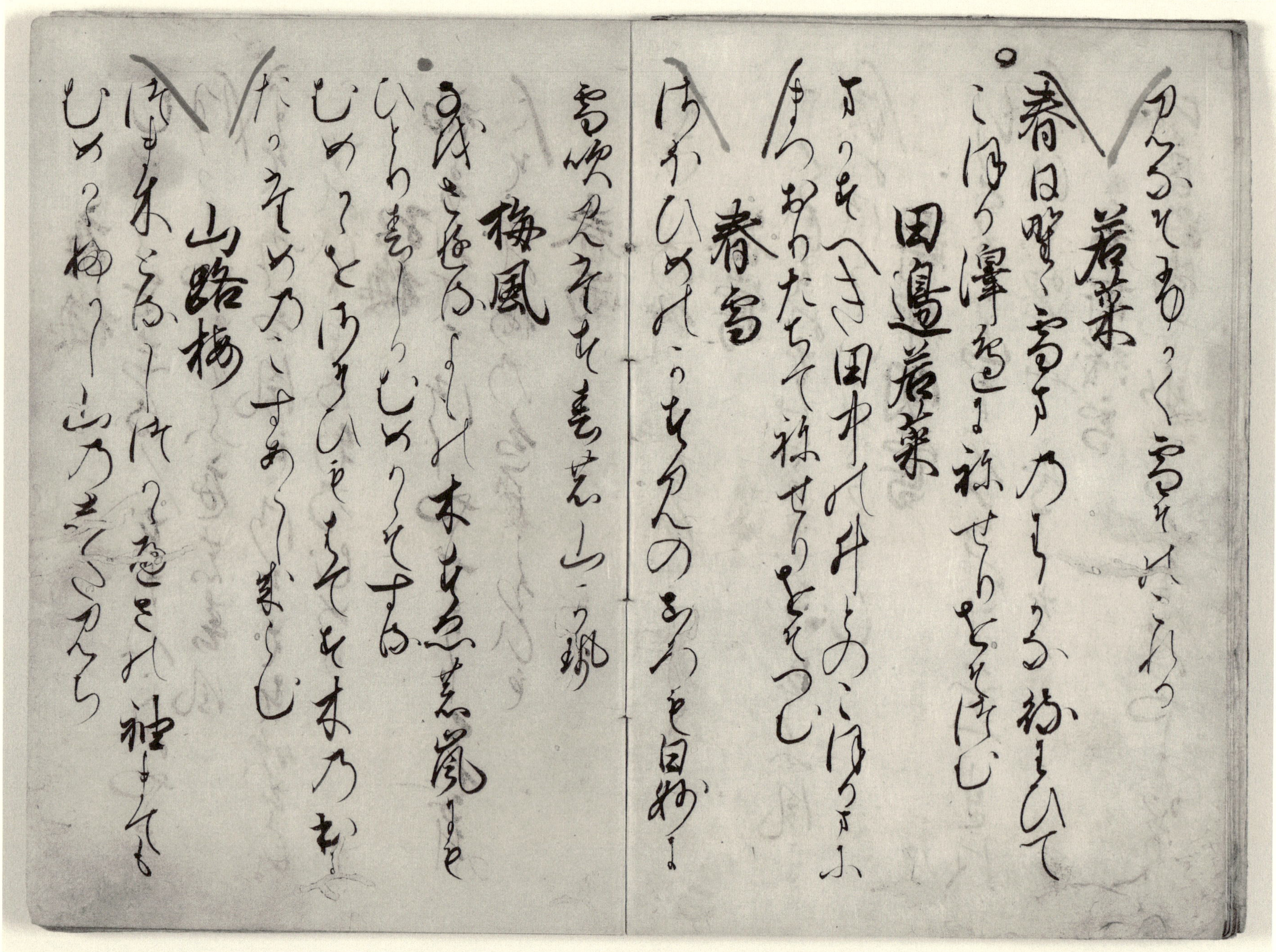

(4ウ)　(5オ)

A　C　A　A

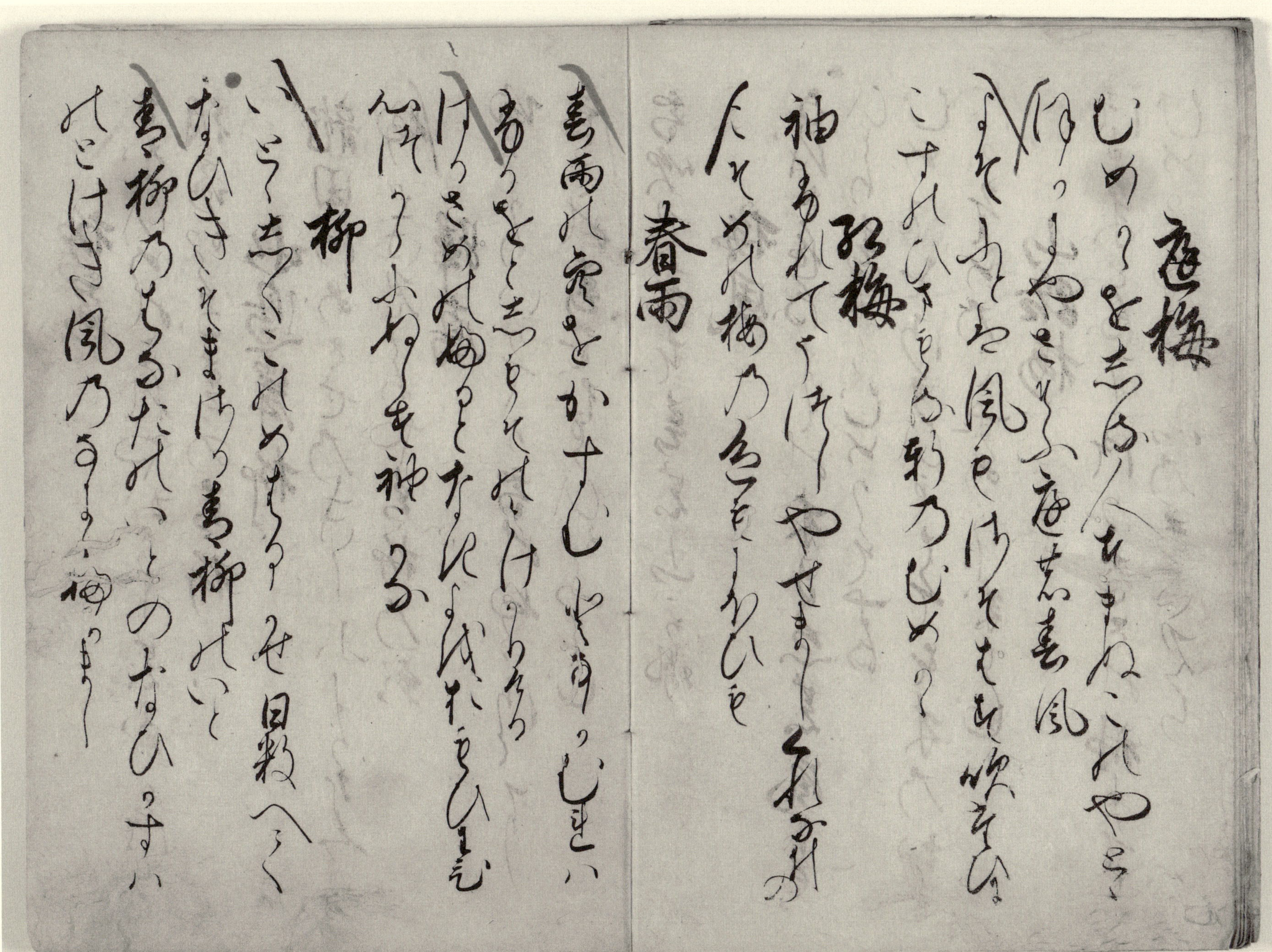

（6オ）　（5ウ）

C　A　A　A

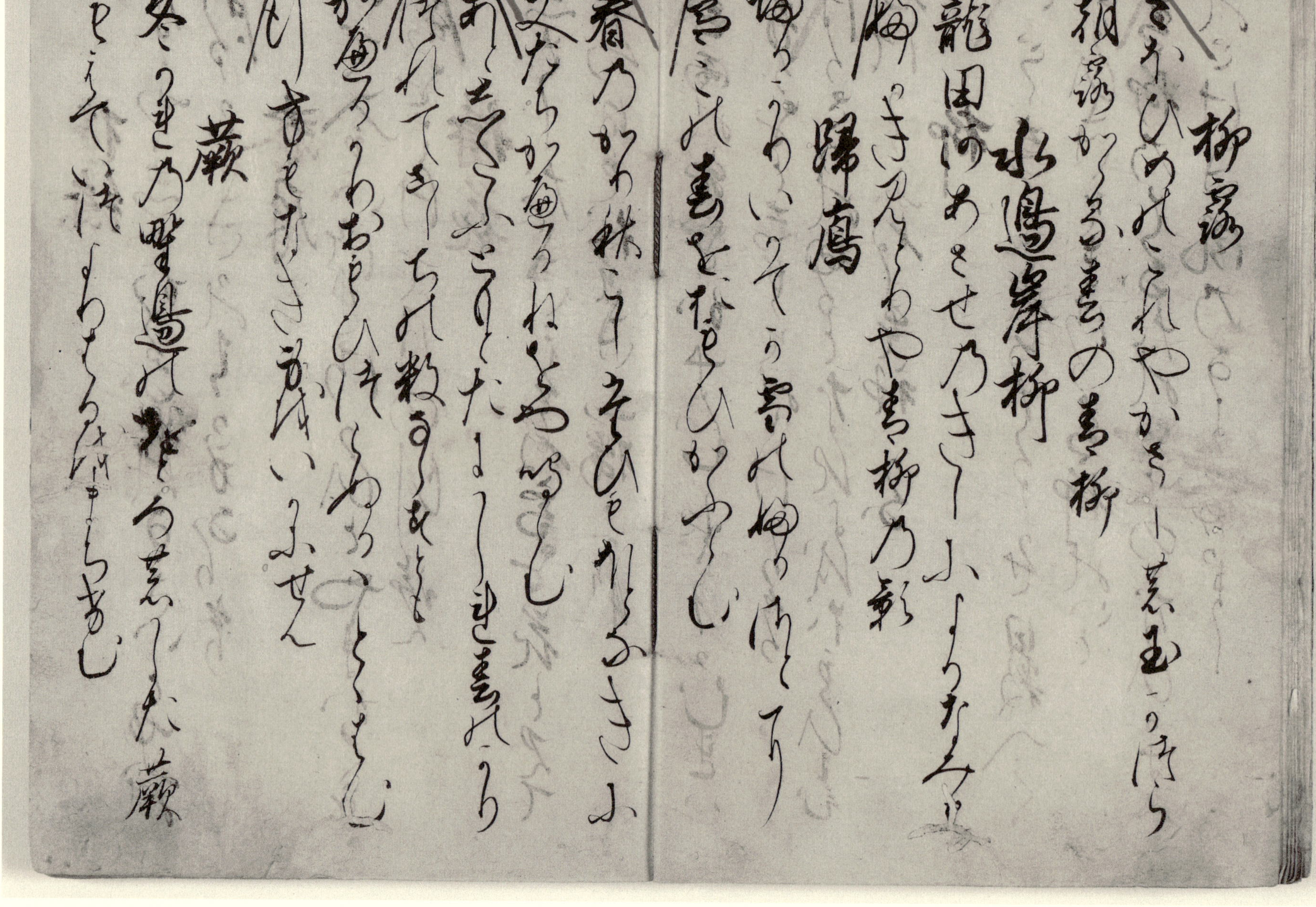

（7オ）　（6ウ）

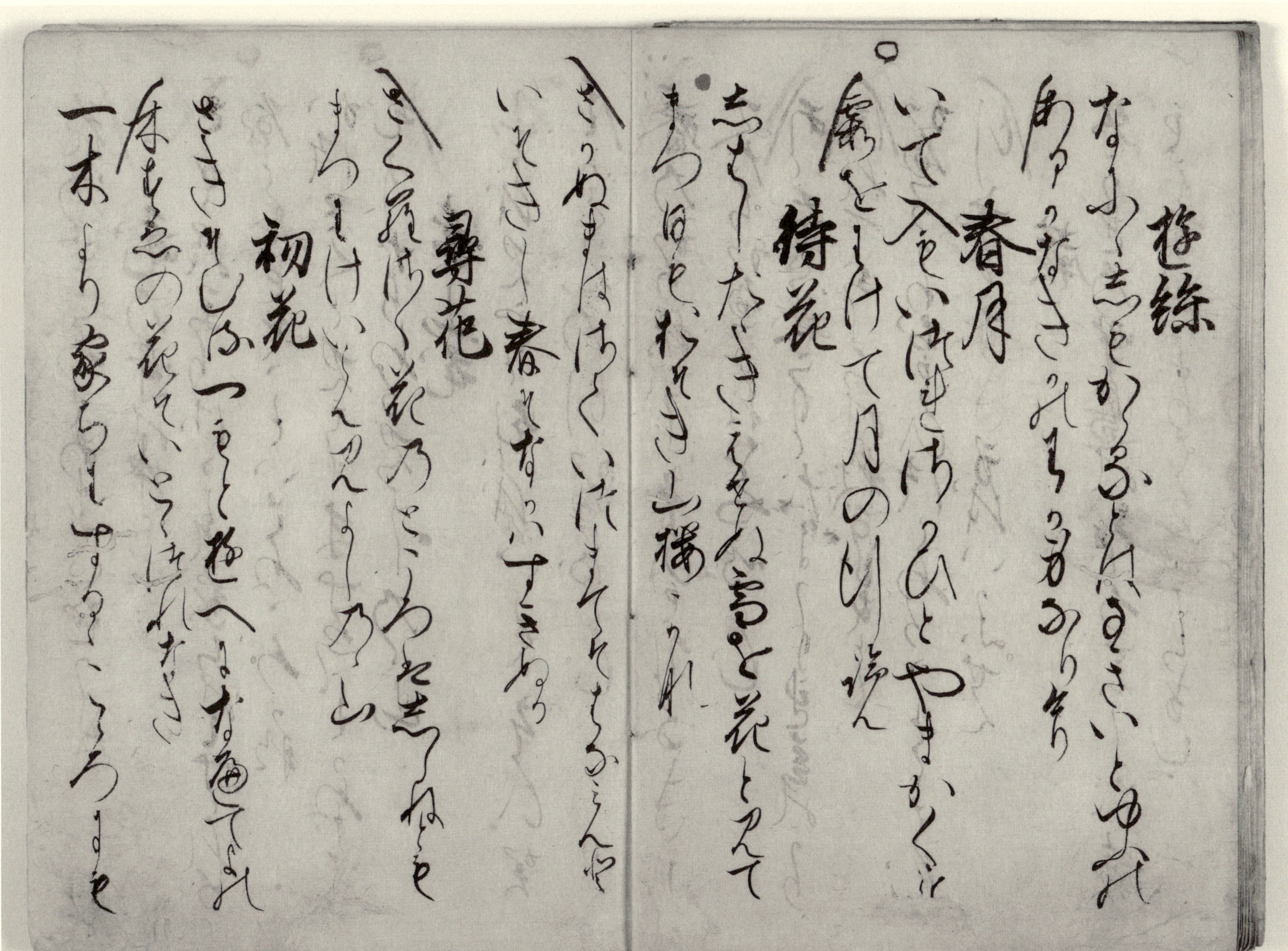

(8オ)　　　　(7ウ)

A　B

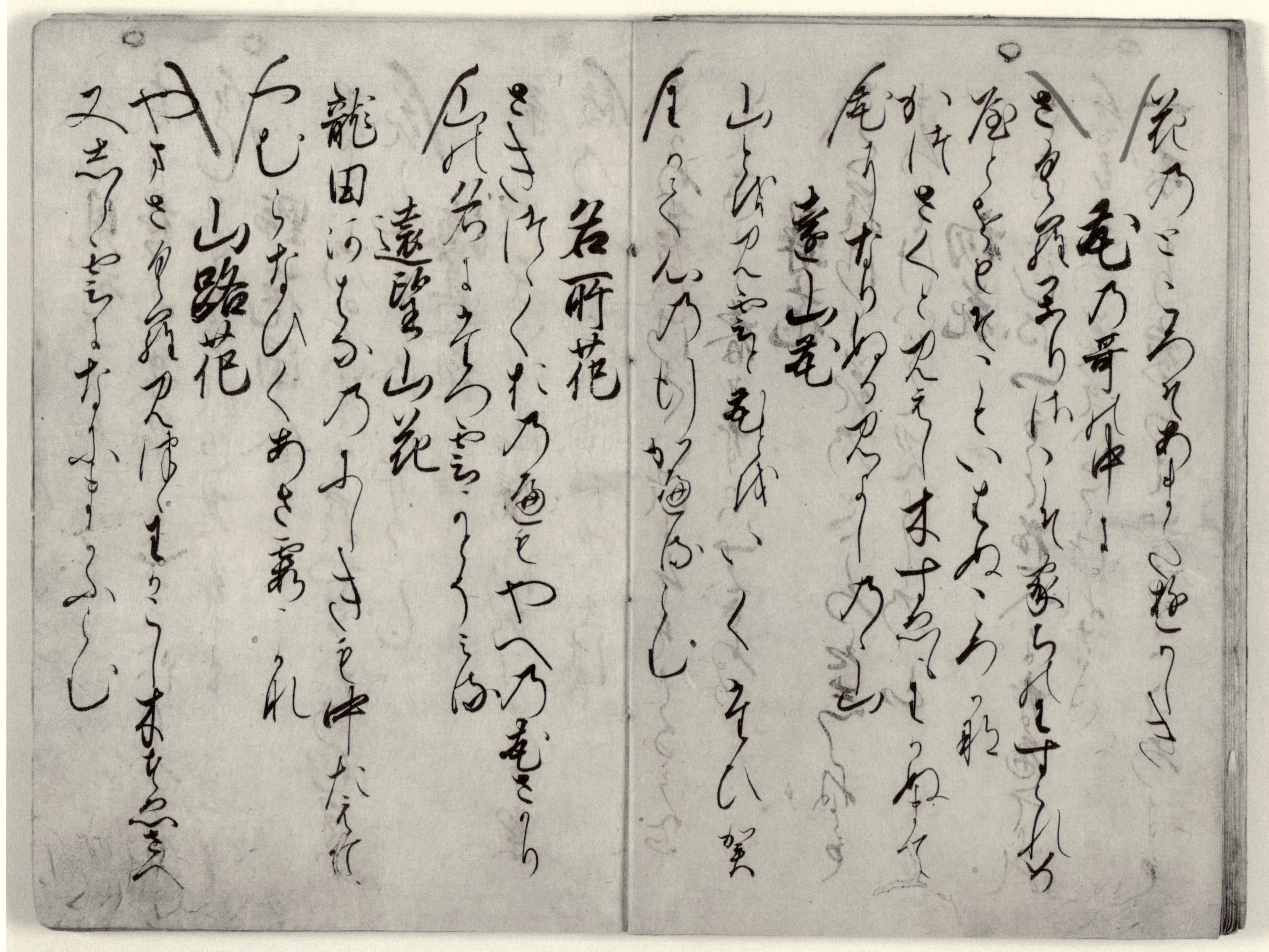

（9オ）　（8ウ）

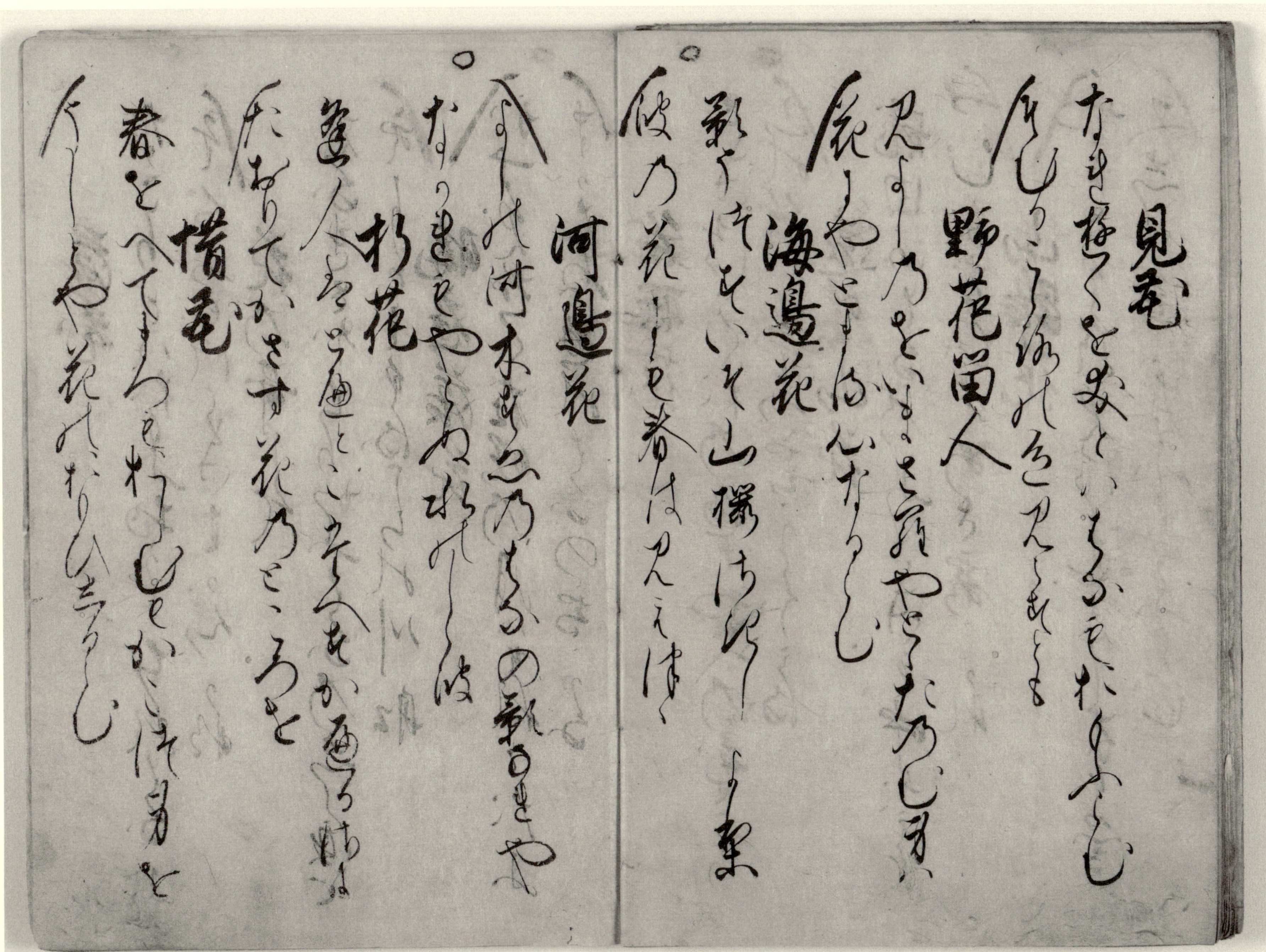

（10オ）　　　　（9ウ）

B　B　A　B

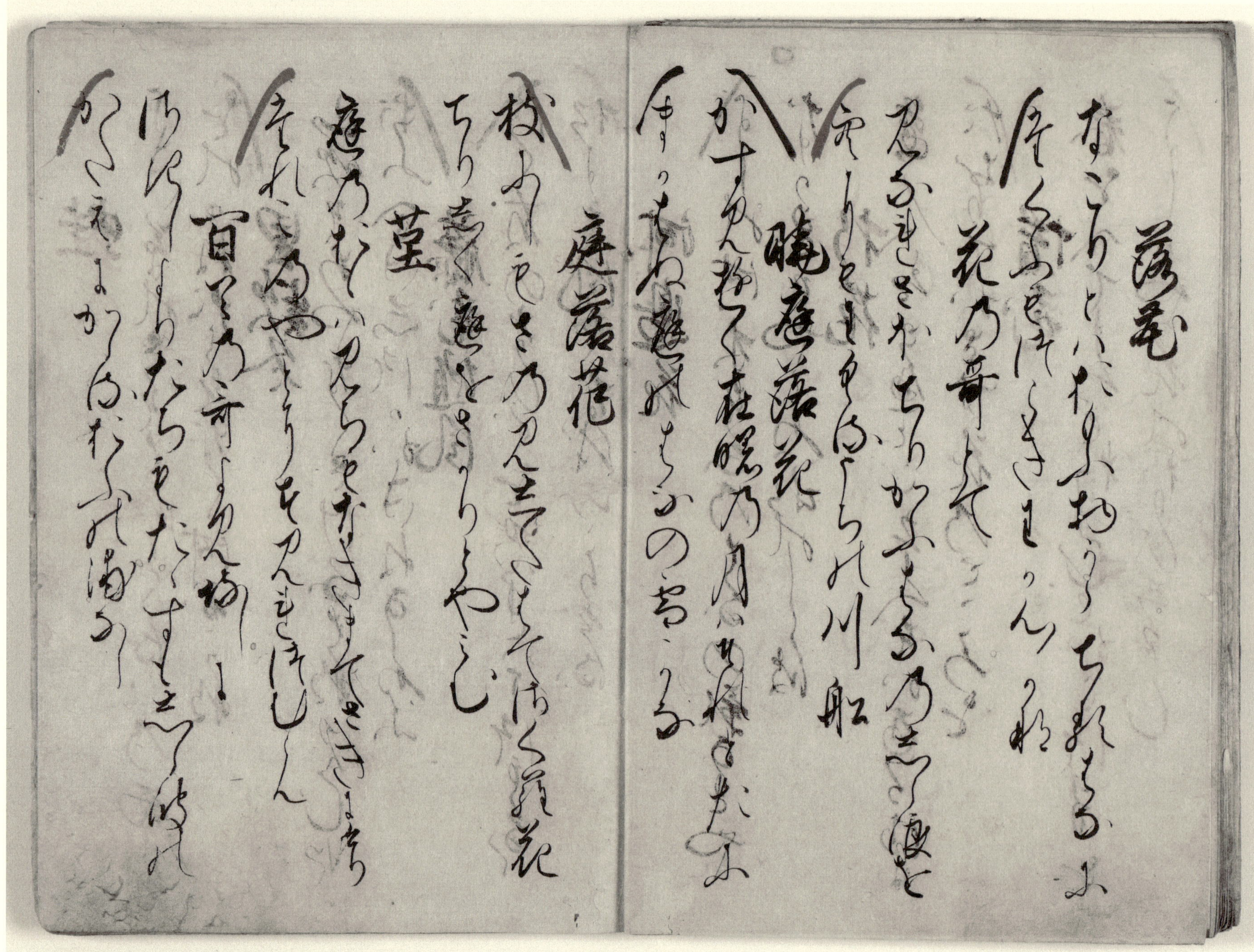

（11オ）　（10ウ）

B

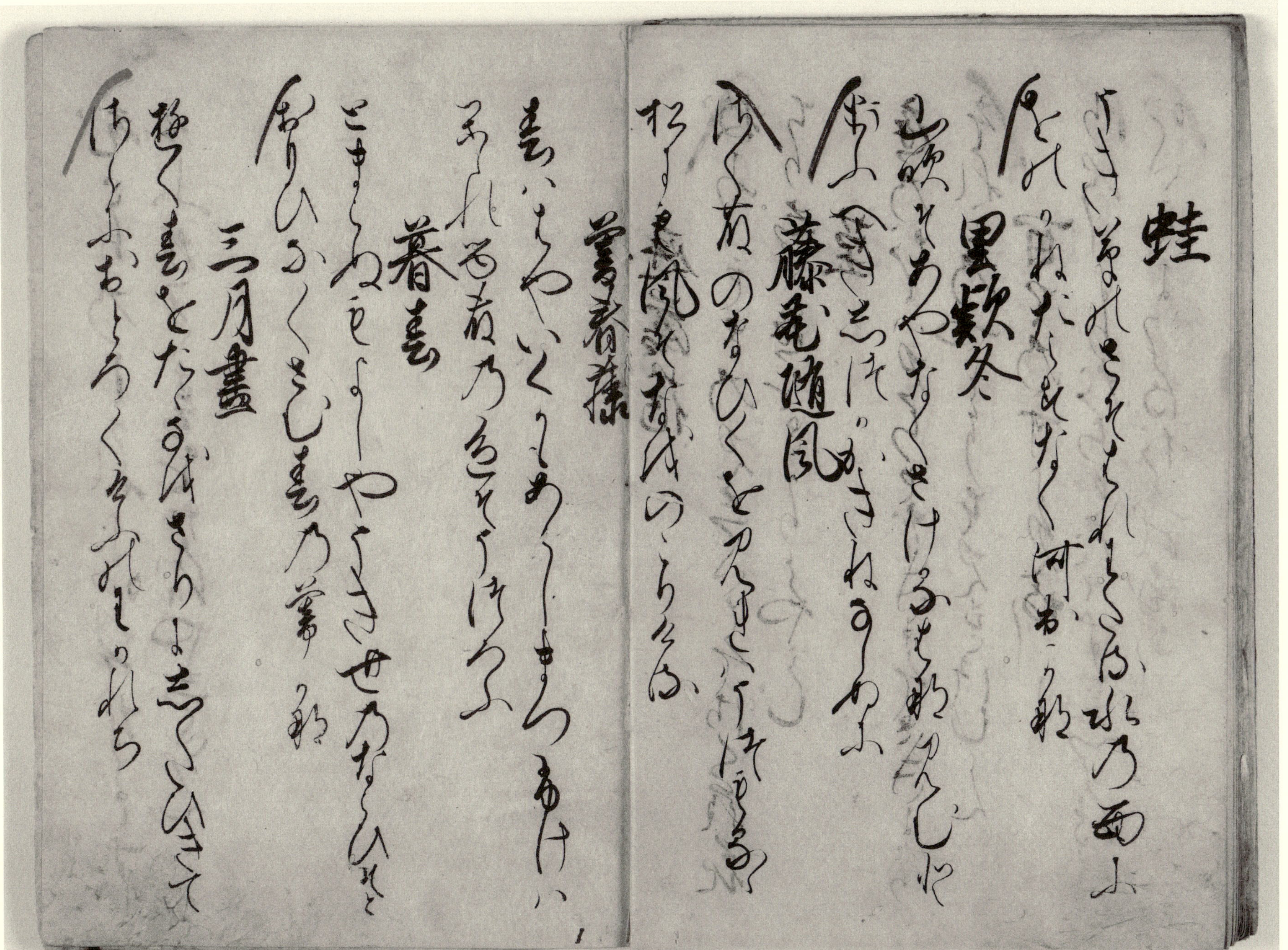

（12オ）

（11ウ）

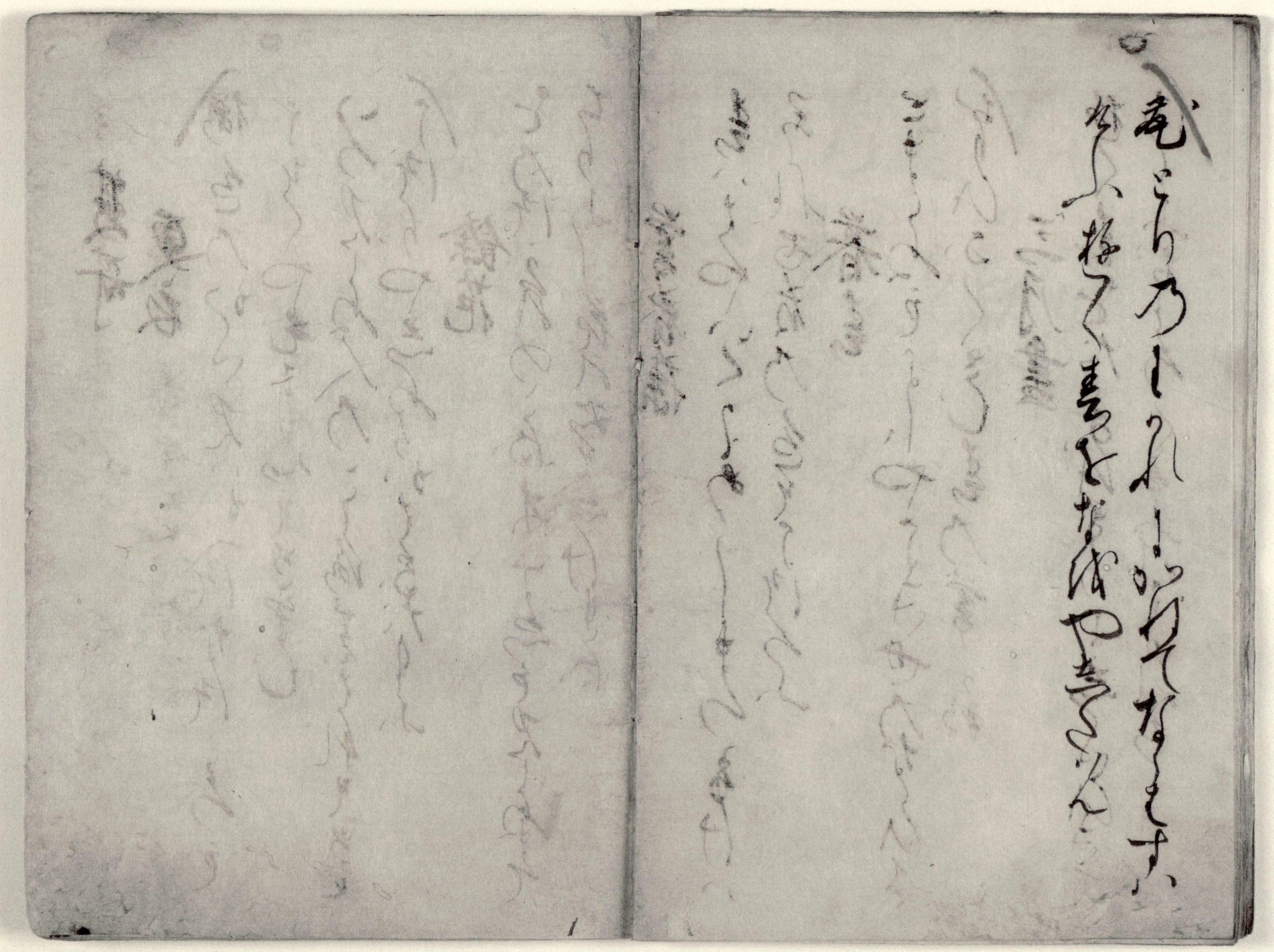

（13オ）

（12ウ）

A

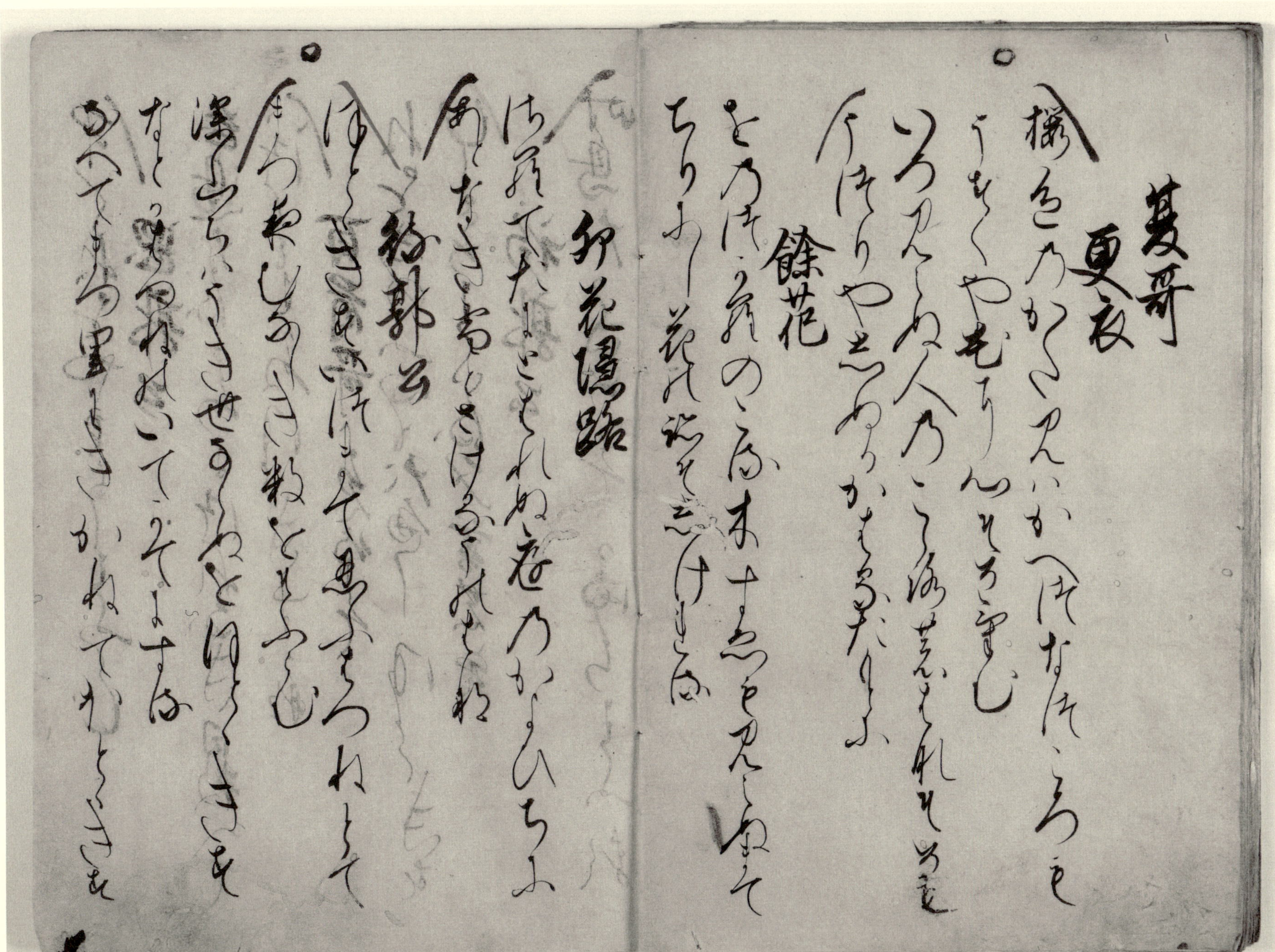

（14オ）　（13ウ）

A　B

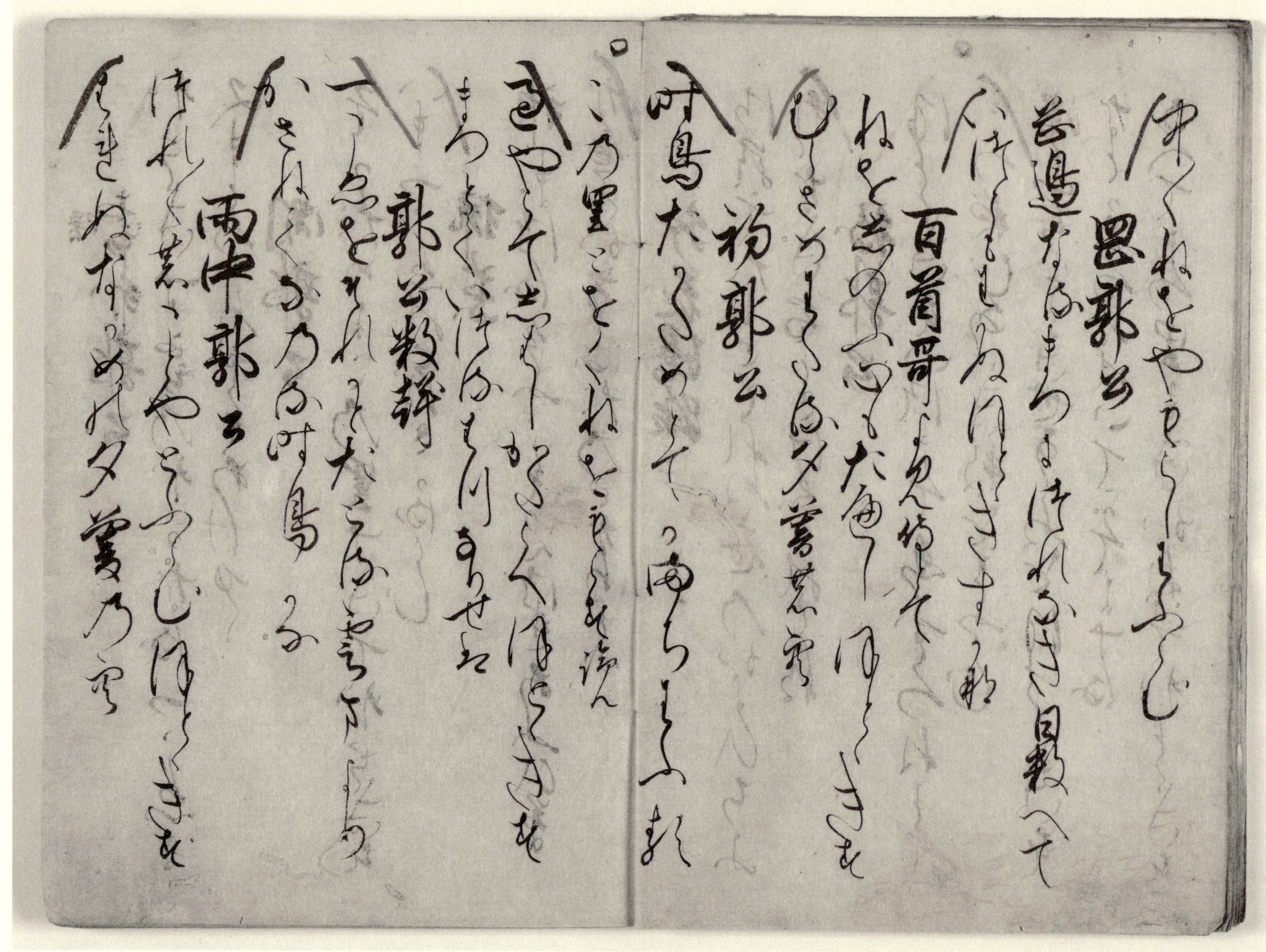

（15オ）　（14ウ）

C

A

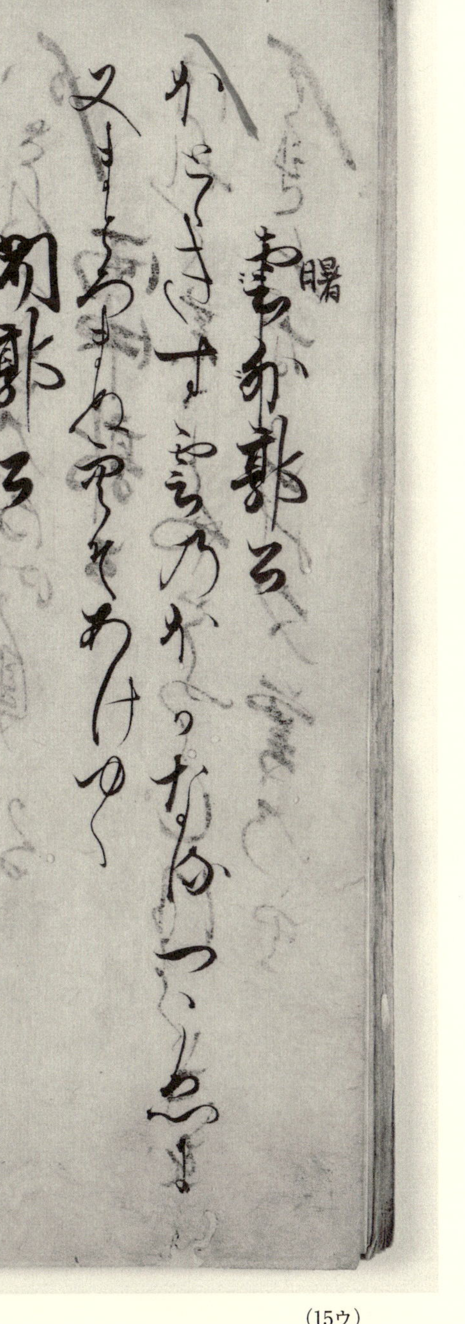

(16オ)

(15ウ)

A

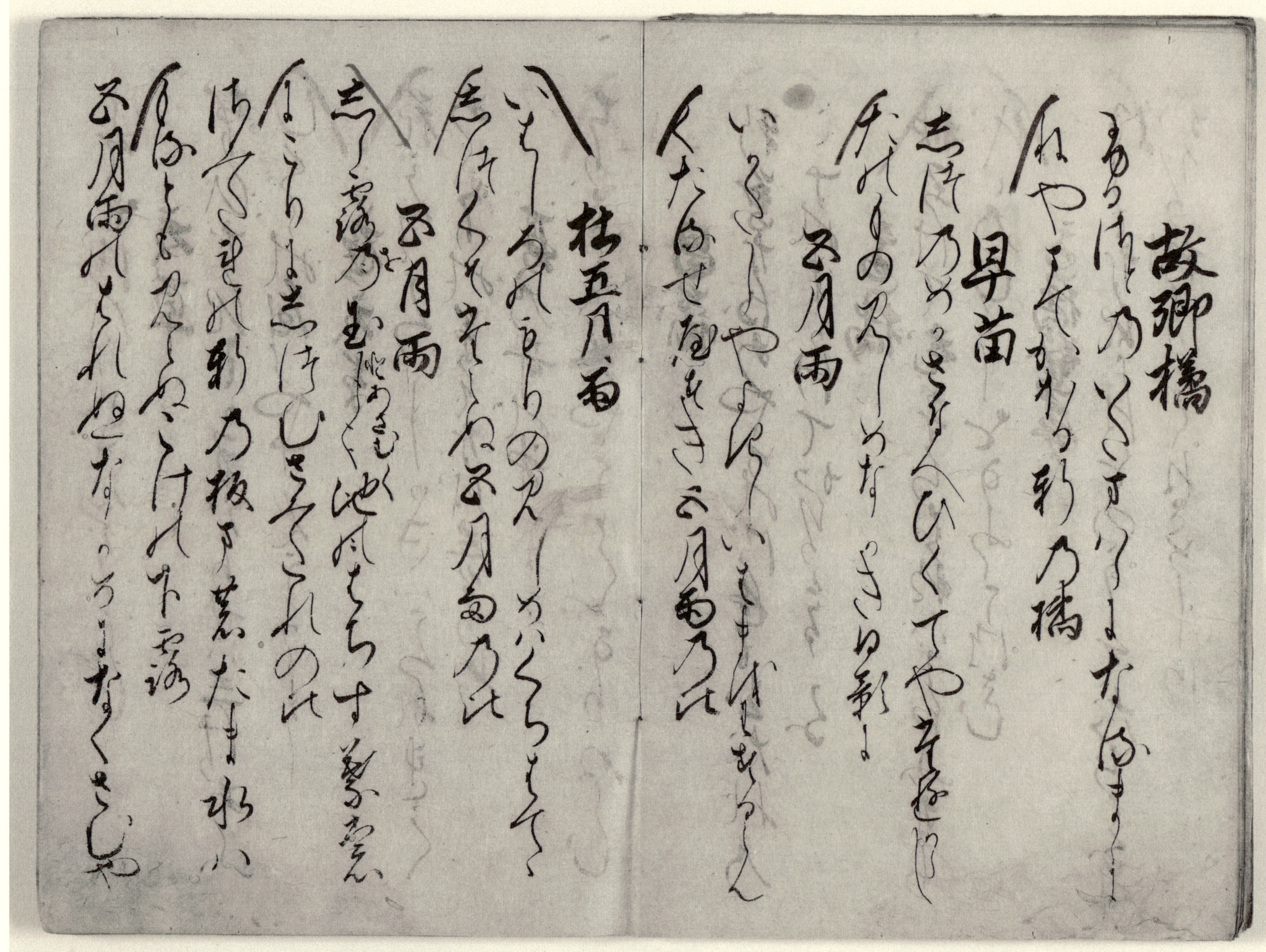

（17オ）　　（16ウ）

C　A　A　A　B

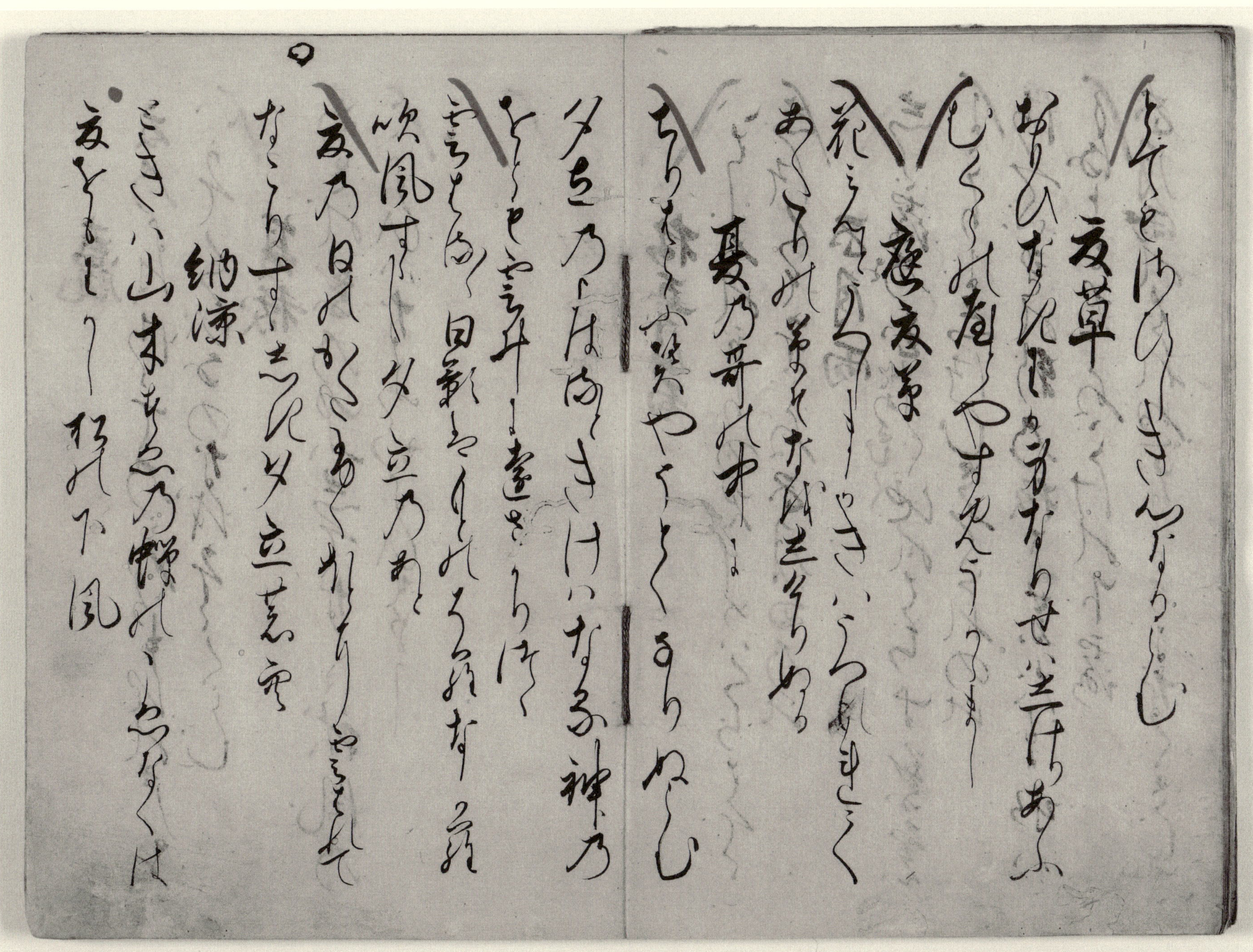

（18オ）　（17ウ）

B

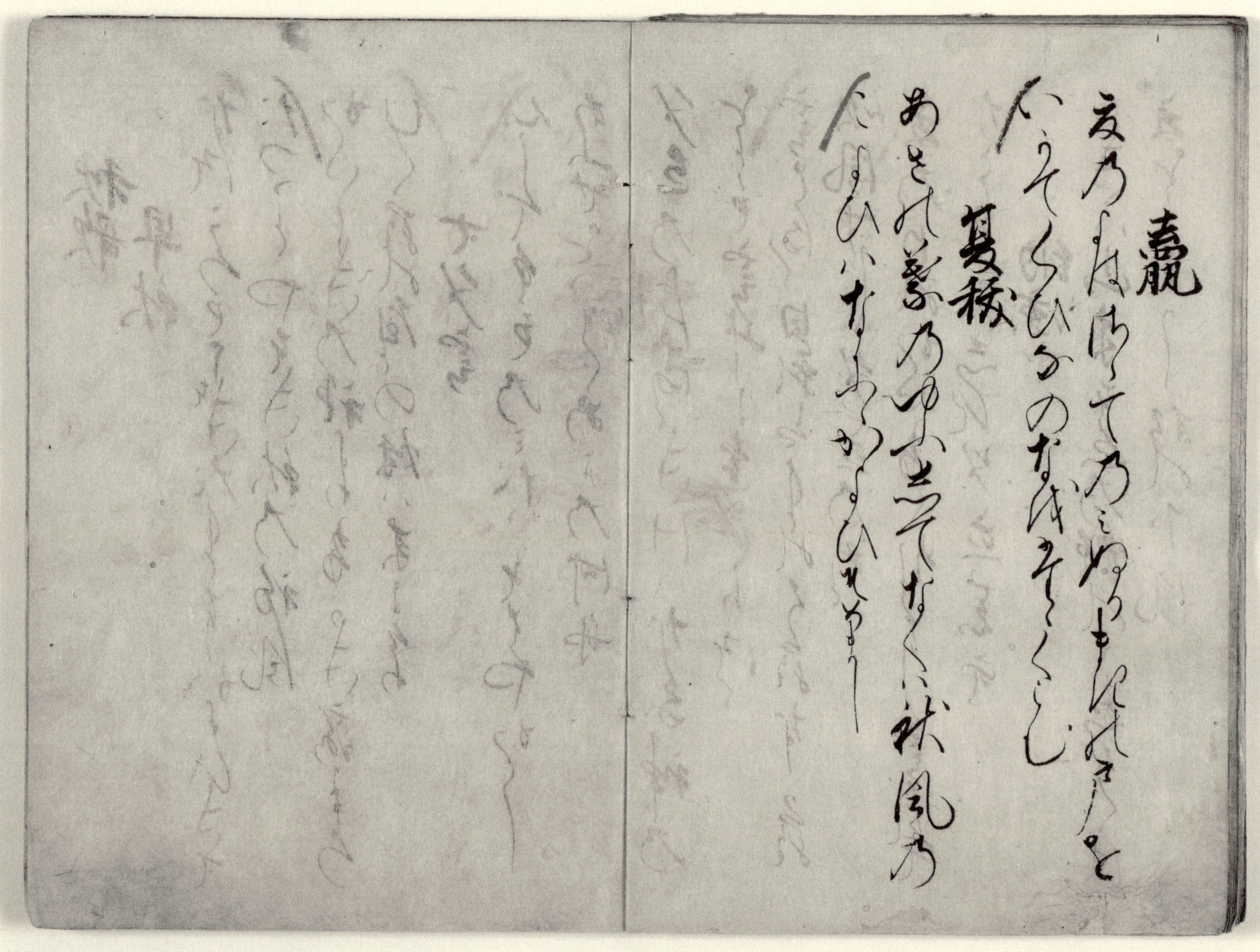

（19オ）　　（18ウ）

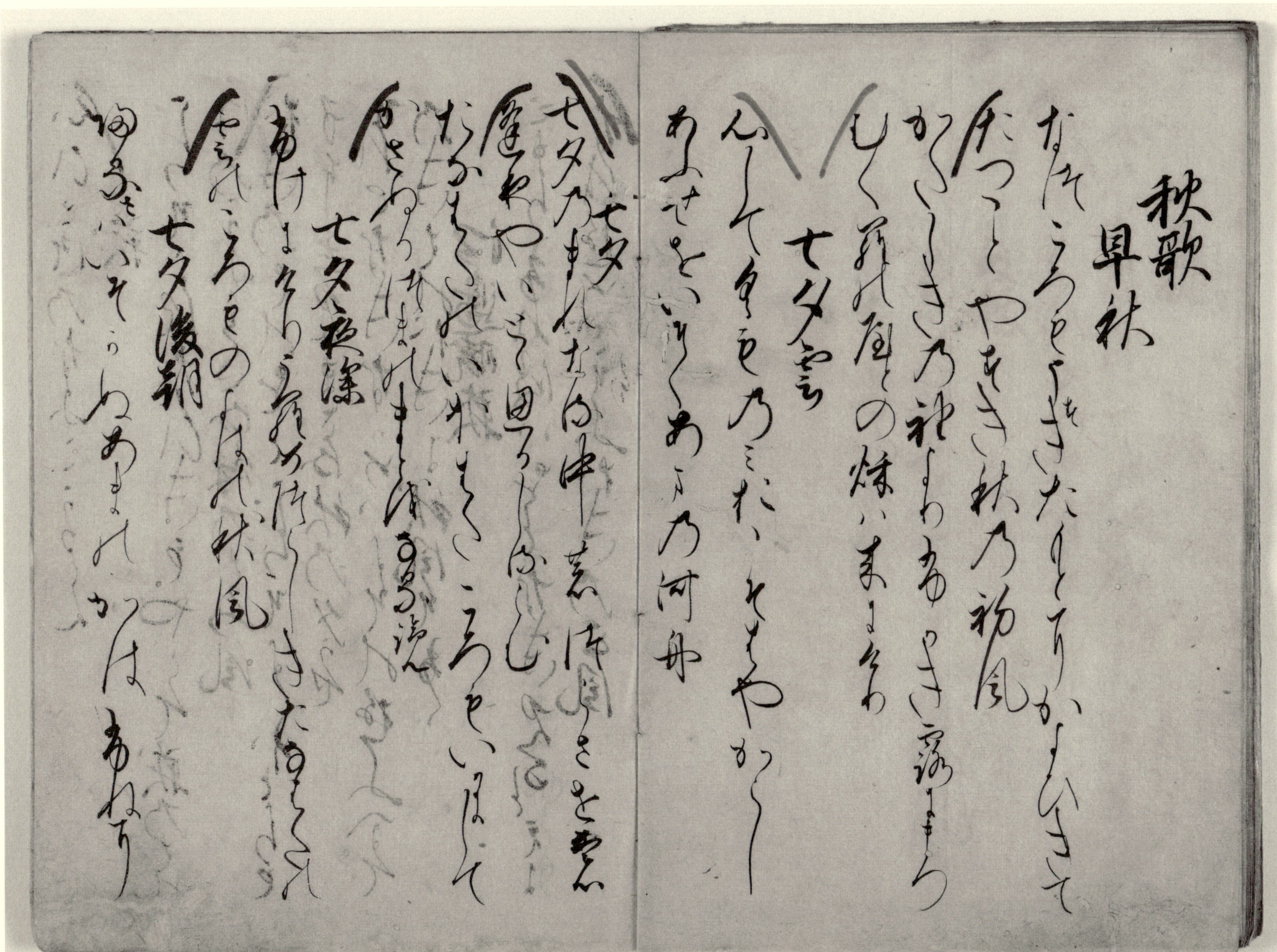

（19ウ）

（20オ）

B　　B

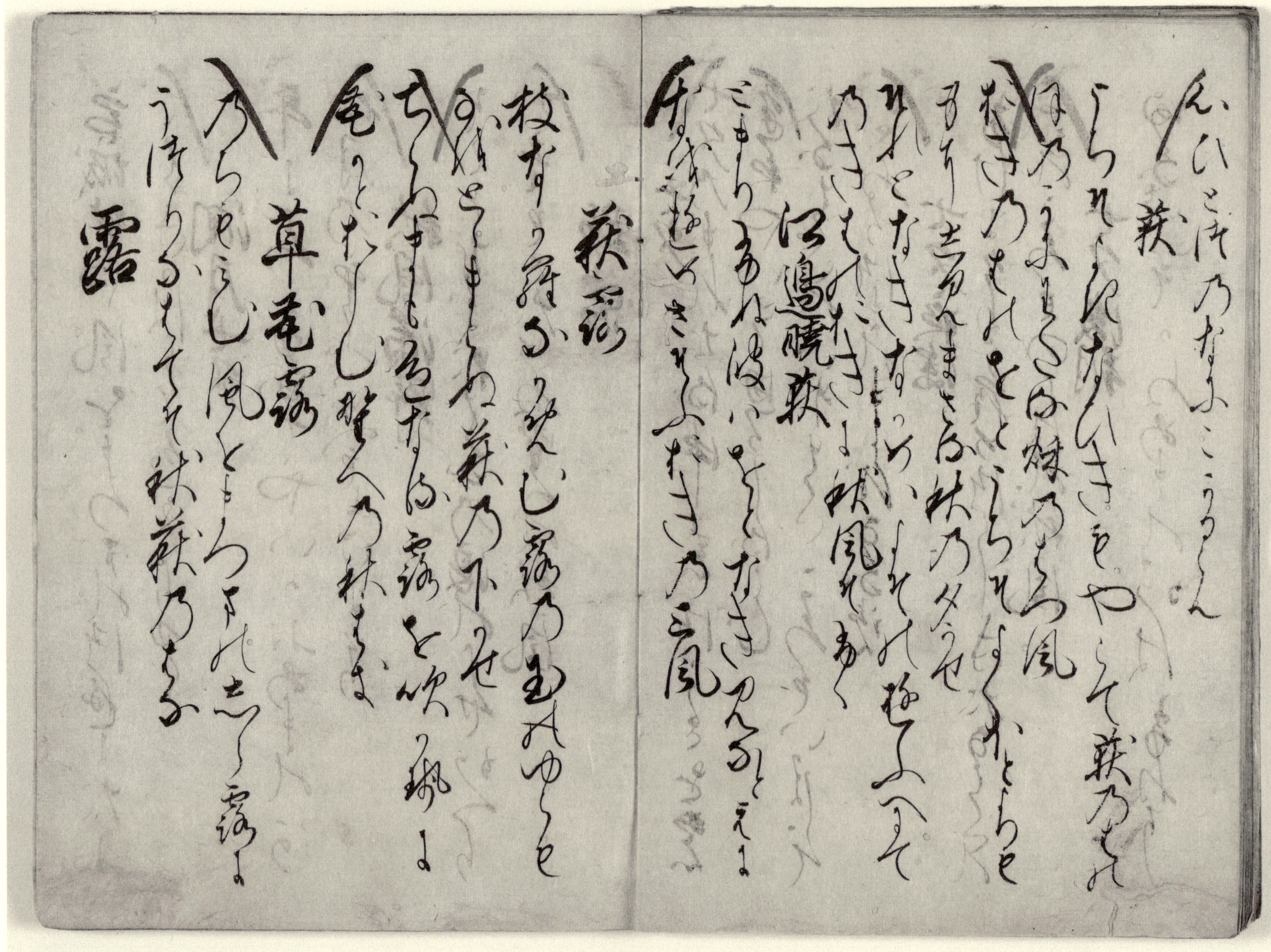

（21オ）　　（20ウ）

A

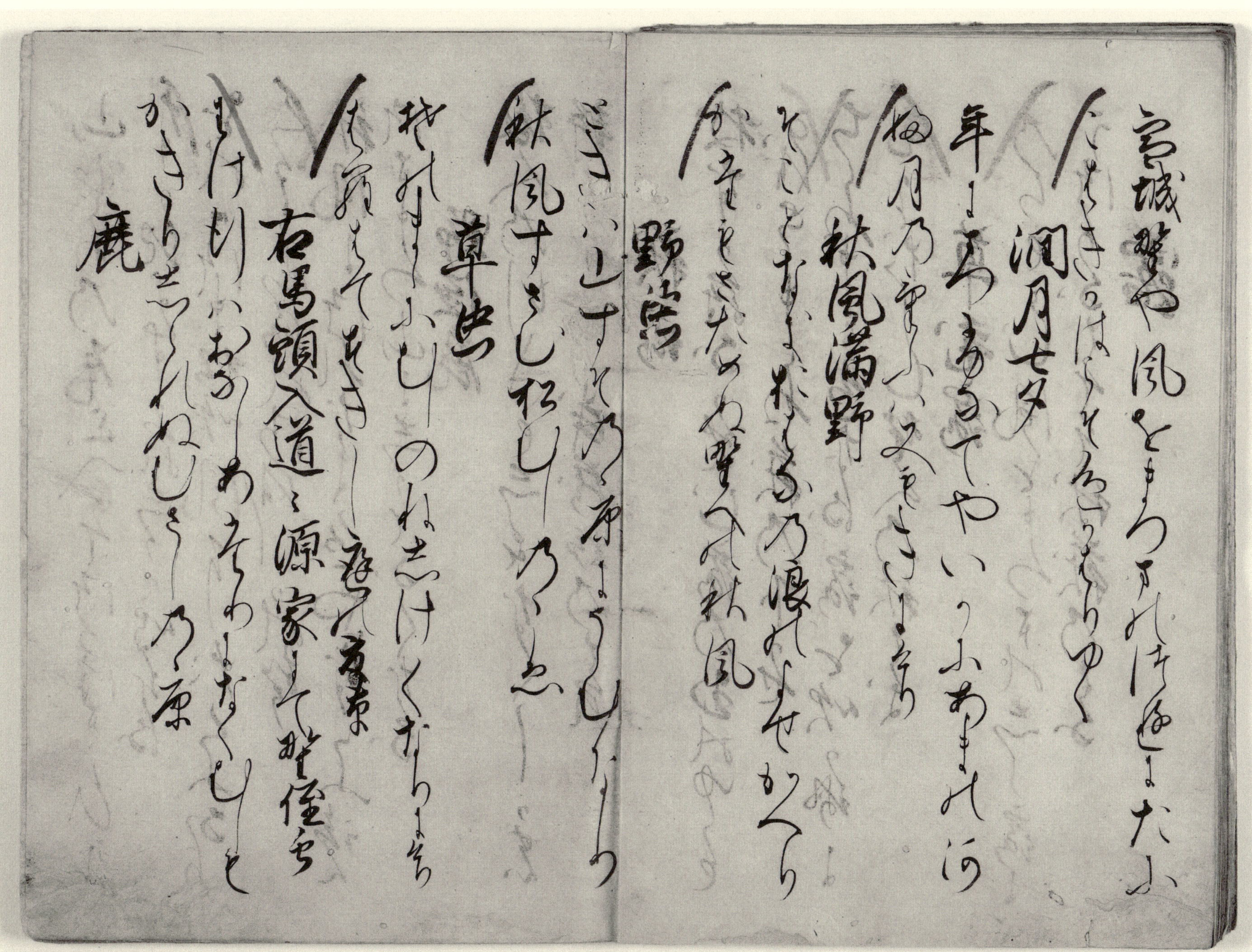

（22オ）　　（21ウ）

B　A　B　A

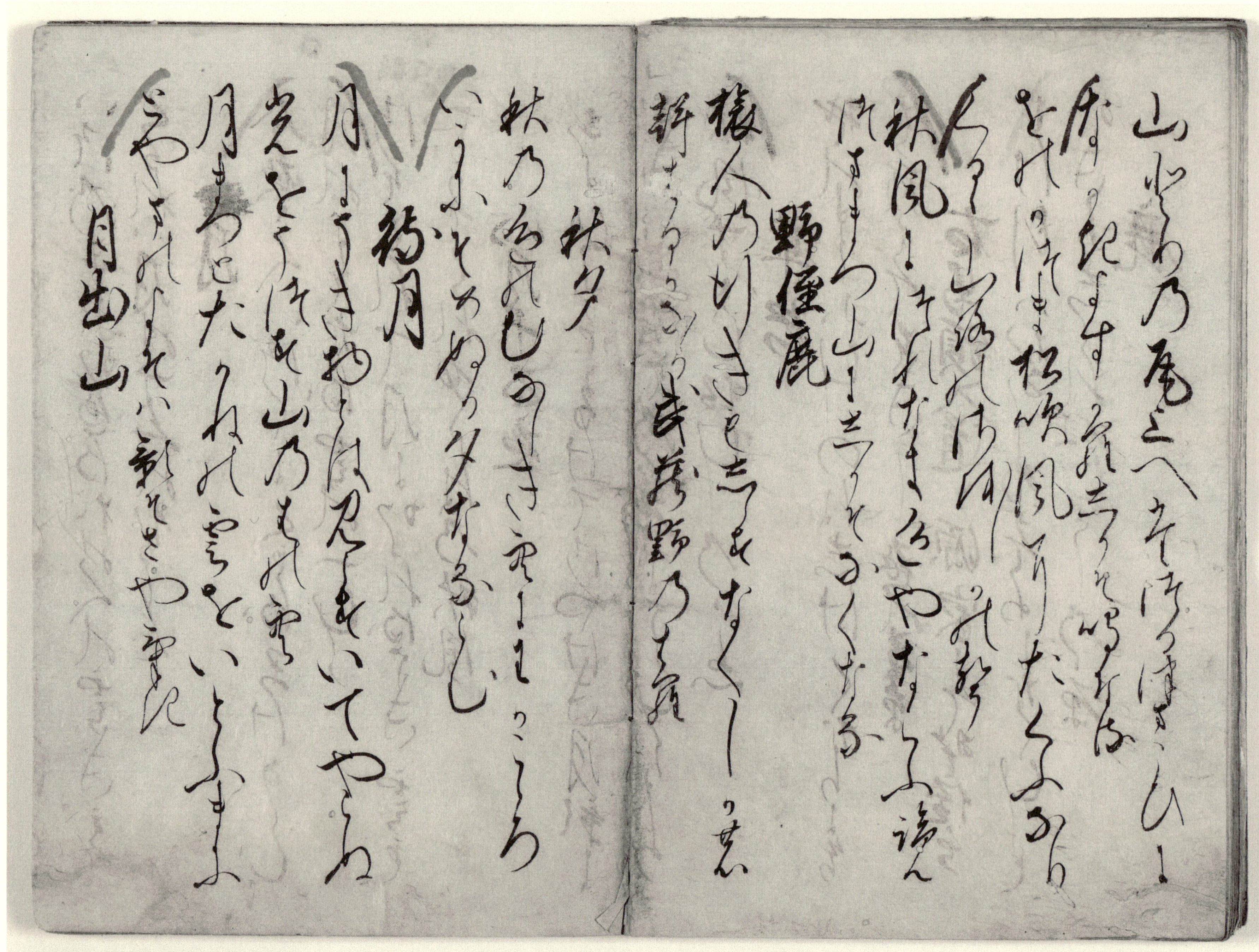

（23オ）　（22ウ）

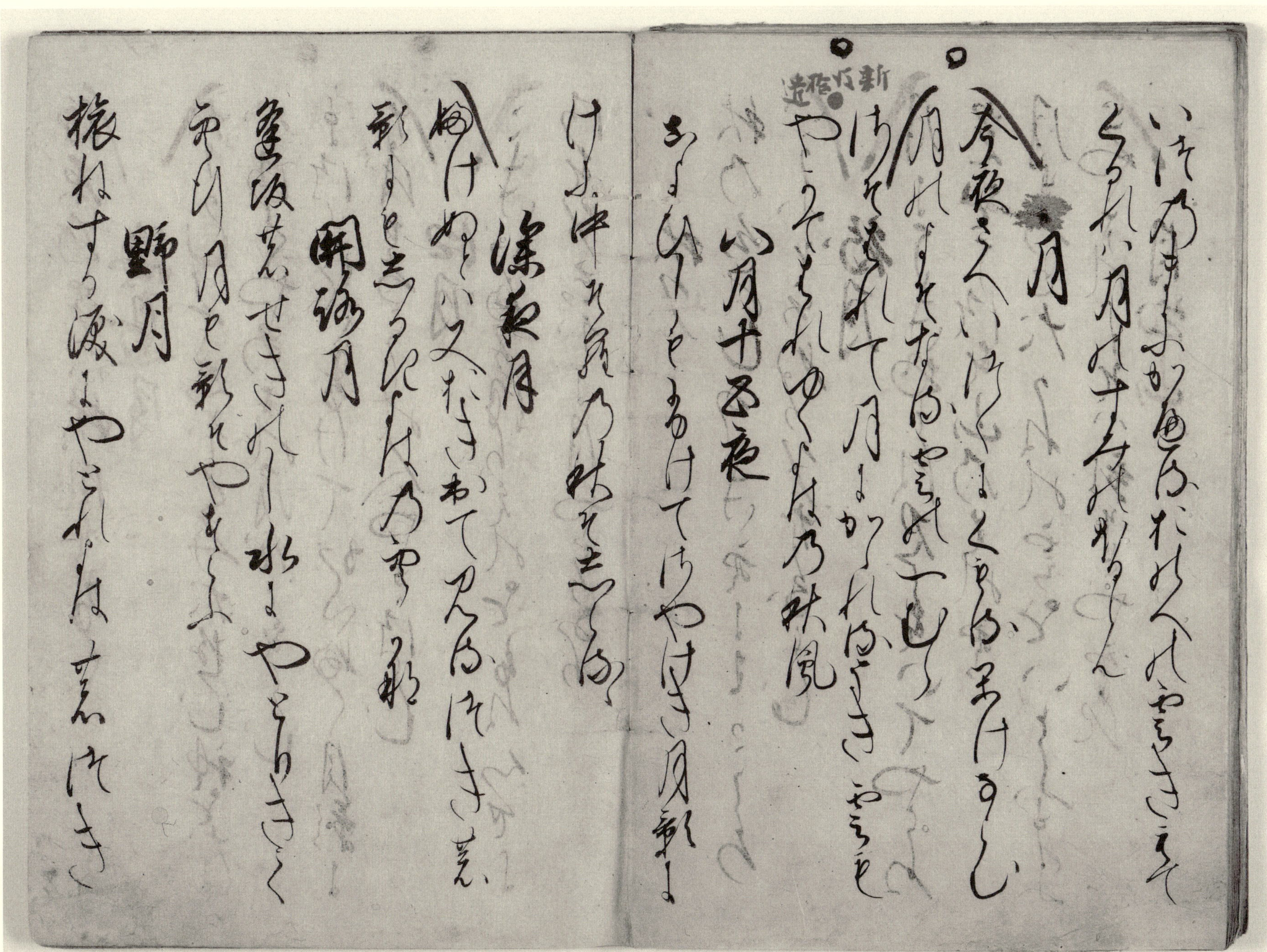

(24オ)

(23ウ)

A

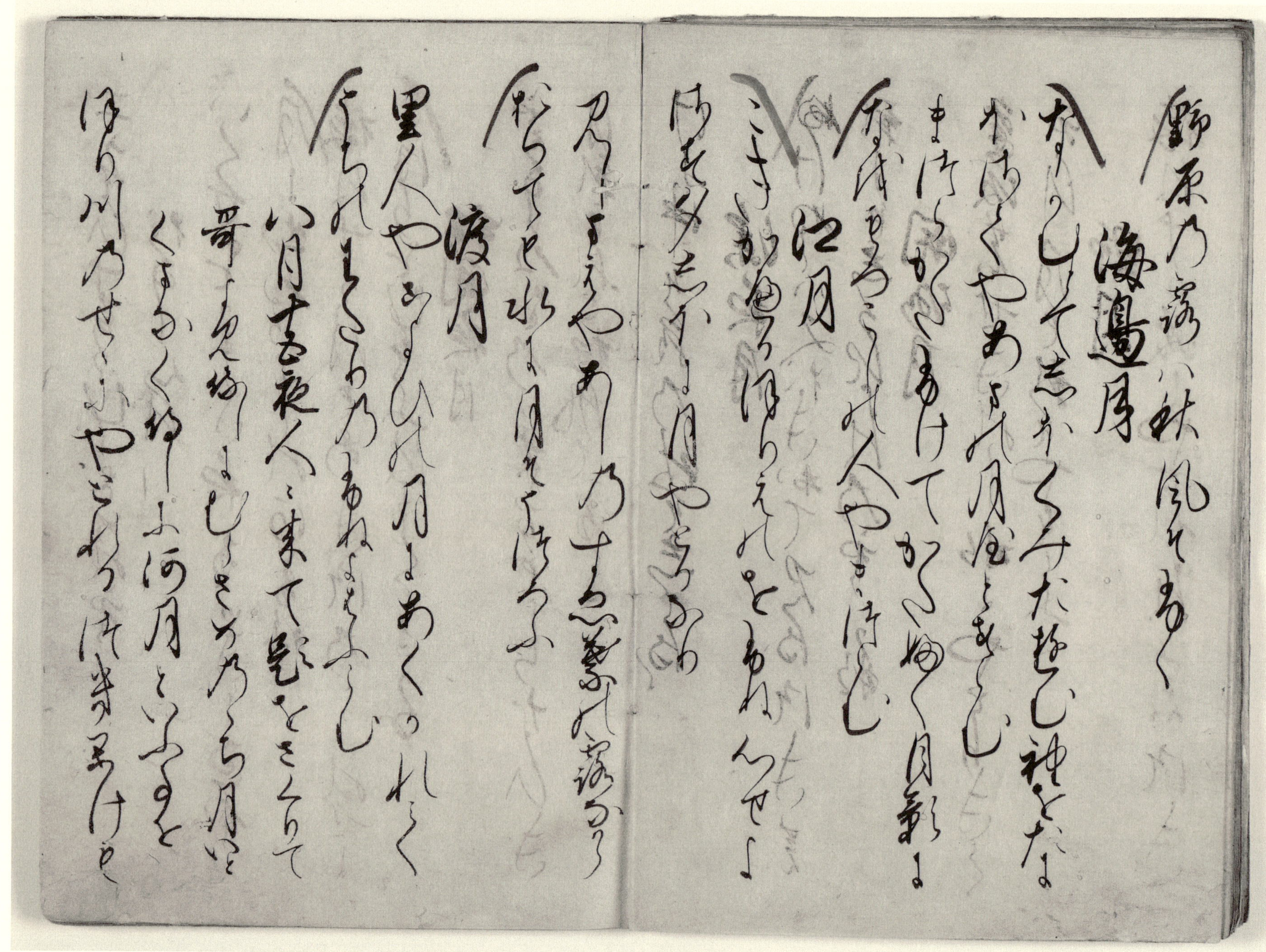

（25オ）　　（24ウ）

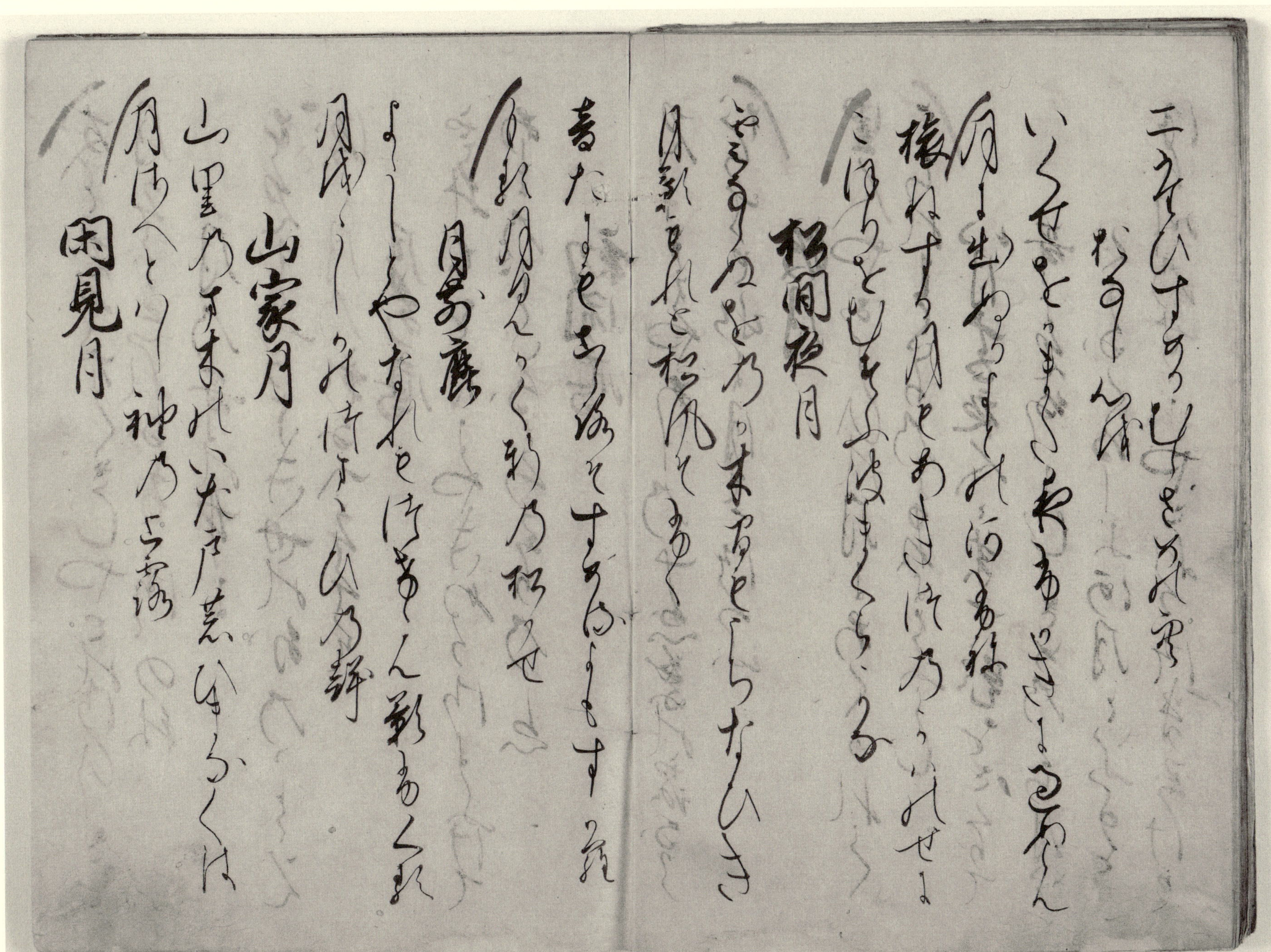

（26オ）

（25ウ）

A　A　C　A

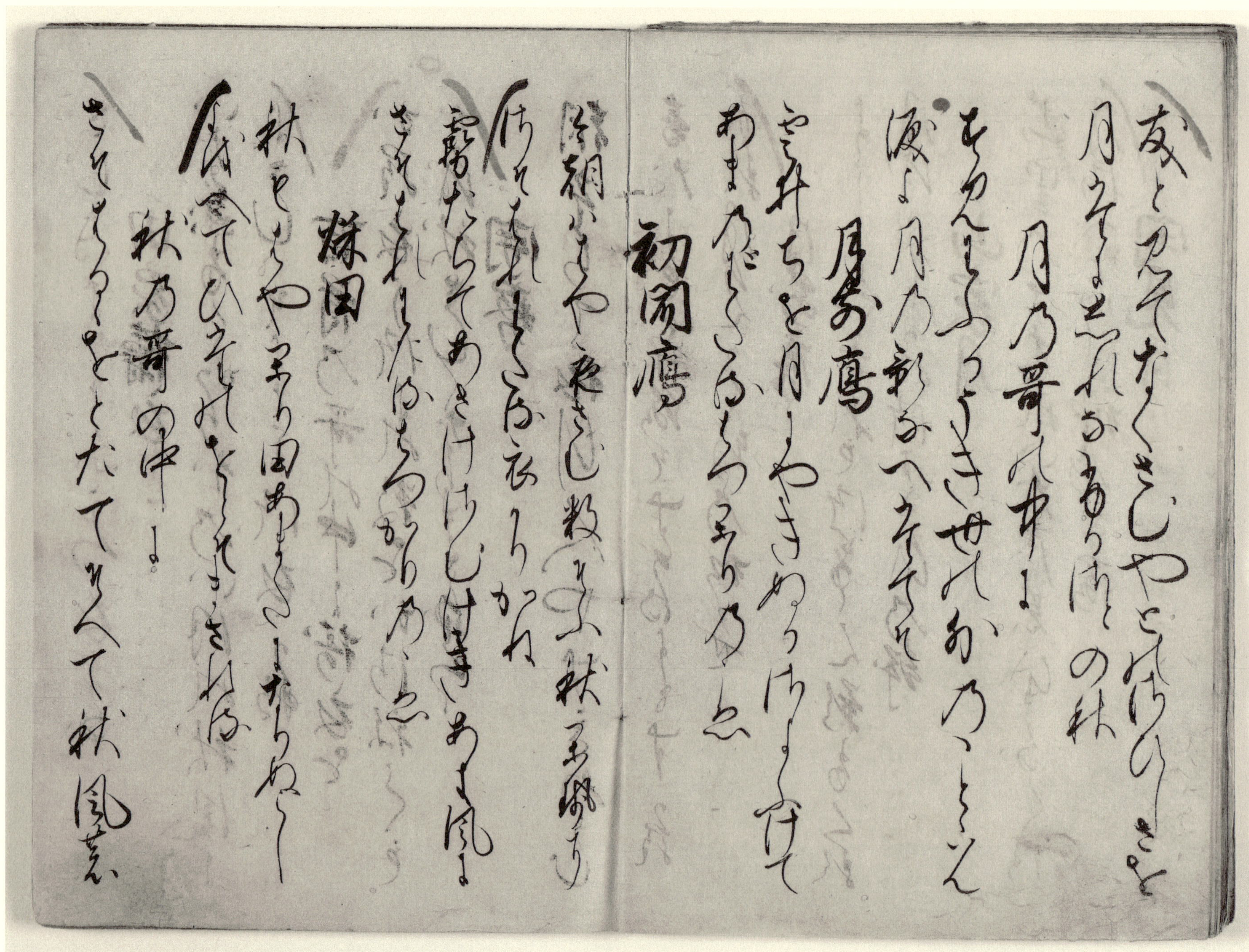

（27オ）　（26ウ）

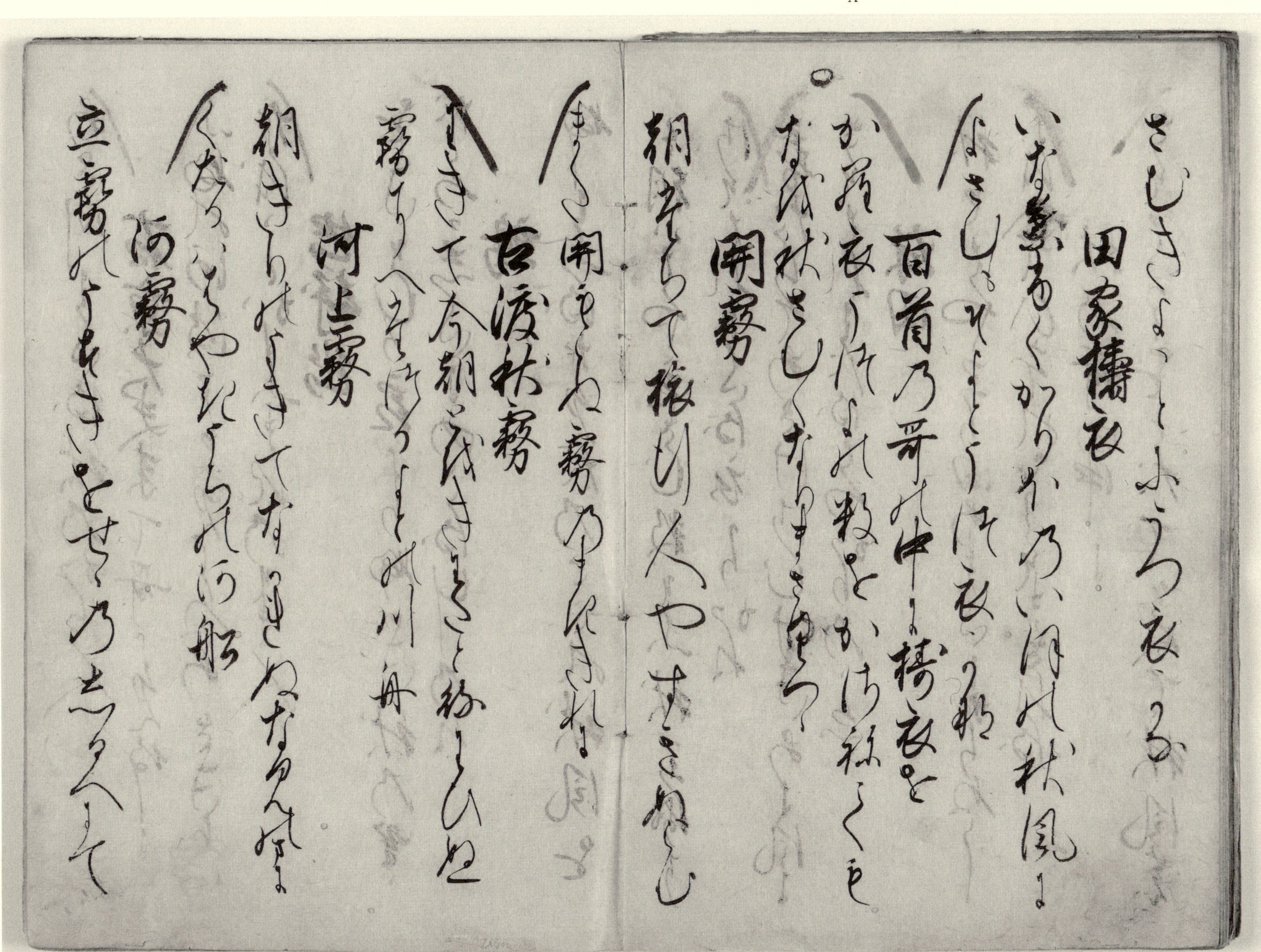

（28オ）

（27ウ）

B　　C

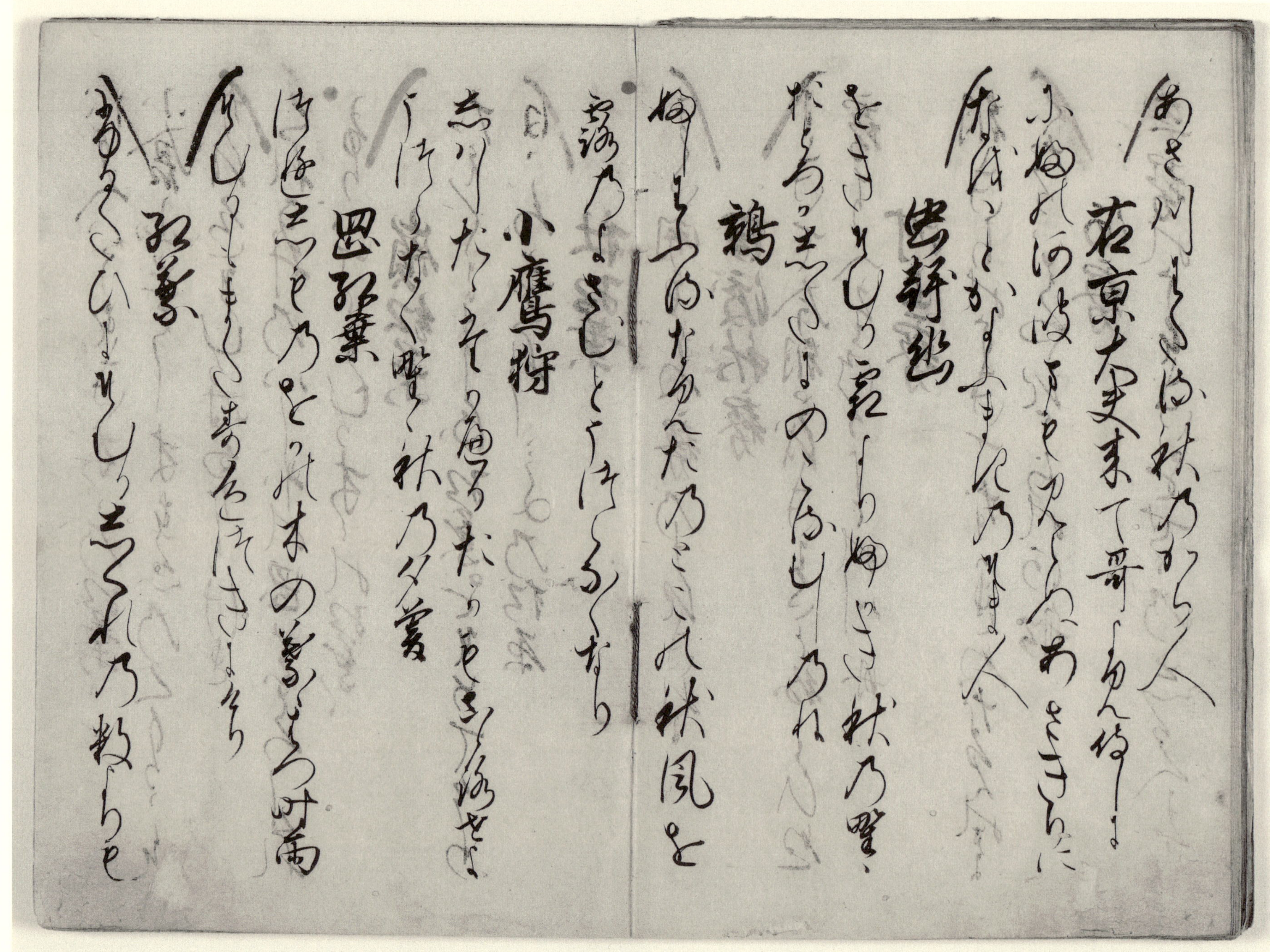

（29オ）　（28ウ）

A　A　　　　C　B

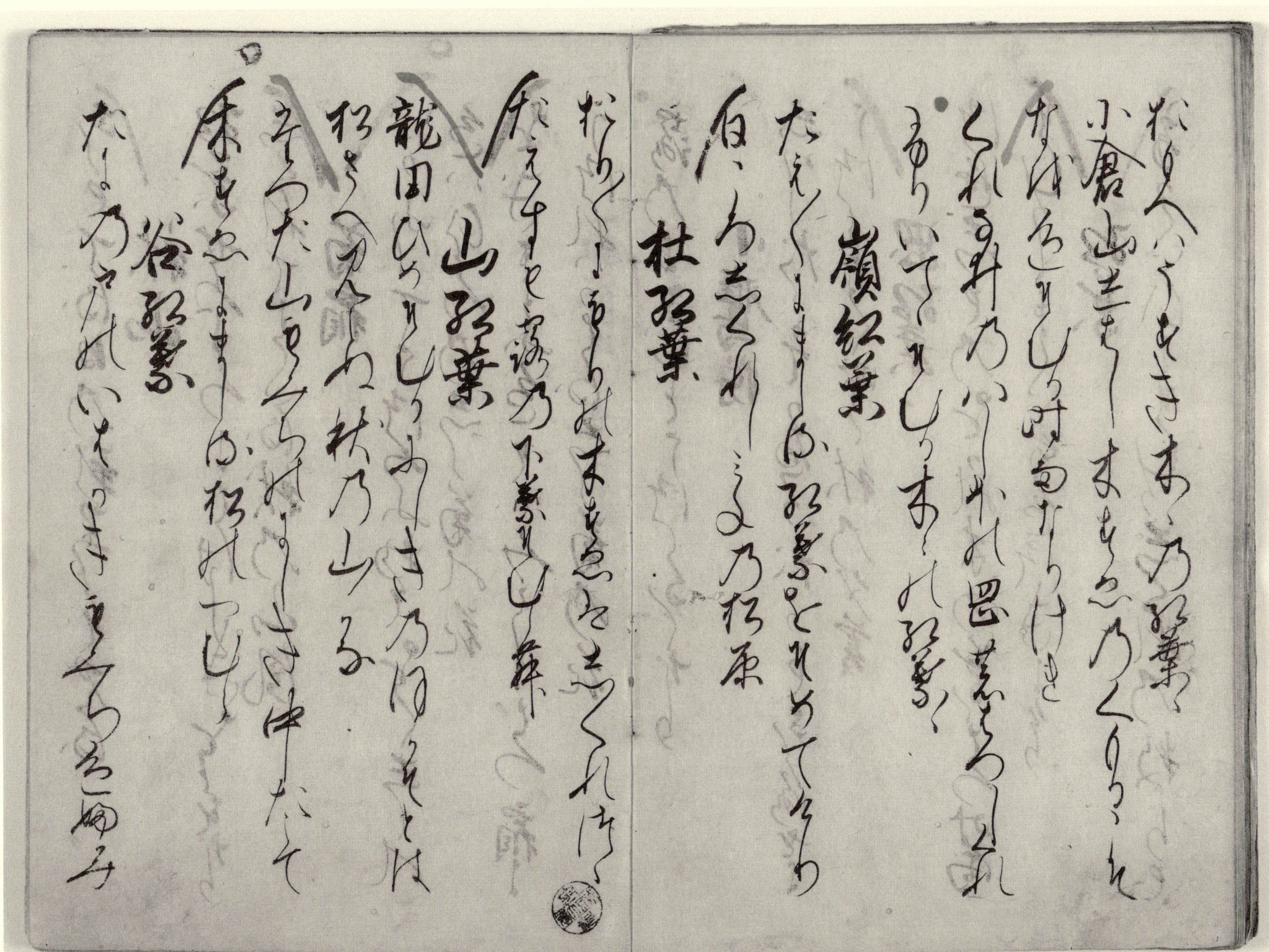

(30オ)　　(29ウ)

B　A

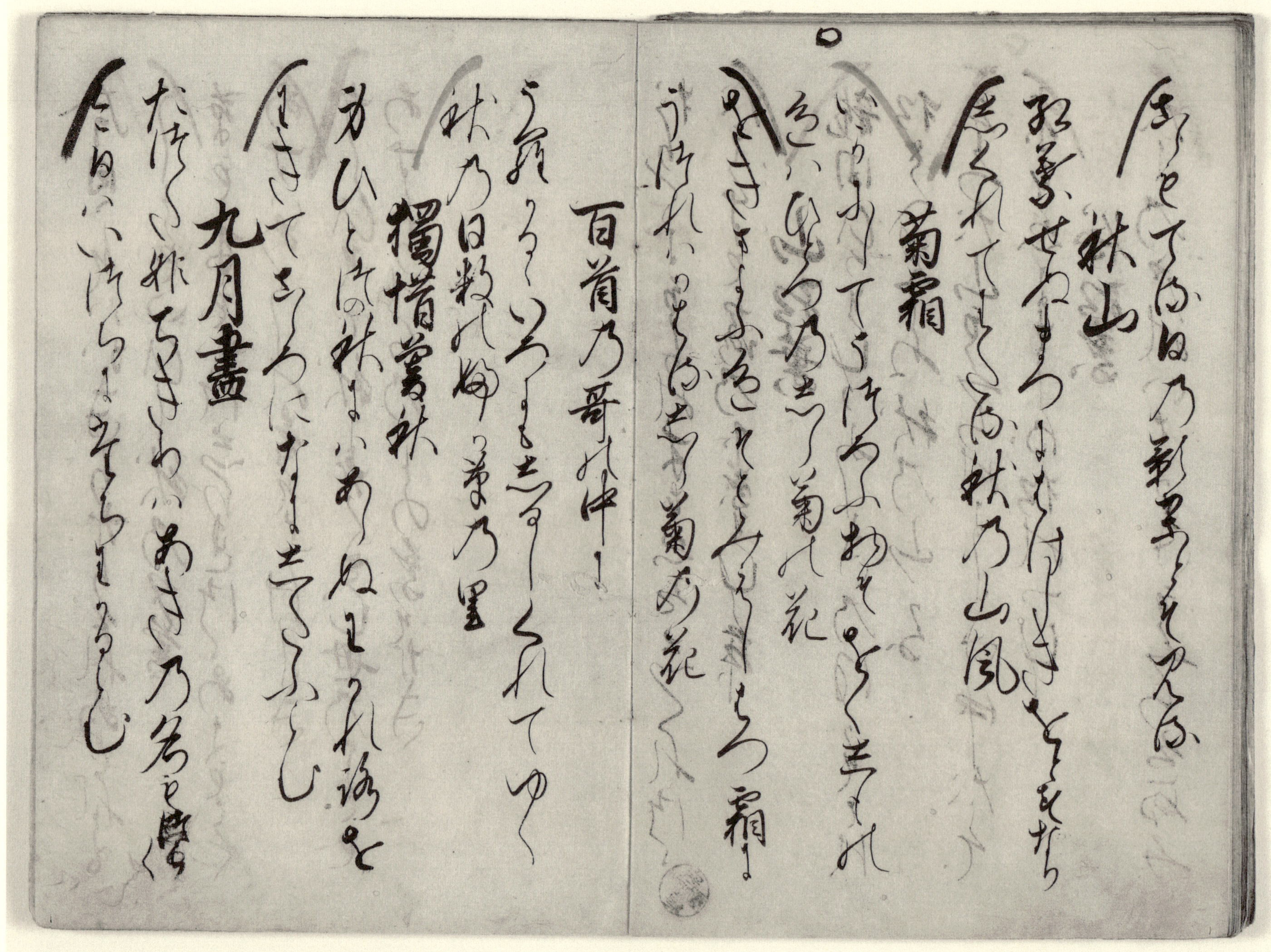

（31オ）　（30ウ）

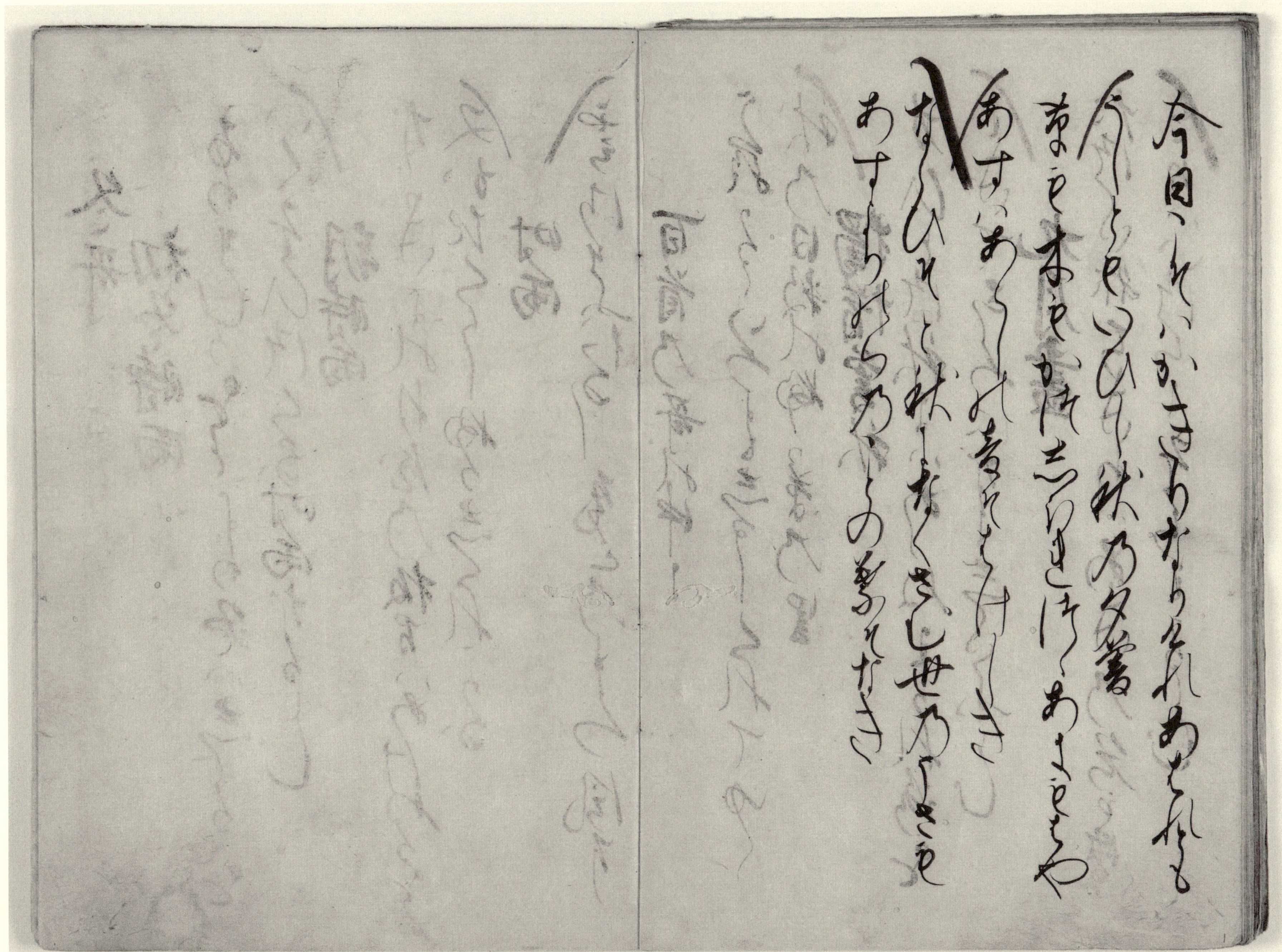

（32オ）

（31ウ）

C

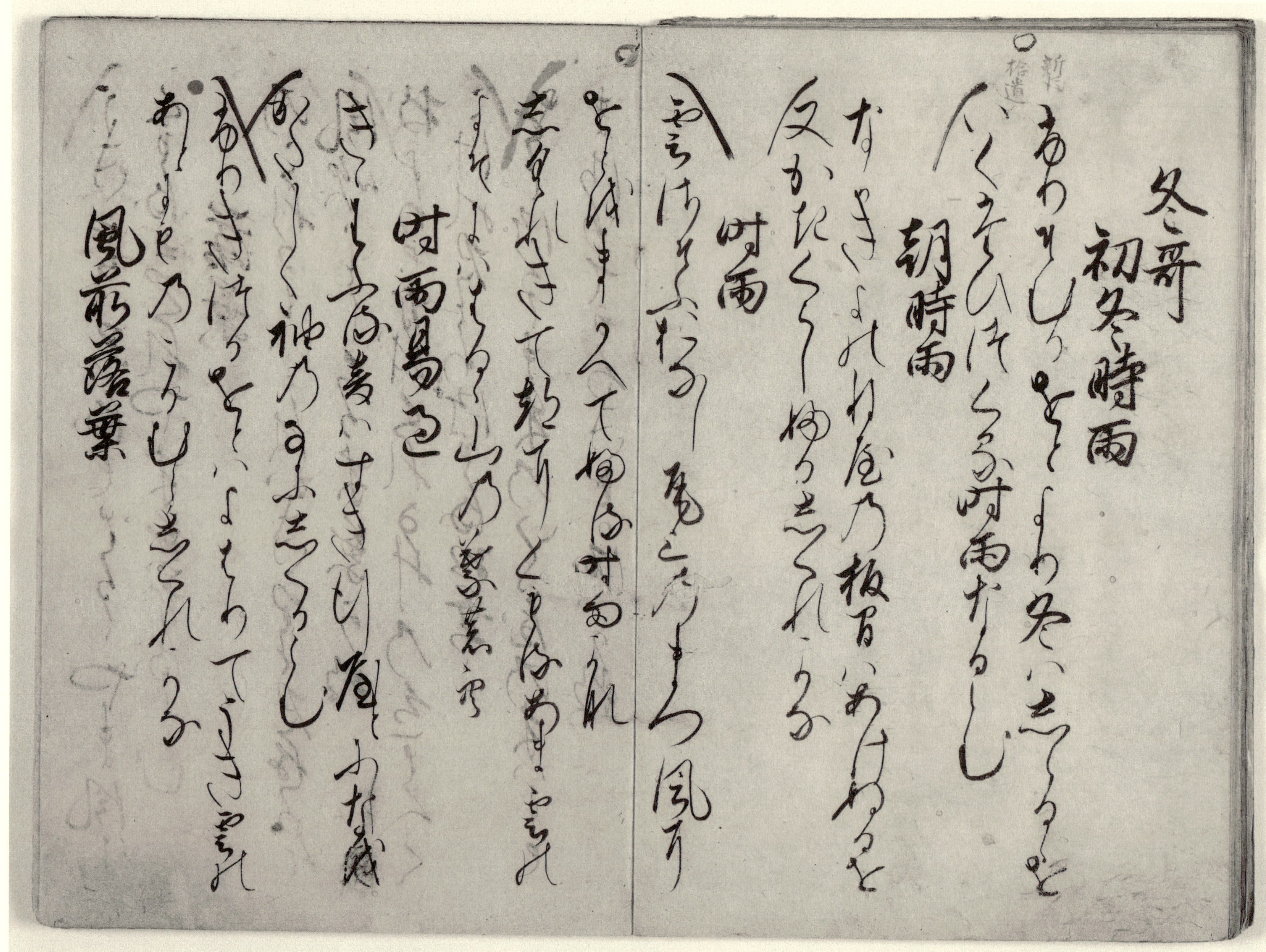

(33オ)　(32ウ)

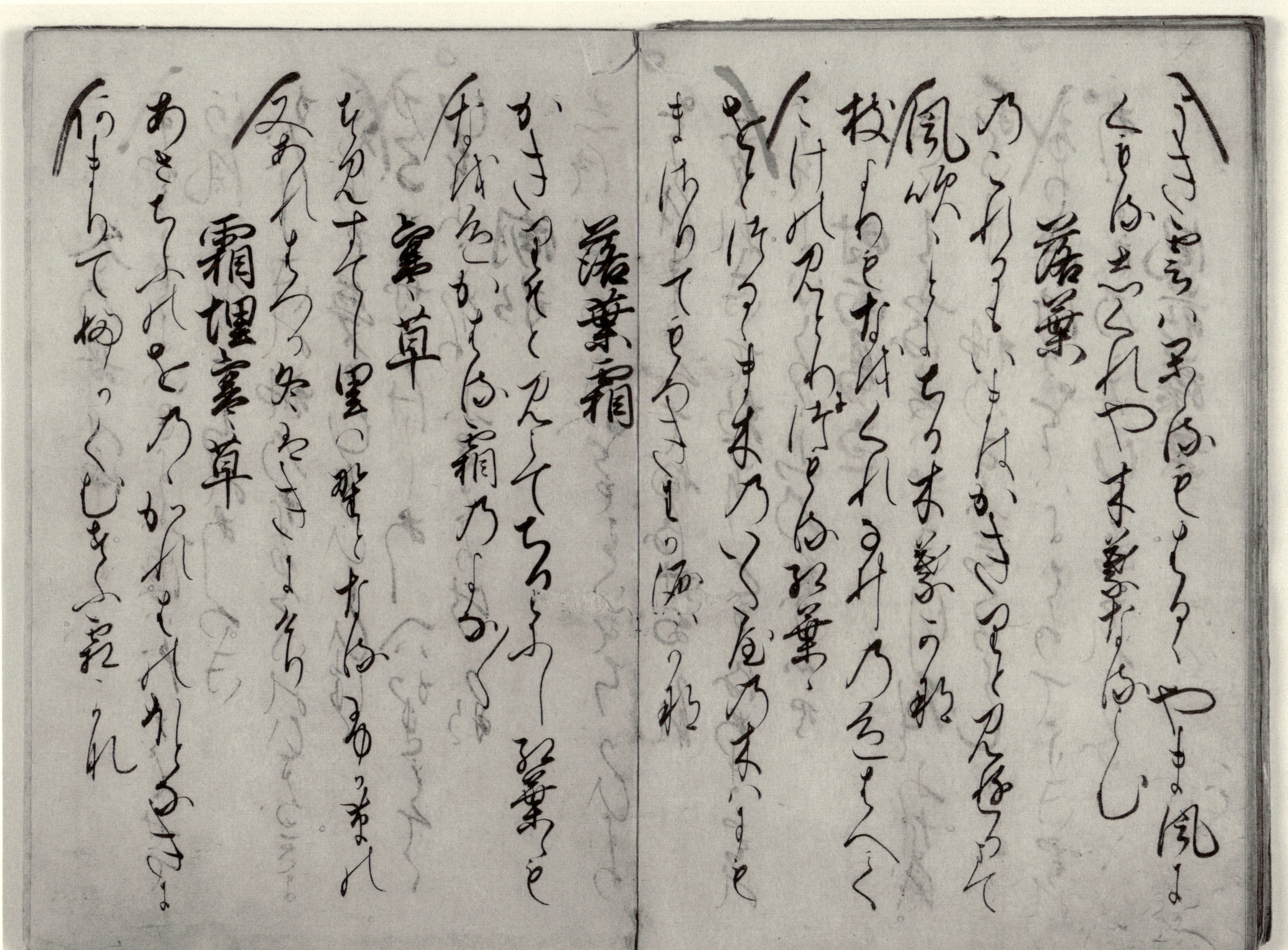

（34オ）　（33ウ）

B　A　A　B　A

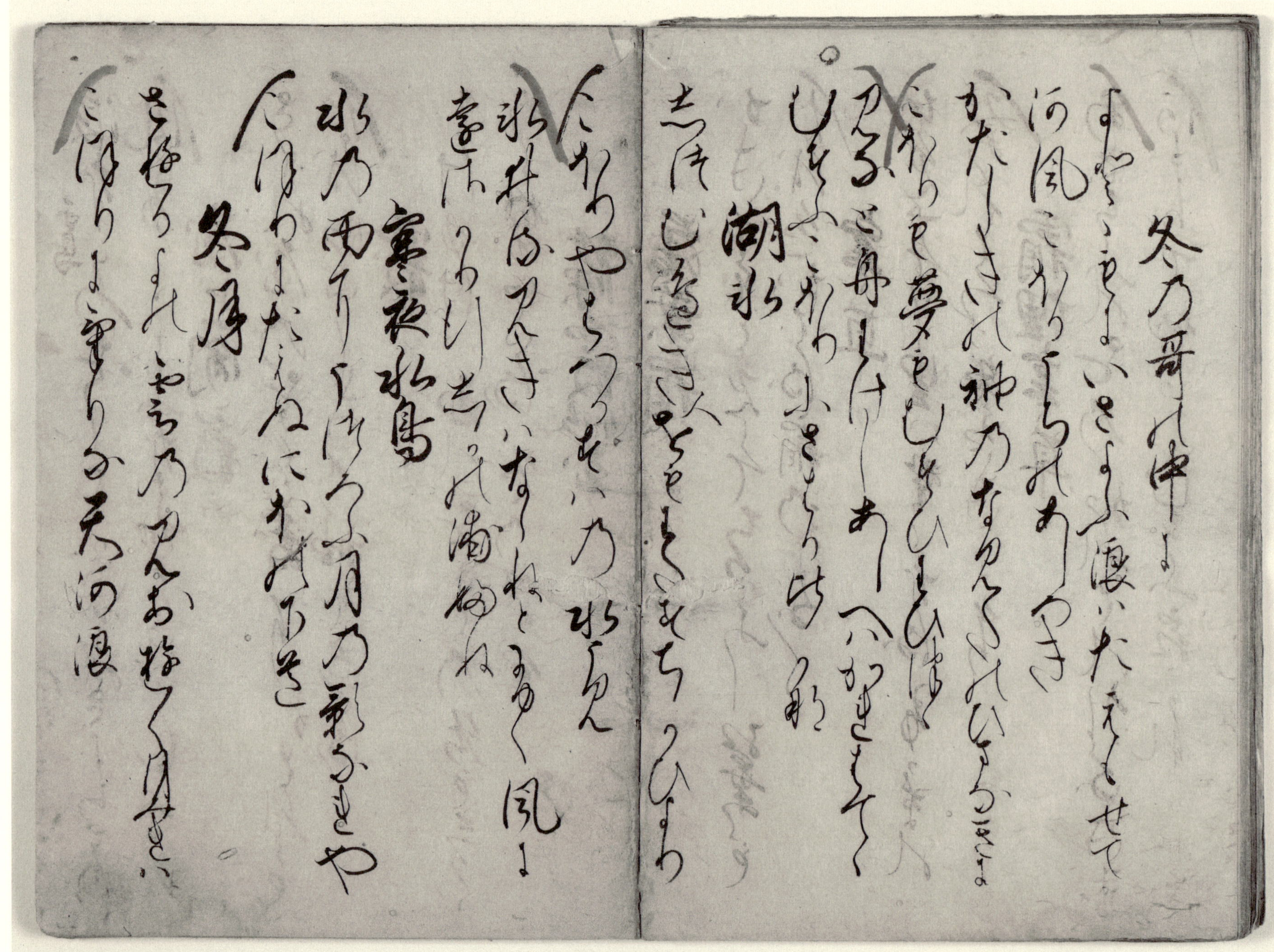

（35オ）　（34ウ）

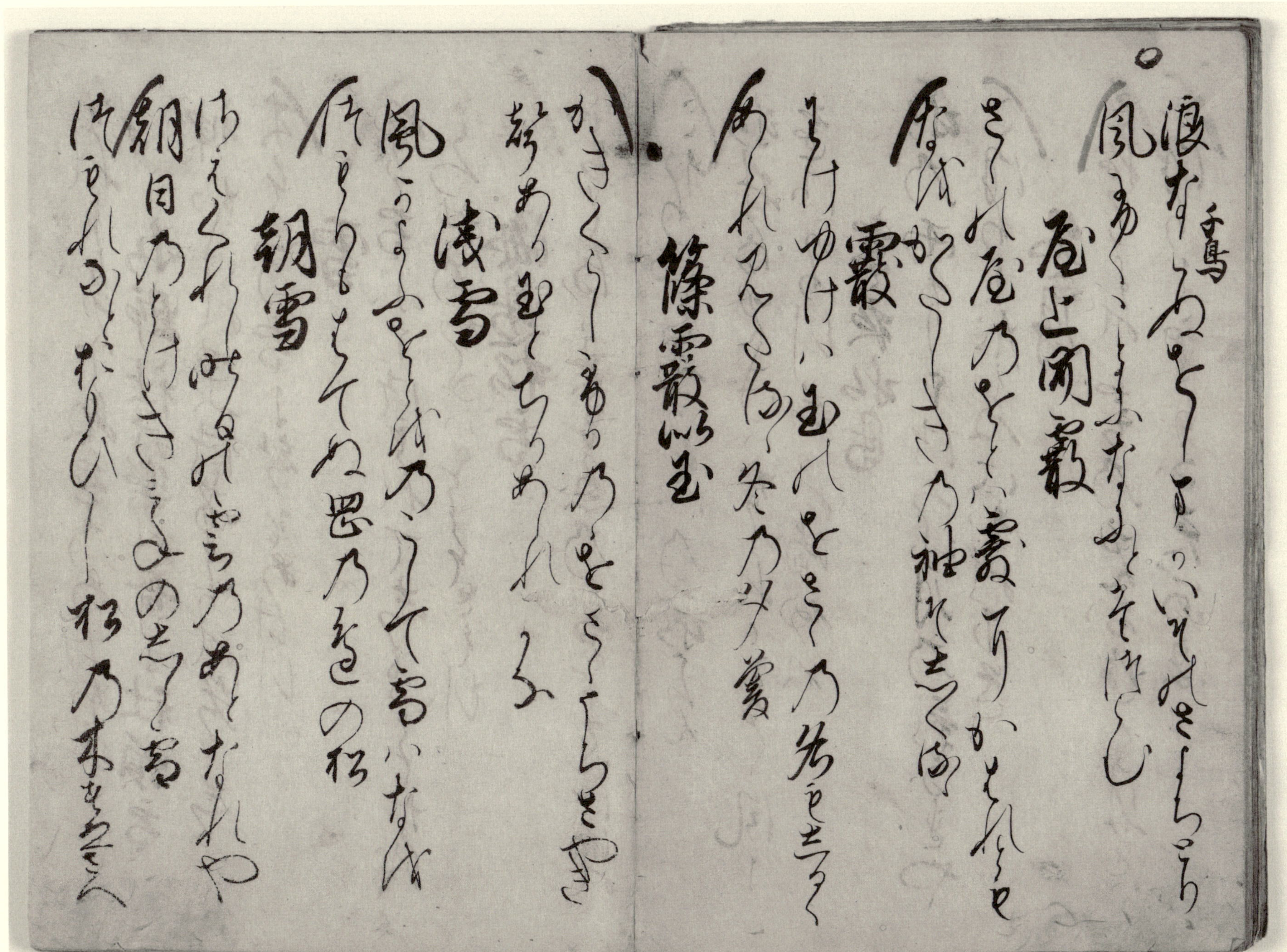

（36オ）

（35ウ）

C　　A　　B

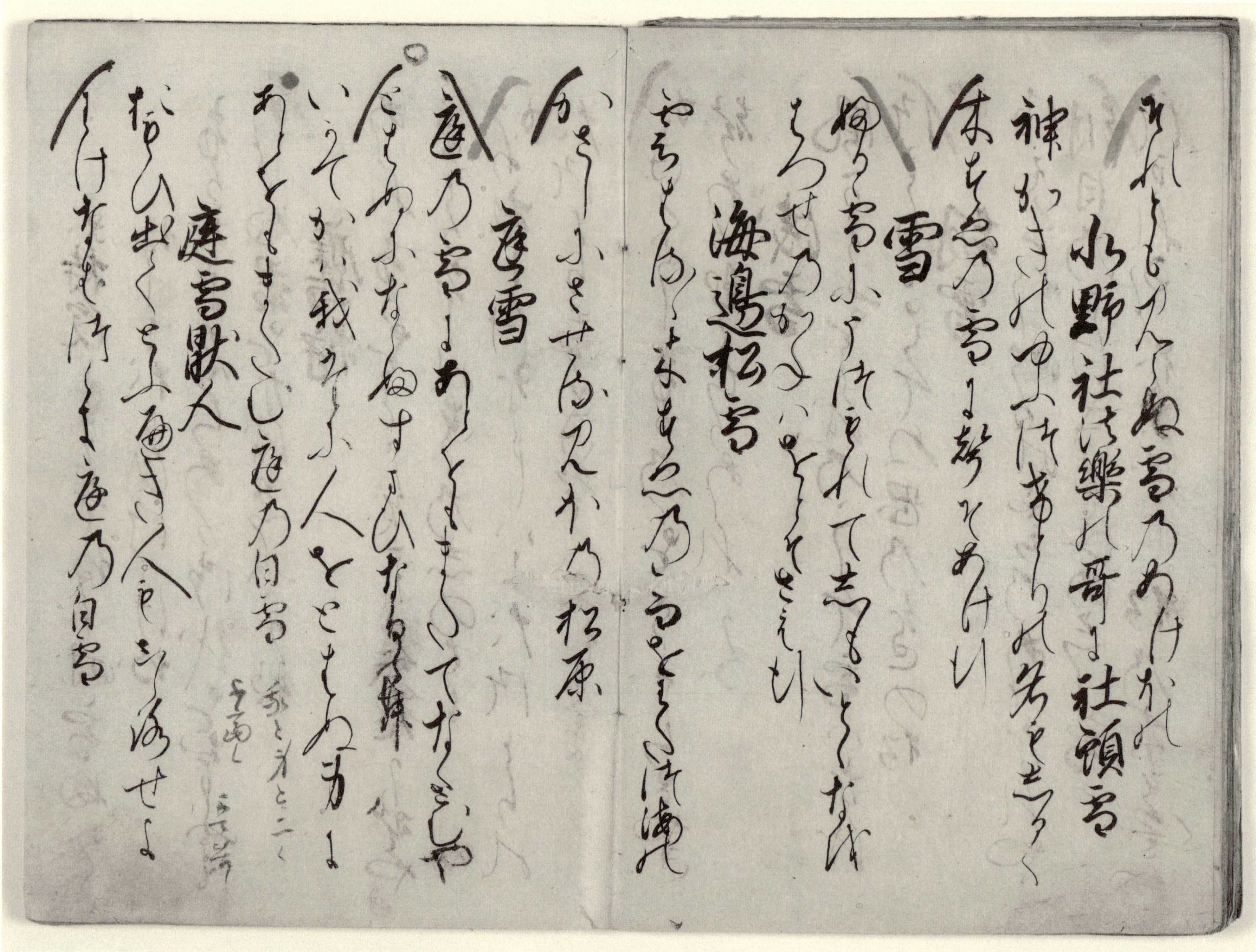

（37オ）　　（36ウ）

A　A　A

お持従よまんて侍し時寄梅かく
侍しよたりしひ侍りけ侍
ありつる富よみえらあらはるゝ代々とおもふらし
あふ梅君をとなへは千代まてふる松

鷹狩

あれあらそふとこれまてのくれ見えのかりや
草とりそてぬれまくの志のもとゝ
かりころもたけなすしはしたかれとられ
たれよりまさき狩人のかたち草

(37ウ)

武蔵守師直左大臣家によく

七百首哥よませ給し時

いまはせしこの乃そら草たえとかまふ
夕霜しをふうるれ見んわも

交野冬

狩人乃かり衣ころもに見えかたちしもふ
夕霜もあふよの河風

神楽

ゆふふふやうけ乃庭火かけあけく

(38オ)

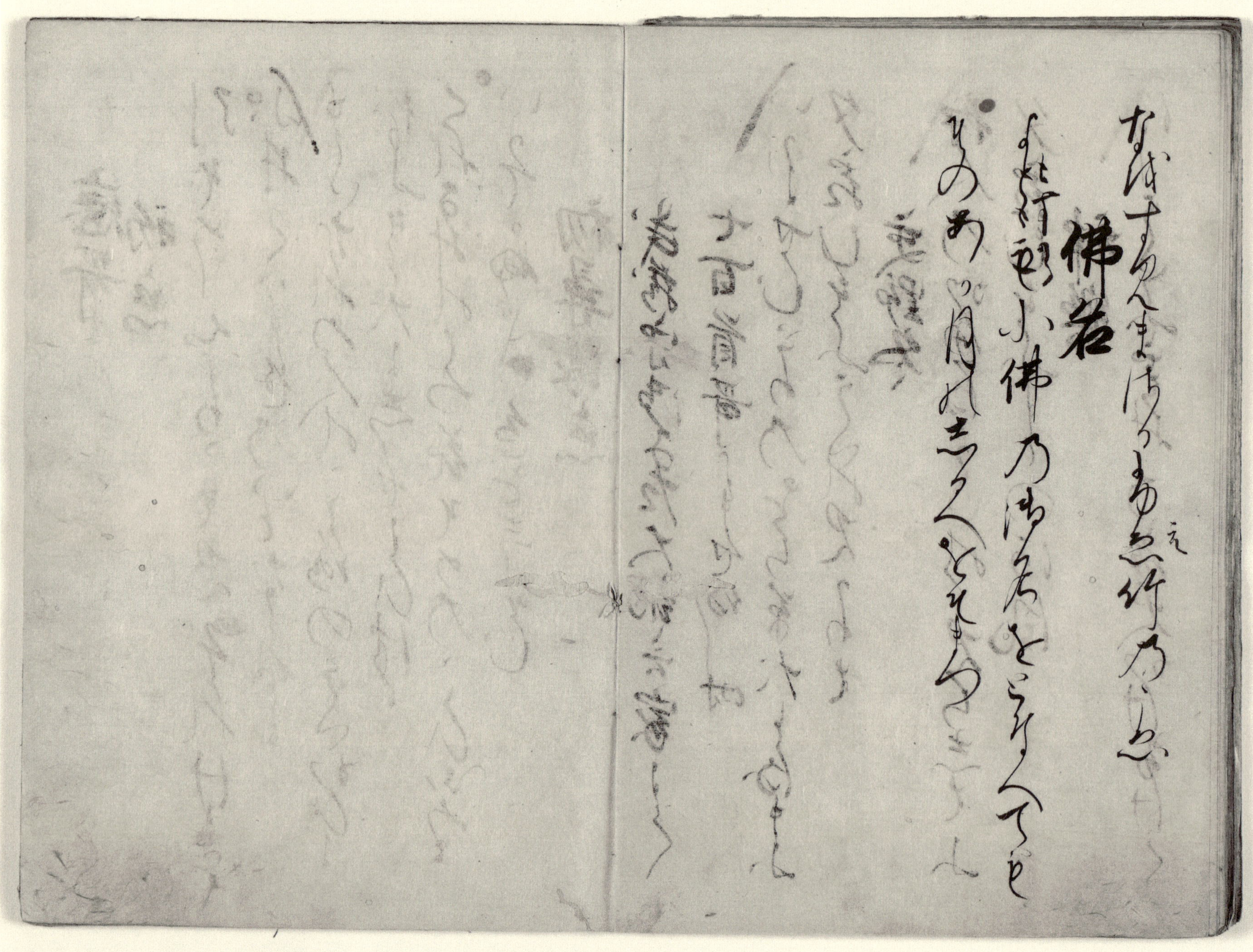

（39オ）　（38ウ）

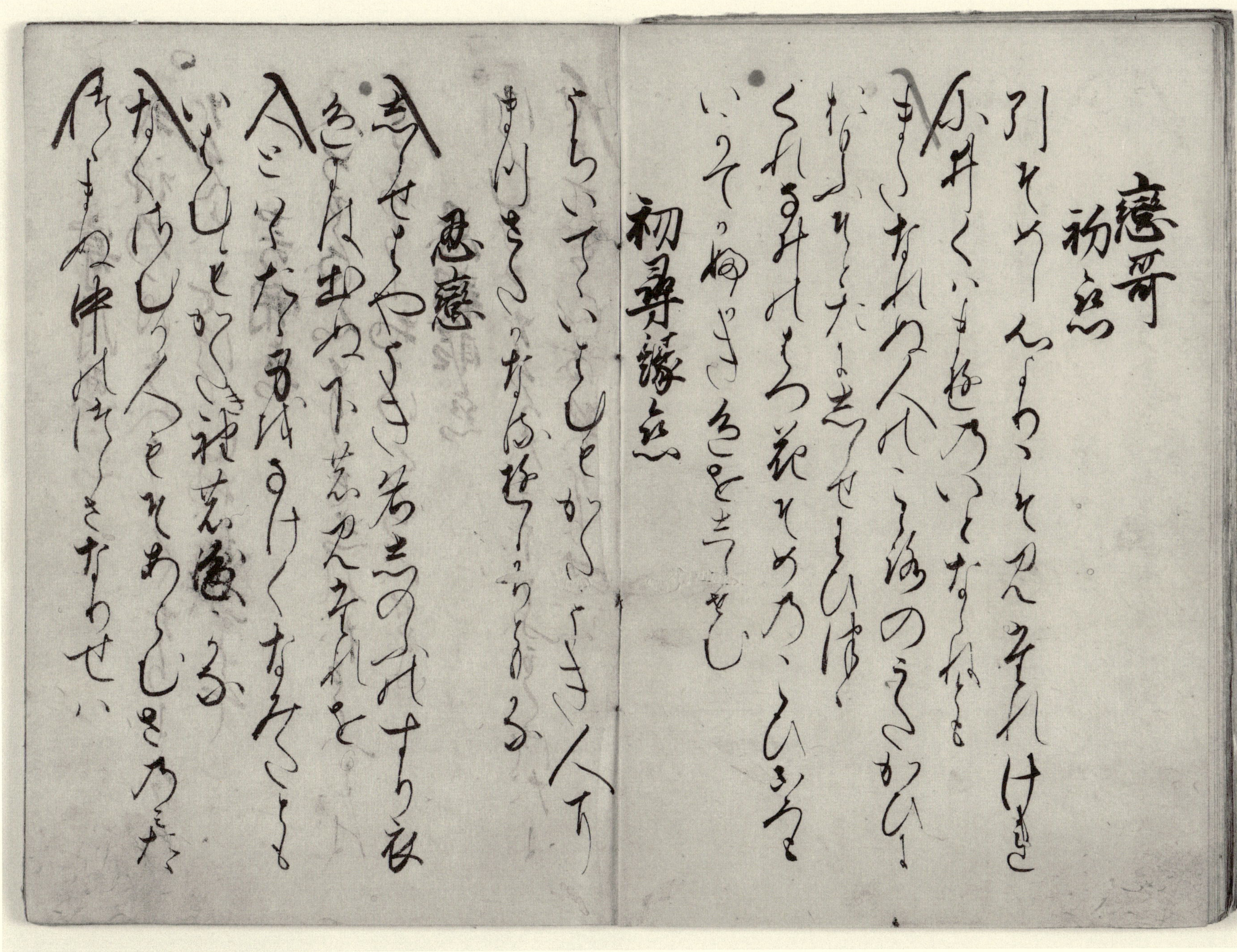
恋哥
初恋
初尋縁恋
忍恋

A　　A　A　　A

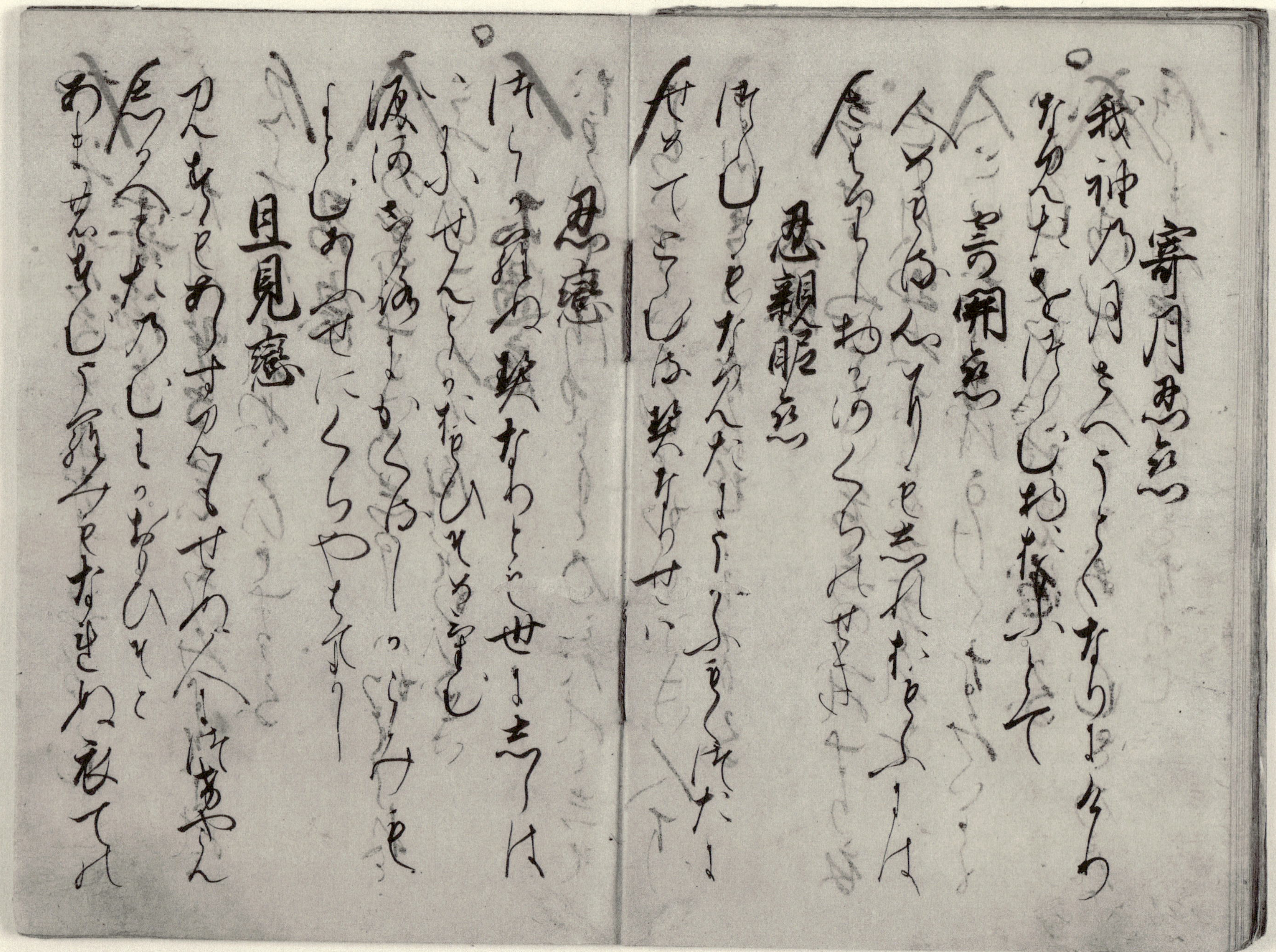

（41オ）　　（40ウ）

A　C

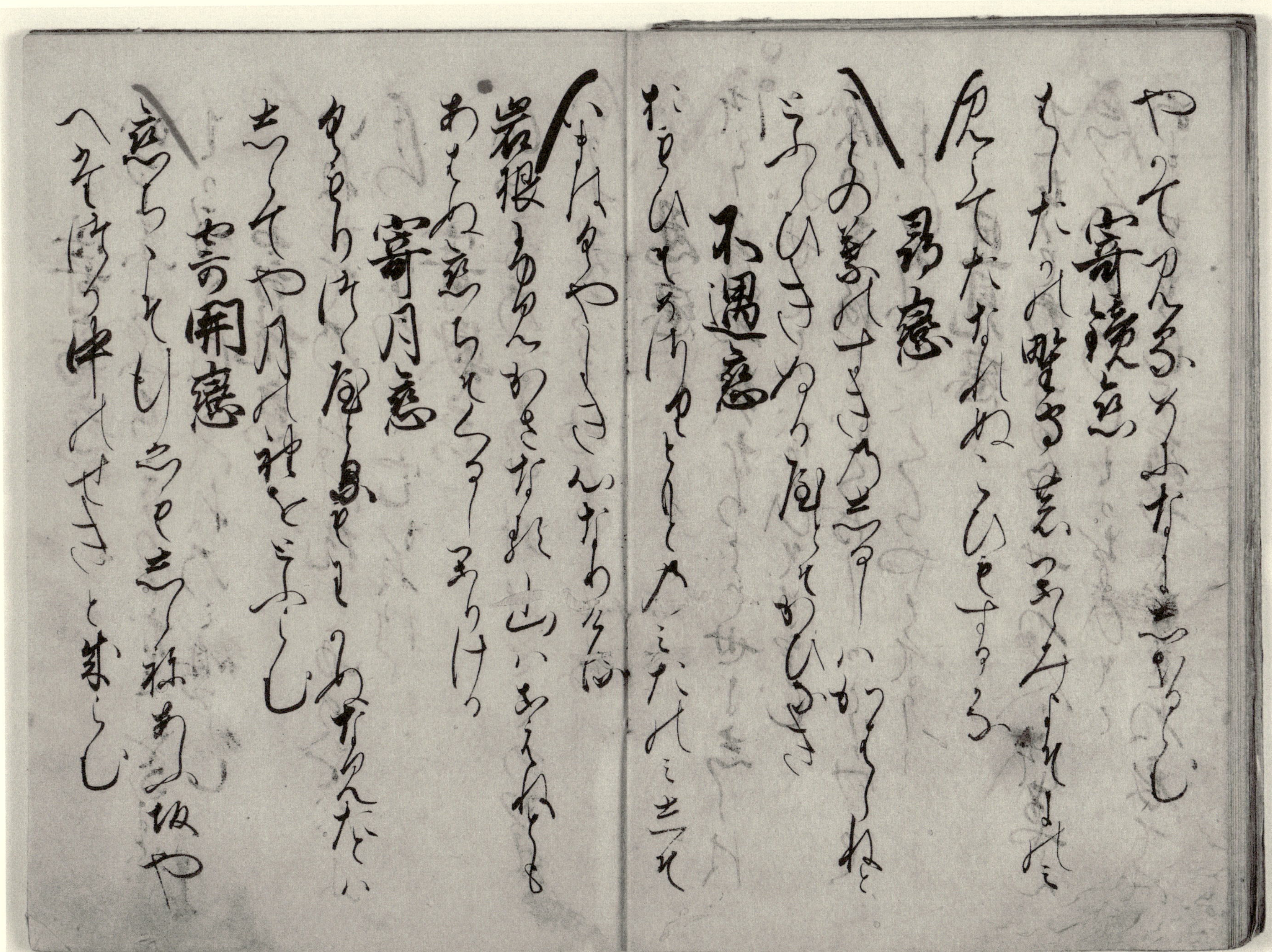

（42オ）　（41ウ）

C　　A　　A

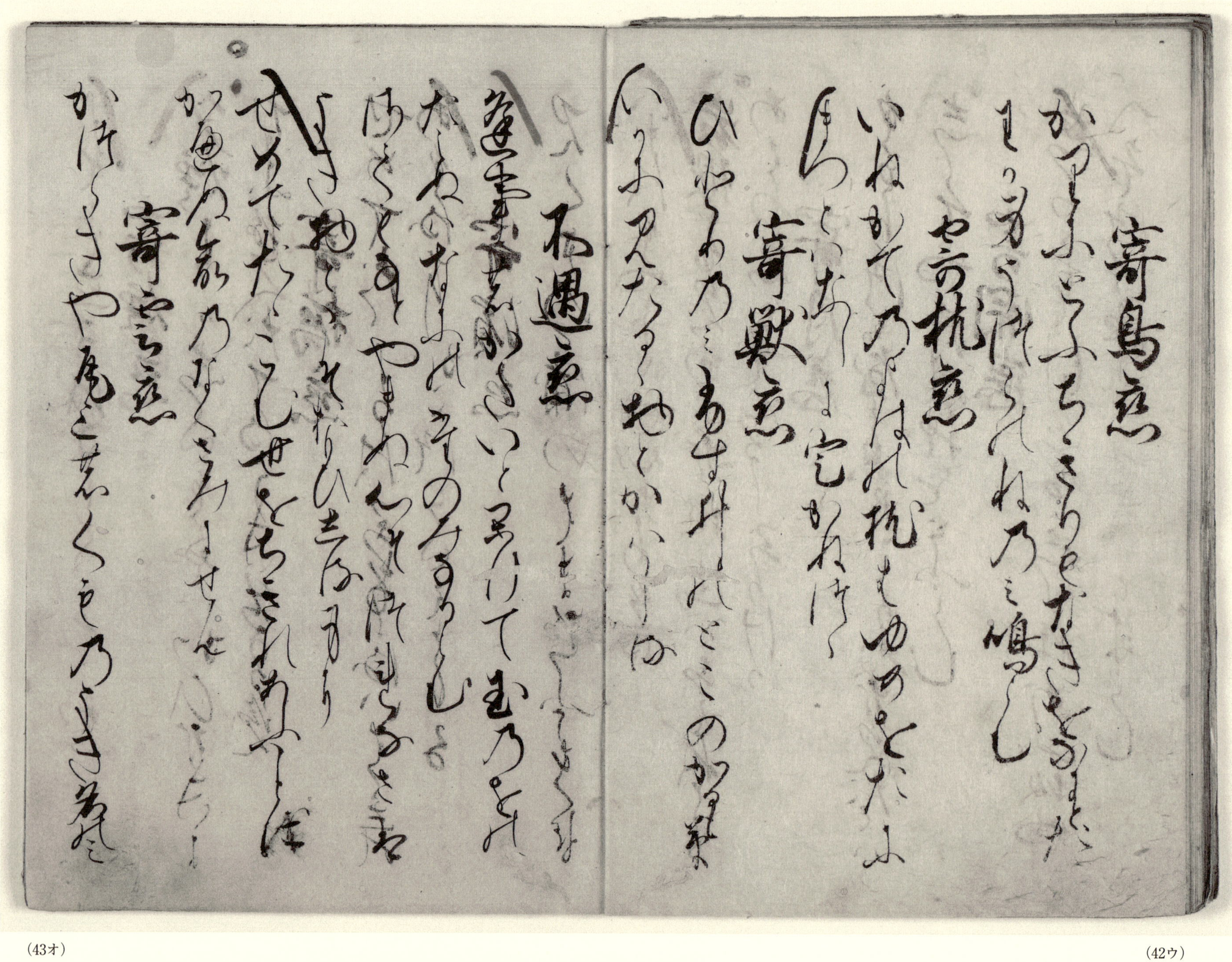

(43オ)　　(42ウ)

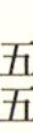

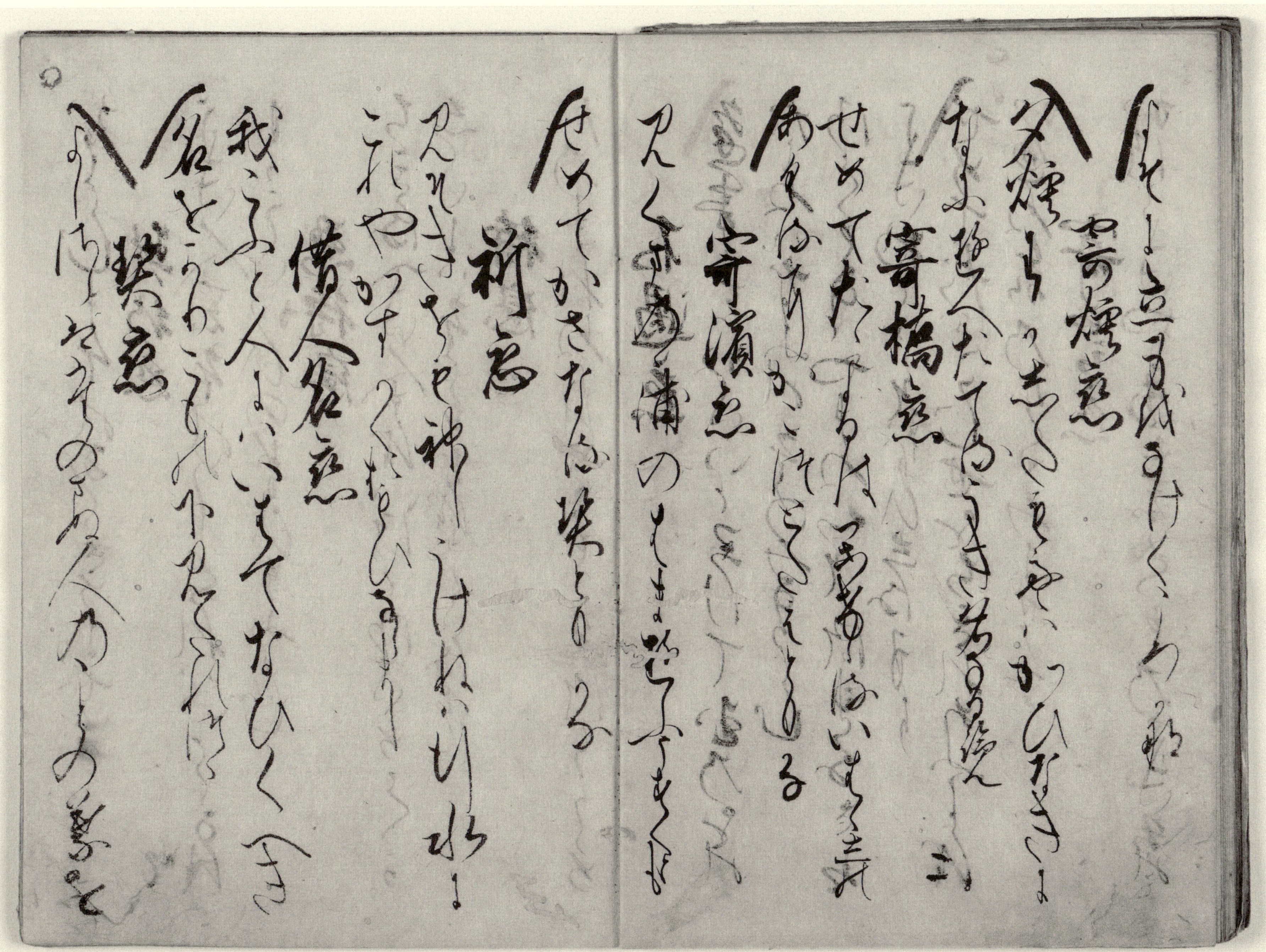

（44オ）　（43ウ）

A

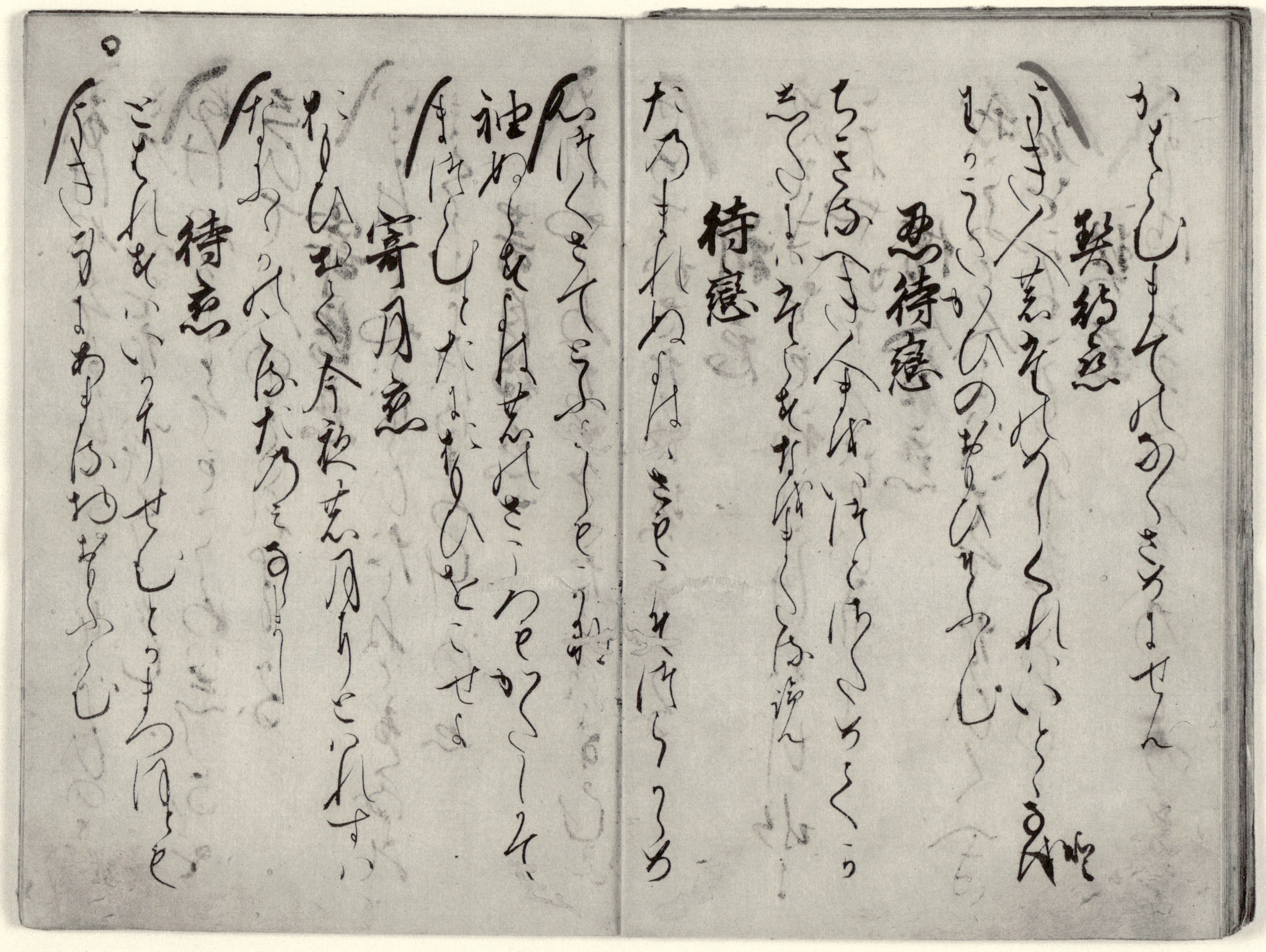

（45オ）

（44ウ）

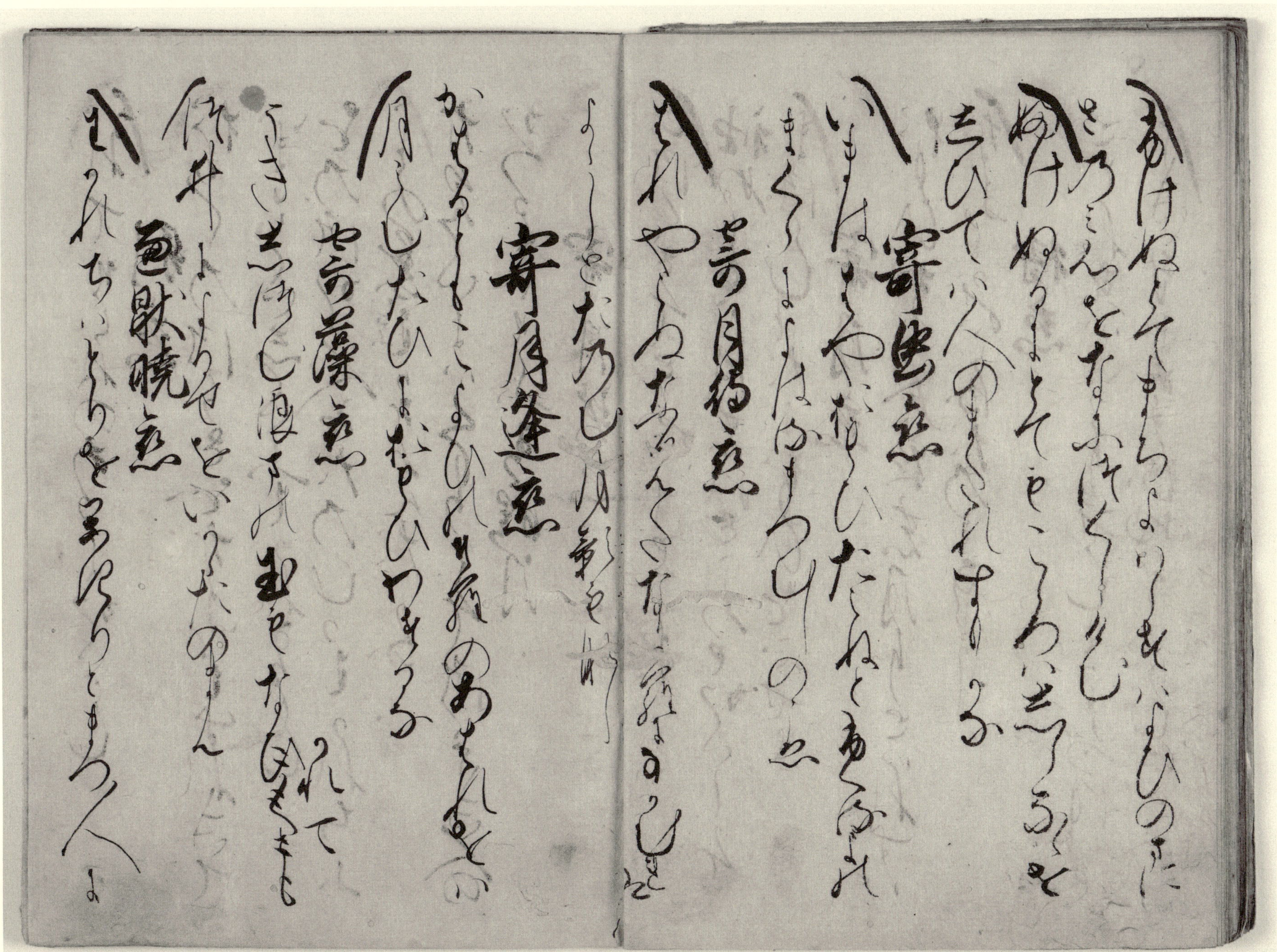

C　　B　C

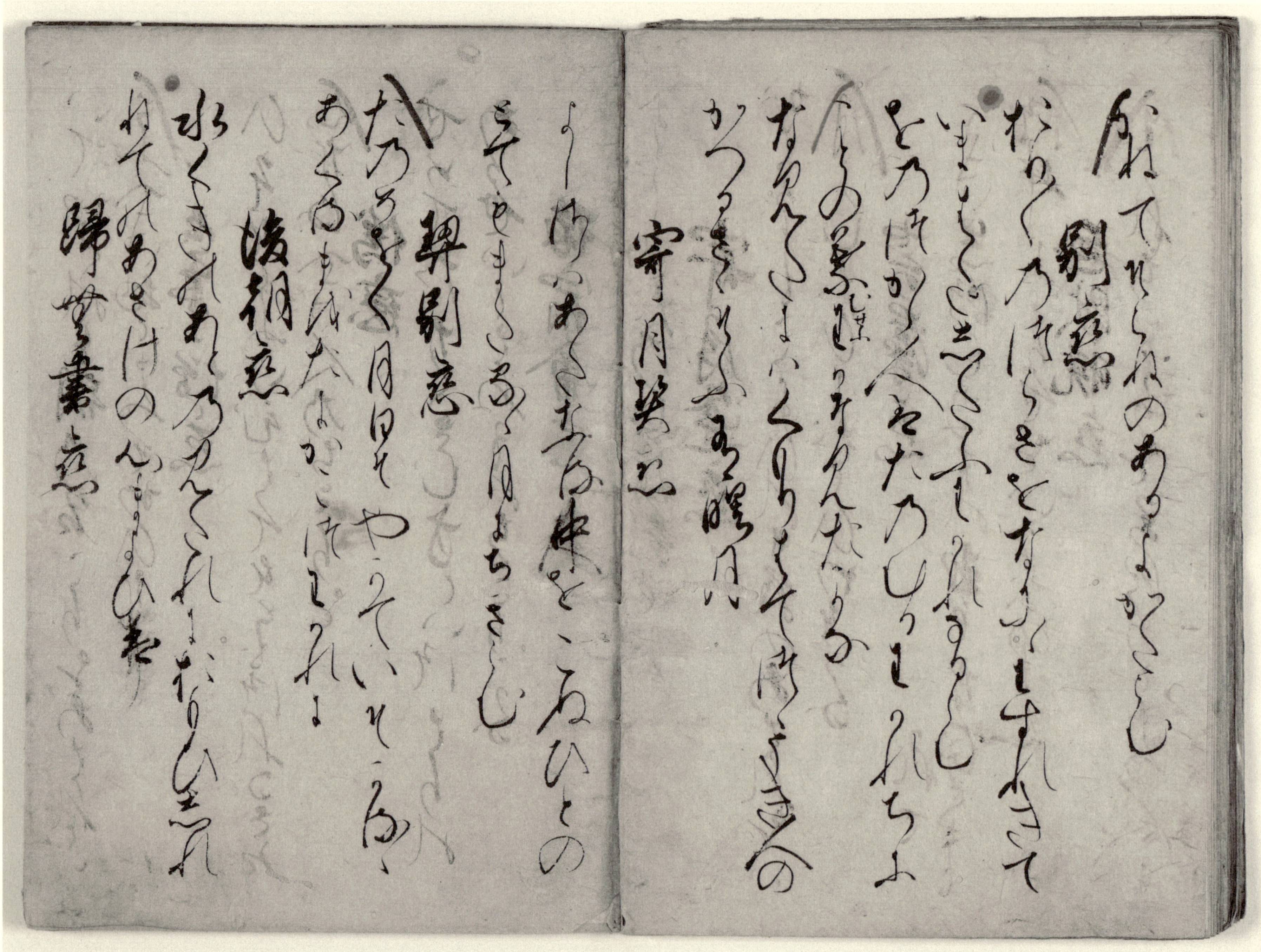

（47オ）　（46ウ）

C B A

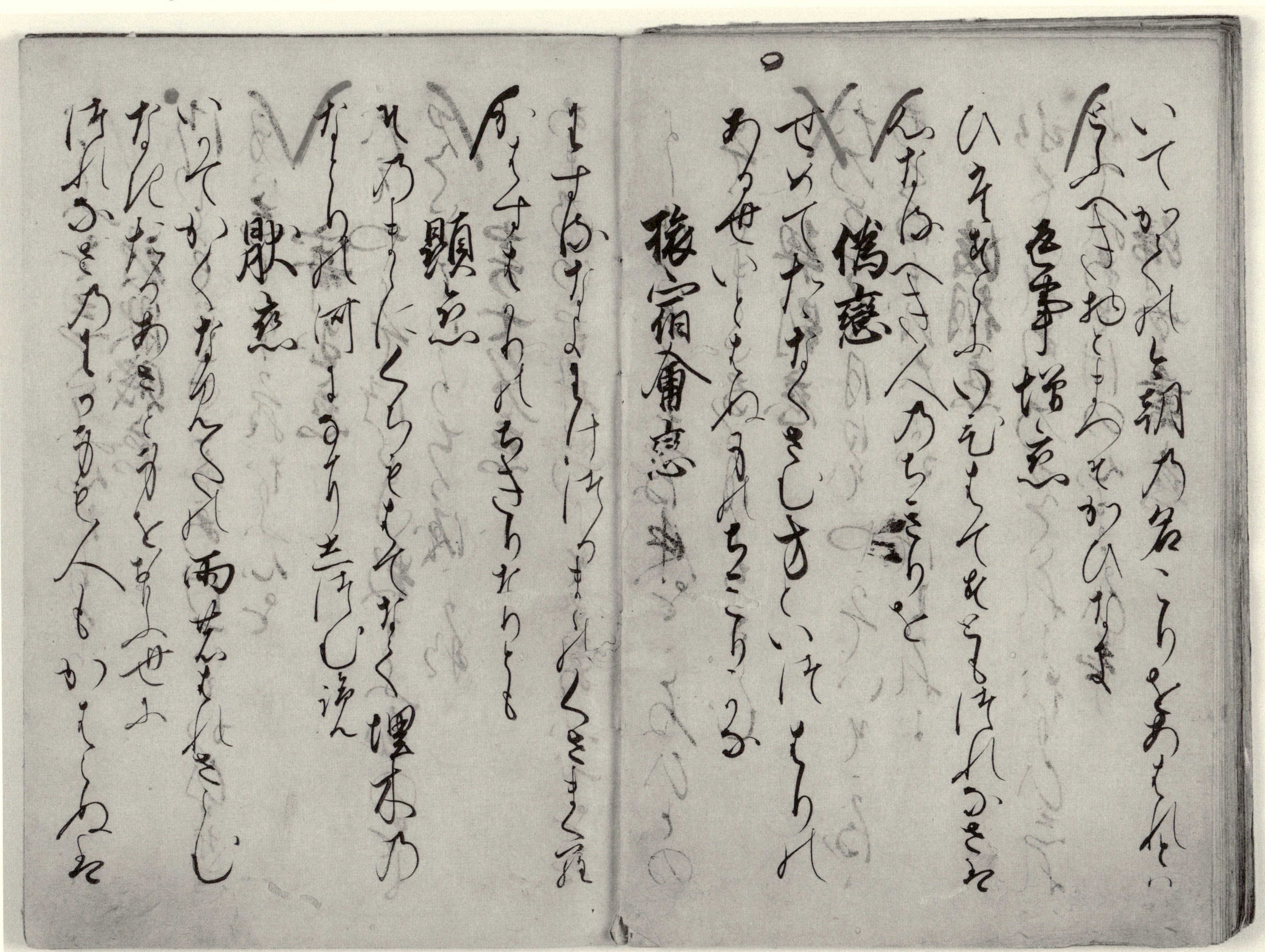

（48オ） （47ウ）

A　B　B

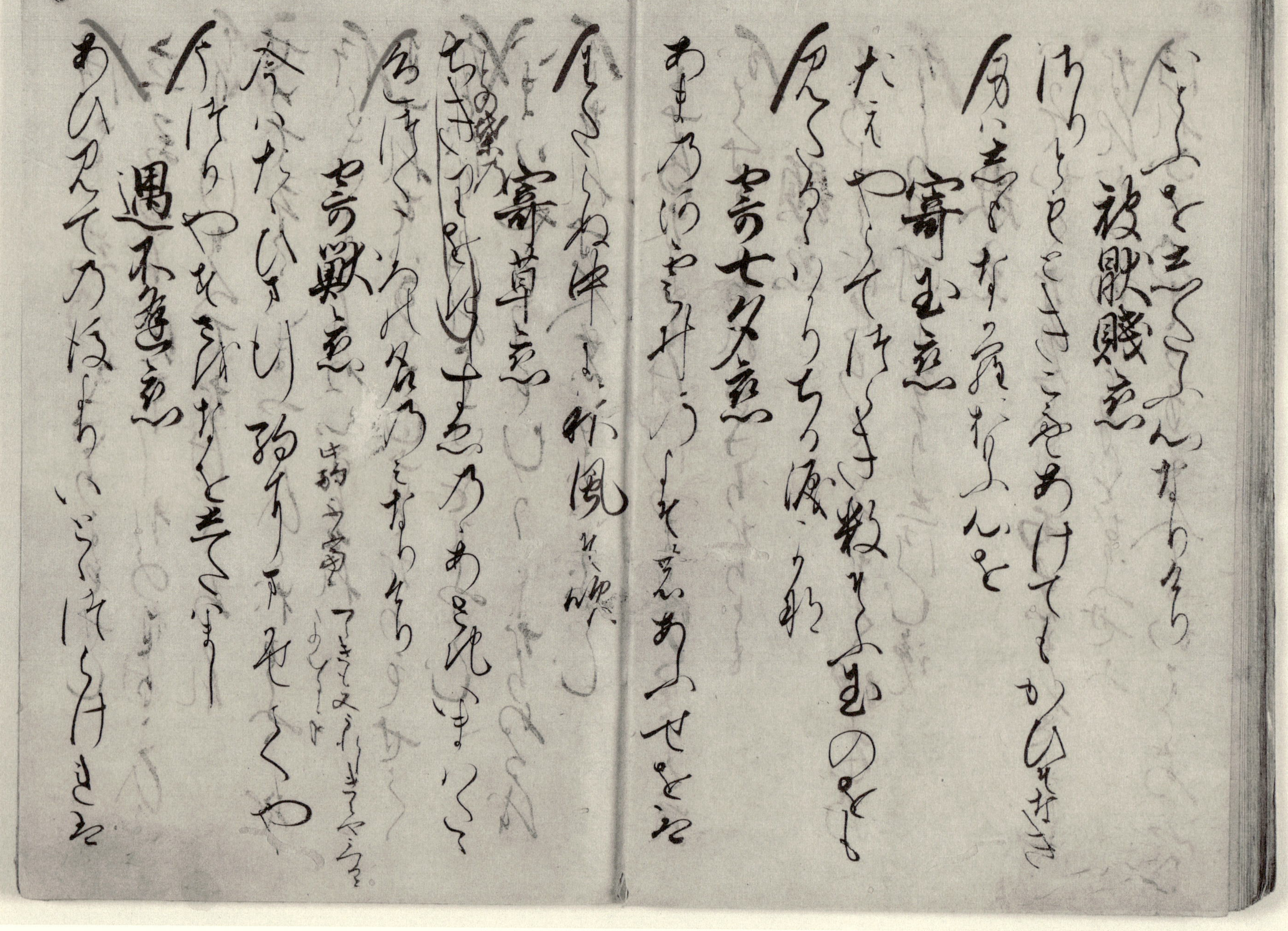

（49オ）　（48ウ）

C　　　　A

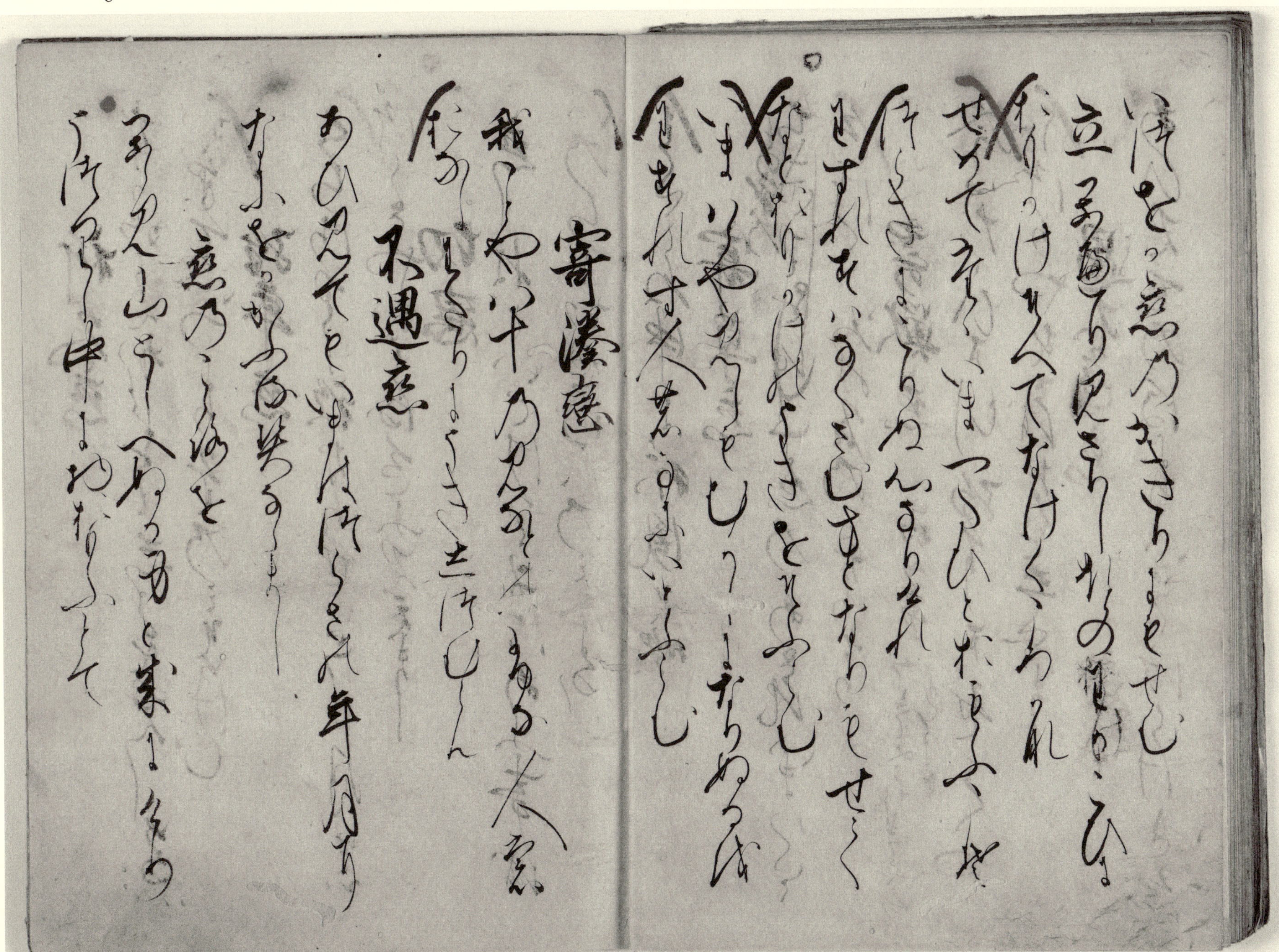

(50オ)　　(49ウ)

A

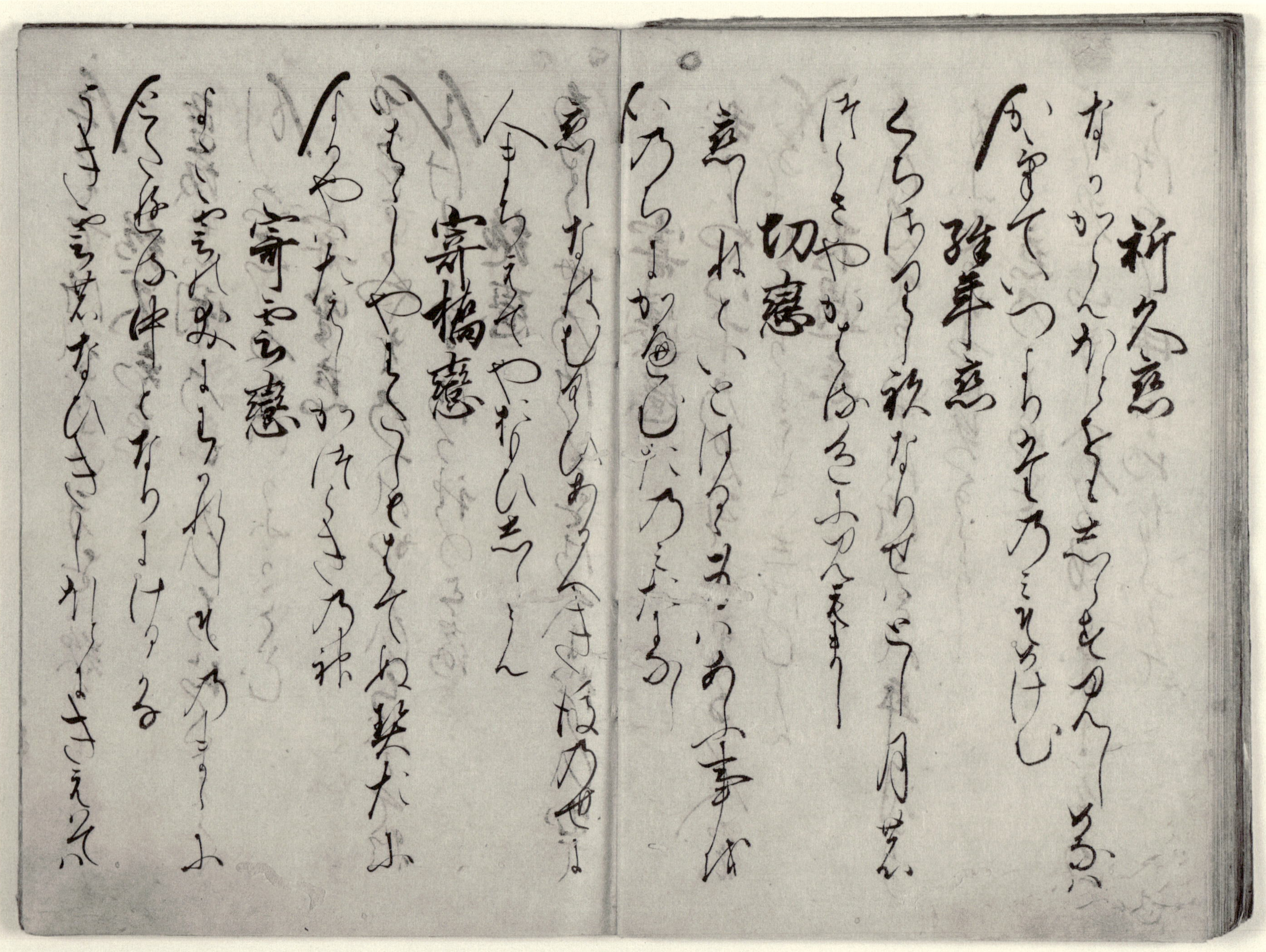

(51オ)　(50ウ)

A

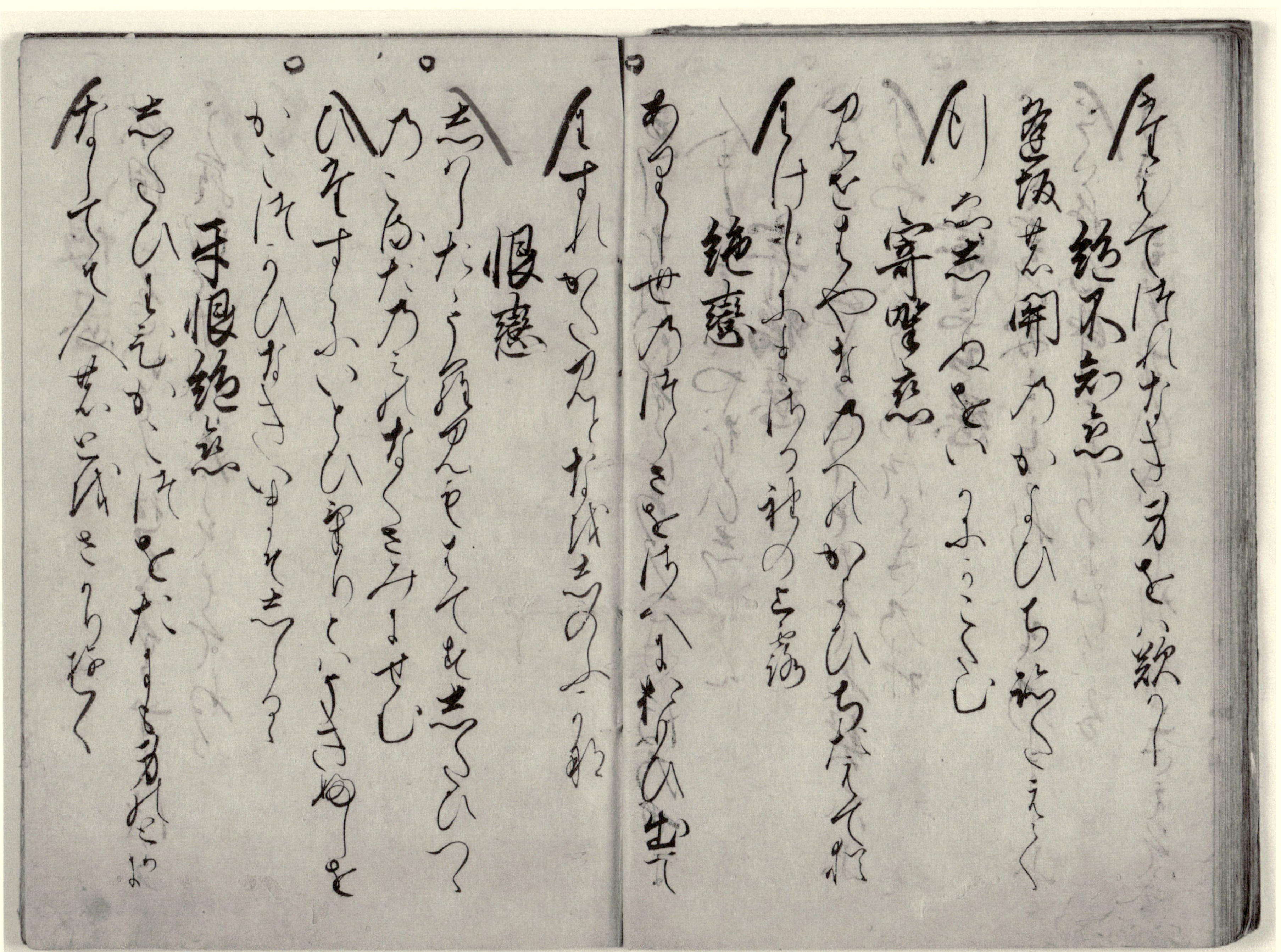

（52オ）　（51ウ）

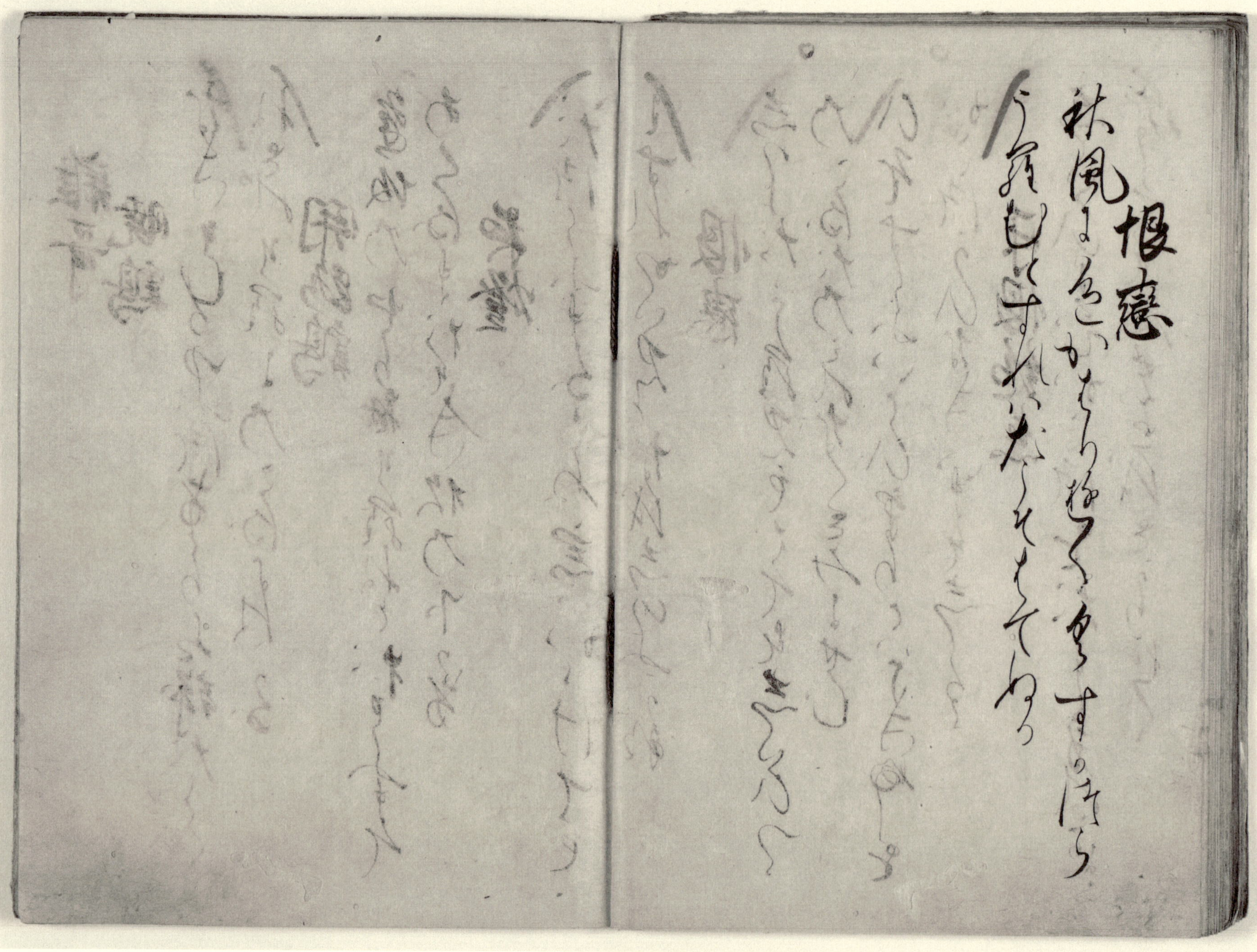

（53オ）

（52ウ）

B　A

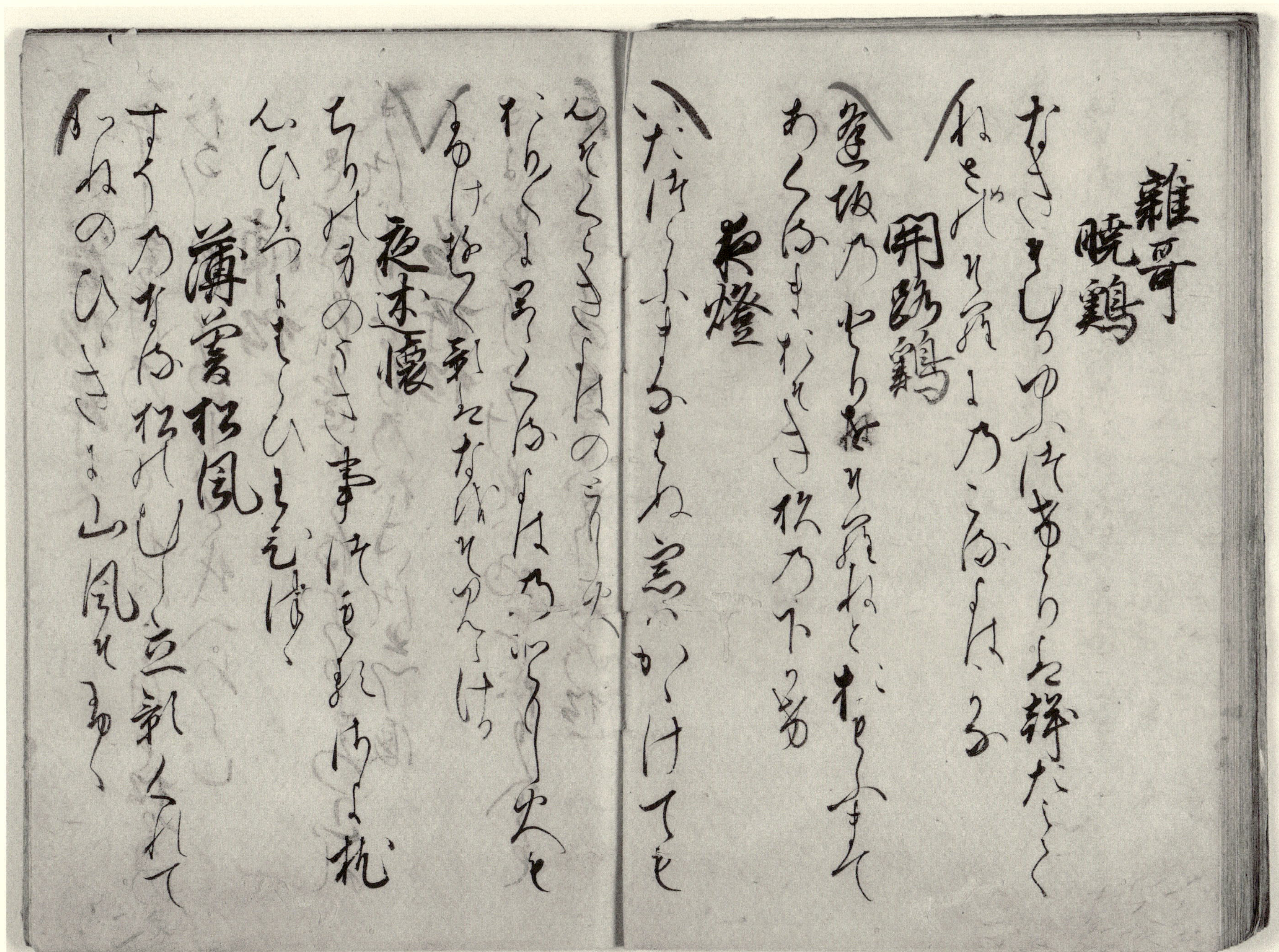
雑哥
暁鶏
関路鶏
夜燈
夜述懐
薄暮松風

(54オ)　(53ウ)

A

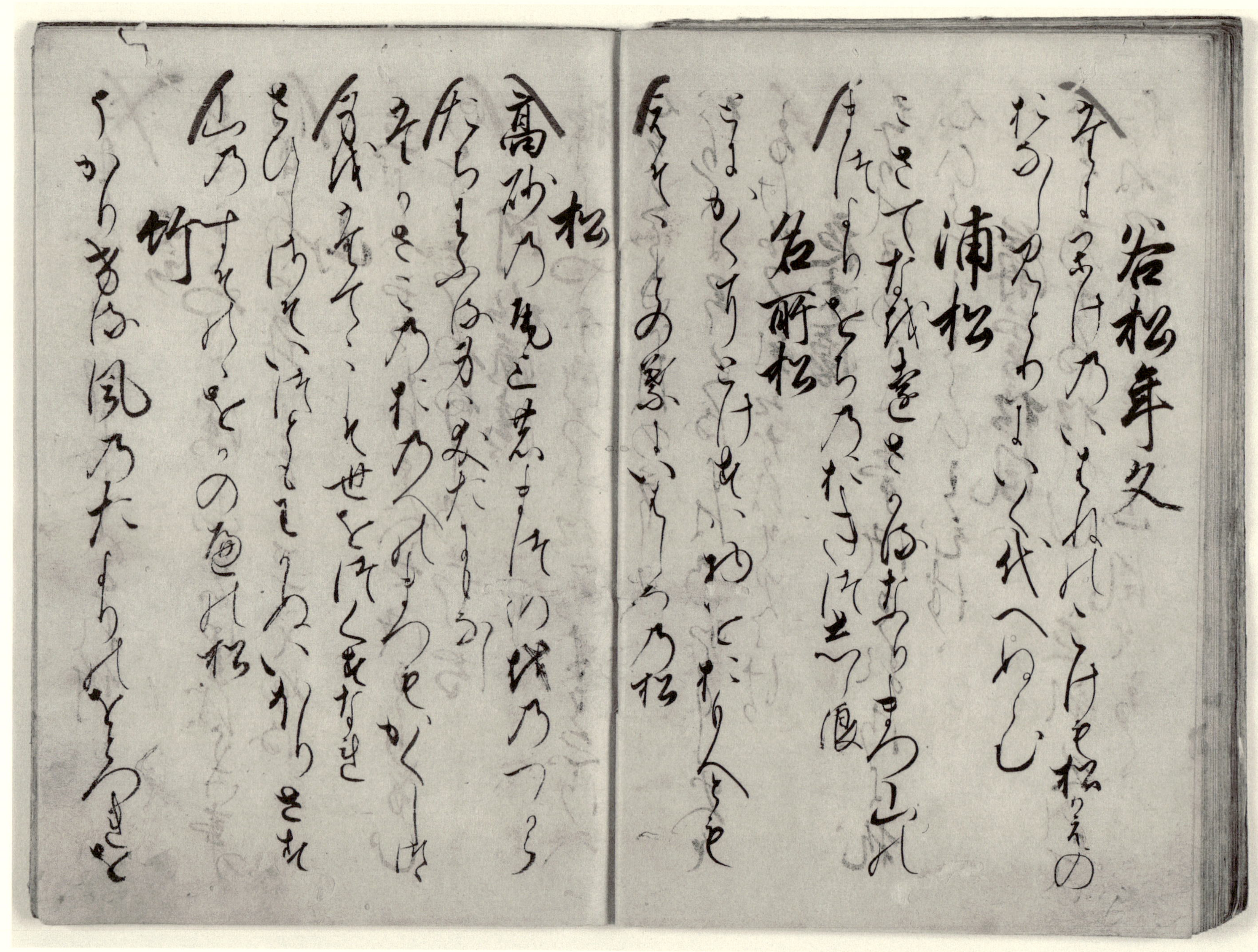

（55オ）　（54ウ）

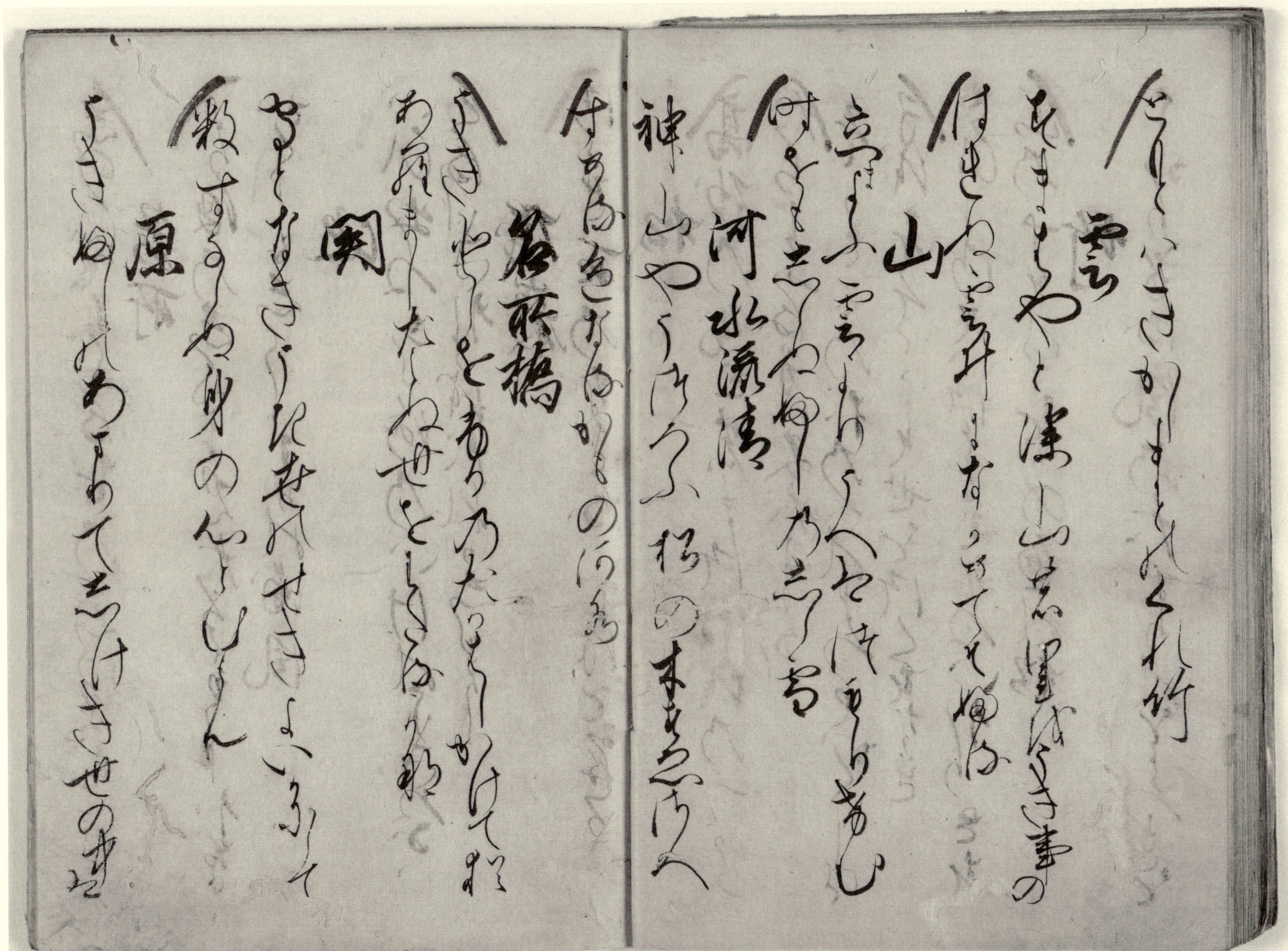

（56オ）　（55ウ）

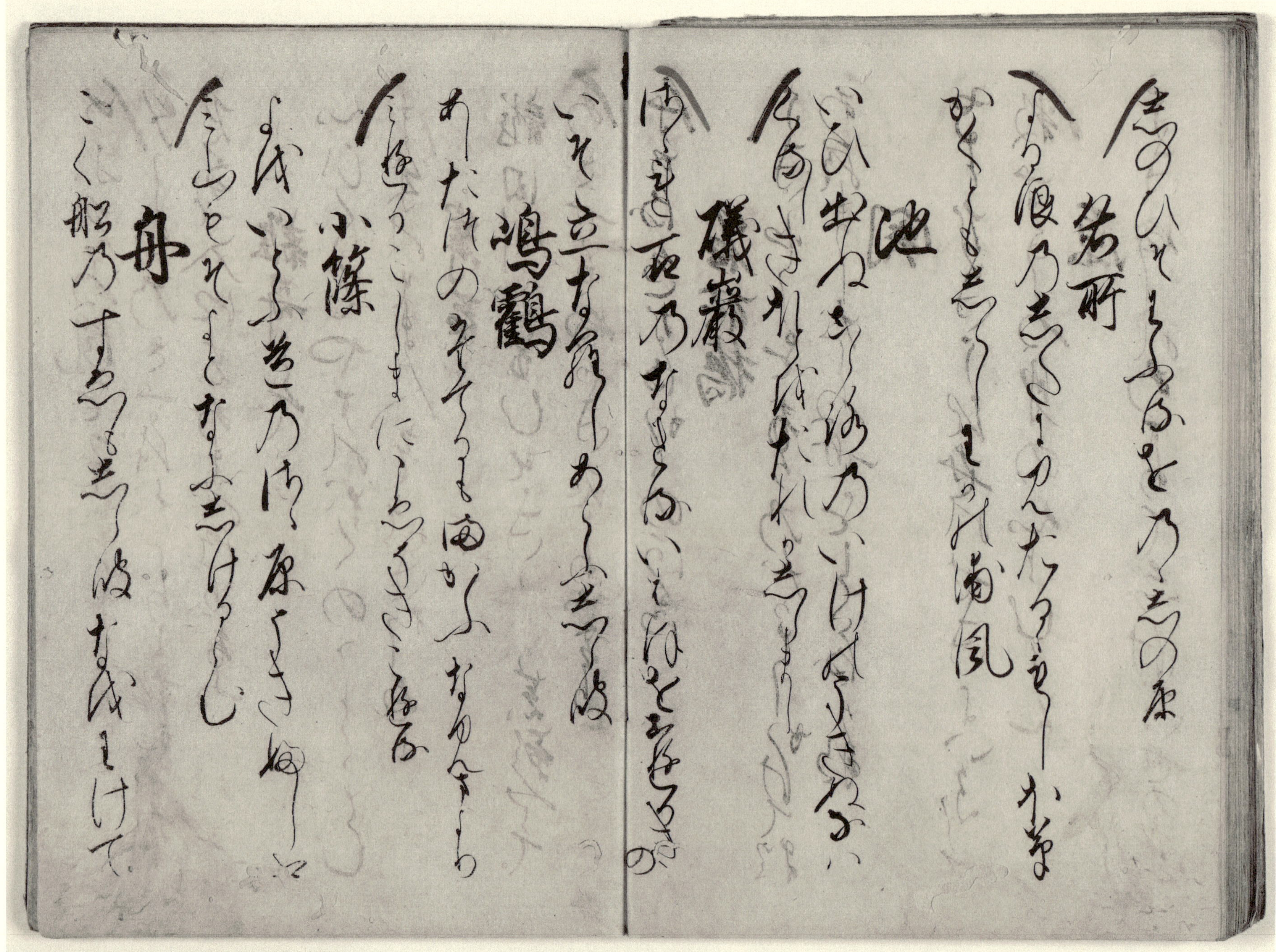

（57オ）　（56ウ）

A　　　　B　　　　A

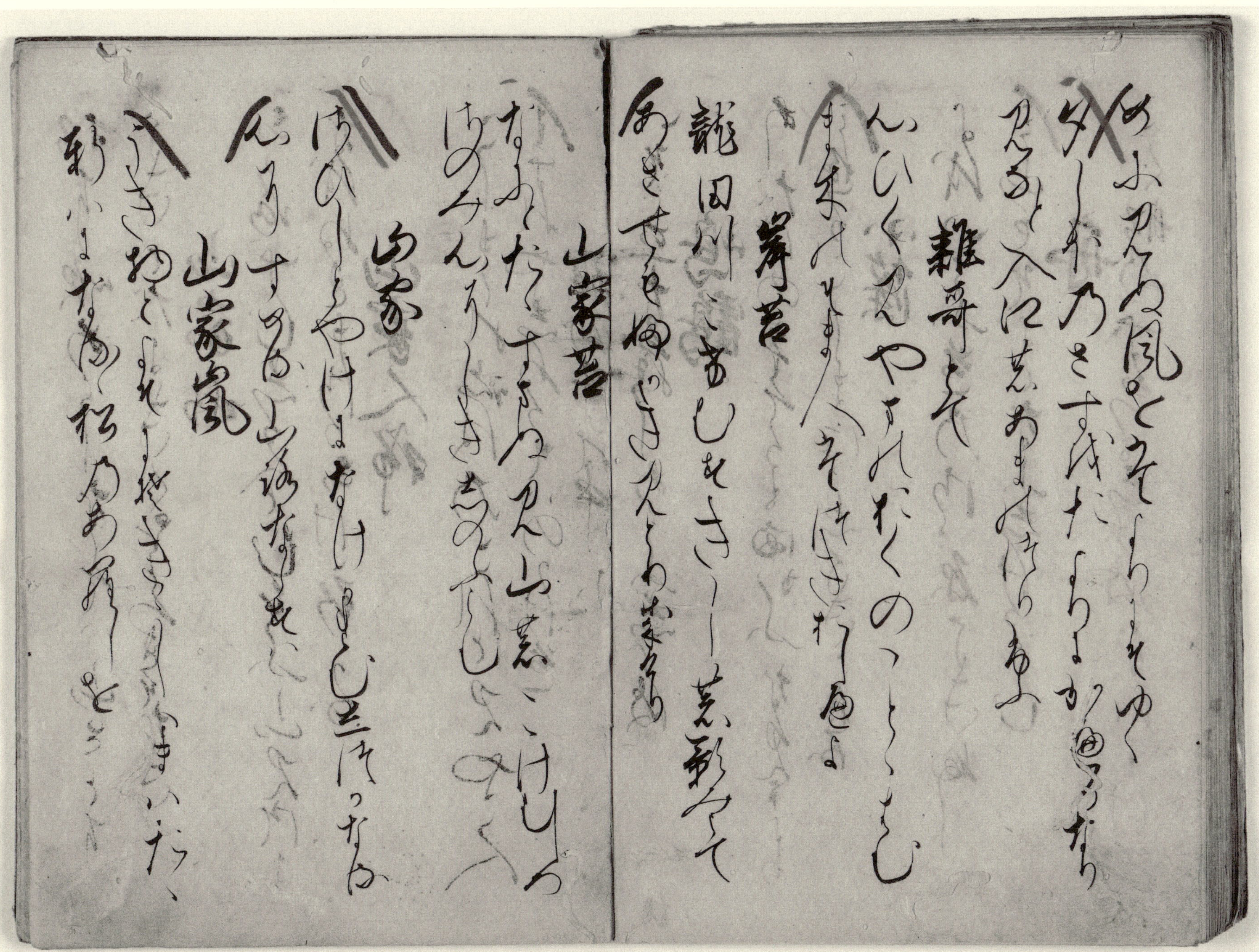

（58オ）　　　　（57ウ）

C　　A　　A

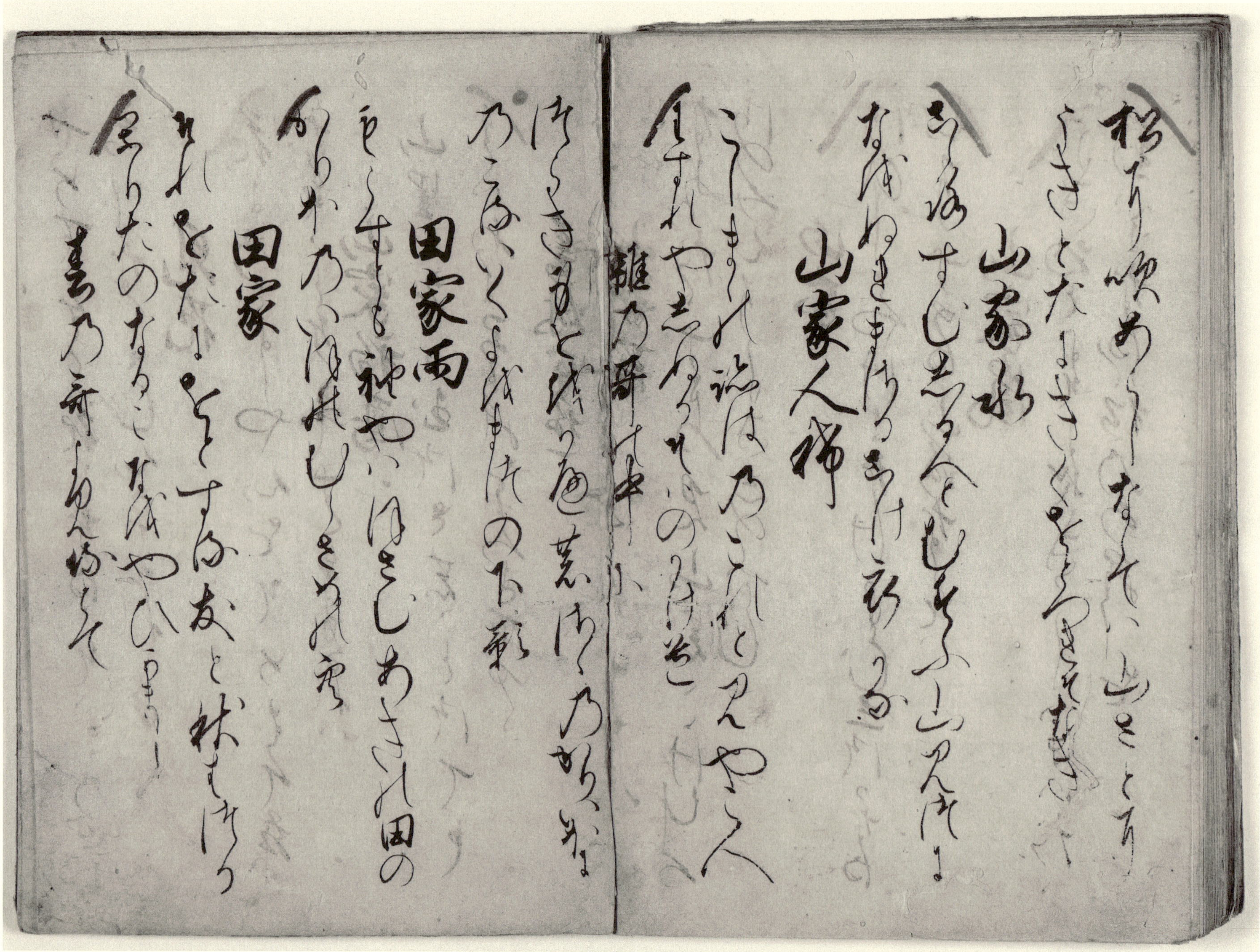

(59オ)　　(58ウ)

A　　A　　A

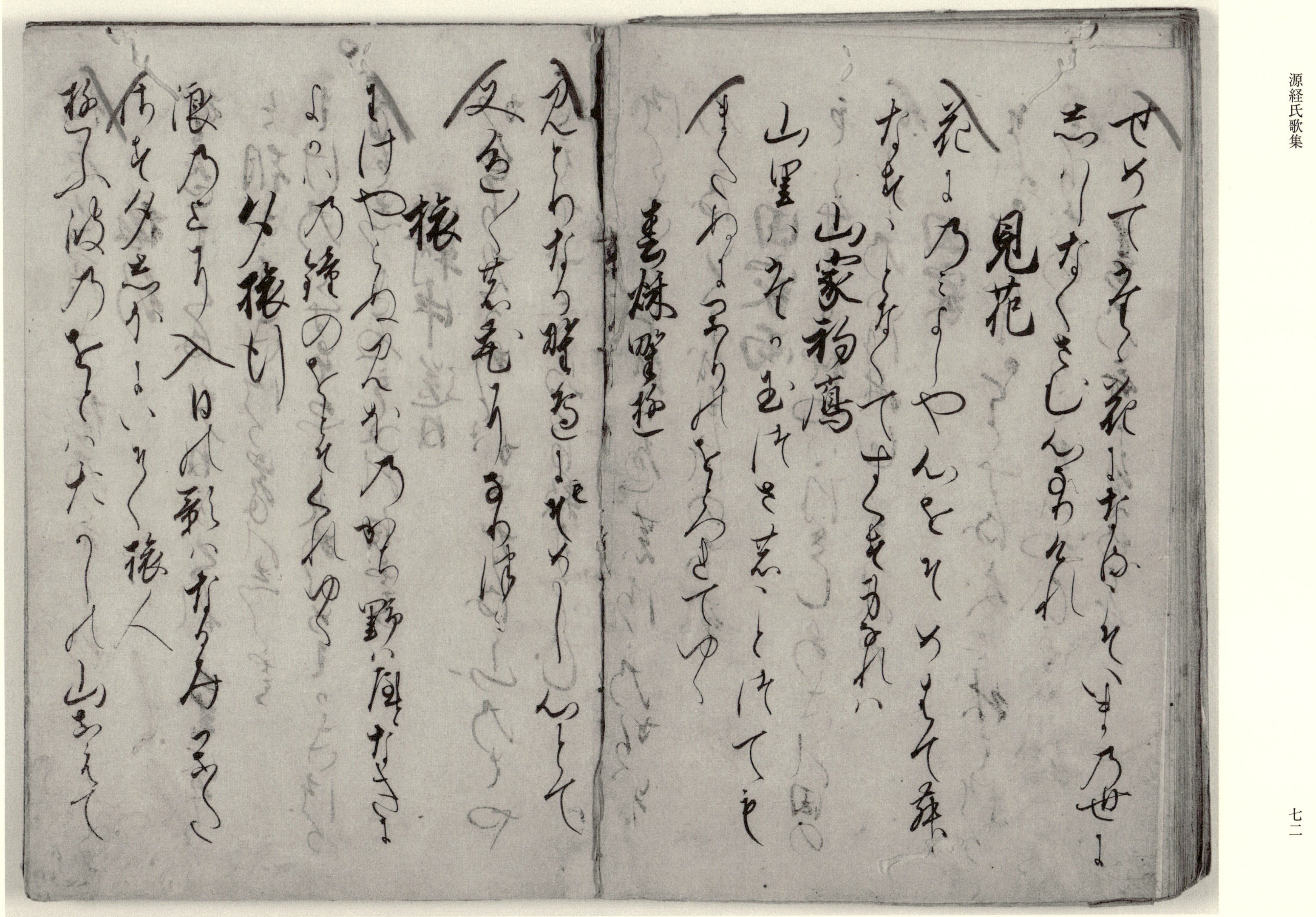

（60オ）　　（59ウ）

A　　A　　A

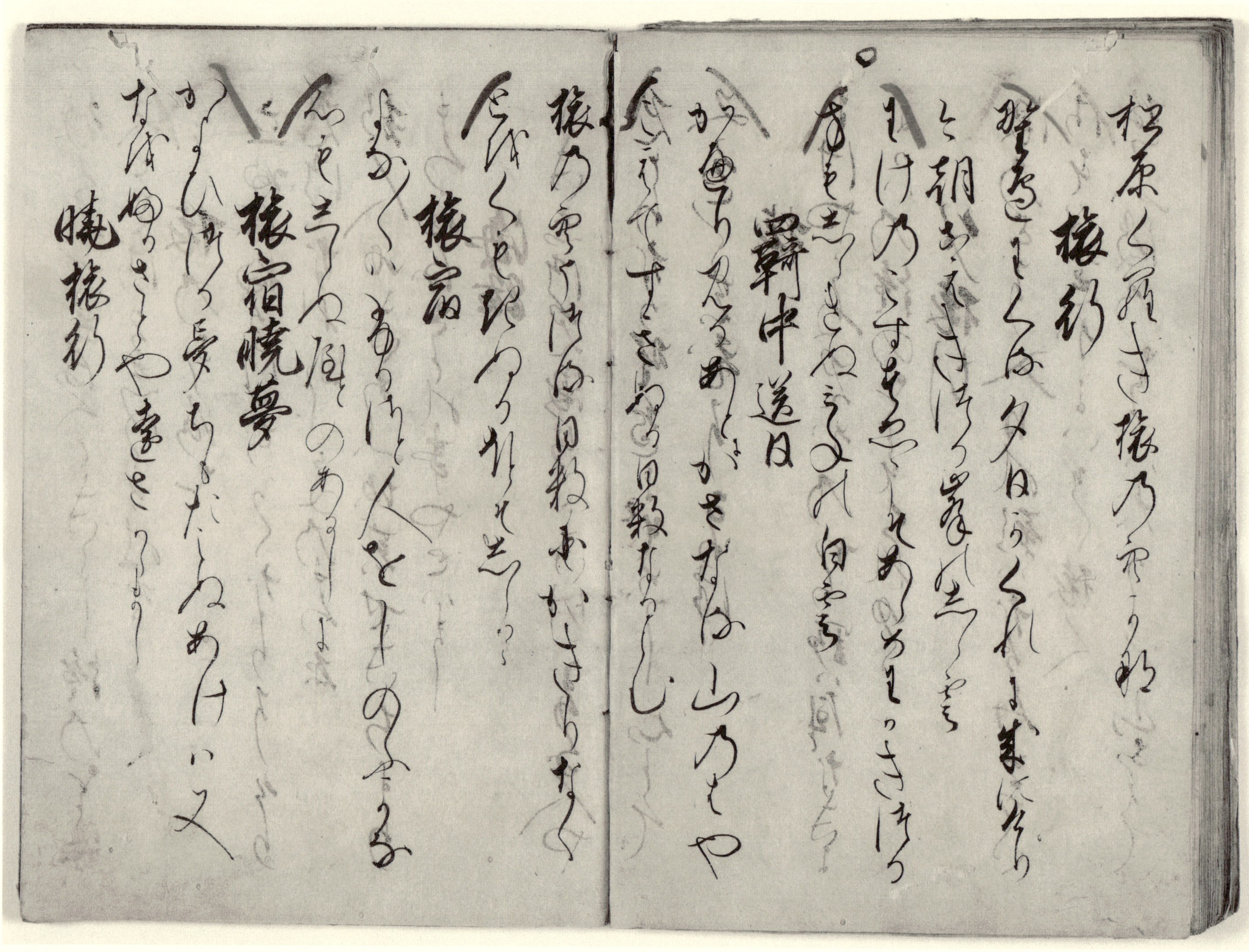

(60ウ)　(61オ)

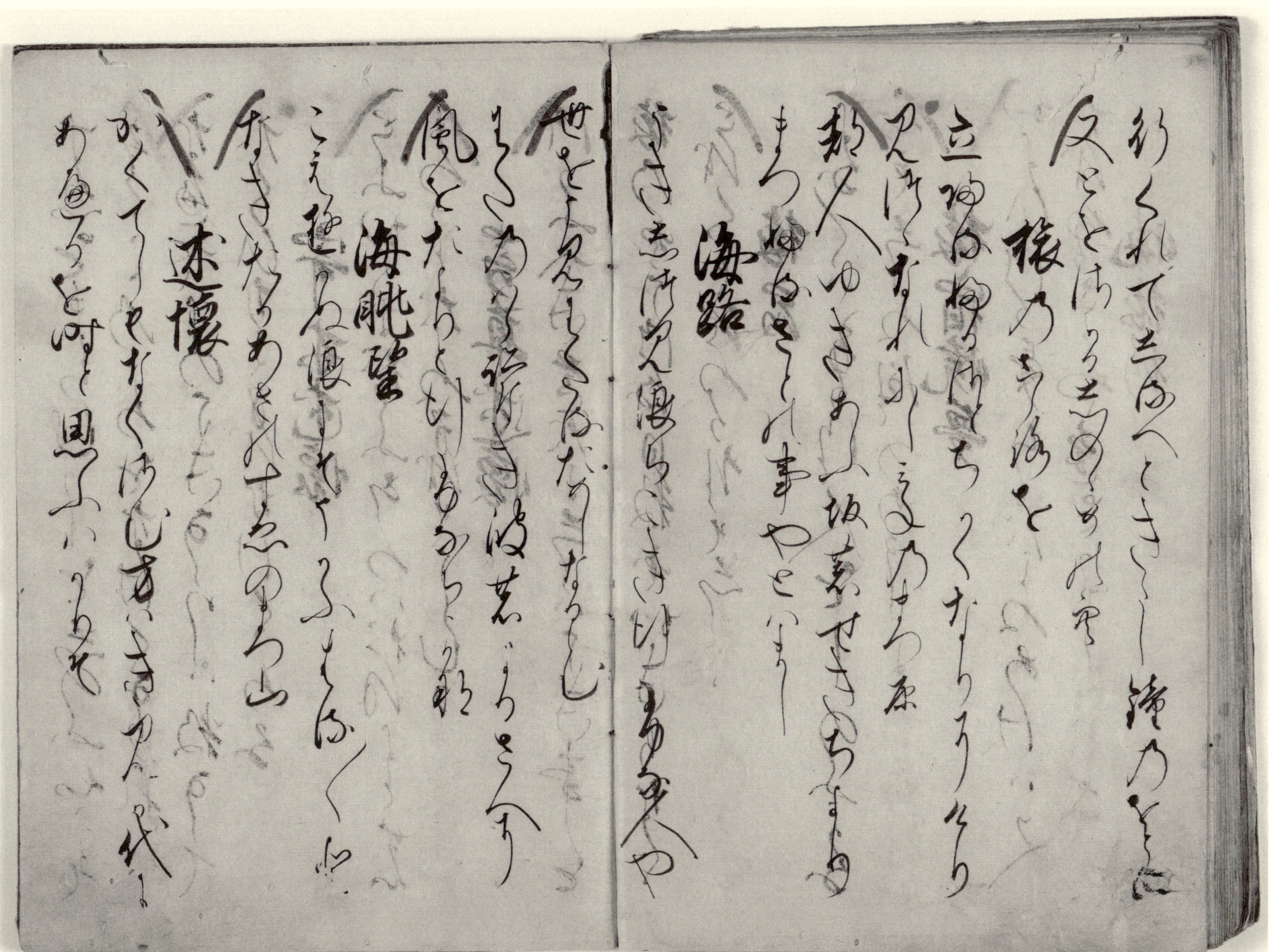

（62オ）　　（61ウ）

A B

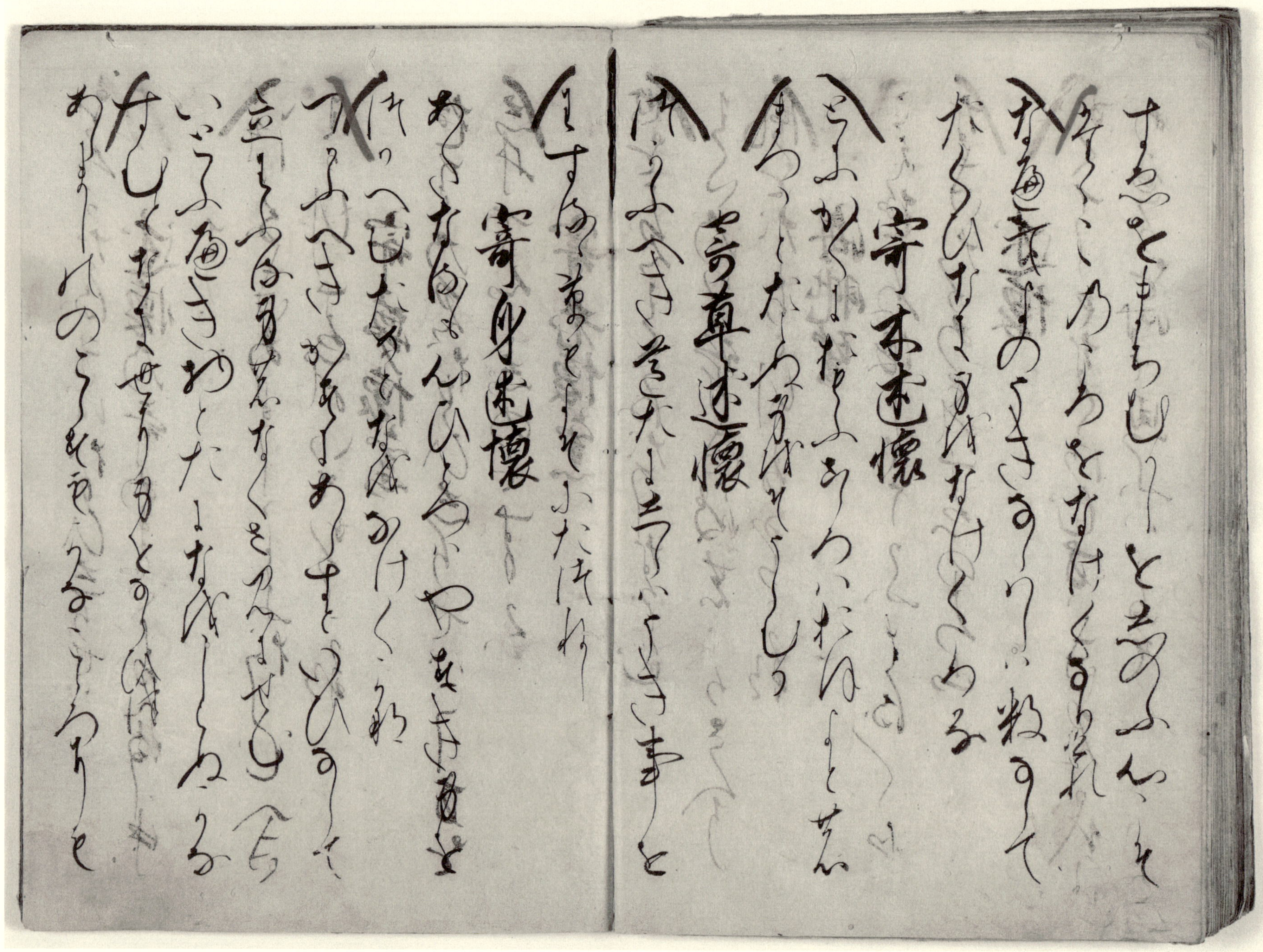

（63オ） （62ウ）

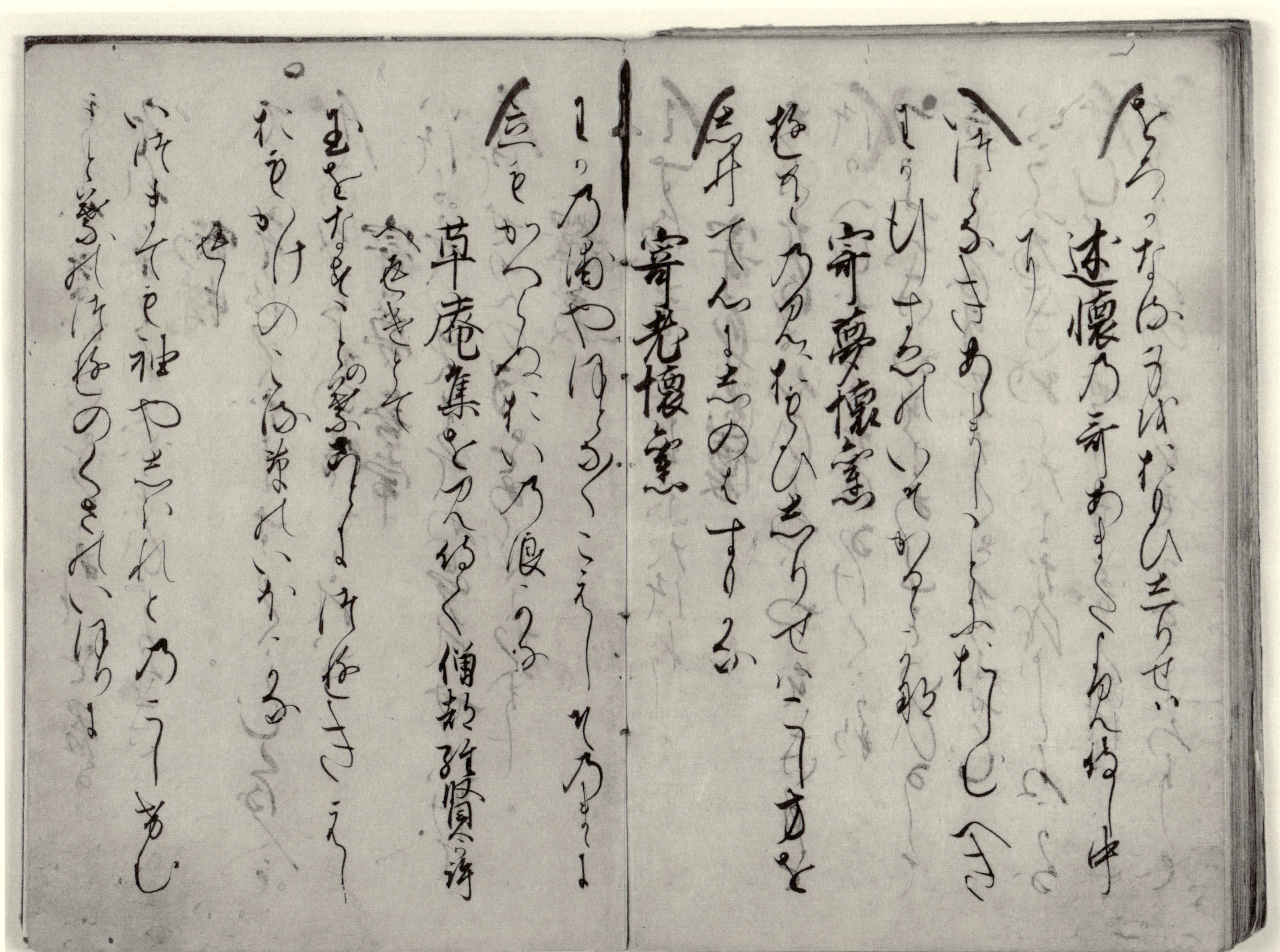

（64オ）

（63ウ）

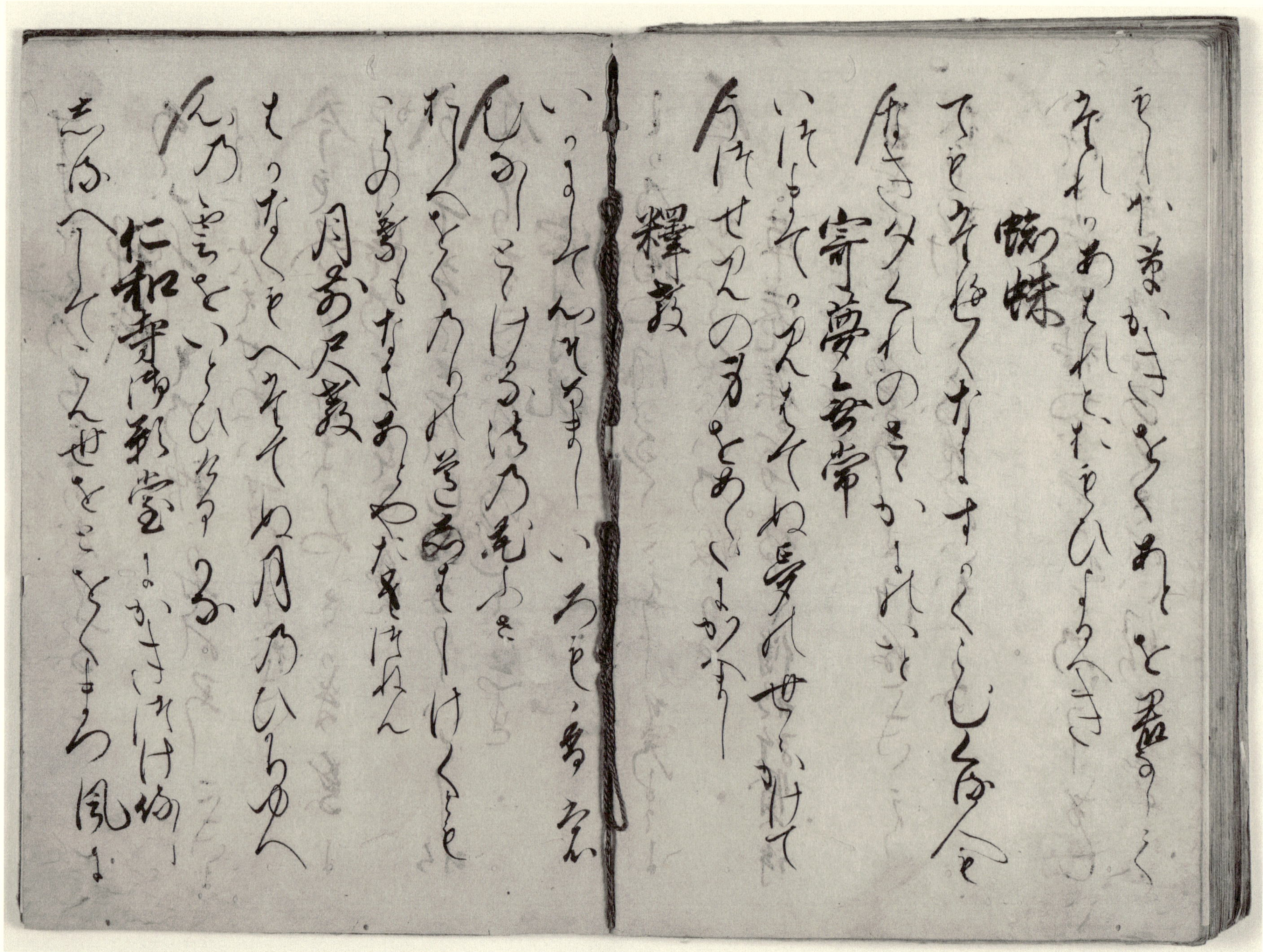

(65オ)　(64ウ)

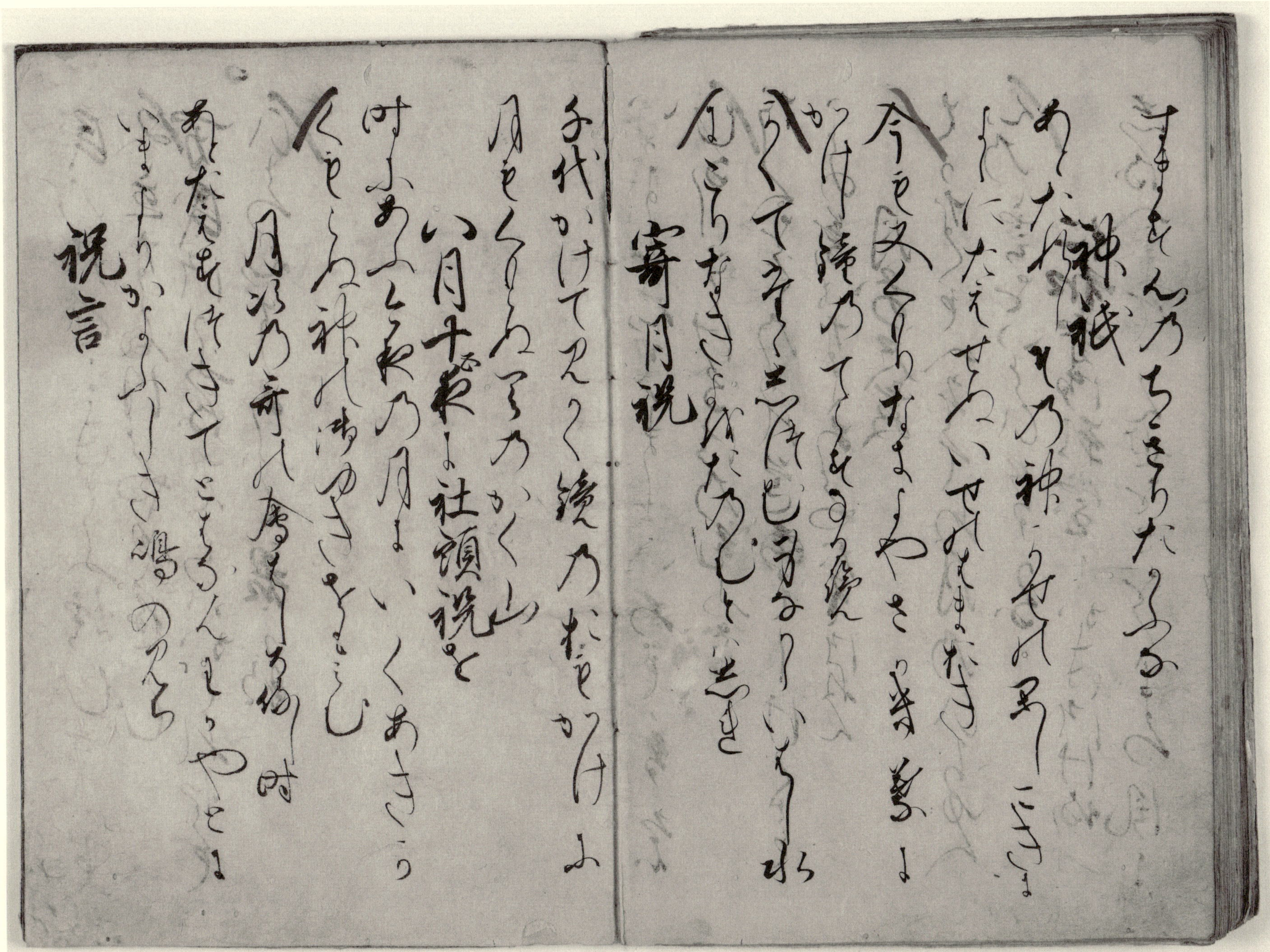

(66オ)

(65ウ)

C　　B　　A

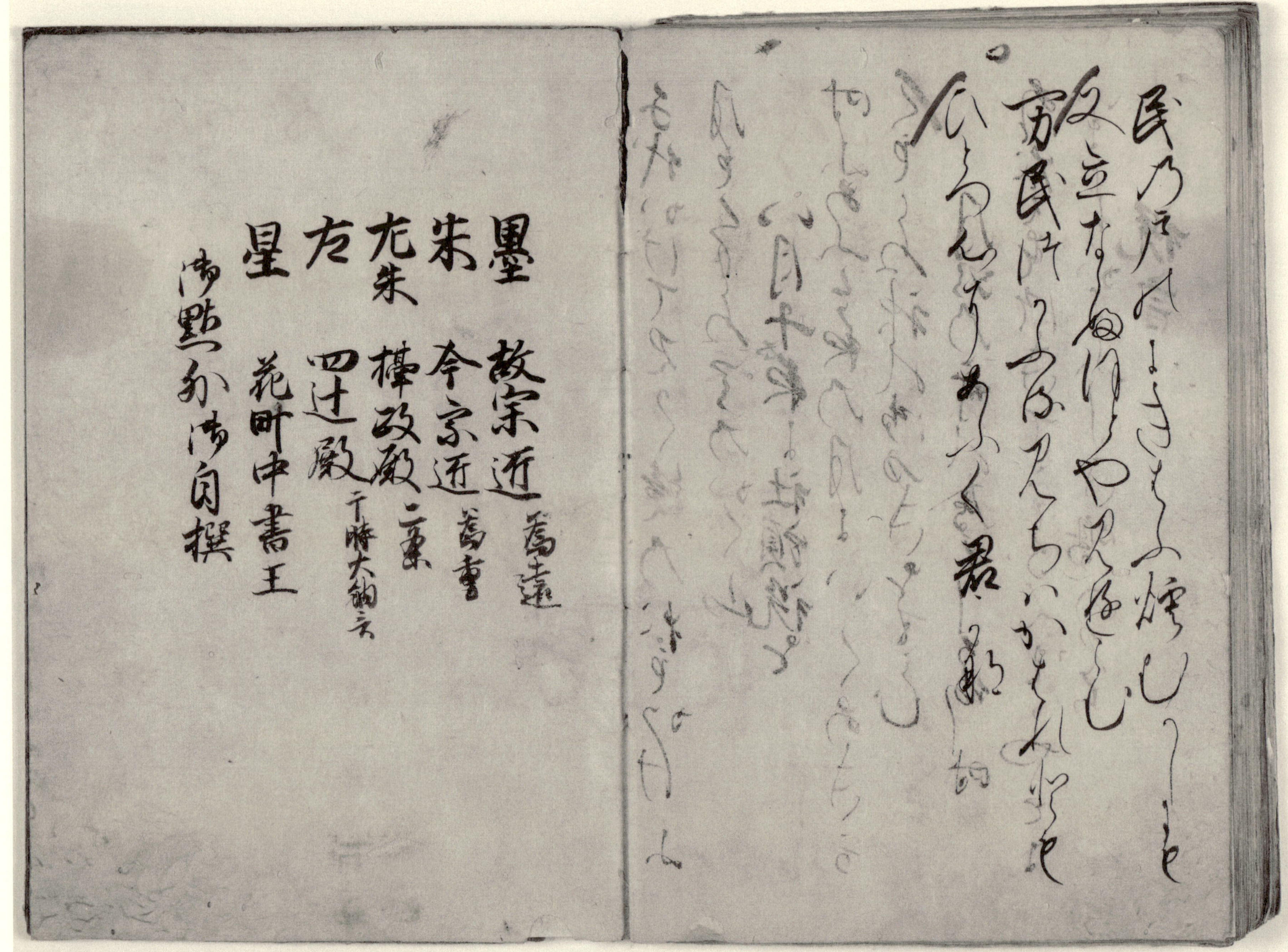

墨　故宗匠為遠

朱　今宗匠為重

左朱　摂政殿二条

右　四辻殿于時大納言

星　花町中書王

清點外清自撰

（66ウ）

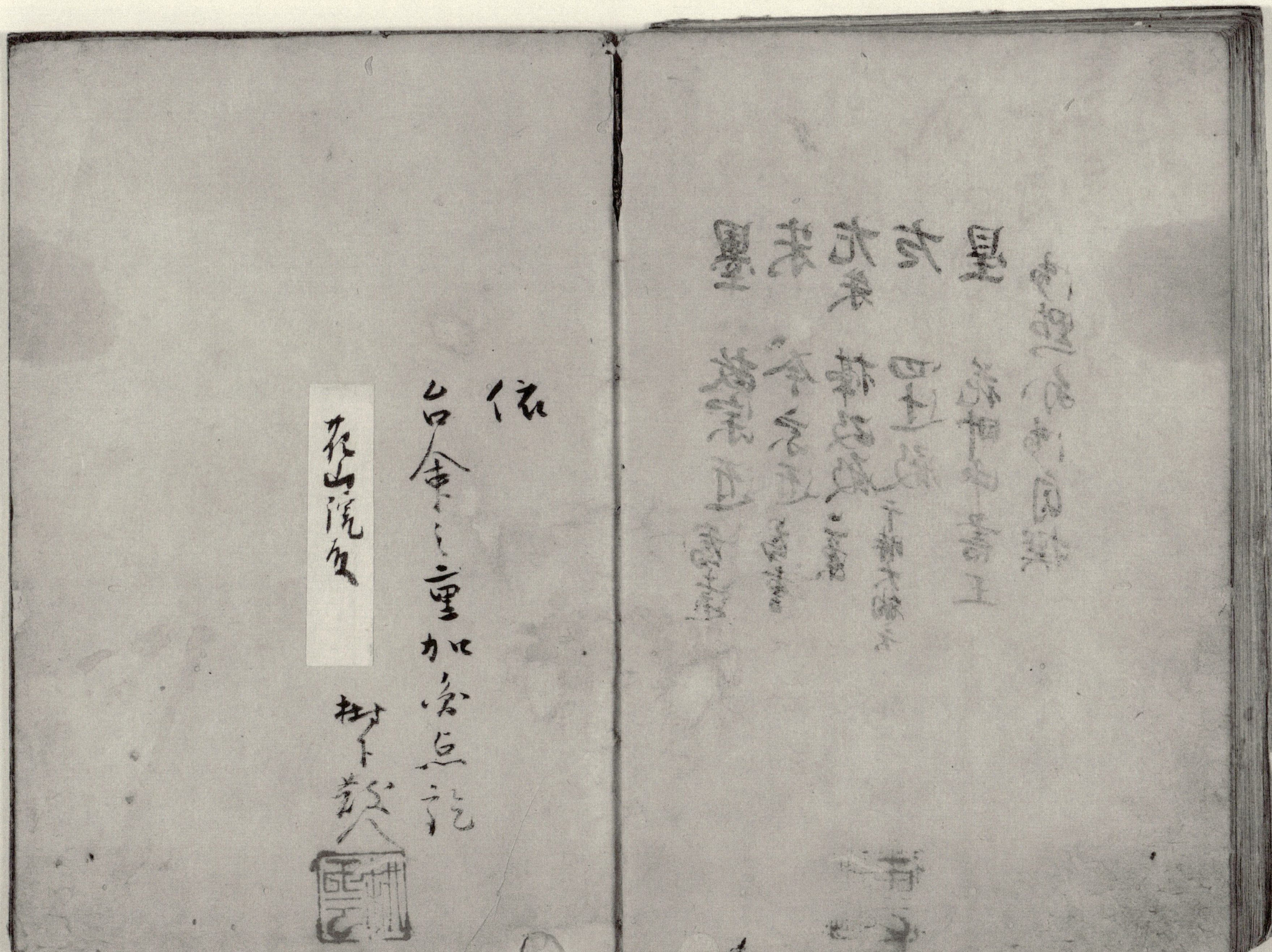

源経氏歌集　遊紙／裏表紙見返し

耕雲紀行

貫 41
2

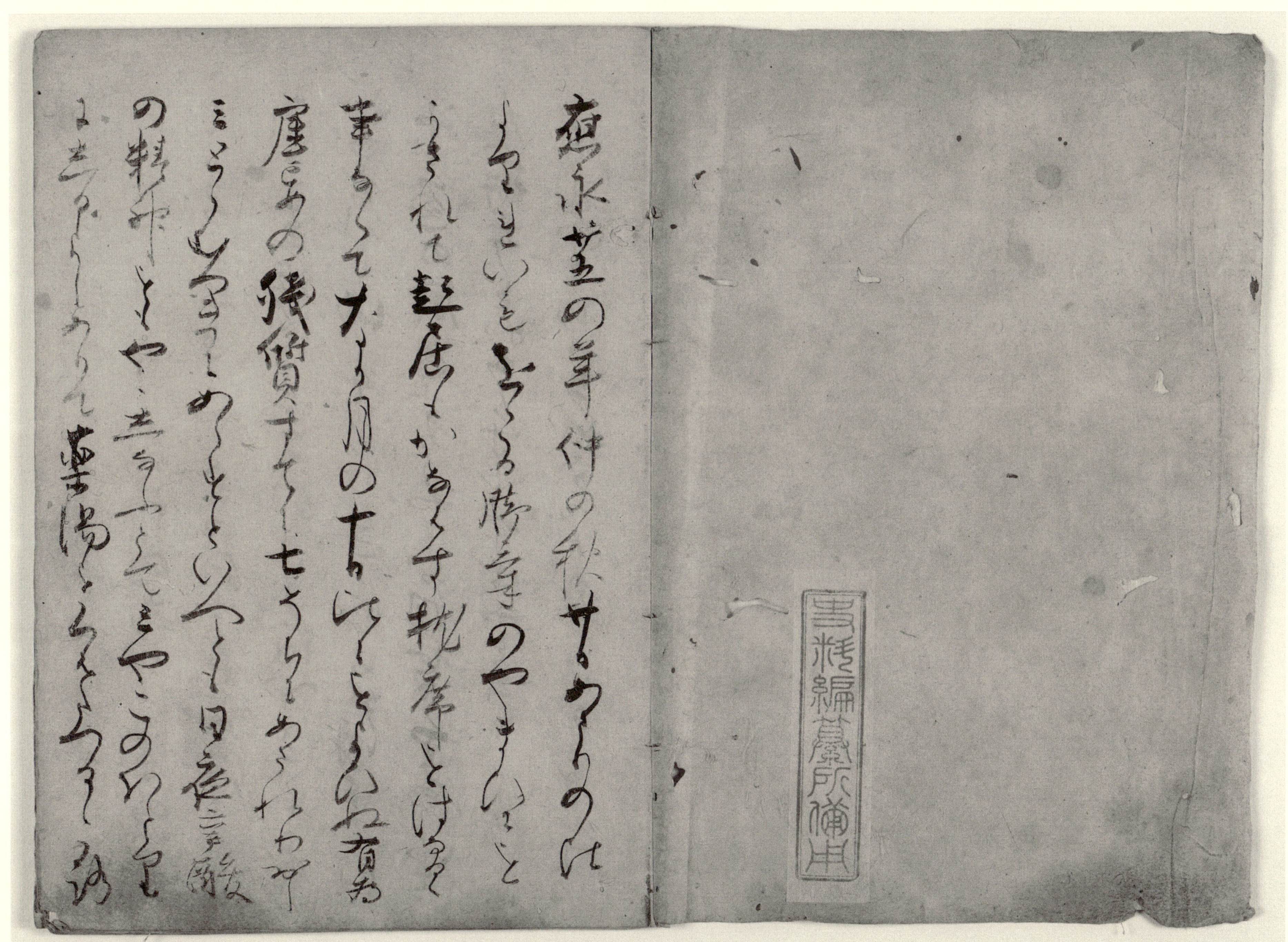

（1オ）

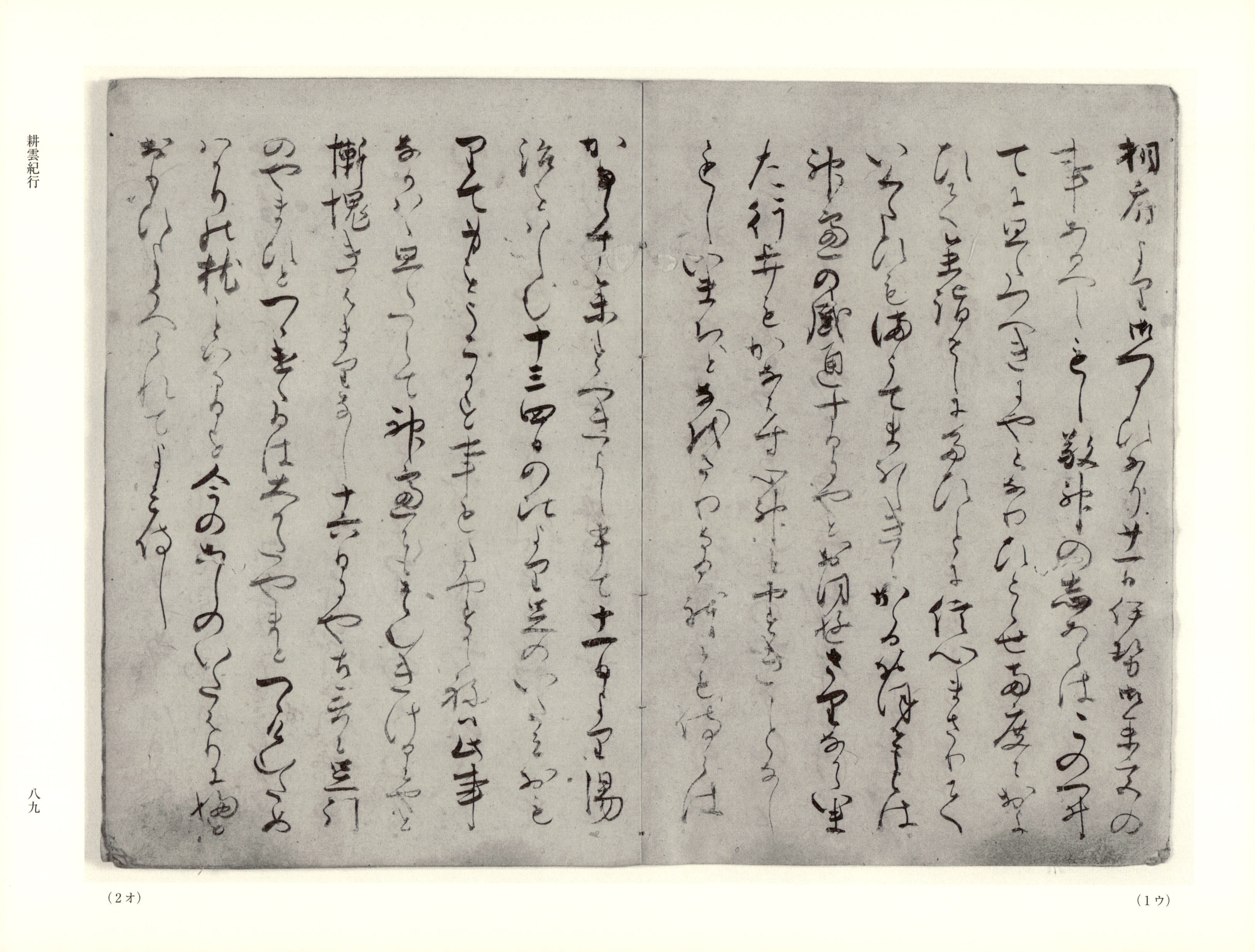

（2オ）

（1ウ）

（3オ）

（2ウ）

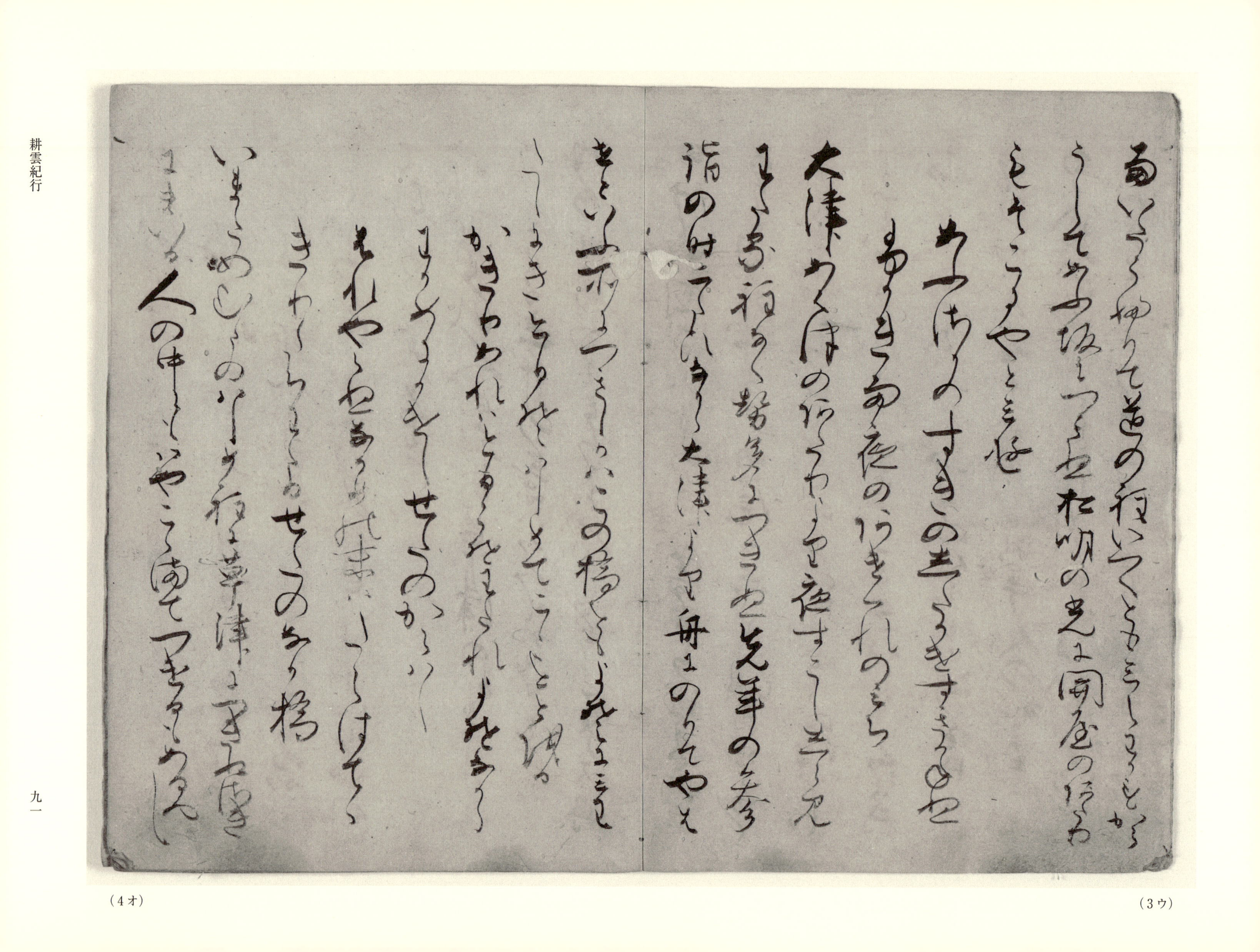

(3ウ)

(4オ)

當國の守護さきの六角の大夫のもとにては
まかりまうて思邦は阿弥陀経しるやすまて
こよひせは雜人ともこの傍らわしからのかさ
もろふつくみえてひとのかきついみし心といれ
てならしめくたまを

まし人の秋の草津のかきつみと
とらの吉野の葉はみてかへると
ほうしのあとしらてと鳴きつゝてさるの時

ちかはまる日とりて布しつきせしこそは佐々
木の京極のかゝえけるもちいてまつるわ
神はけやもして心のまゝなりけれは
こゝやらくえつきせぬ日
ふかき祈るあらはれて子母の時より見さし
いつもおかくまいの松明としていつまてかはしに
いつかまて吉野の月ものかくおもひて
かきつとなへしかうさてこの
きのさくみましきのうの月

（5オ）　（4ウ）

（6オ）

（5ウ）

かゝる社にて巫女なとこれをまつるなるを
陽臺の神女は朝には朝雲となり夕には行雨
となると楚王の夢にみえしとなれと廟壇
とのこそ淫祠の悪業多劫の罪報のみ
つもるこれをとすこしさまに一首をと思て
霊これをうくへしやいなや
　さかきあはあらはなしてすさる山
　たか山かけの行との（こ）そらし

あなたの木の本すゝしく石のうへすなはち仏
境にかゝやと覚えてもすきかて山のゆきを
　いまさいる木のもとのなれしかるらん
　ならのはのなとくつしなとはや
こゝく野二星のちりをそくして望
をすきそらにたなるゆくやく
かくてみれはあのかたいとところつかや
このまゝしのゆきのつきは

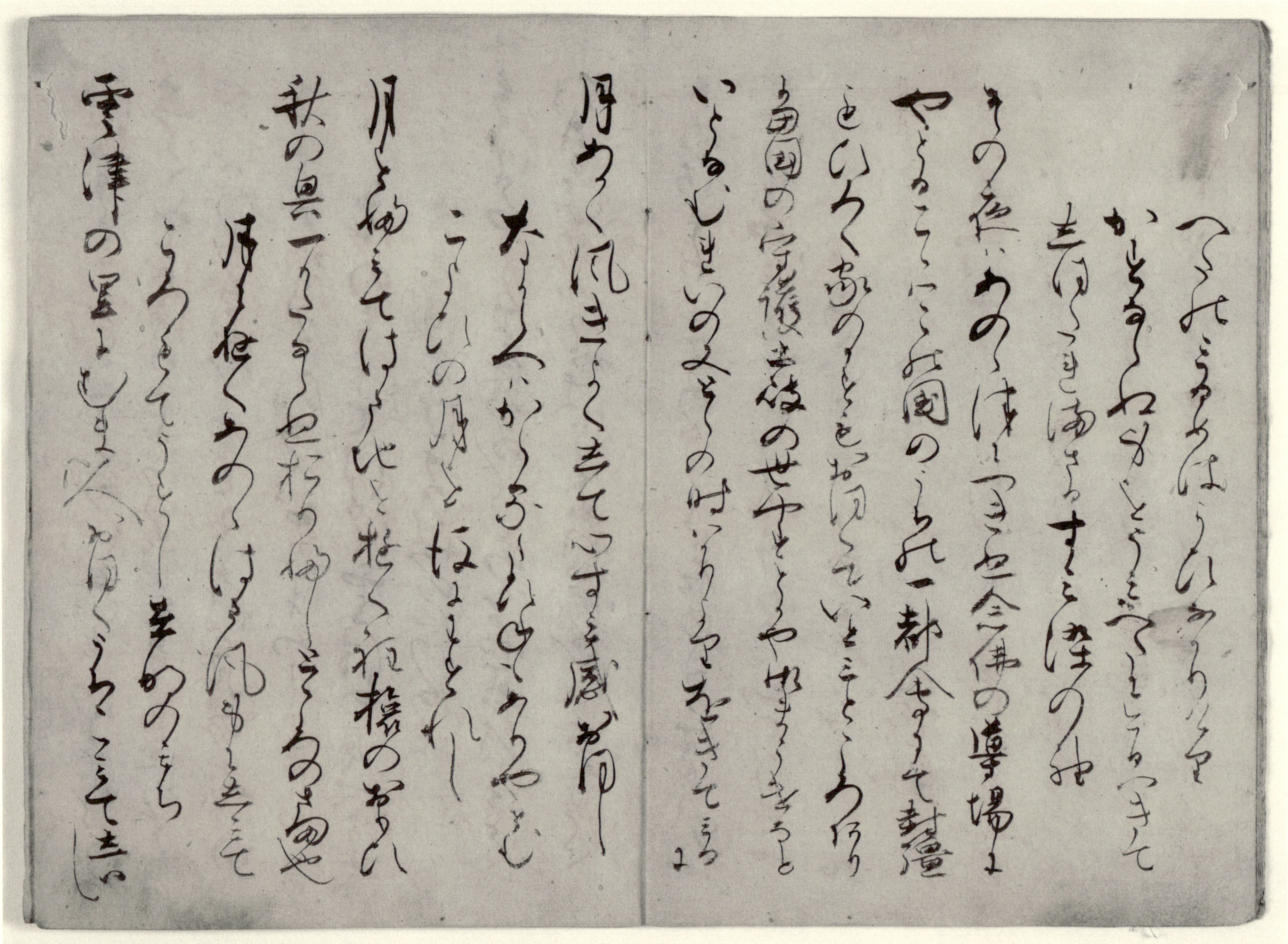

（８オ）　　（７ウ）

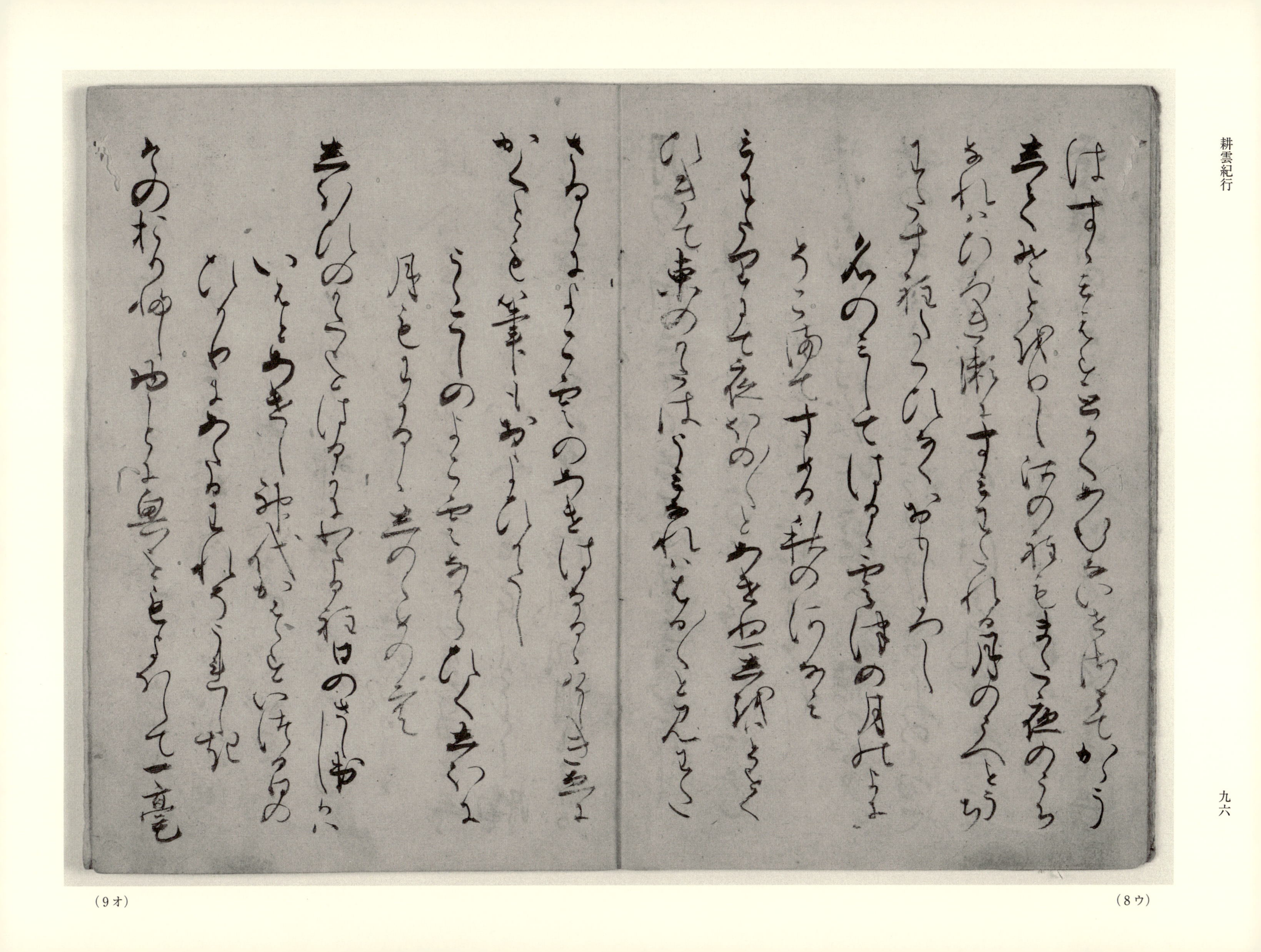

（8ウ）

（9オ）

(10オ)

(9ウ)

（11オ）

（10ウ）

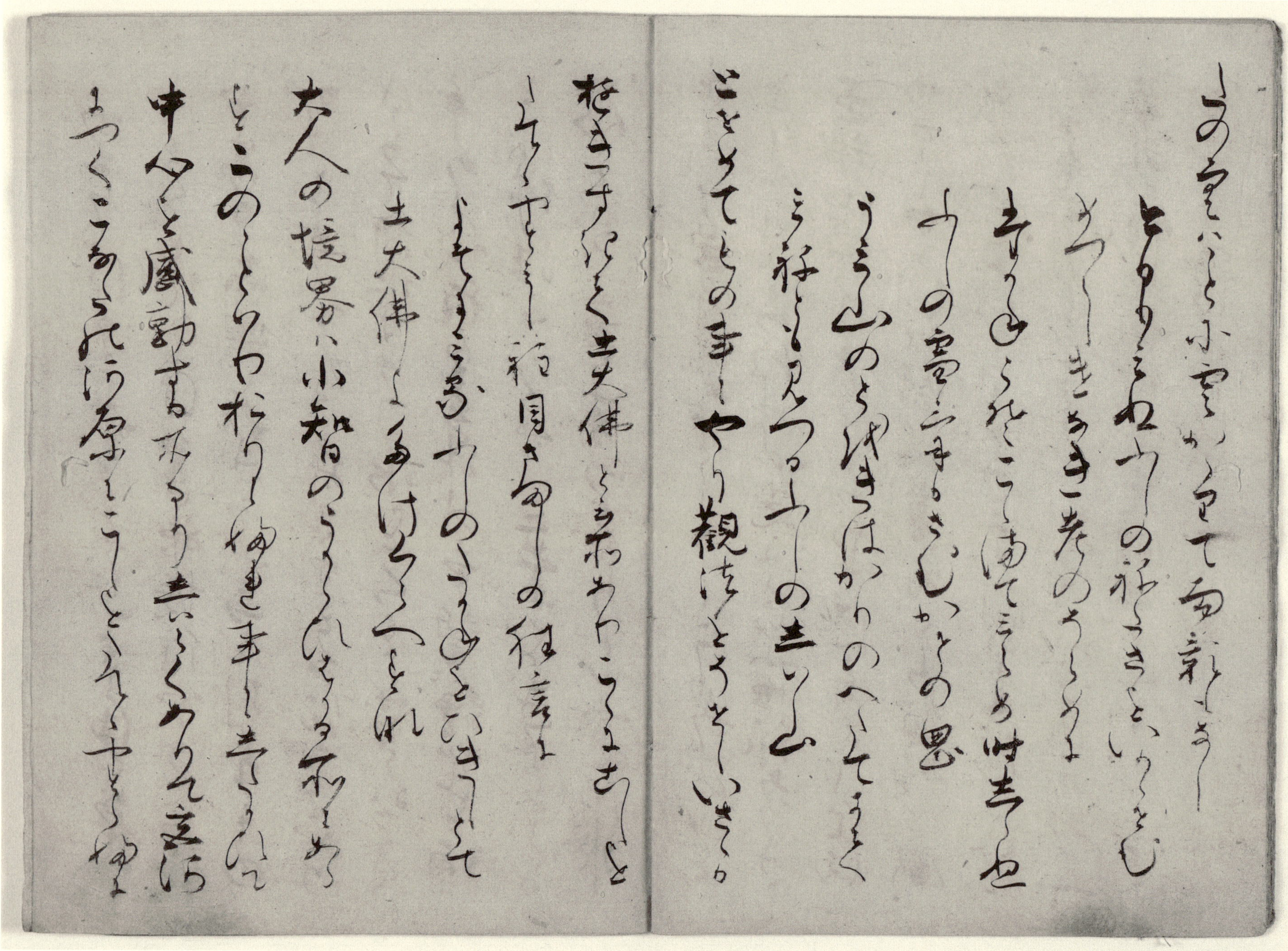

この里ハもと小雲かゝりて西新なるし
ともりしれゆへの称ゝさといへるをも
あらしきあきこ老のちらめよ
きゝ出られこと(?)あてゝしめ時土也
ゆへの雲ふ手のさしかとの思
うち山のさはきはかりのへさてうく
ふ称ともしつる人の土ゝ山
ことをさてとの事しやり観法とうそしいきくか

(11ウ)

於きつけはなく土大仏と称あやこつまさしと
しるやとし称同きゆの往言よ
しそしまうまゐ、ゆのこゝろをひきつらて
土大仏よゝあけらくへとれ
大人の境界ハ小智のうかゝひしる称とめ
ともこのしらや杉りし物も事し土つらいて
中々に感動するあまり土いらくかうれ言に
よつくこゝろにわけ原をこうしとうへしやすら物よ

(12オ)

(13オ)

(12ウ)

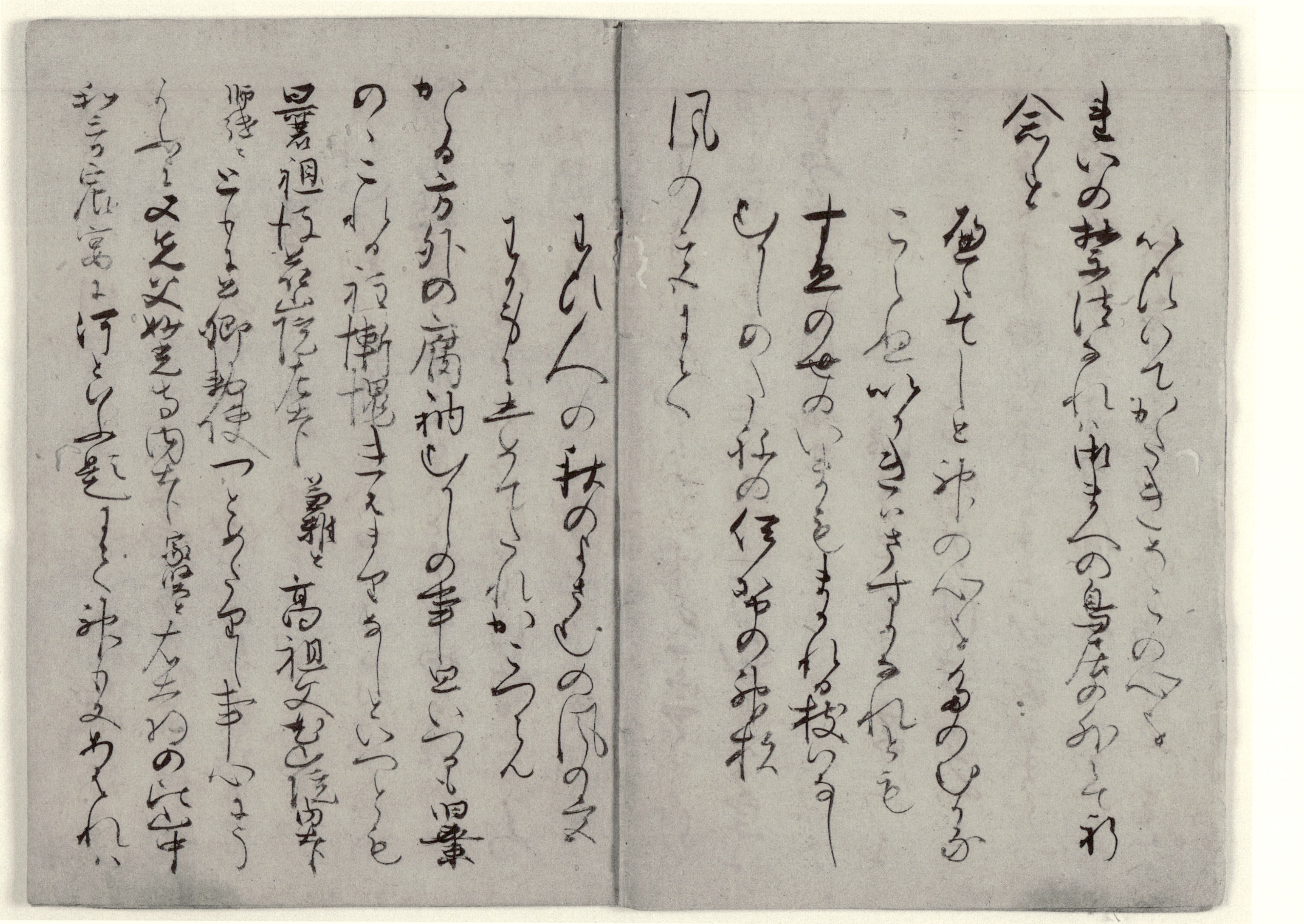

（14オ）　（13ウ）

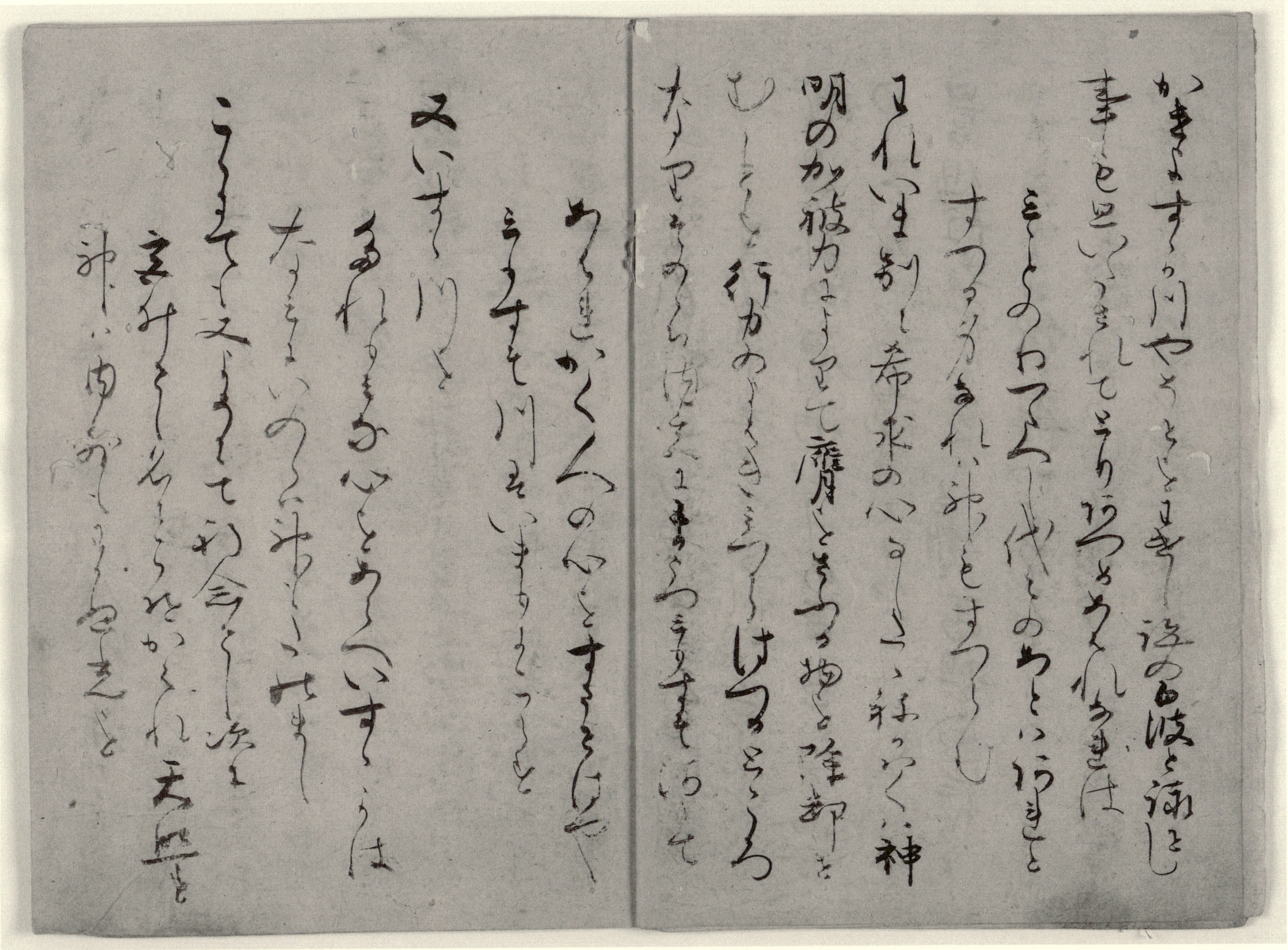

(15オ)　(14ウ)

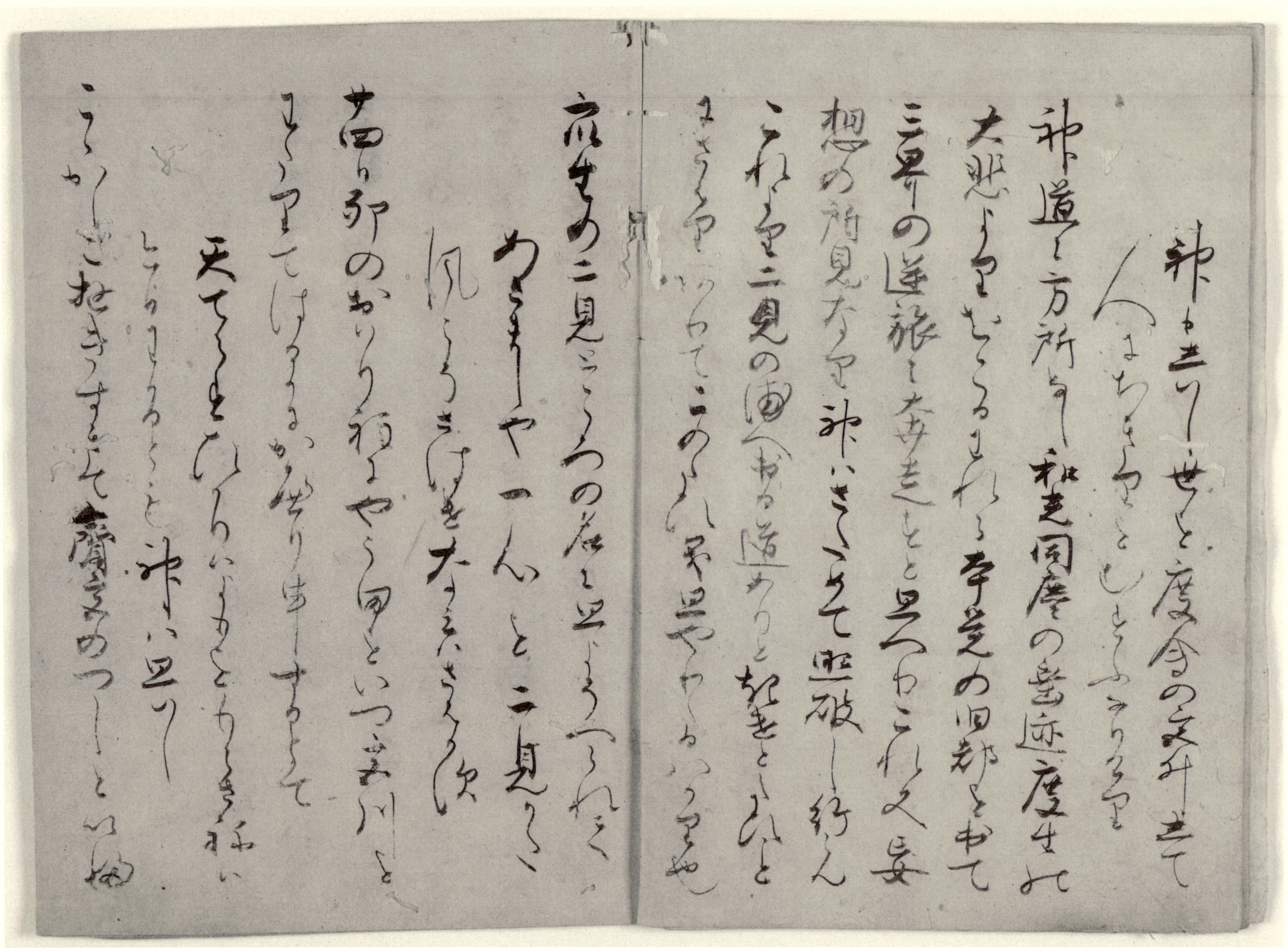

（16オ）　（15ウ）

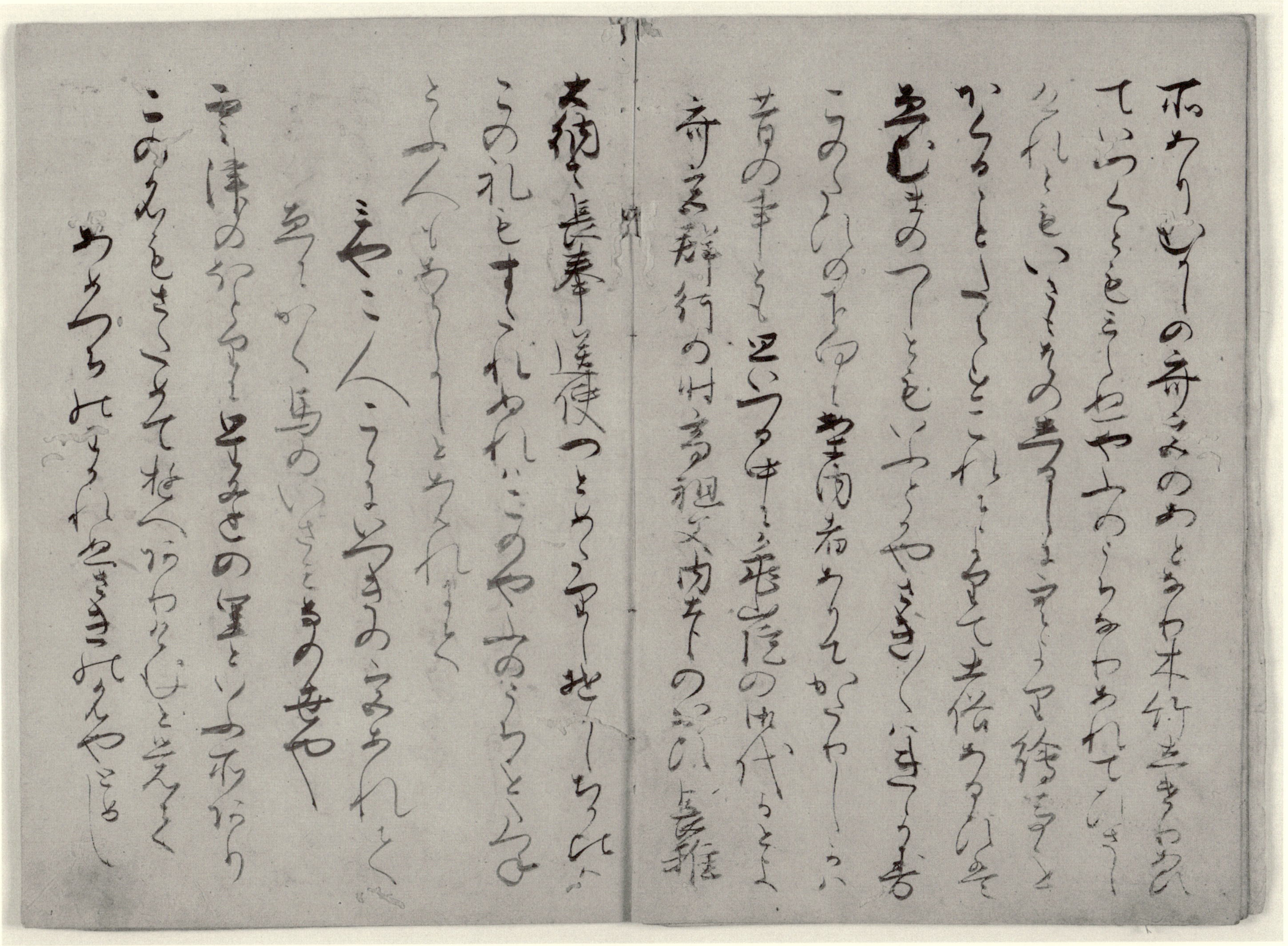

（17オ）　（16ウ）

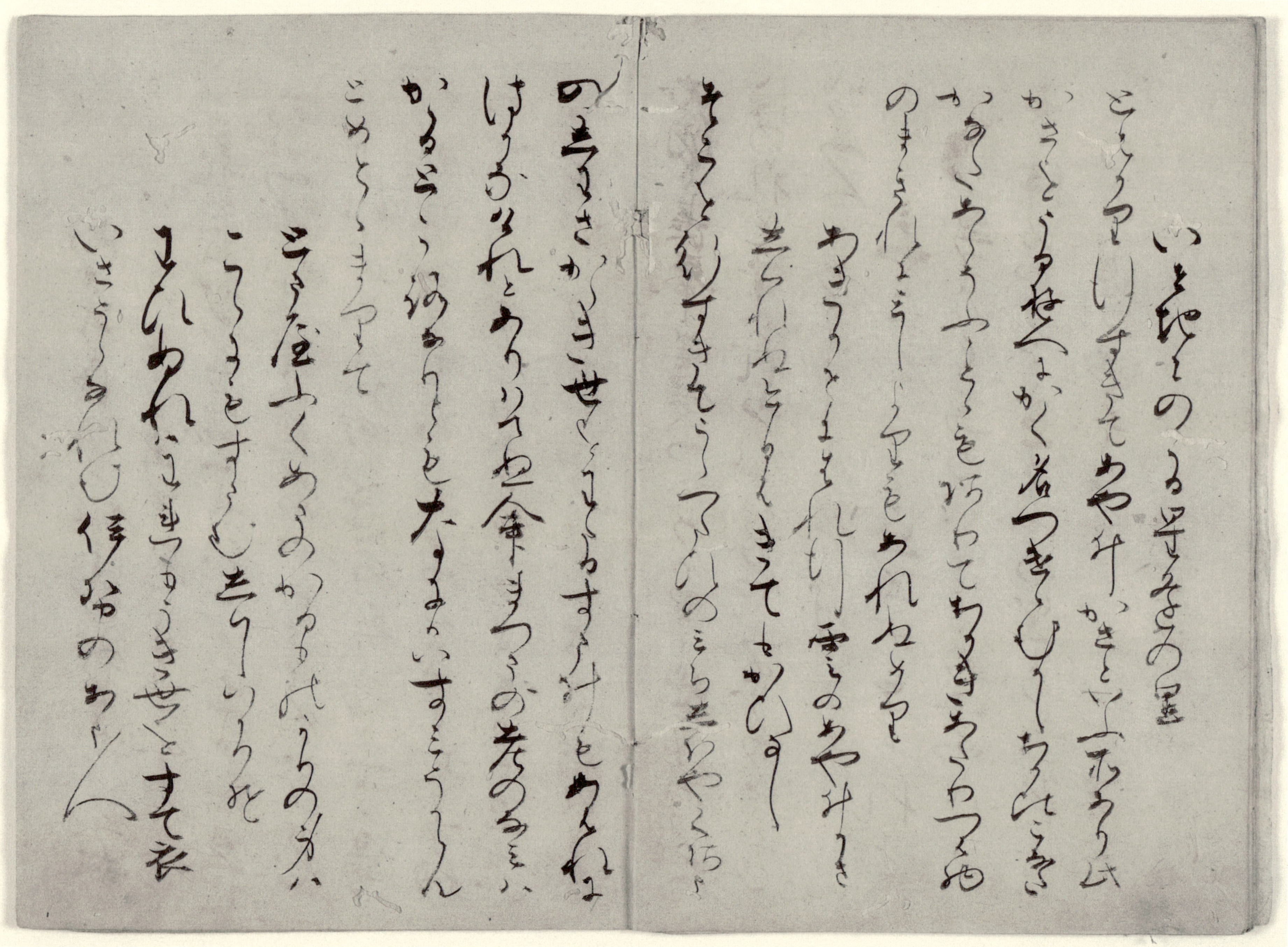

（18オ）

（17ウ）

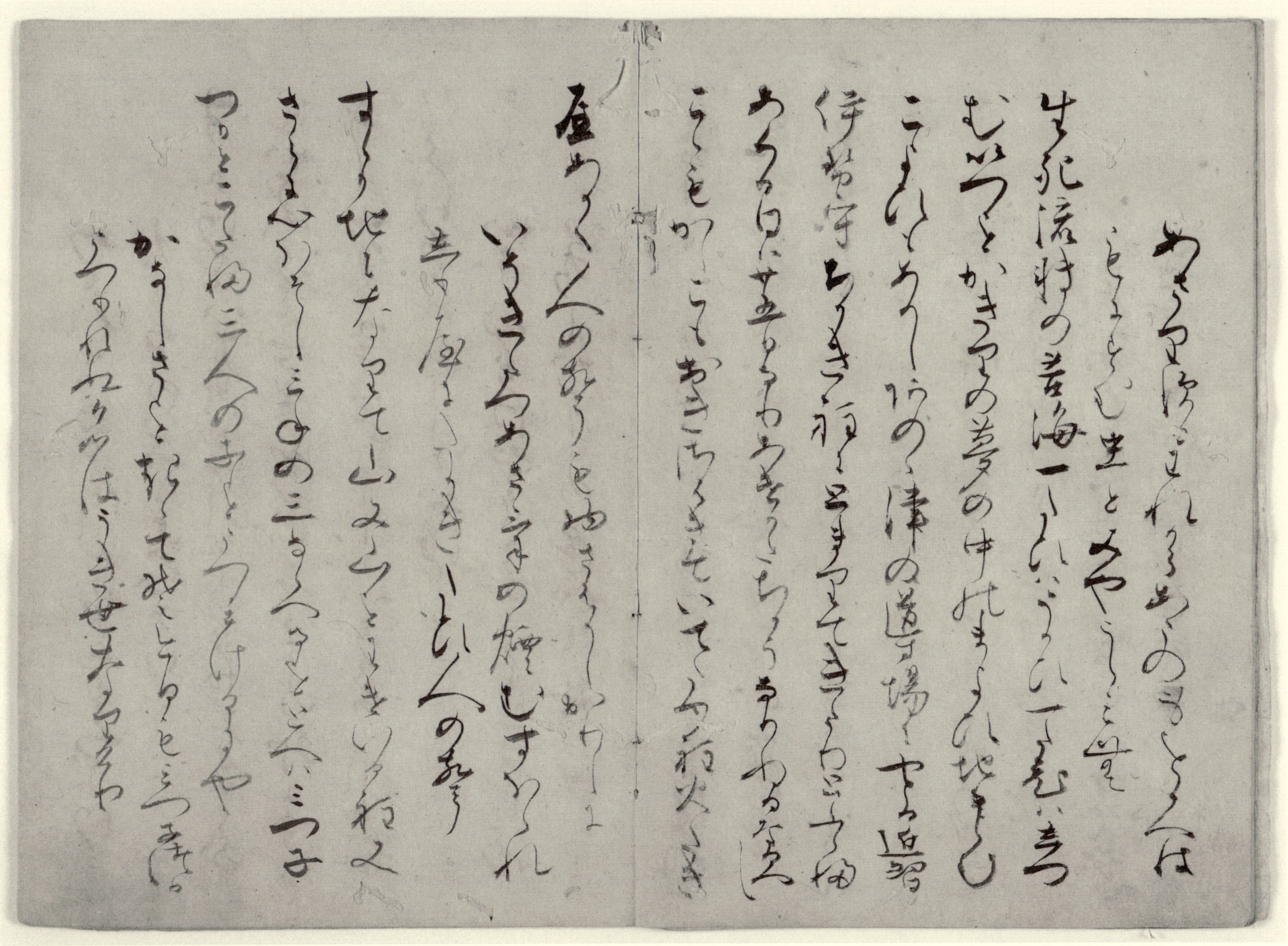

（19オ）　（18ウ）

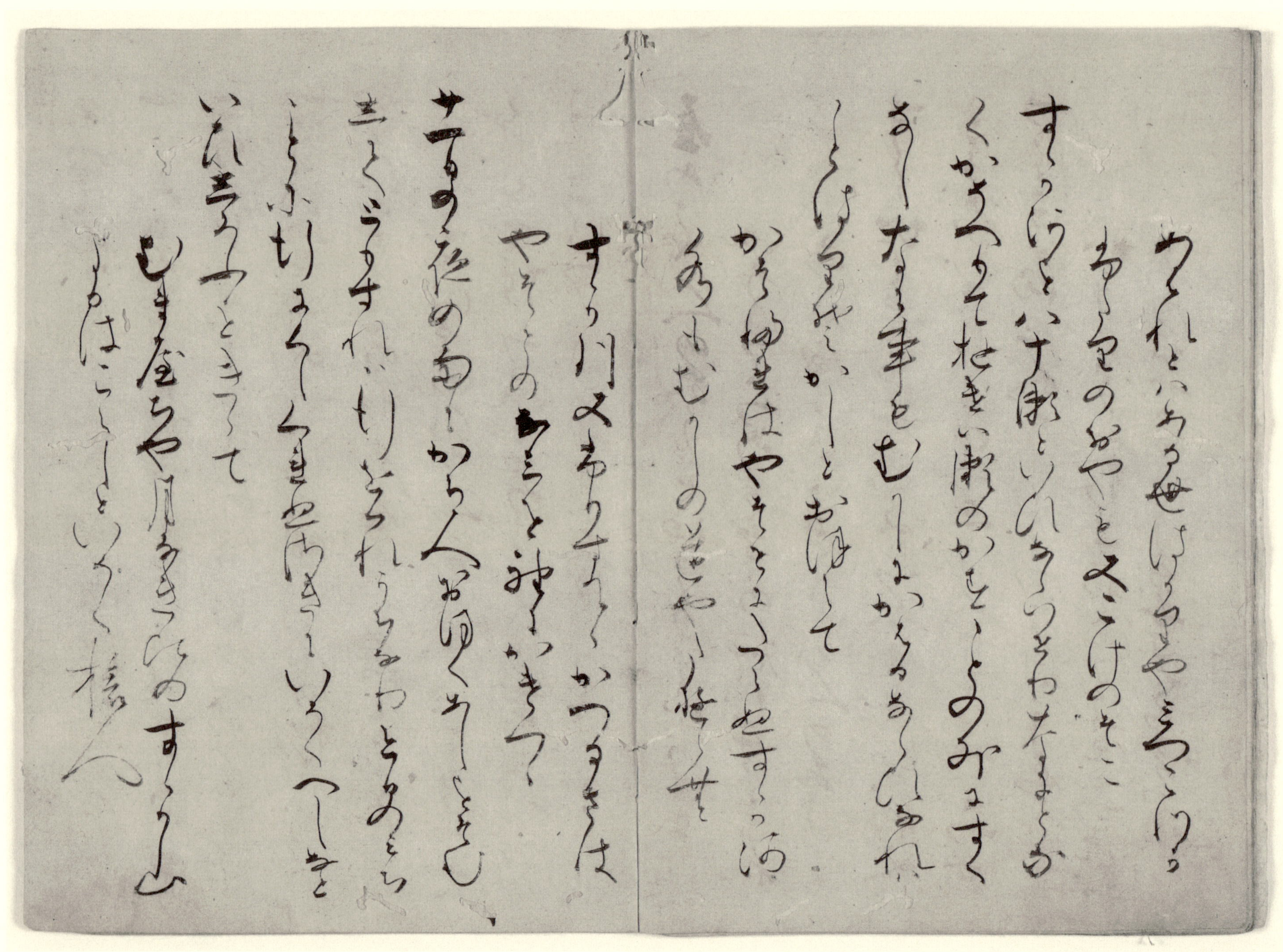

（20オ）　（19ウ）

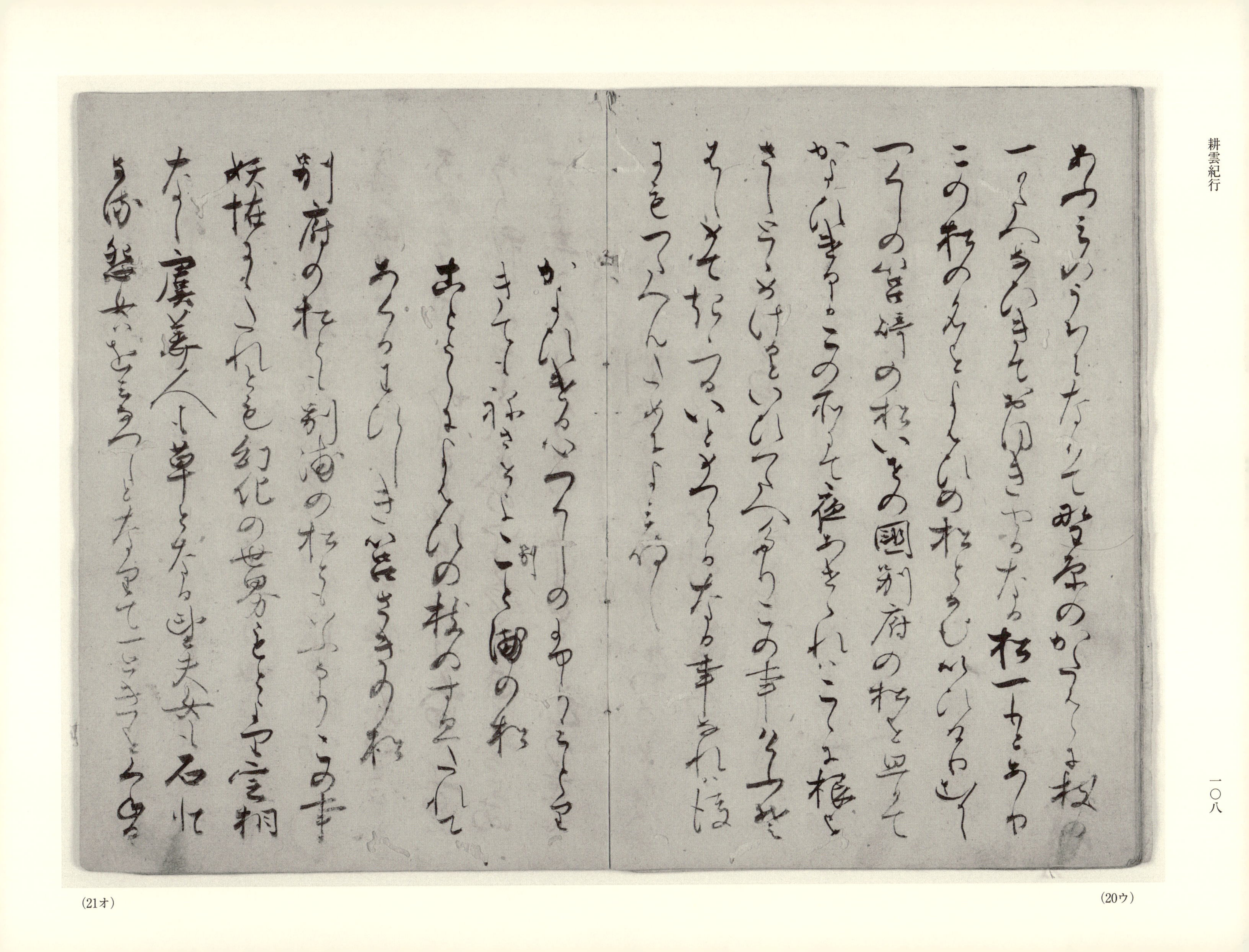

(21オ)

(20ウ)

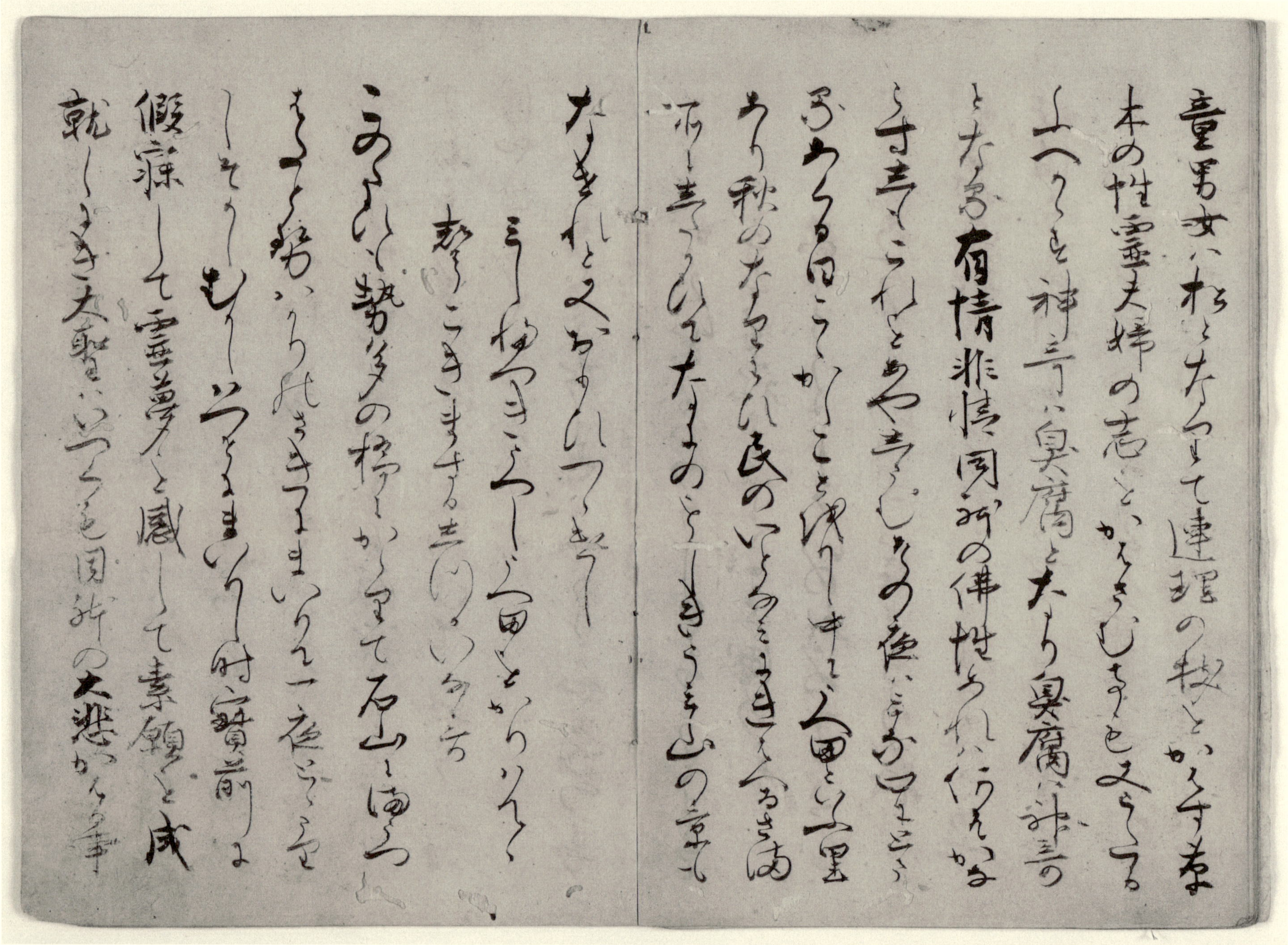

（22オ）　（21ウ）

（23オ）　　（22ウ）

行客ともさわかれてゆくすゑまでときこえてある
ける関をも廬陵とよをそれと国史にも
ありつるとかのきはめてかなしとみつるを旅に
いつの年よいころも物くもかならずしく
このあたりにてゆとくしもとくし美
いつも世上の日いふくの関すみといつくよろ
もいかるしらて孫なるむしといとしつまでも
おしききよむかしの人のなきたとへやすく

(23ウ)

是縄わするゝとてもあこつきなりはつきなかれと関
屋といふなる人はなし

　杉まくら旅ねの人とおもひとはおもひかきられぬる
　せきあふさかの関のこなたに
　老らくのこしとをそあふかるの
　　さきてとらかくかくするに年月

関の明神と申は蝉丸の霊なるとぞかく
てわかれ出たしと旅しけることの関のわらや

(24オ)

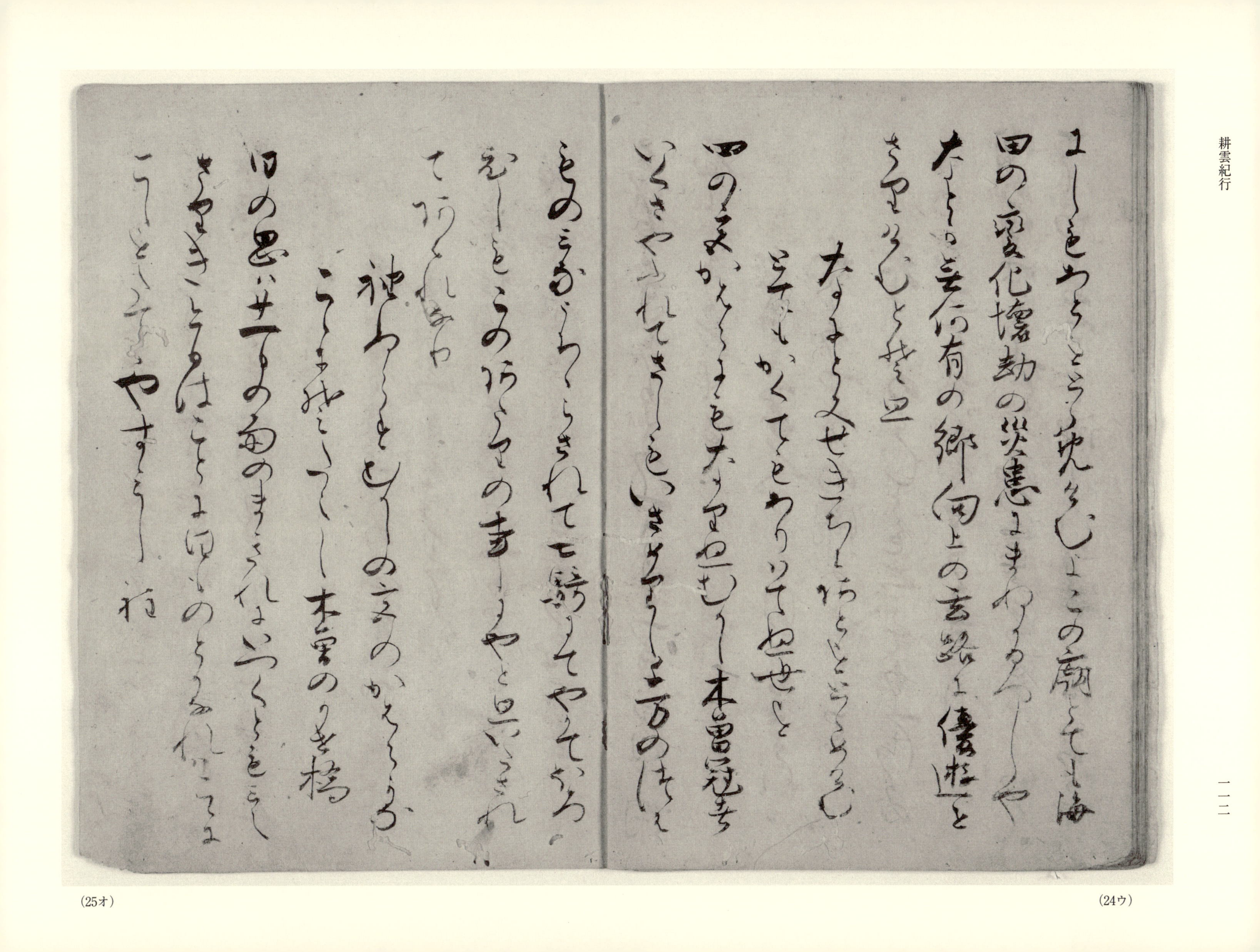

（25オ）　（24ウ）

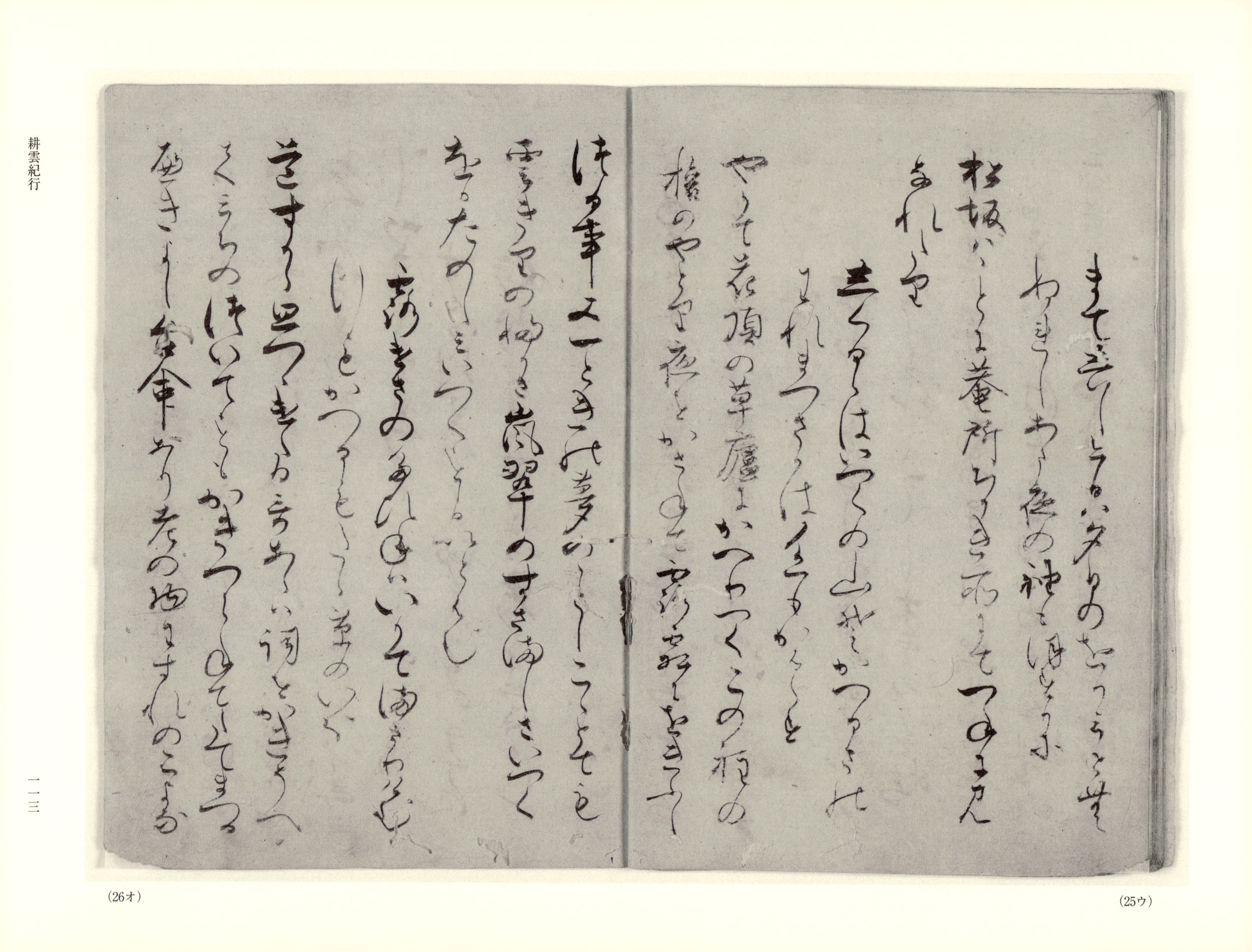

（26オ）

（25ウ）

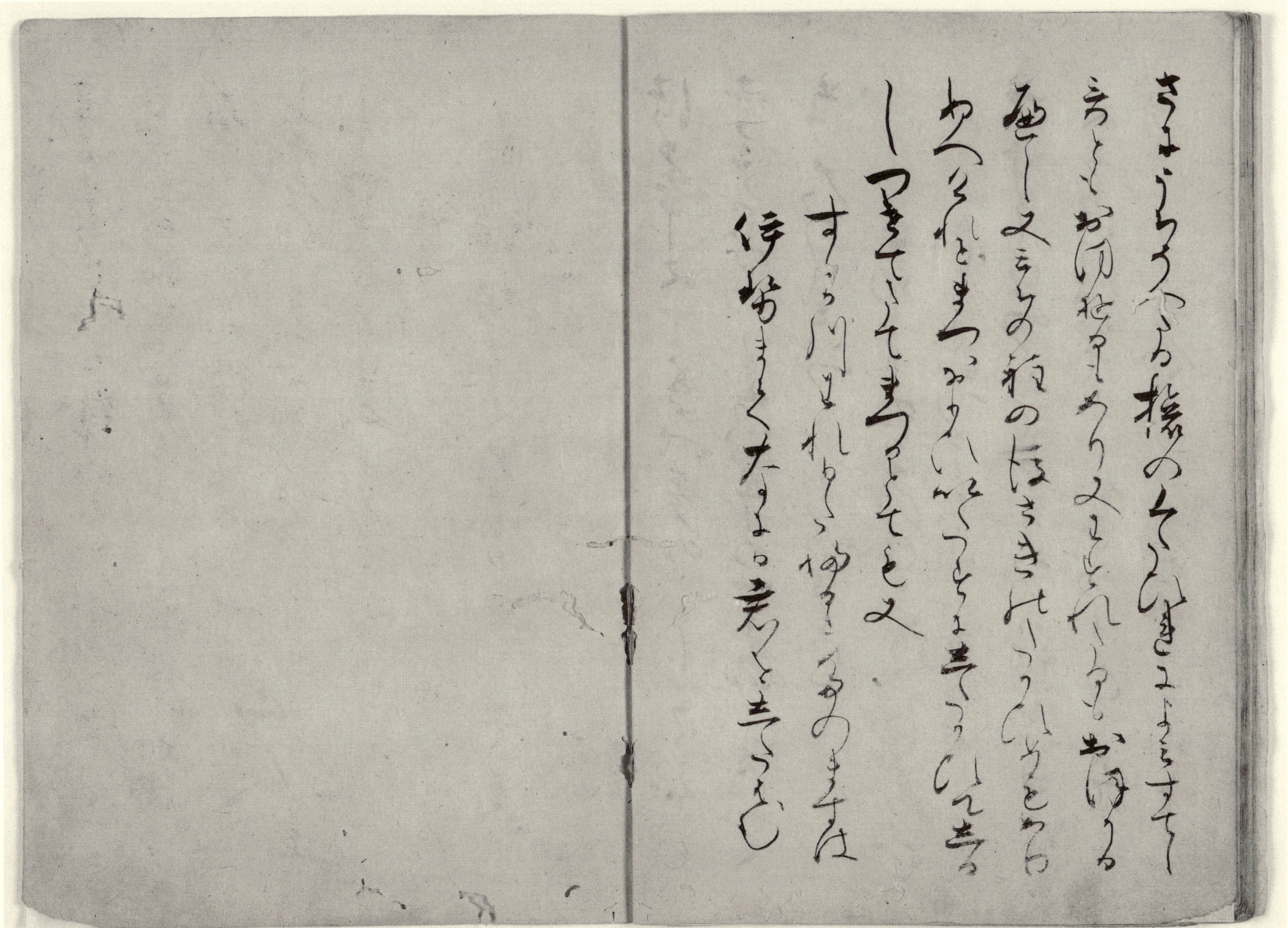

（26ウ）

耕雲紀行　奥書／裏表紙見返し

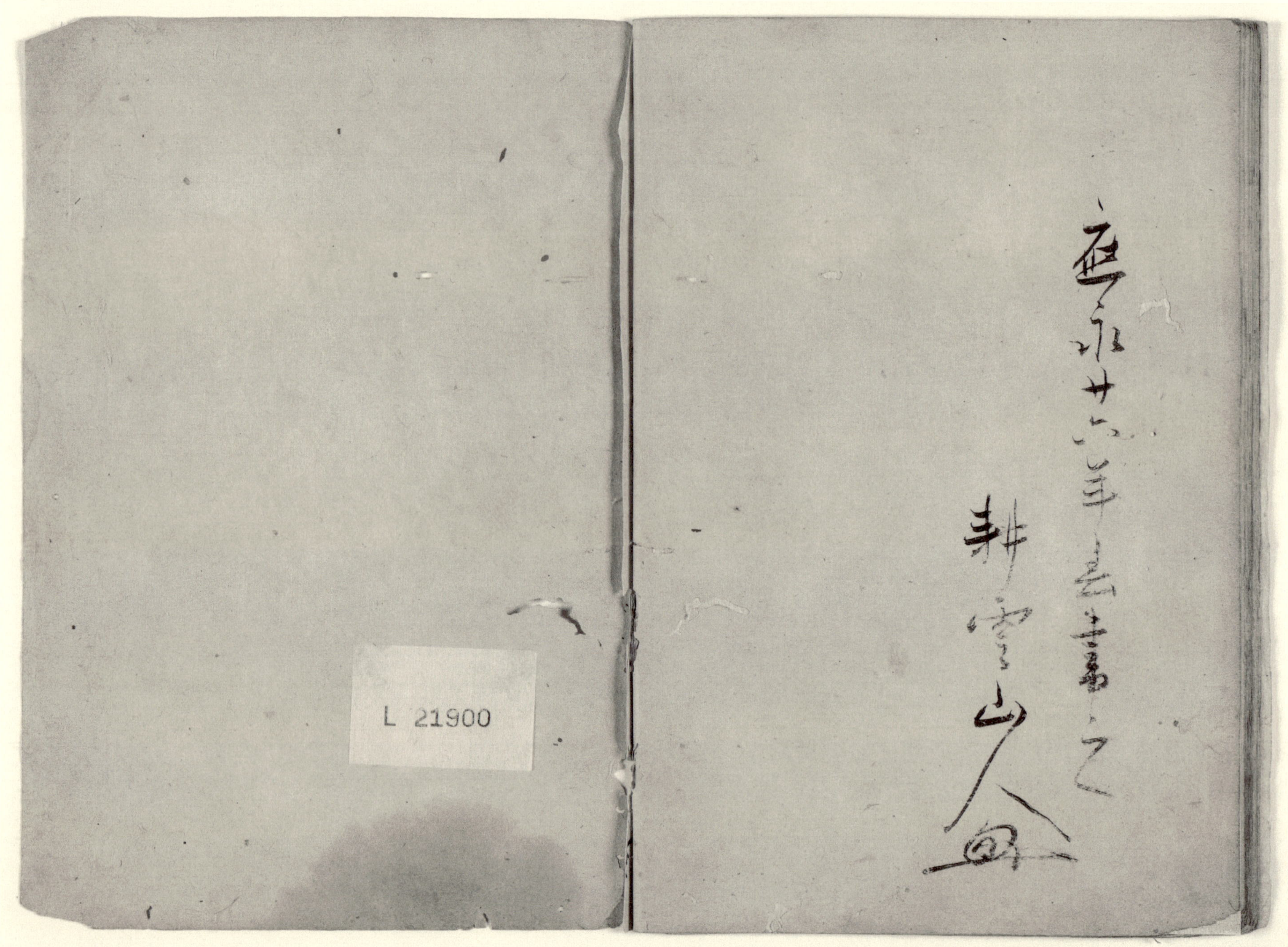

應永廿六年春書之

耕雲山人

飛鳥井雅縁譲状

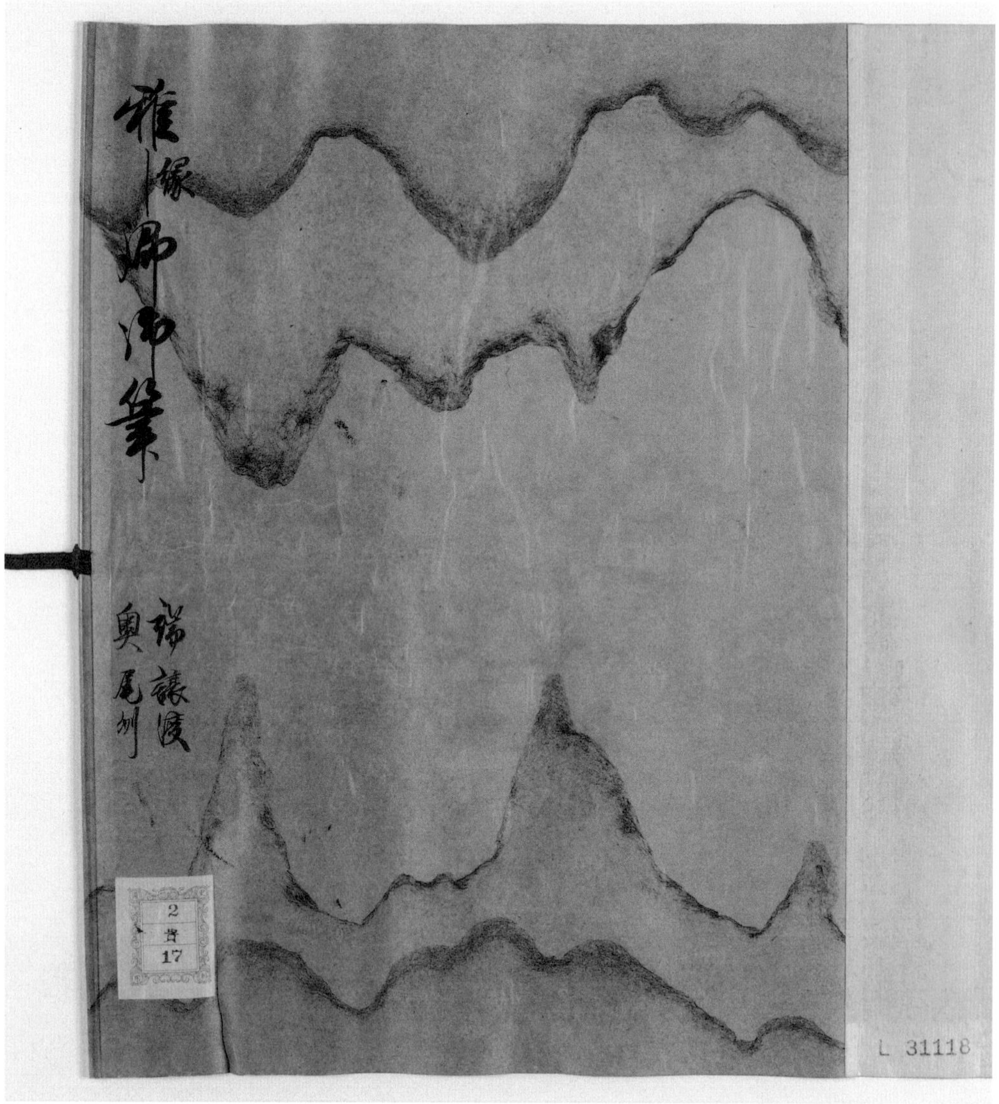
2
貴
17
L 31118

讓渡所々事

一所　越前國田中郷地頭職一円

一所　同國下河去村

一所　尾張國竹鼻重郷地頭職

一所　同國小熊本郷

一屋地　近衛烏丸　丈数所見本券
　　　　二条万里小路　同前

右所々、但当知行之旨[illegible]、而今全譲
与宰相雅世卿也、更不可有他妨、此
外不知行之在所者、支證分明鏡之
上者、被訴訟可被知行者也、但庶子
女子等一期之間如此可加扶持也、仍
為後證譲与之状如件、

正長元年九月廿七日　宋雅（花押）

（1）

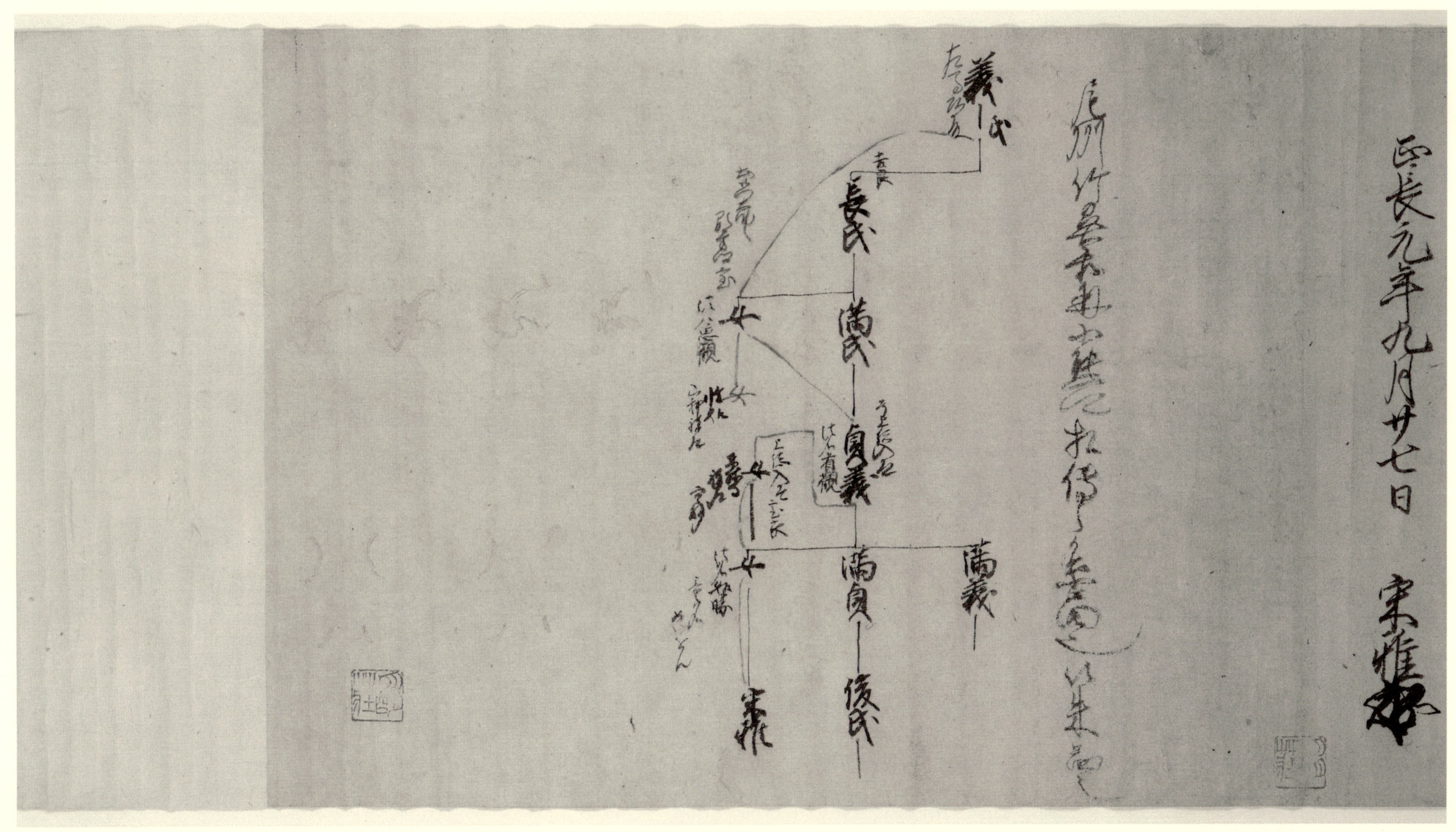

（2）

飛鳥井雅親消息案

2
貴
19
L 31119

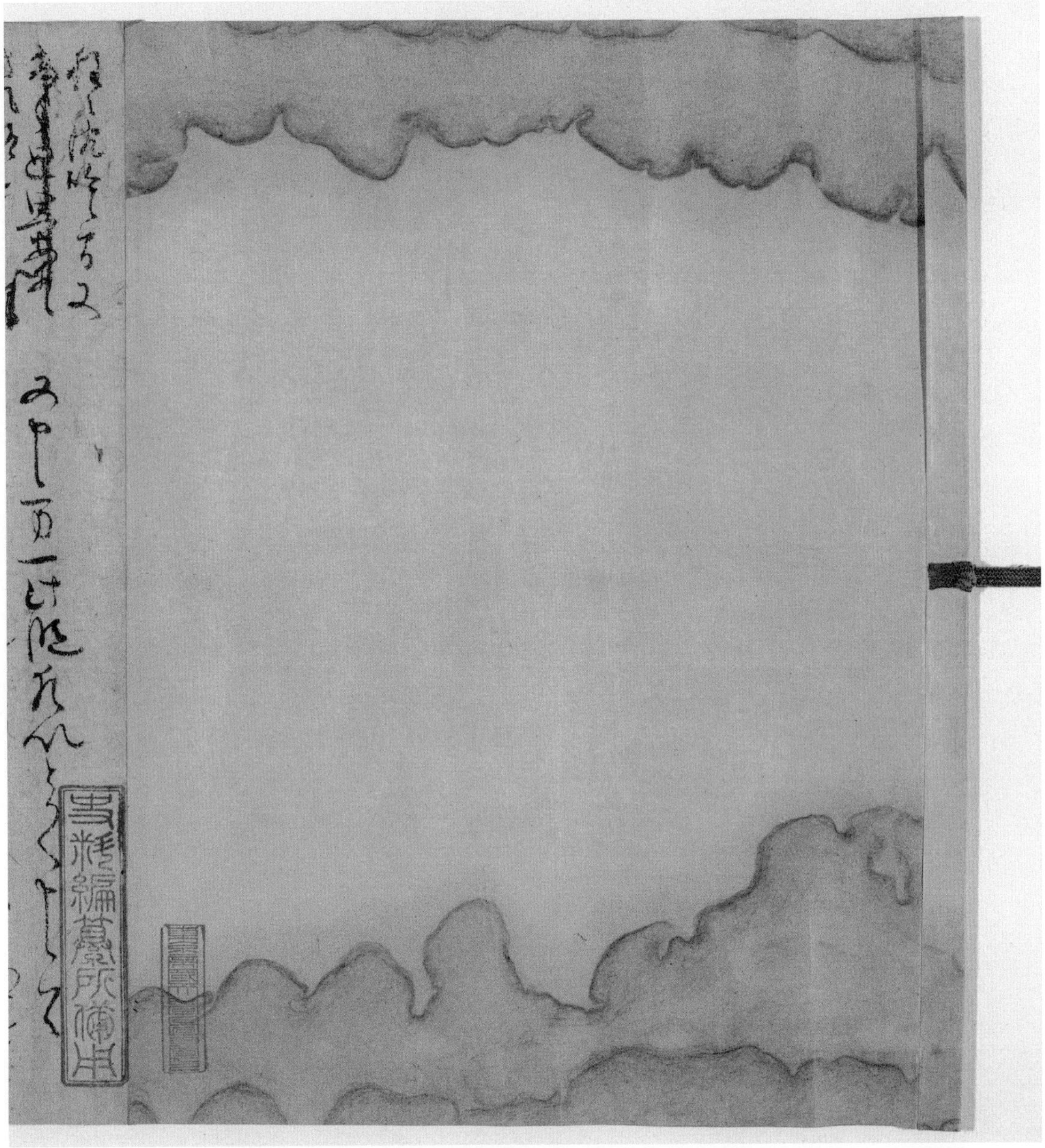
史料編纂所備用

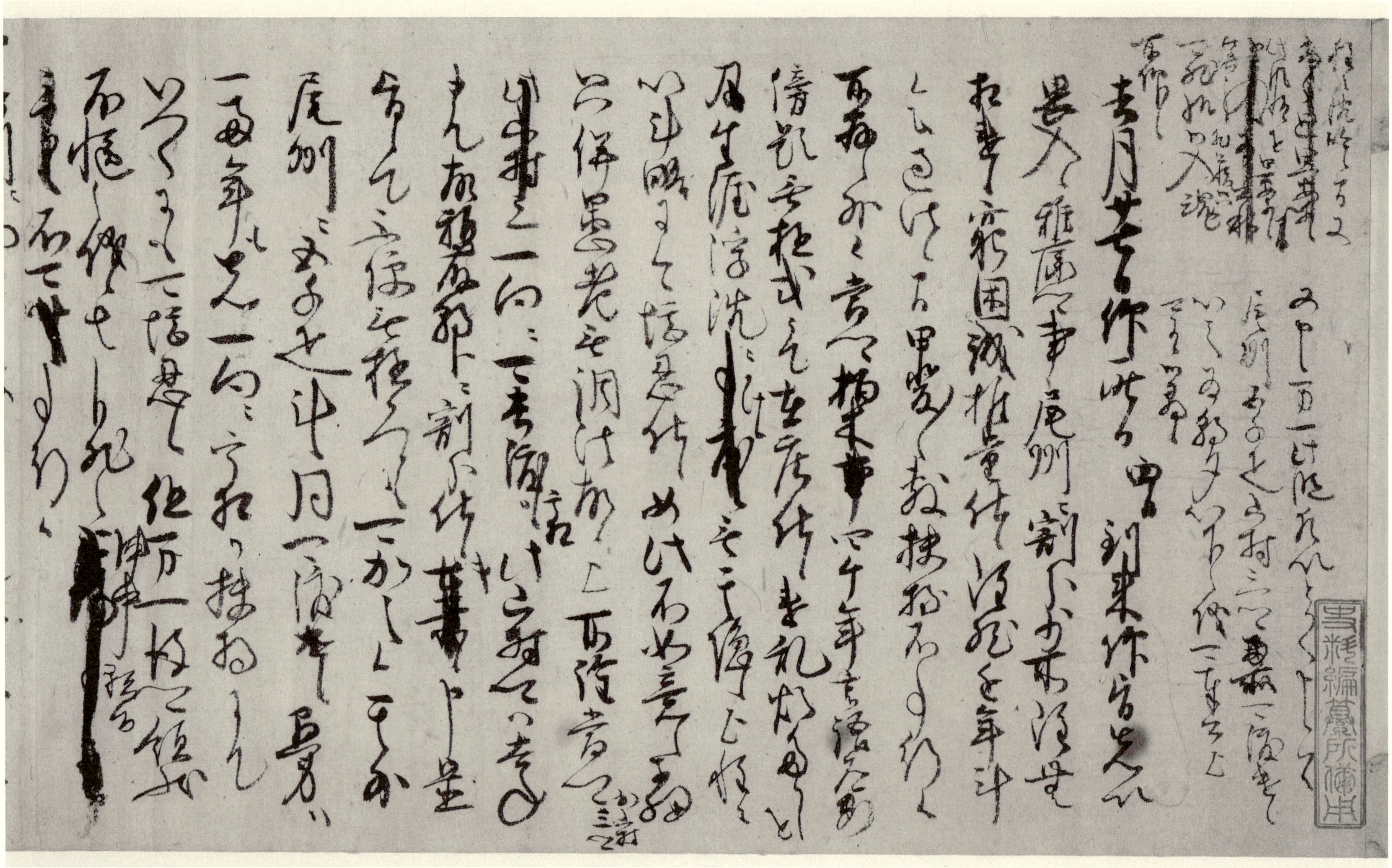

（1）

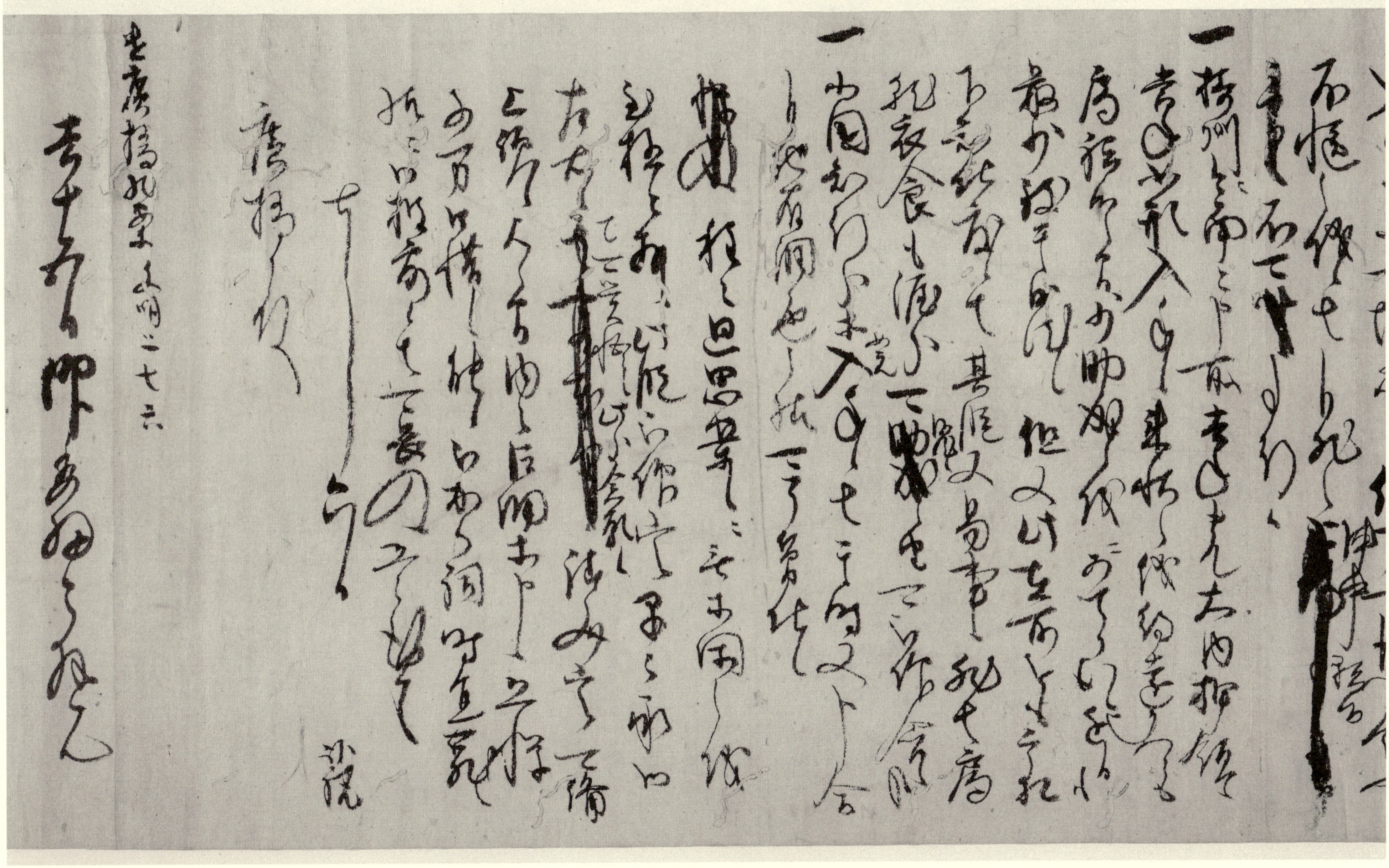

（3）　（2）

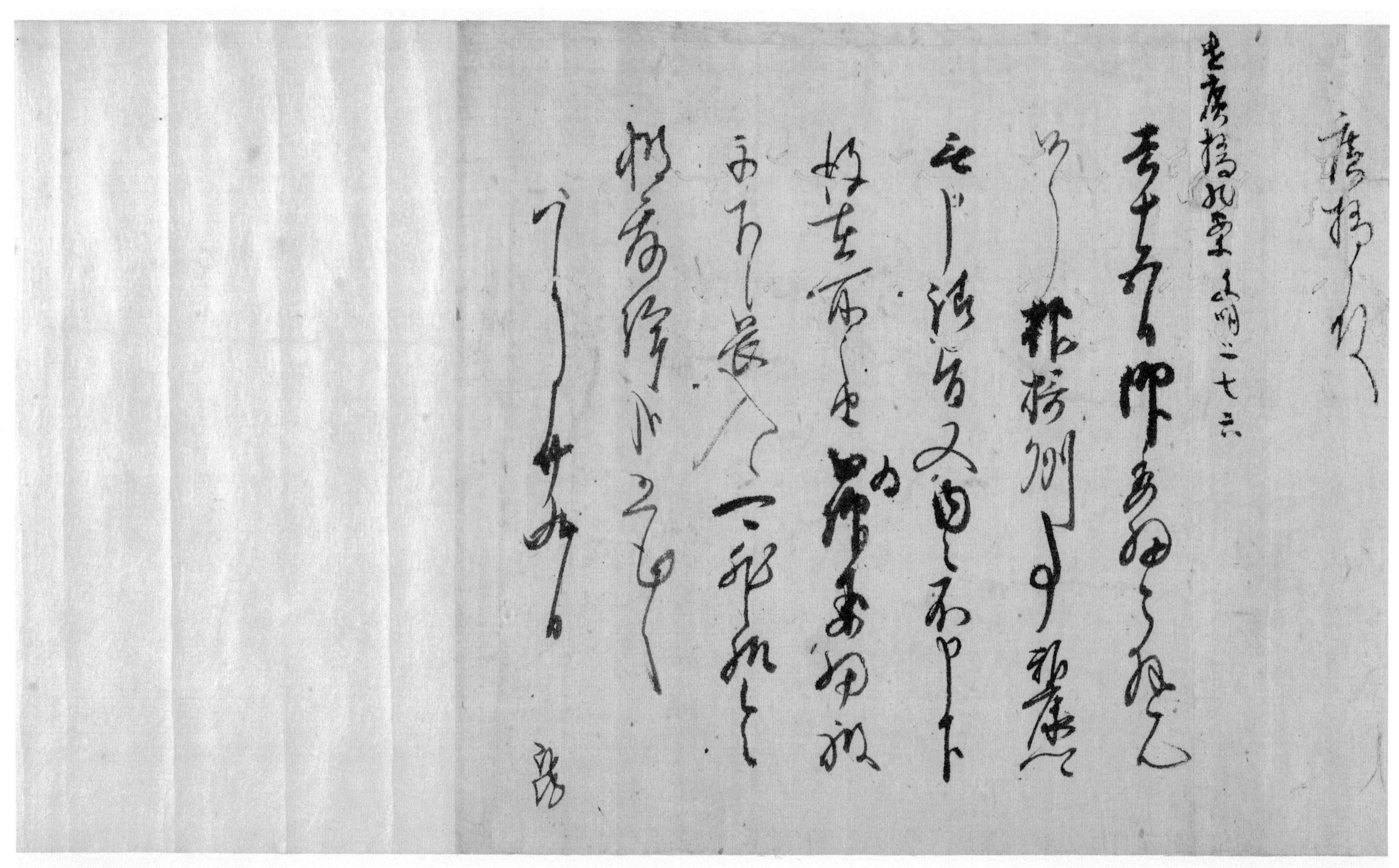

（4）

飛鳥井雅康消息

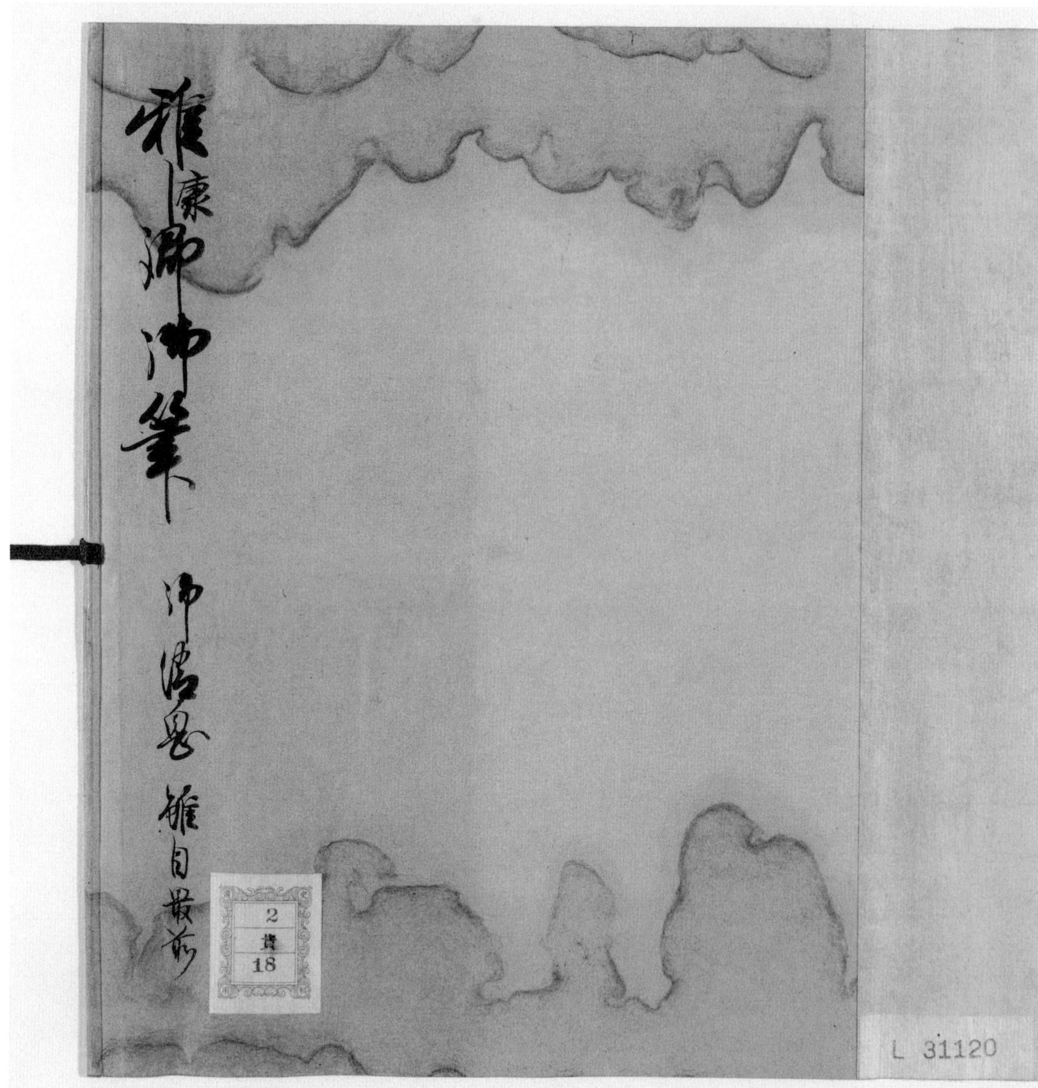

2
貴
18
L 31120

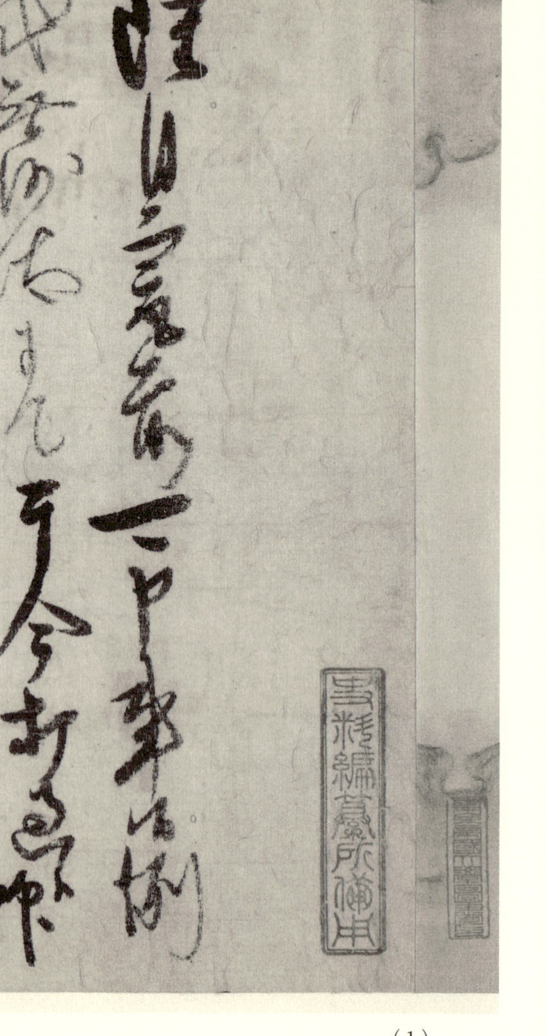

（1）

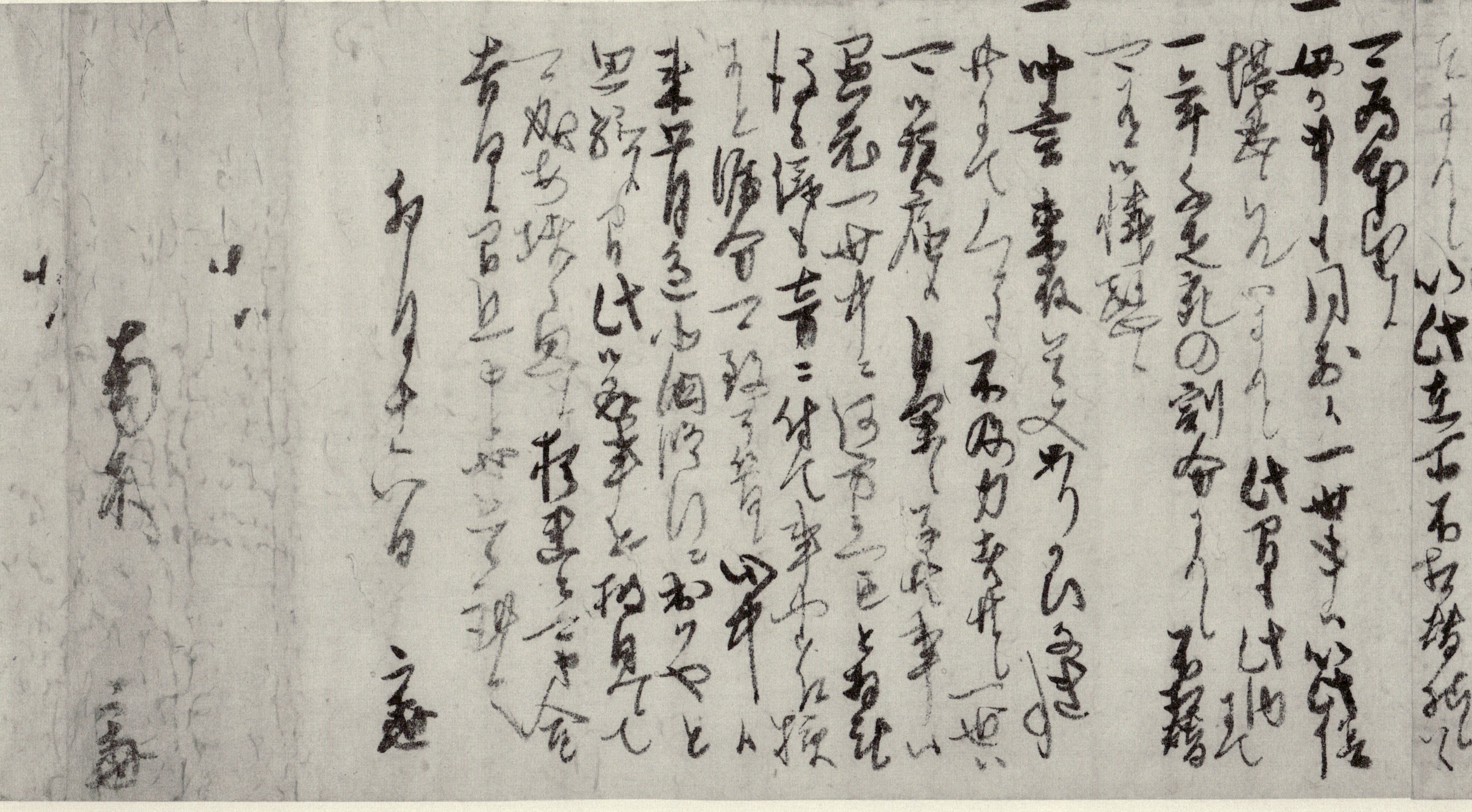

（2）

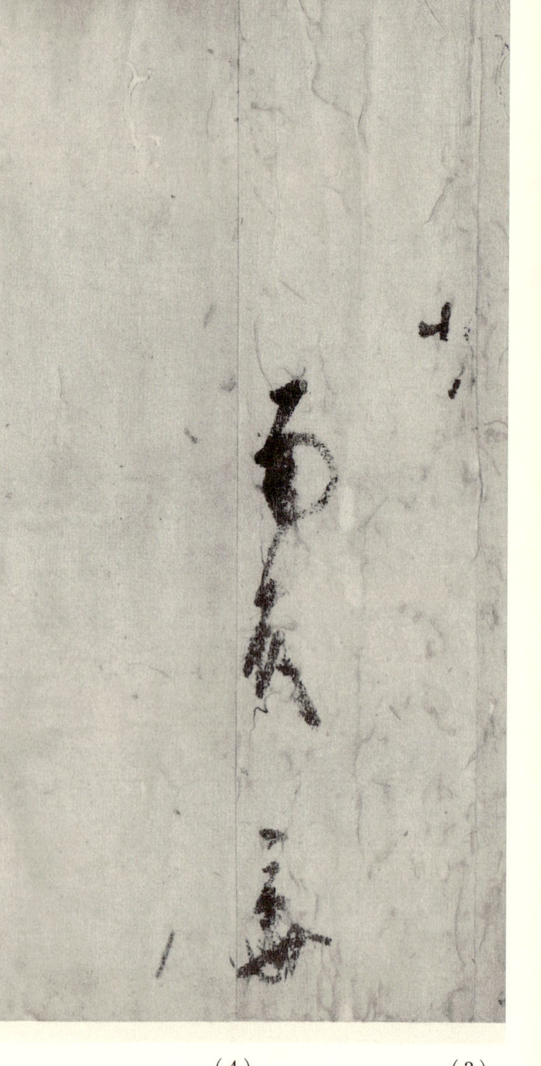

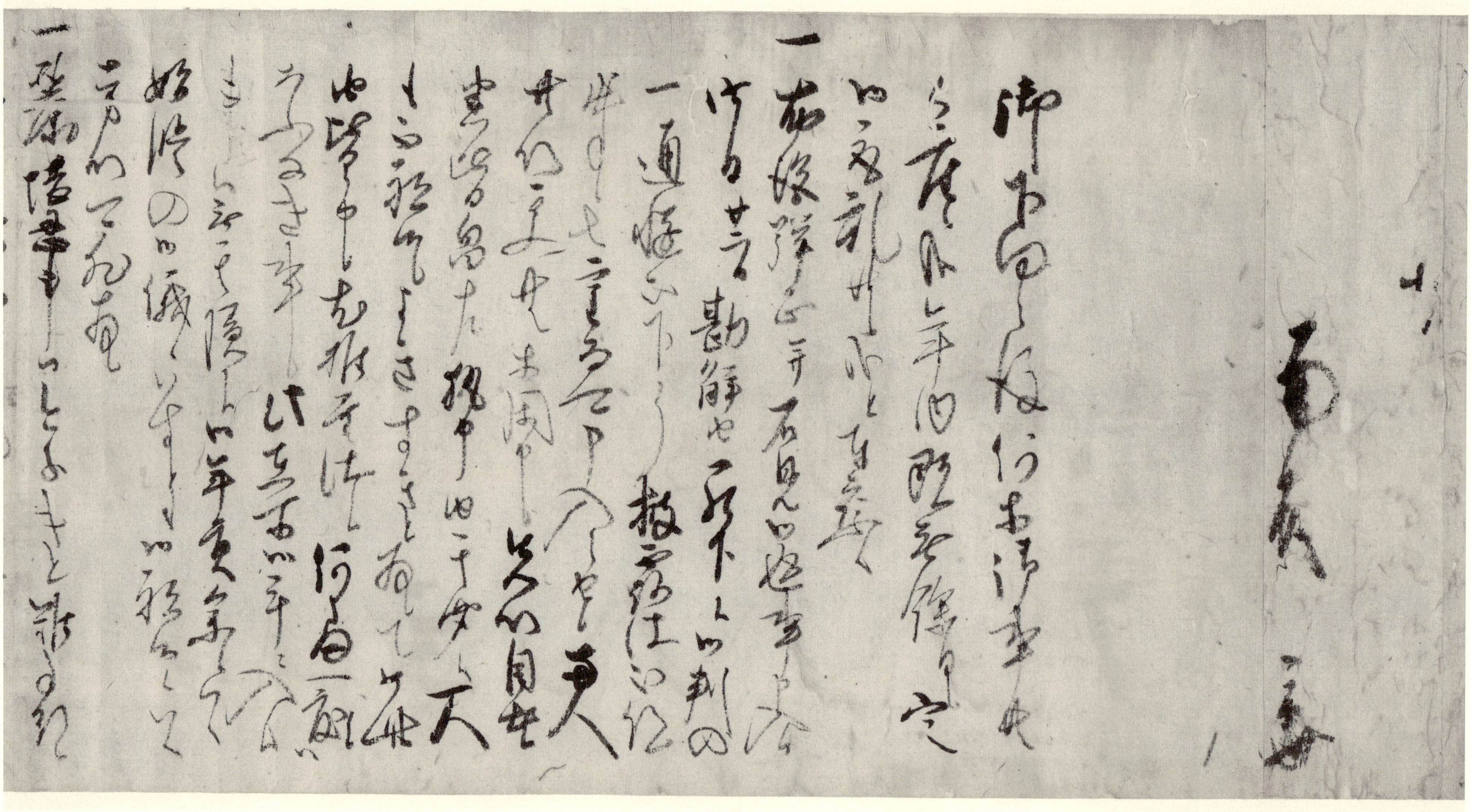

（4）　（3）

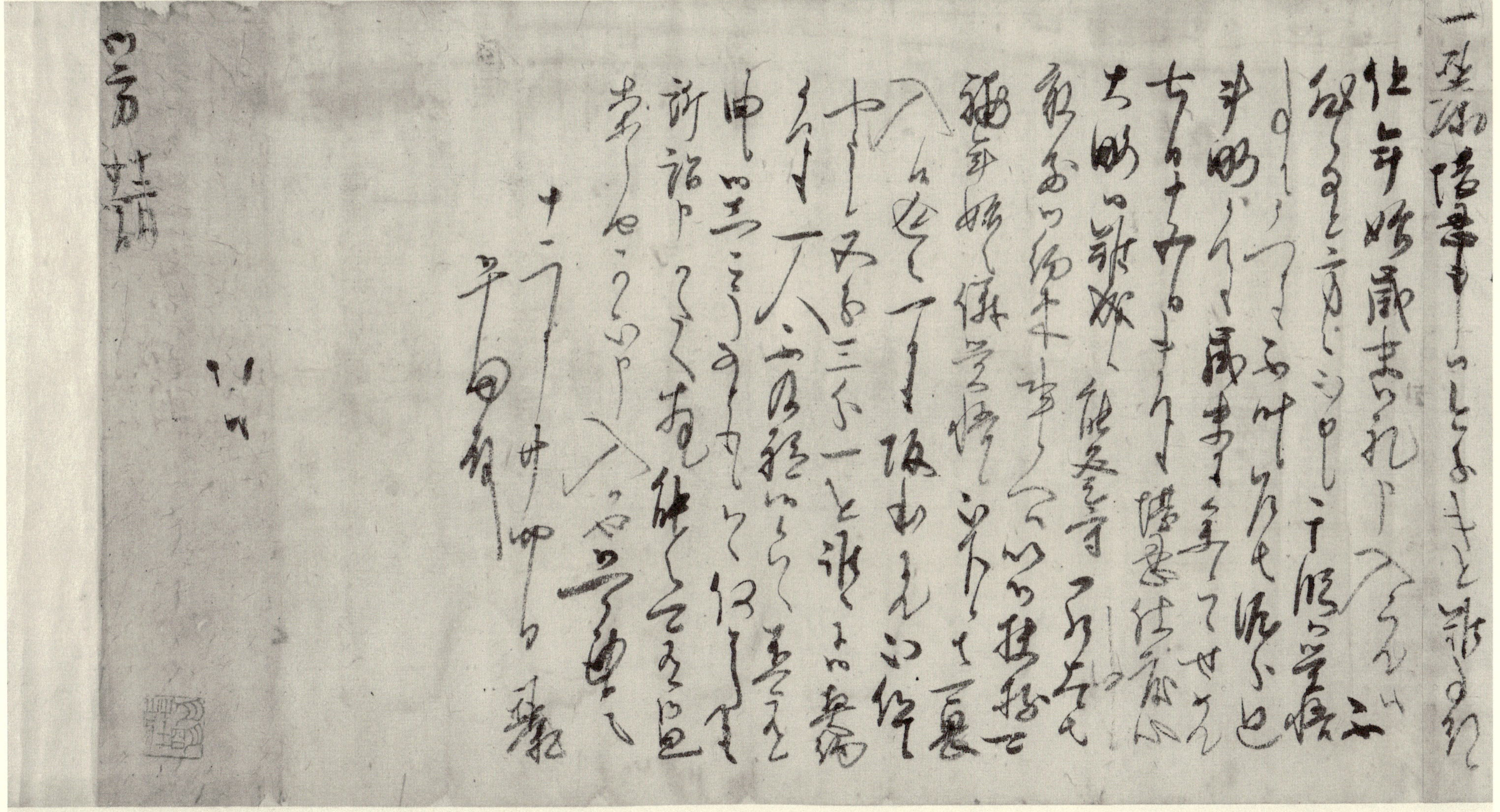

（5）

蜷川親元筆百首和歌

百首和歌
親元筆
貫 44
17

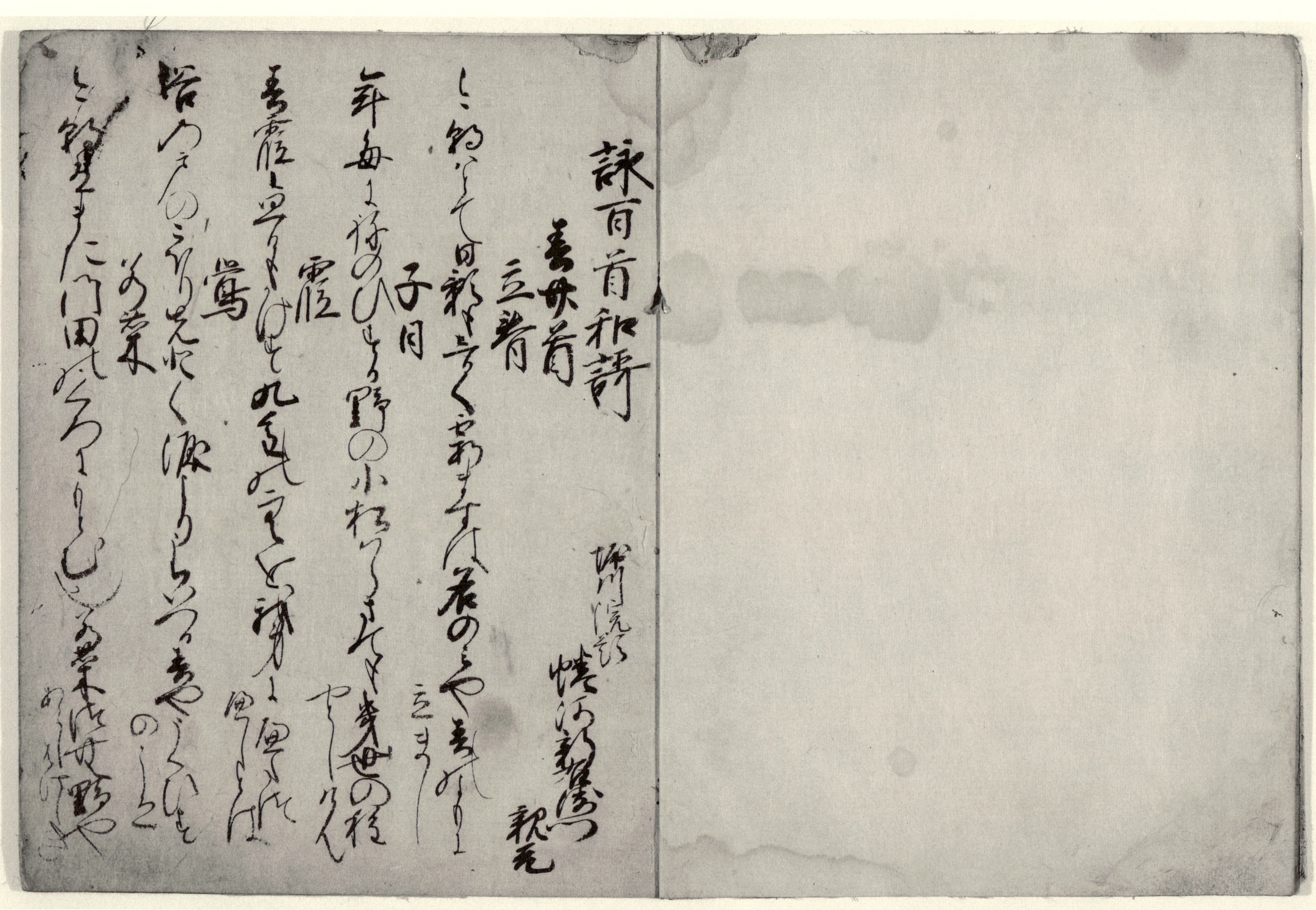

（1オ）

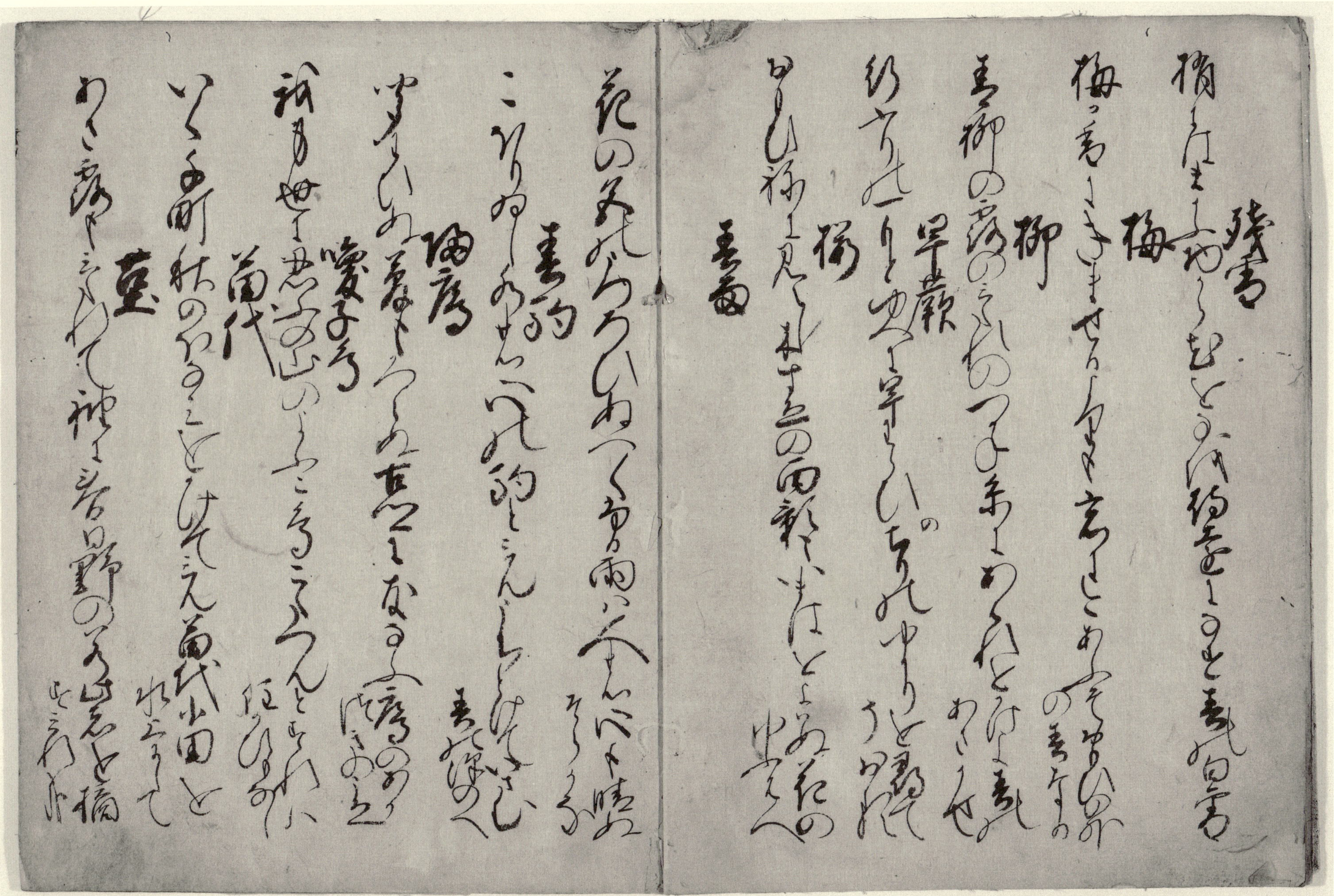

（2オ）　（1ウ）

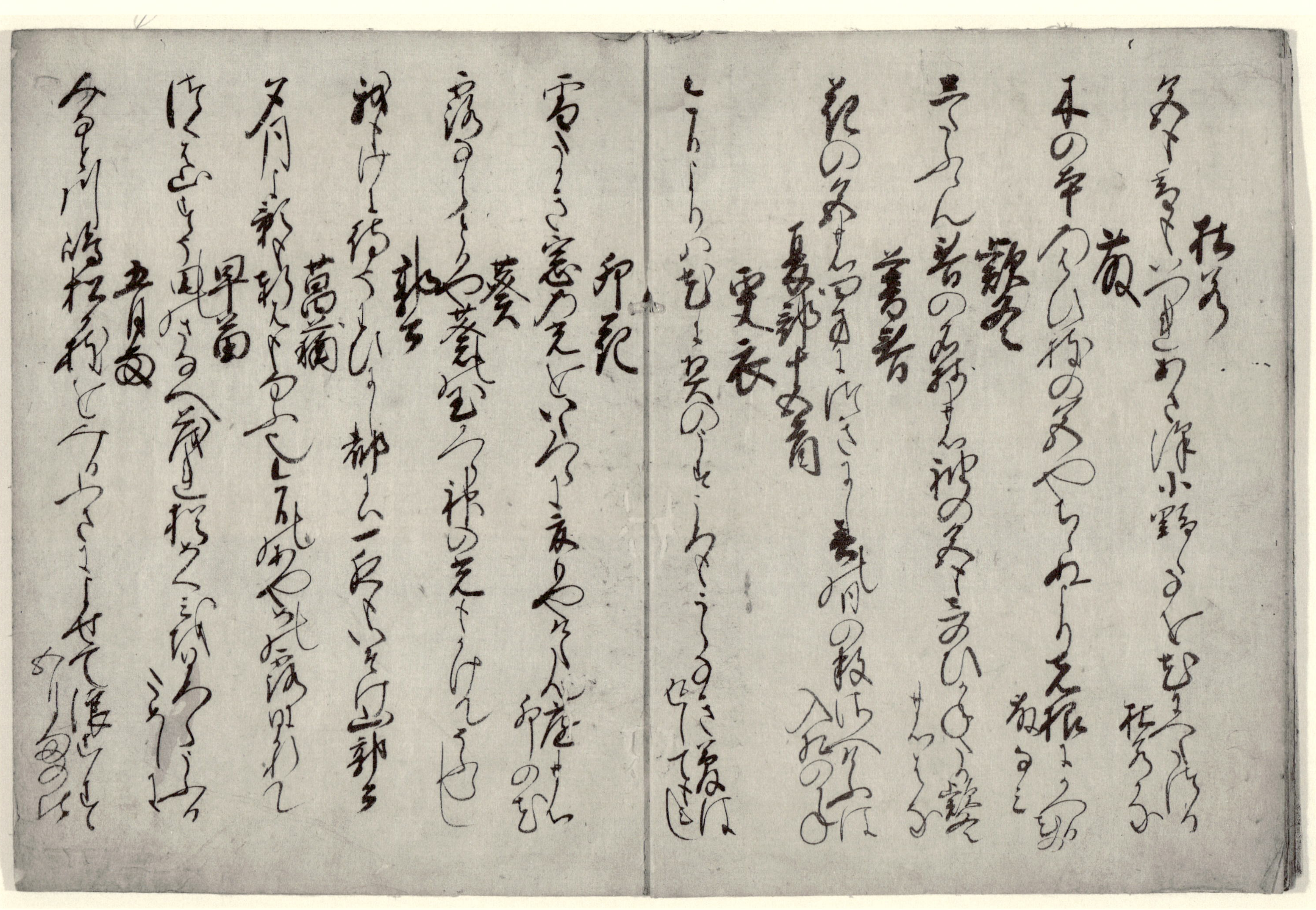

（3オ）　（2ウ）

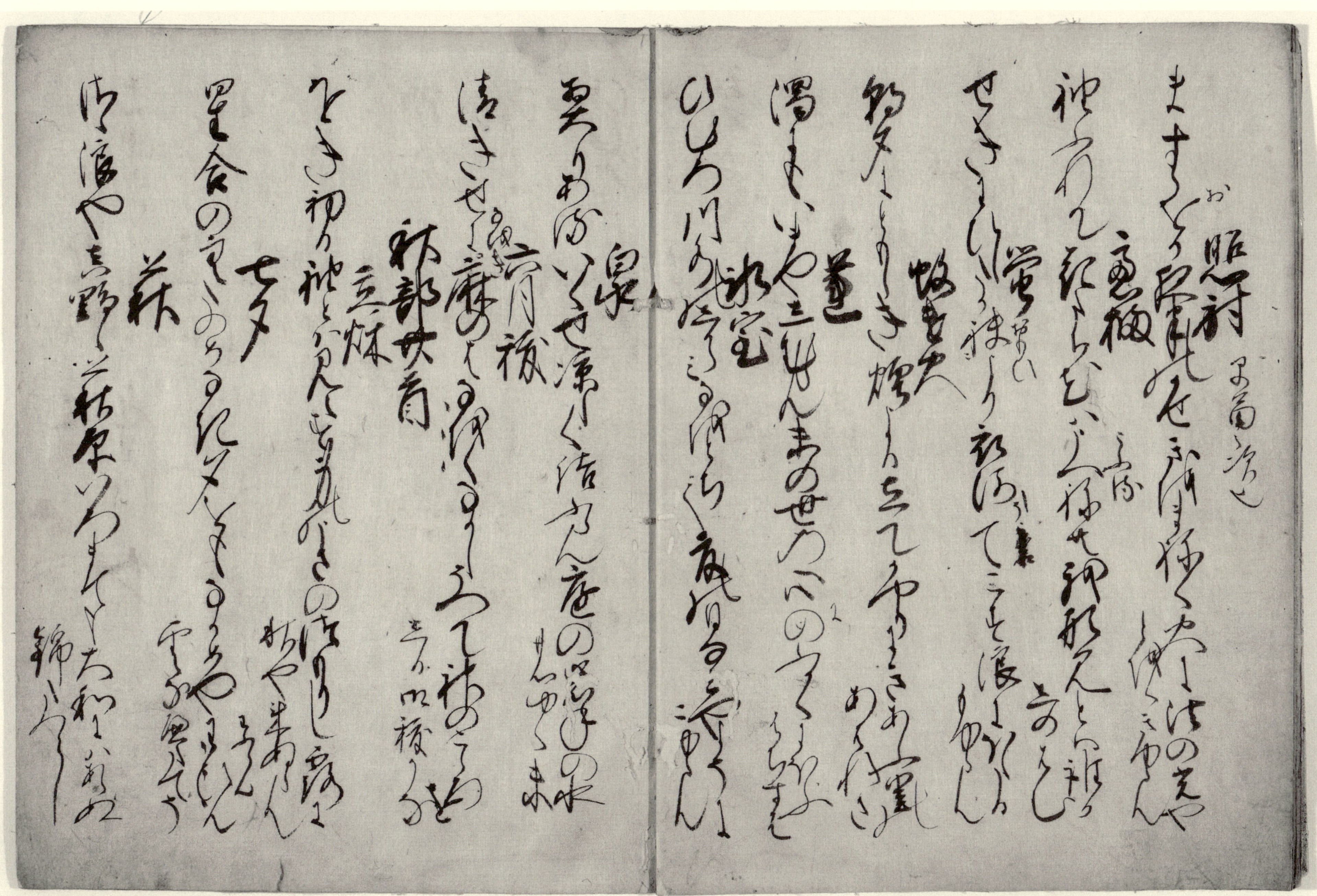

（4オ）　（3ウ）

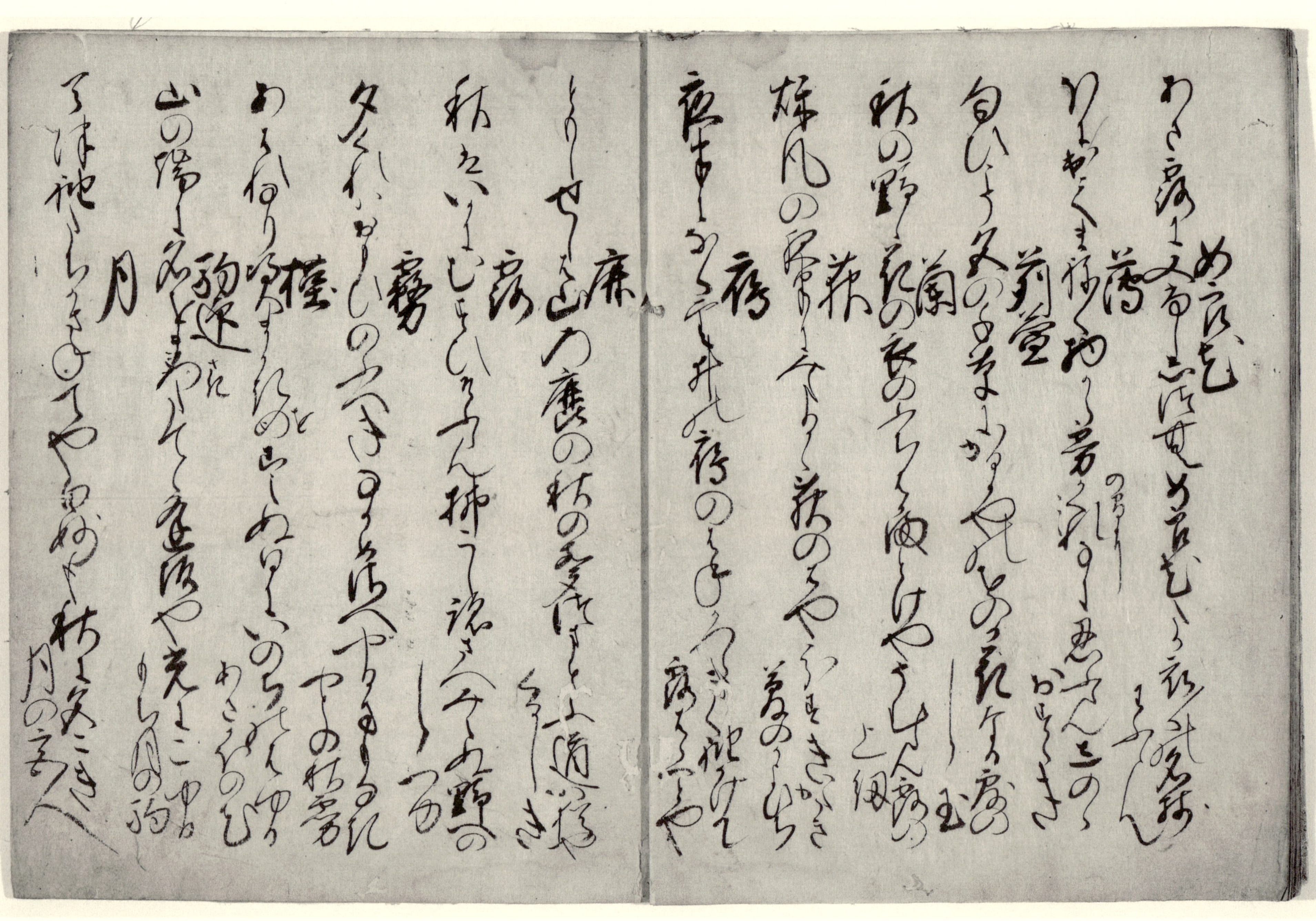

（5オ）

（4ウ）

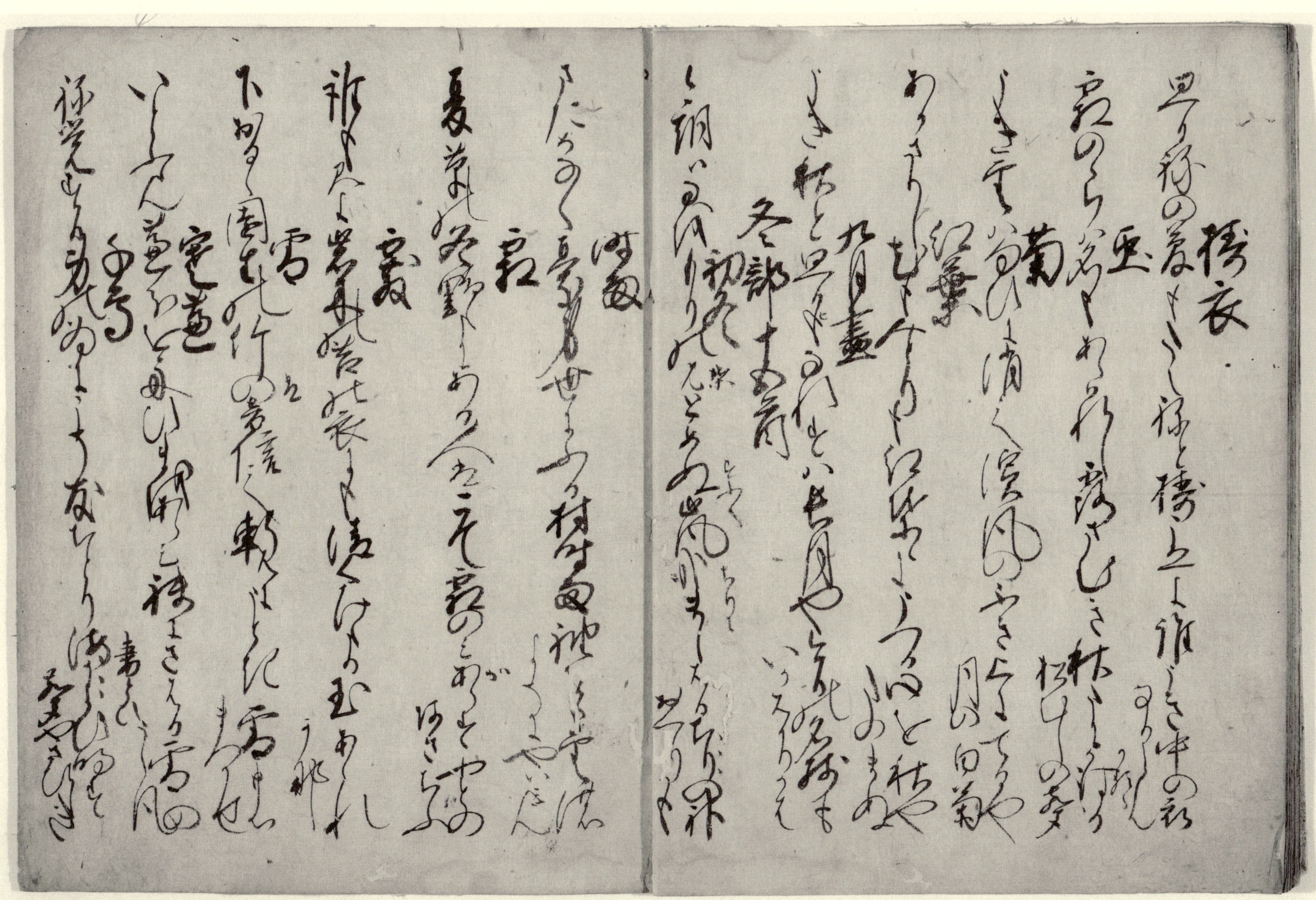

（6オ）　（5ウ）

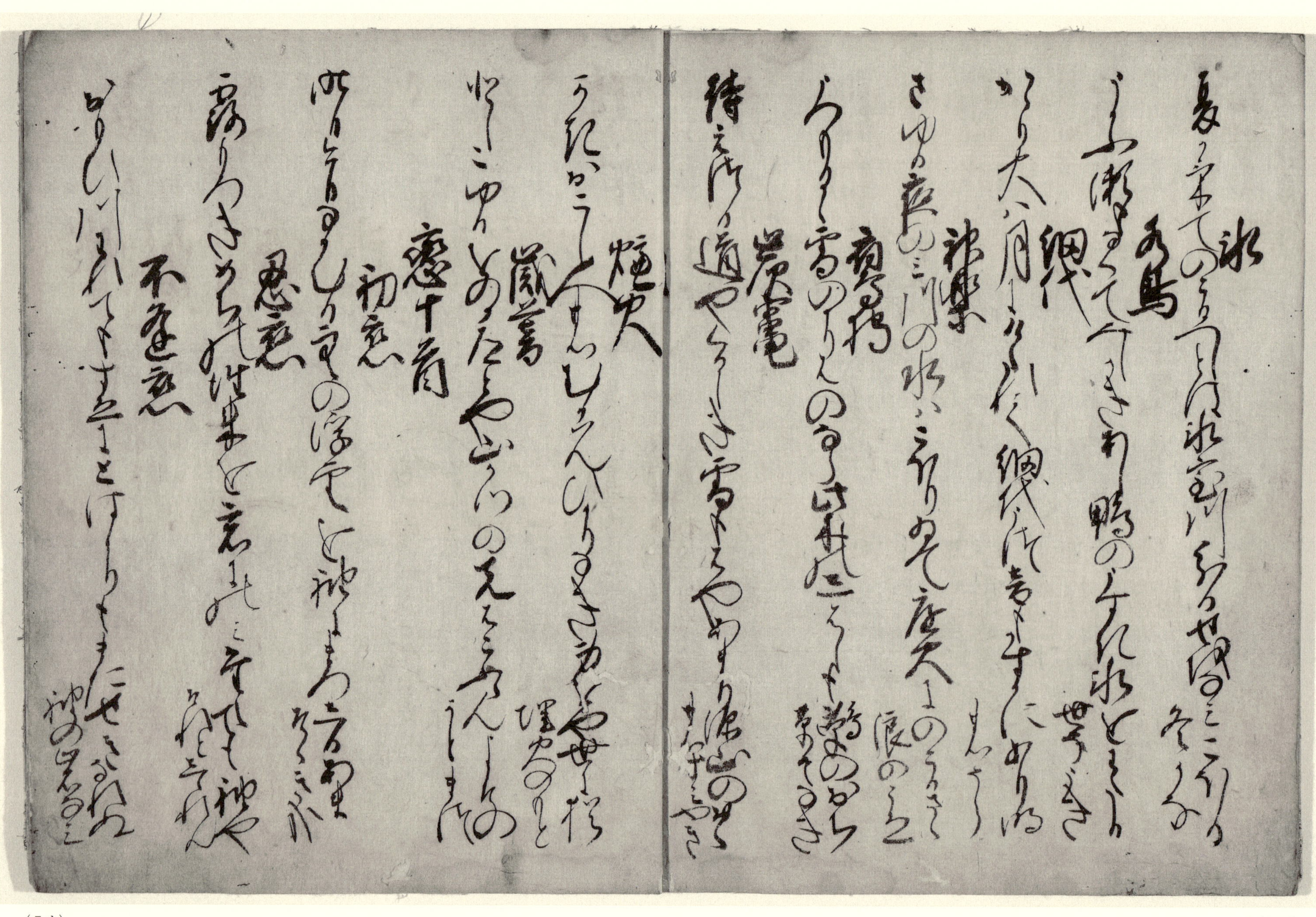

（7オ）　　（6ウ）

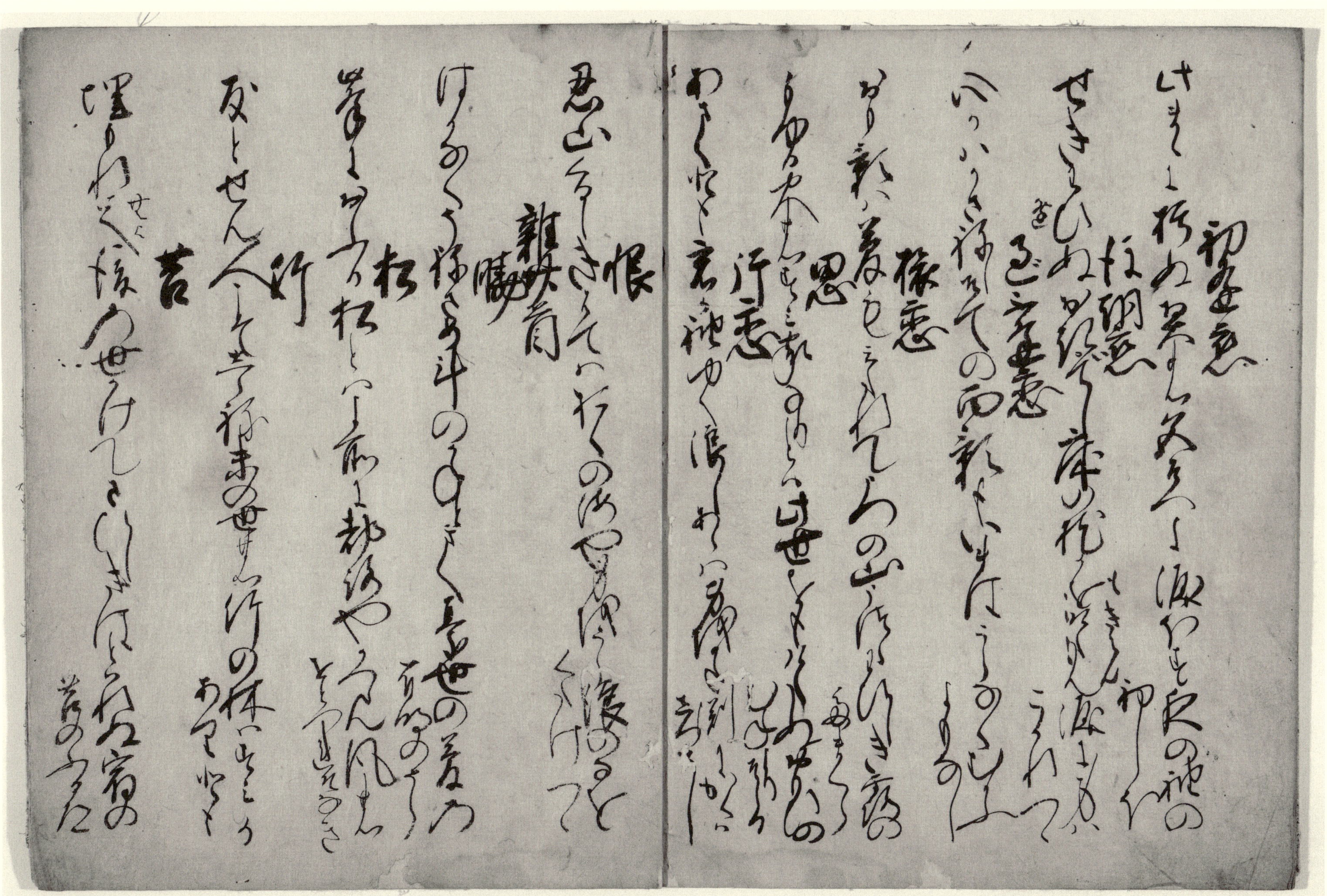

（8オ）　（7ウ）

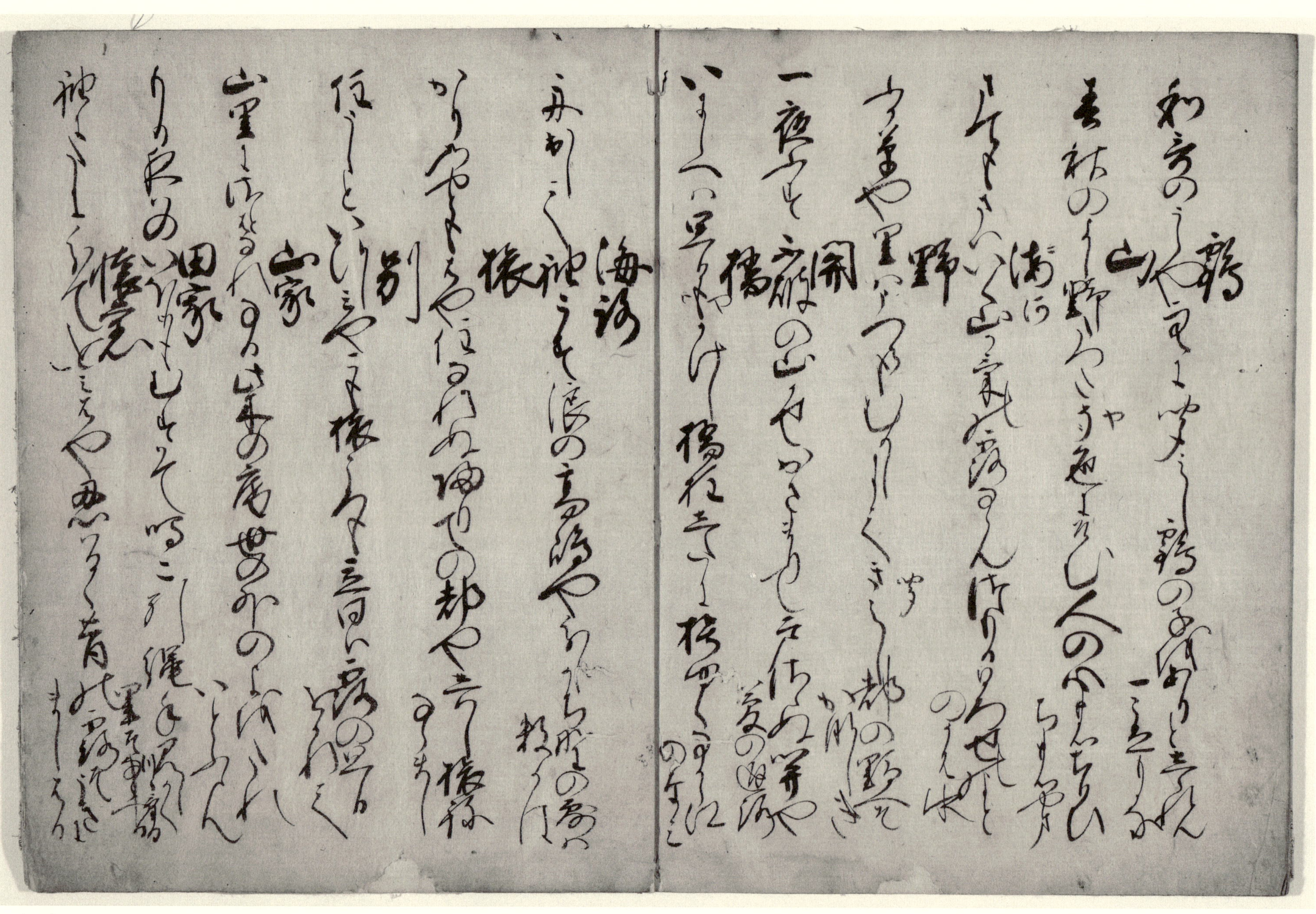

（9オ）　　（8ウ）

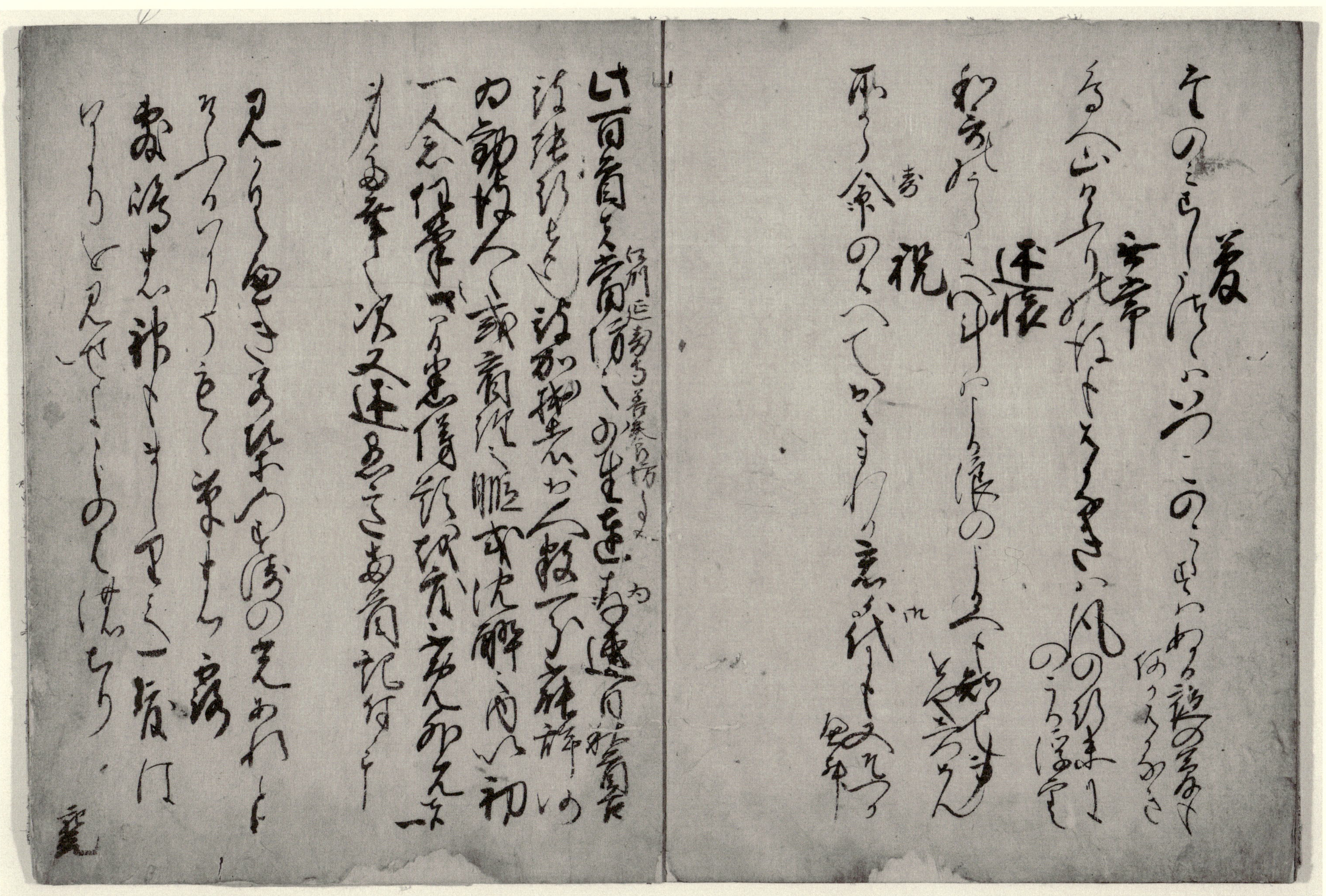

（10オ）

（9ウ）

（10ウ）

蜷川親元筆百首和歌　遊紙／裏表紙見返し

蜷川親元詠草

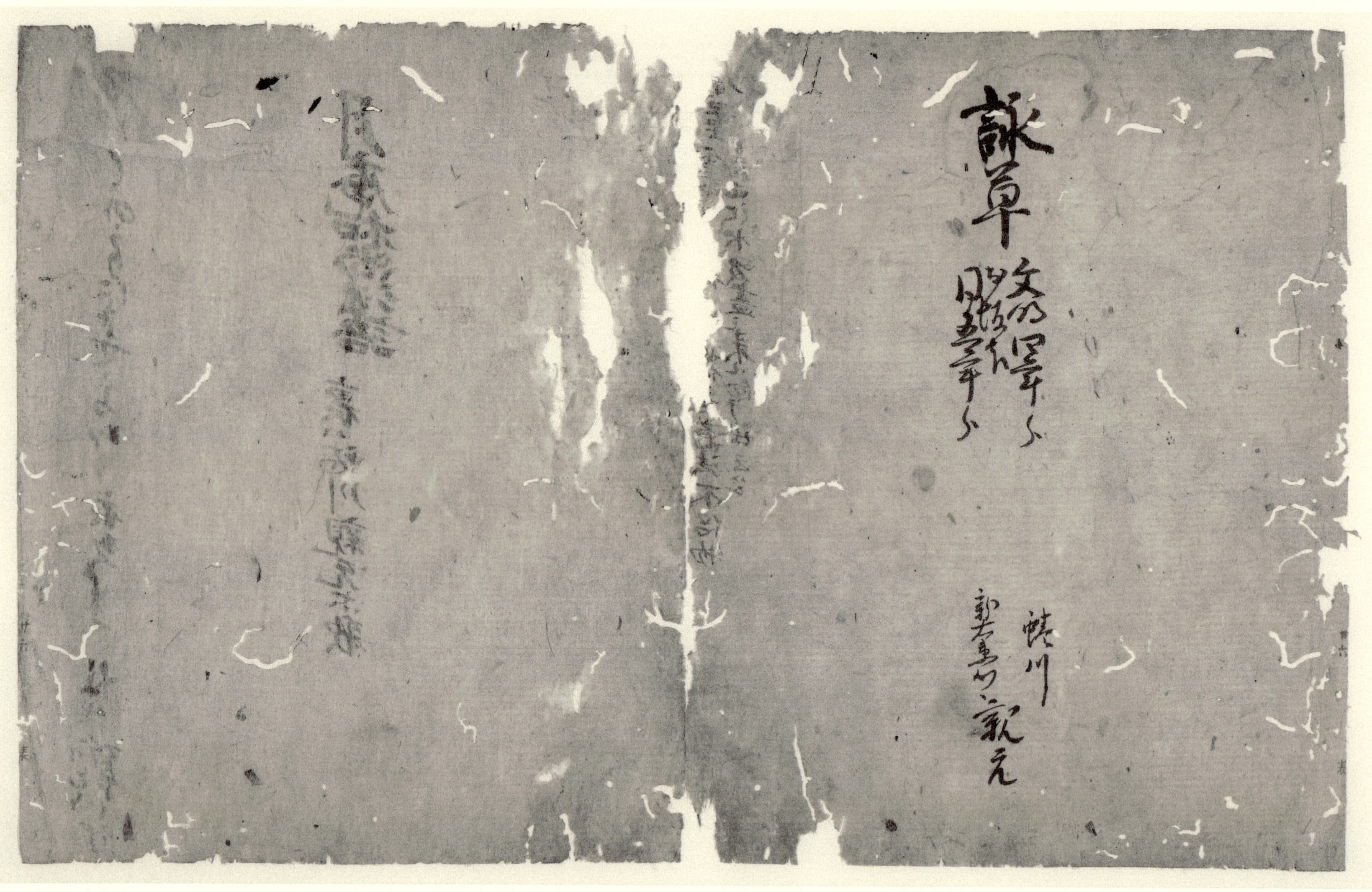

（1ウ）

（1オ）

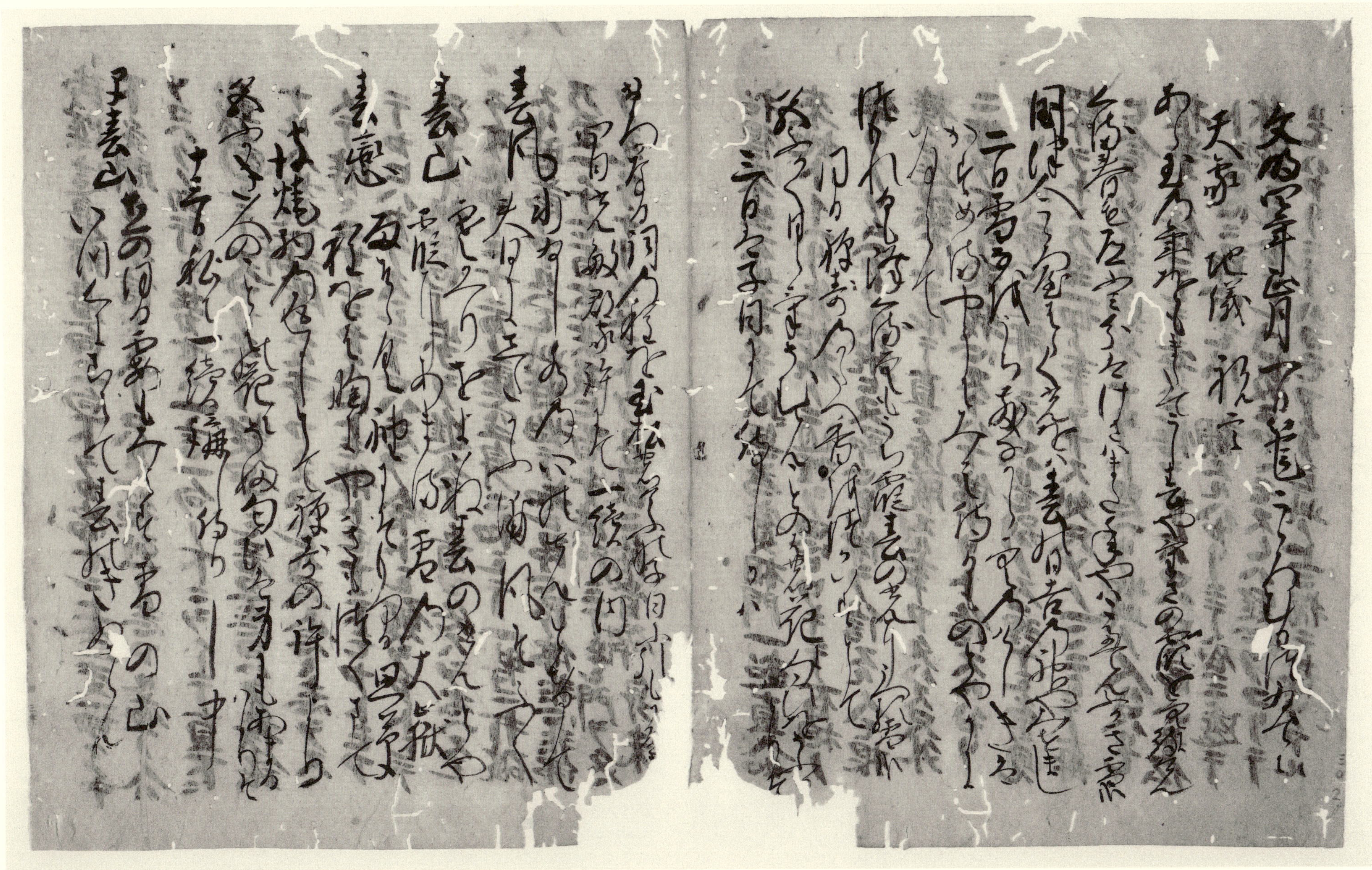

（２ウ）　（２オ）

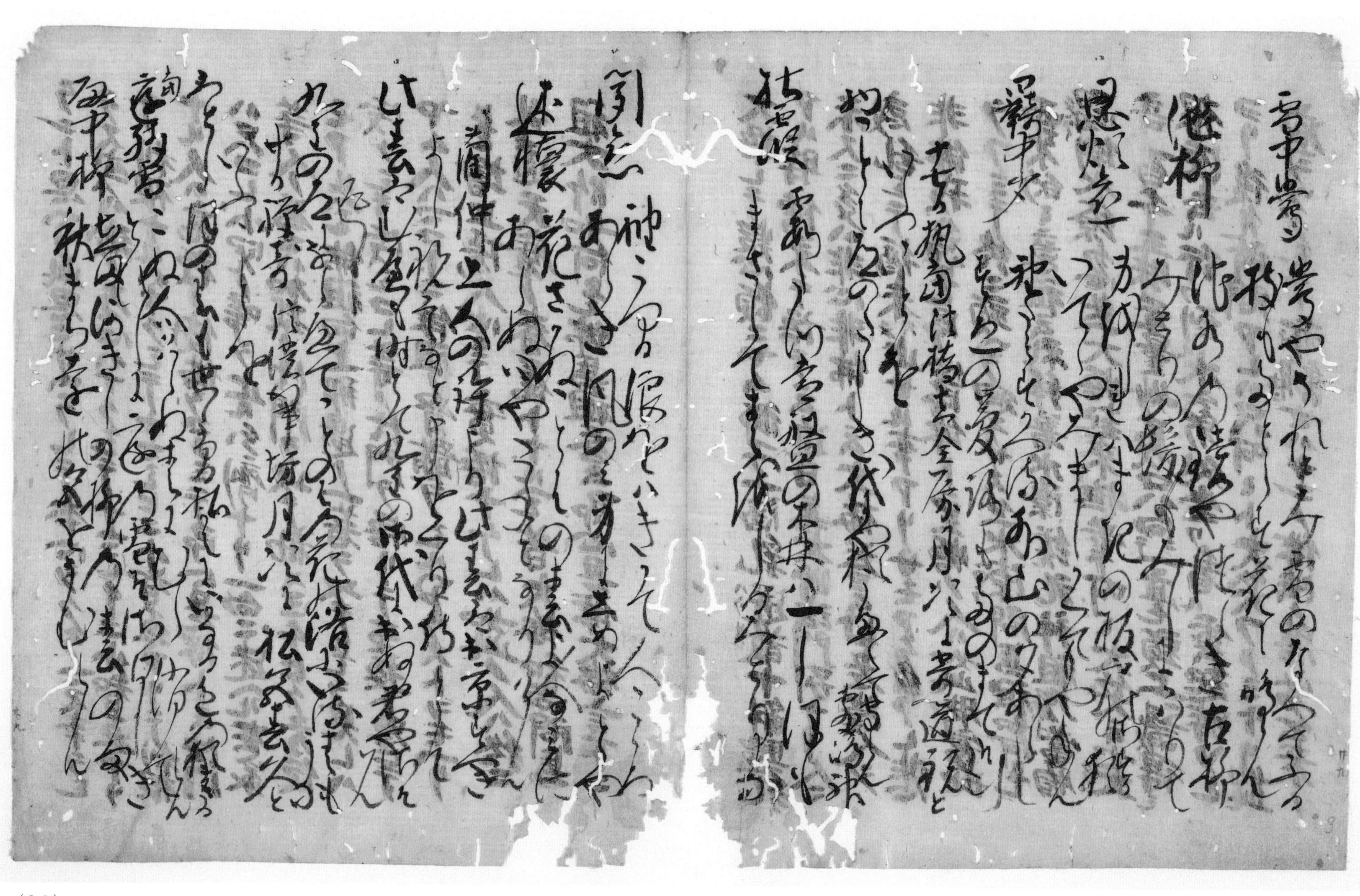

（３ウ）　　（３オ）

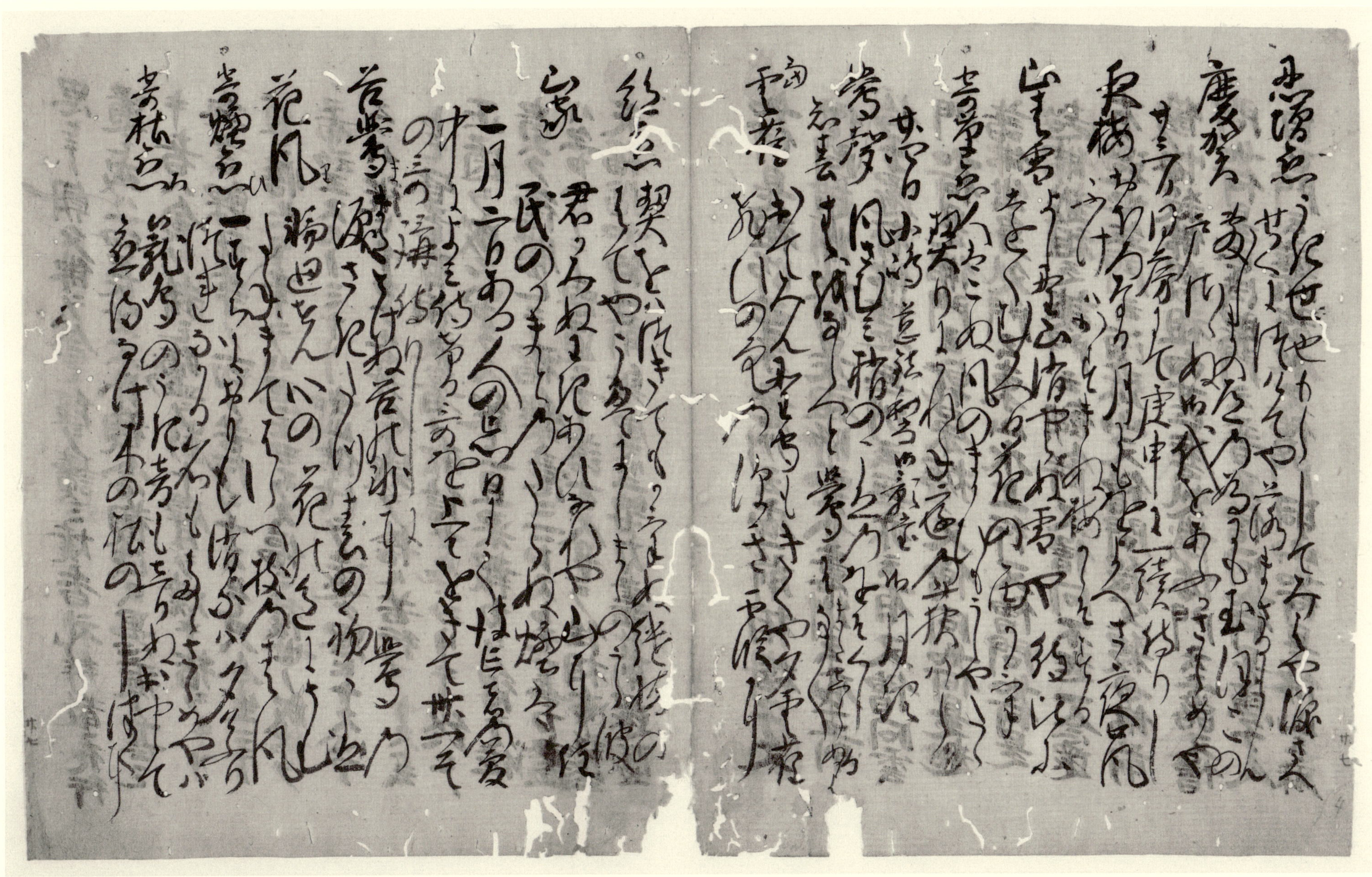

（4ウ）　（4オ）

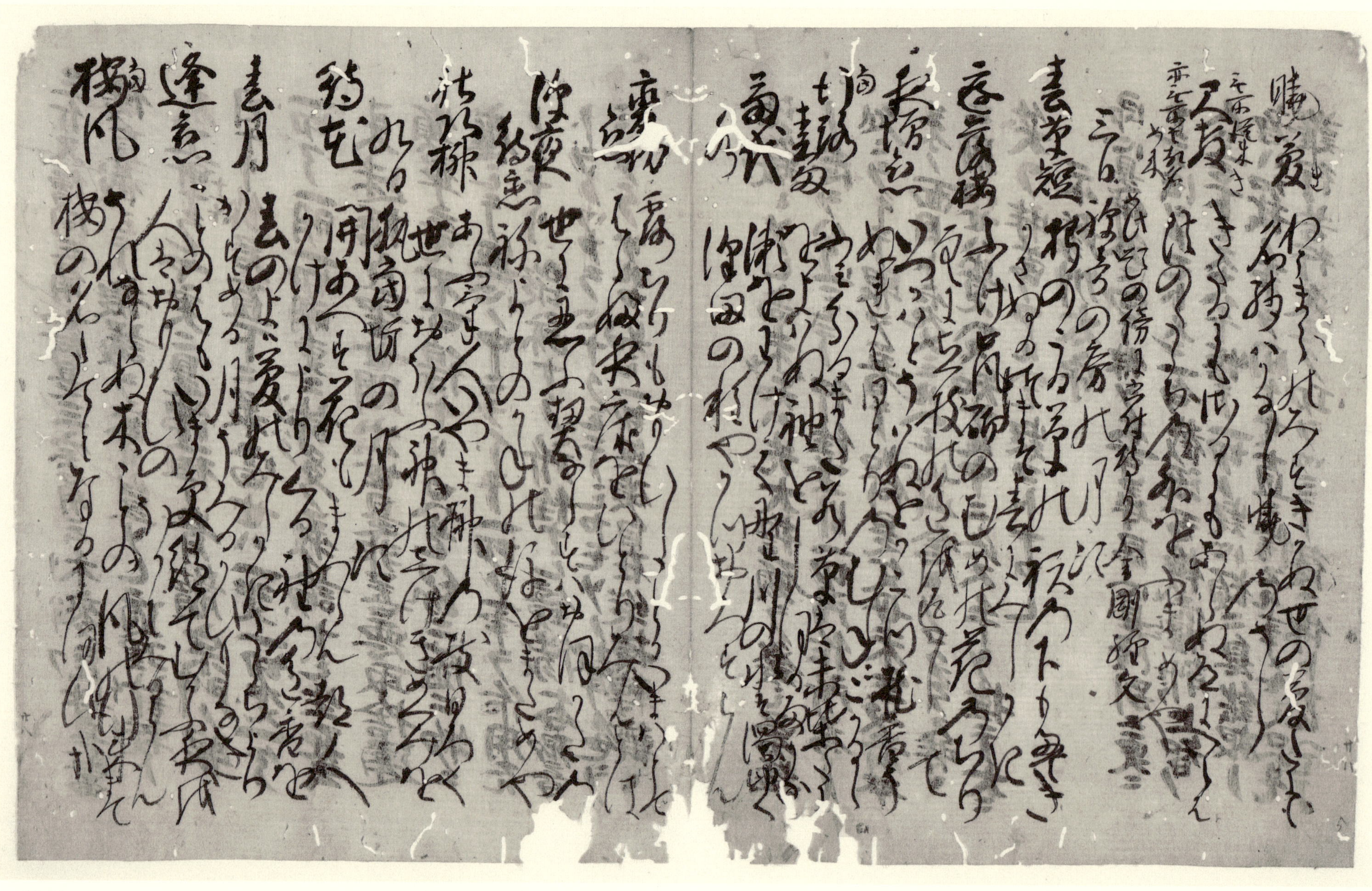

（5ウ）

（5オ）

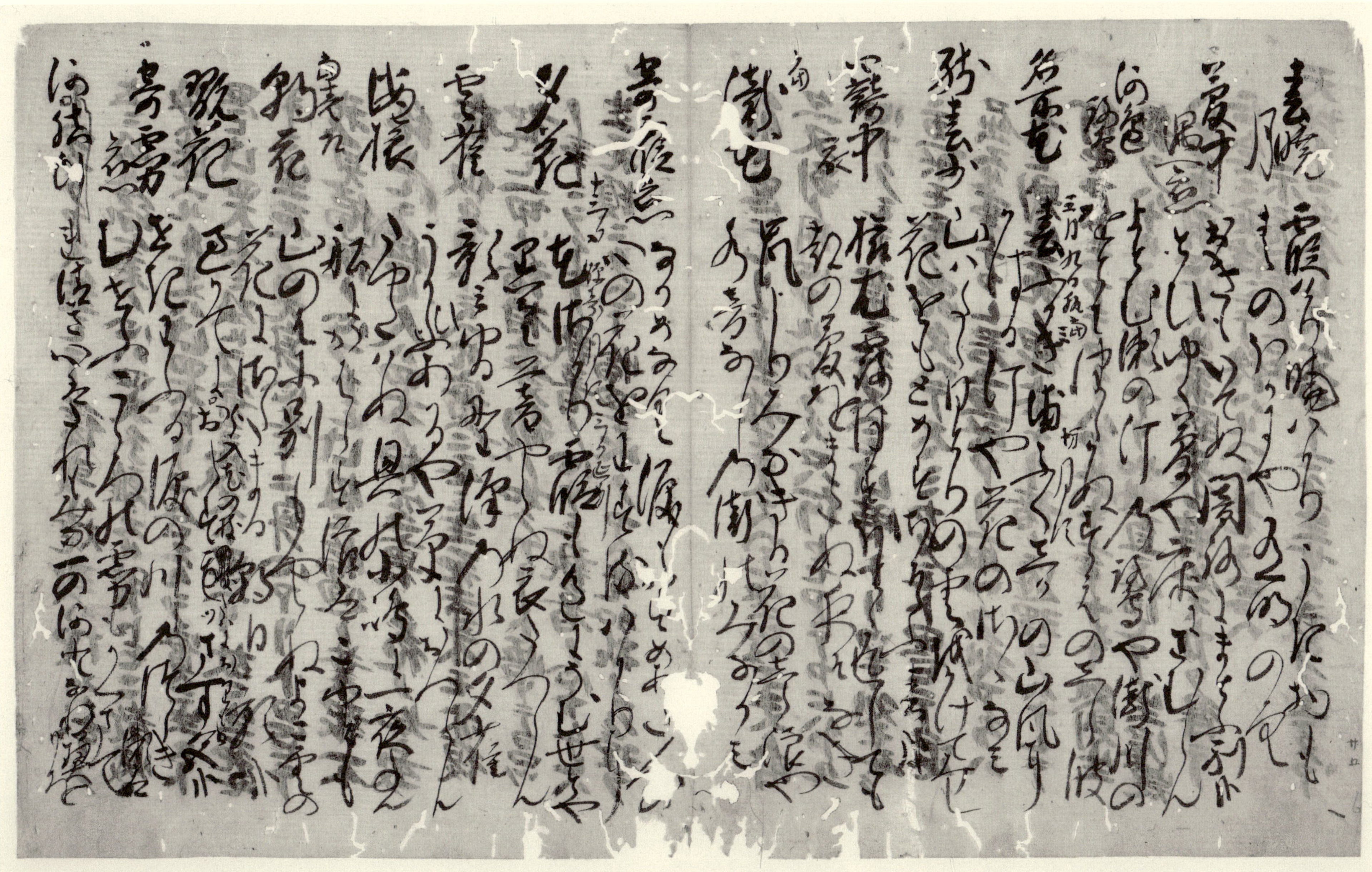

（6ウ）　（6オ）

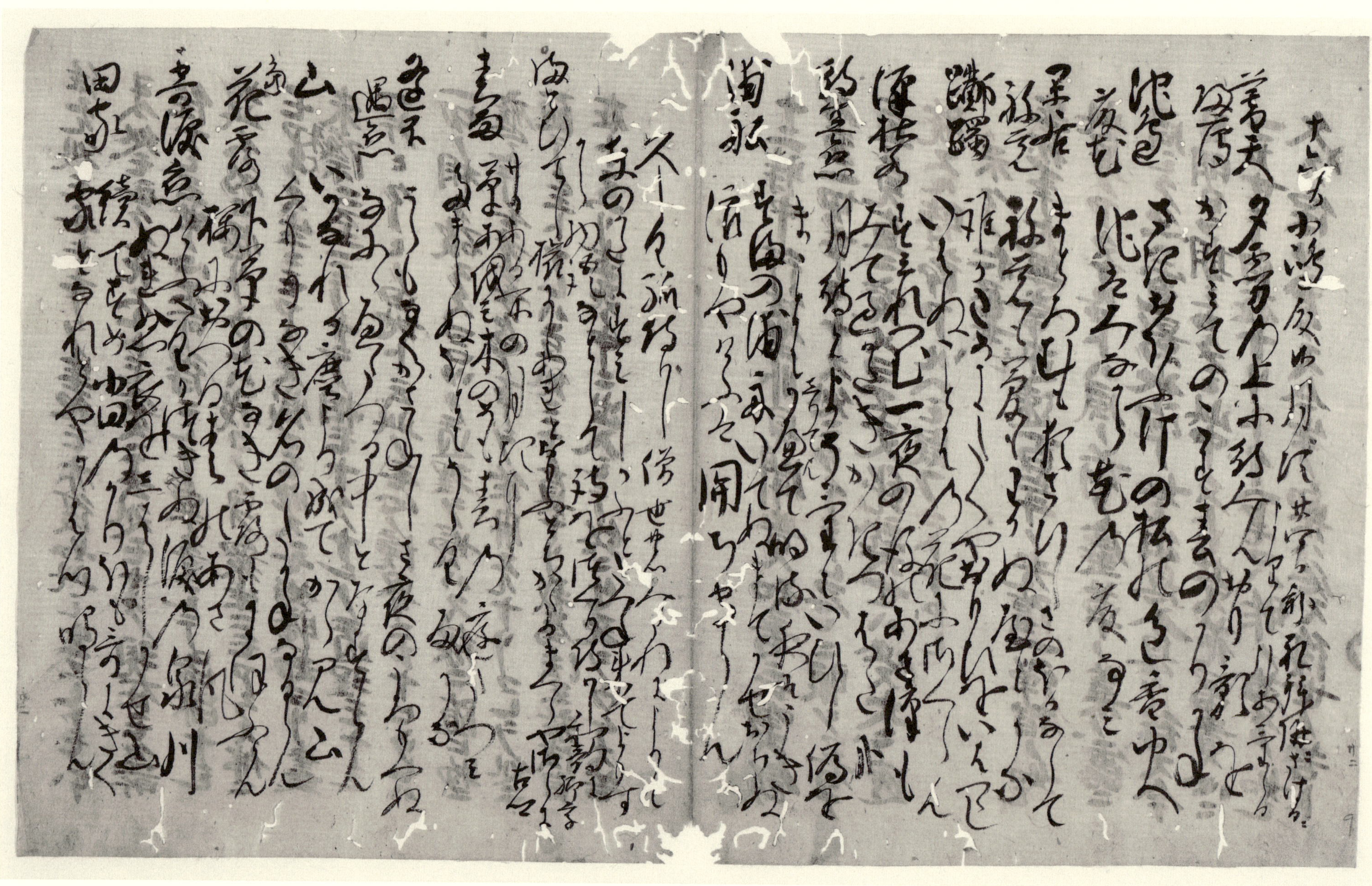

(7ウ)

(7オ)

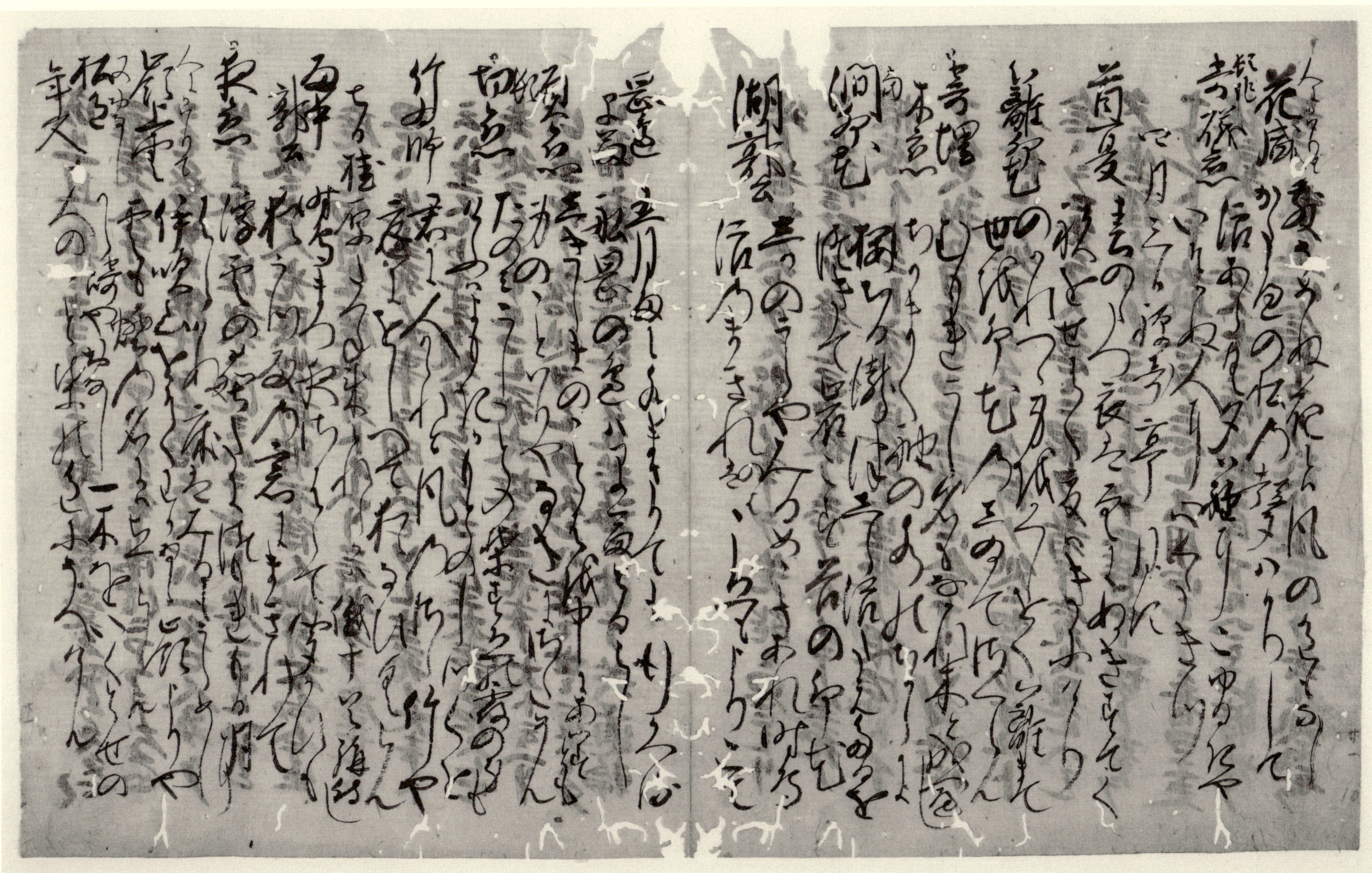

（8ウ）

（8オ）

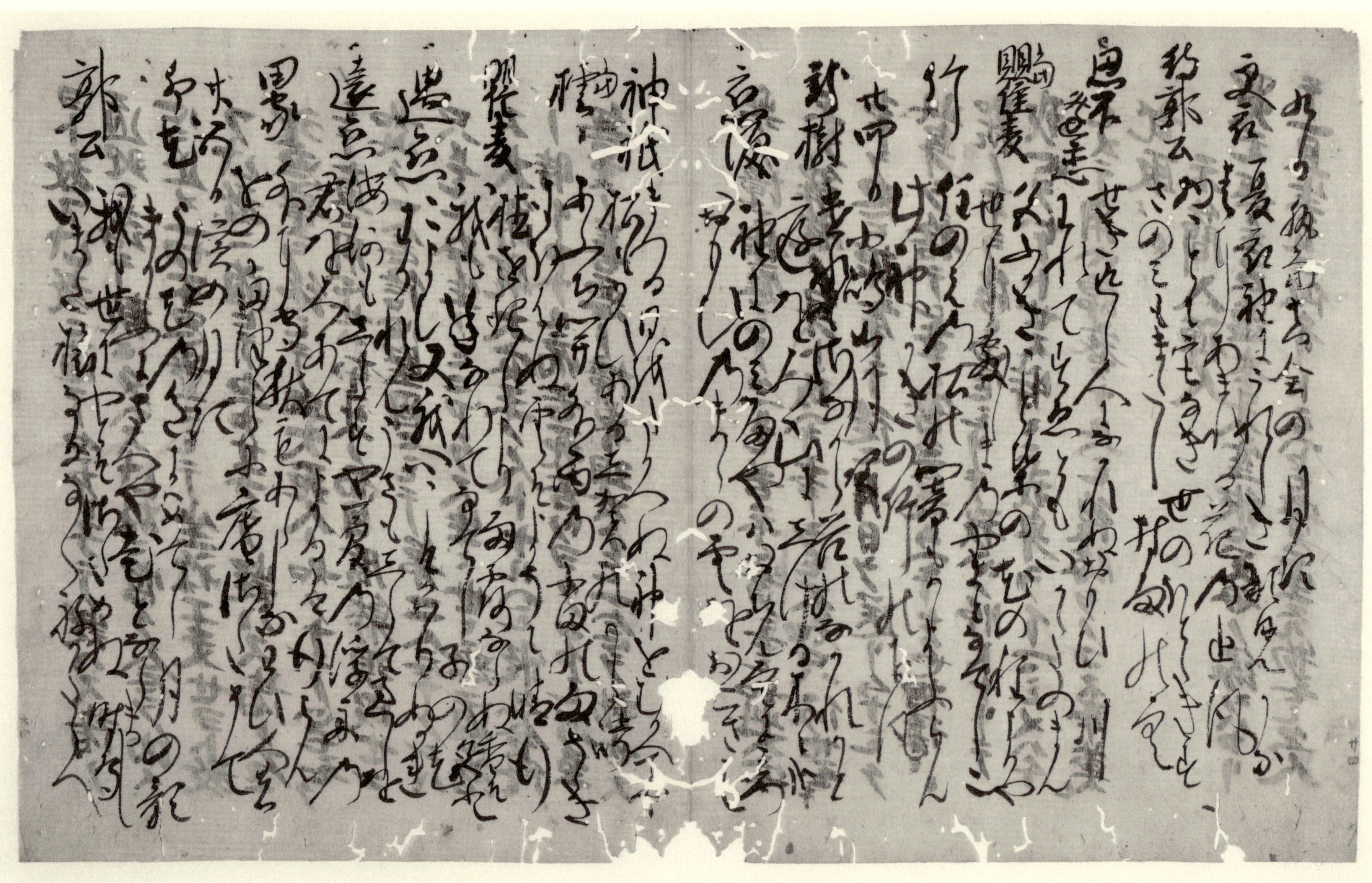

（9ウ）　（9オ）

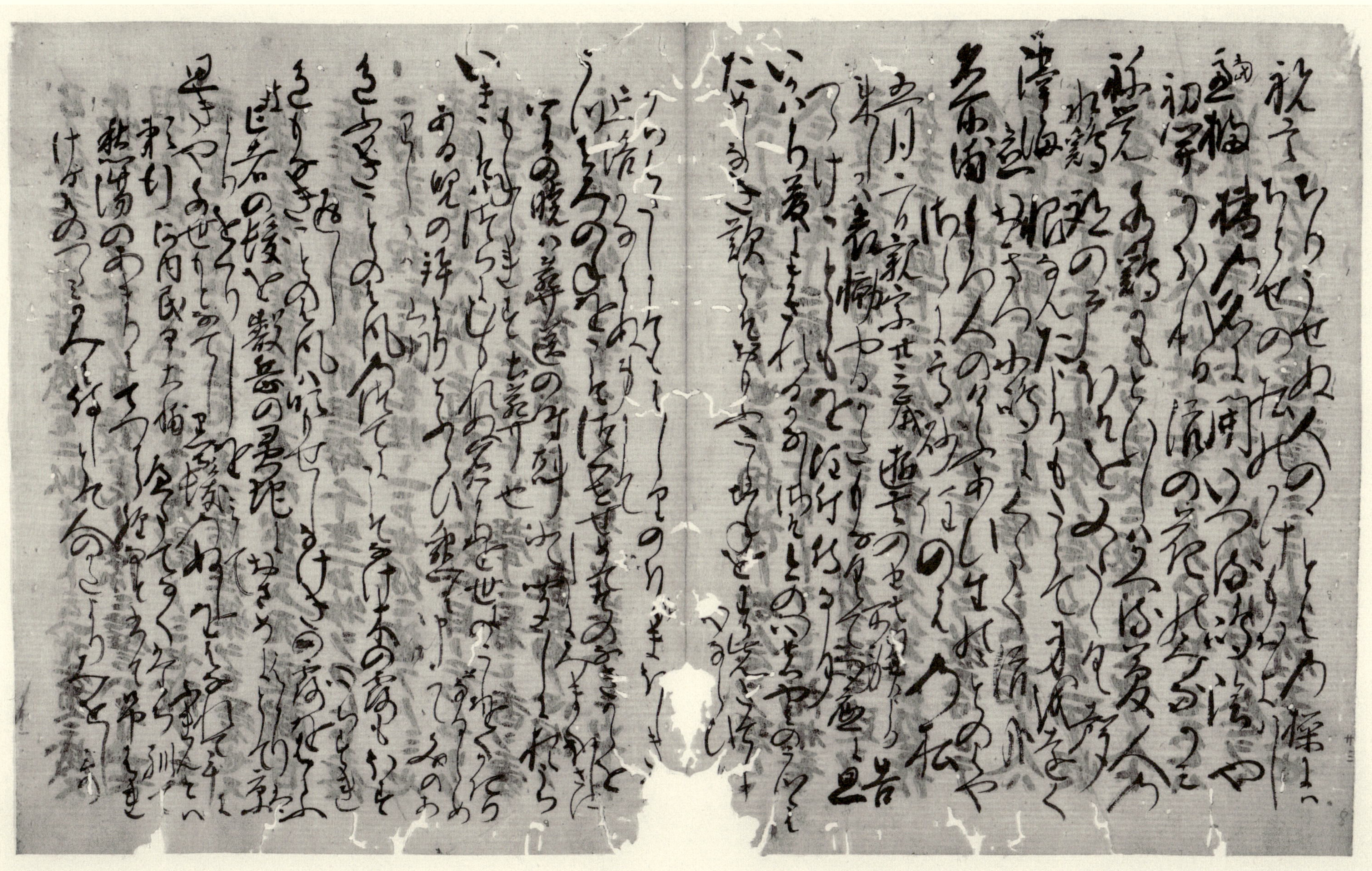

（10ウ）　（10オ）

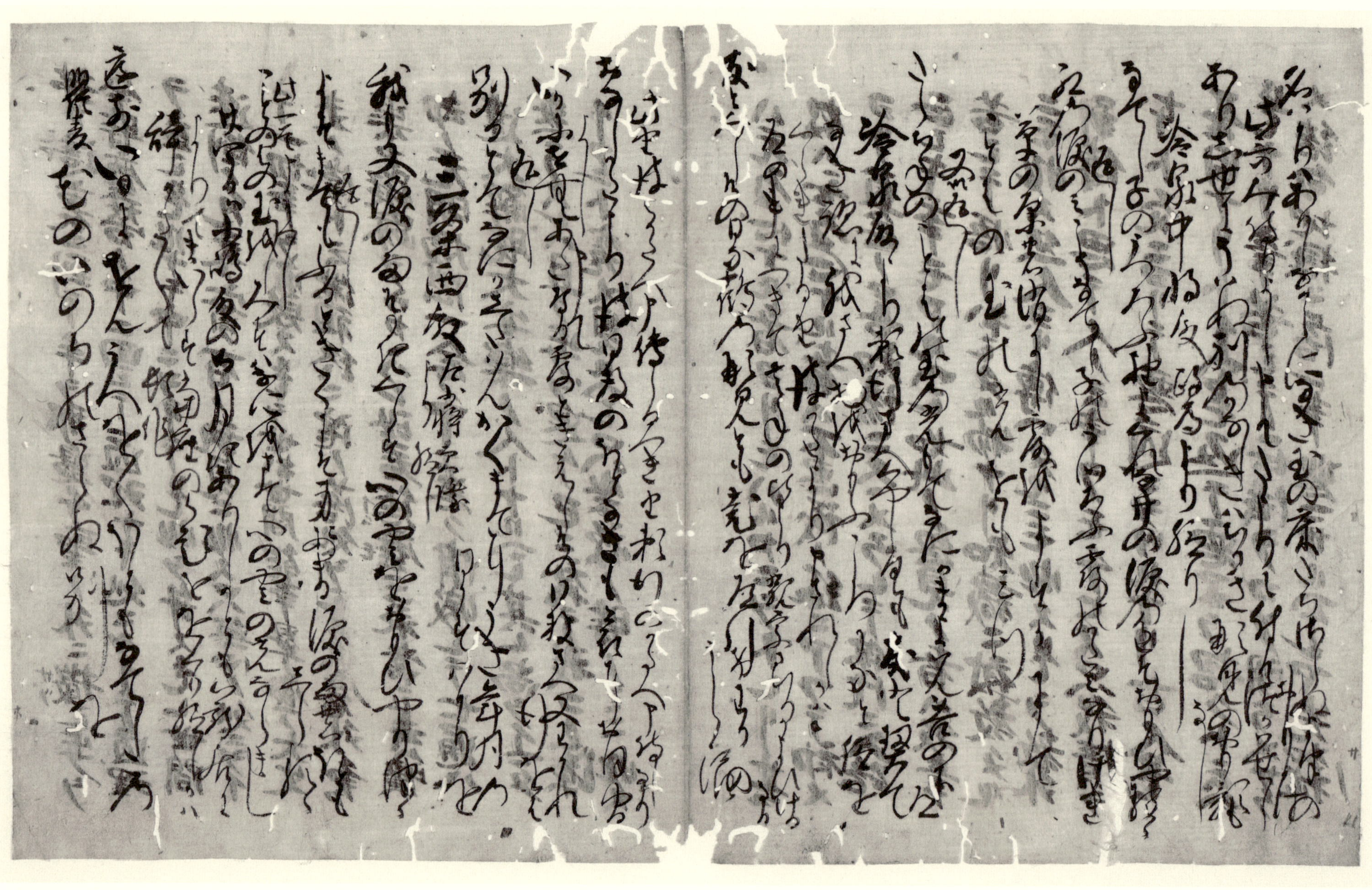

（11ウ）

（11オ）

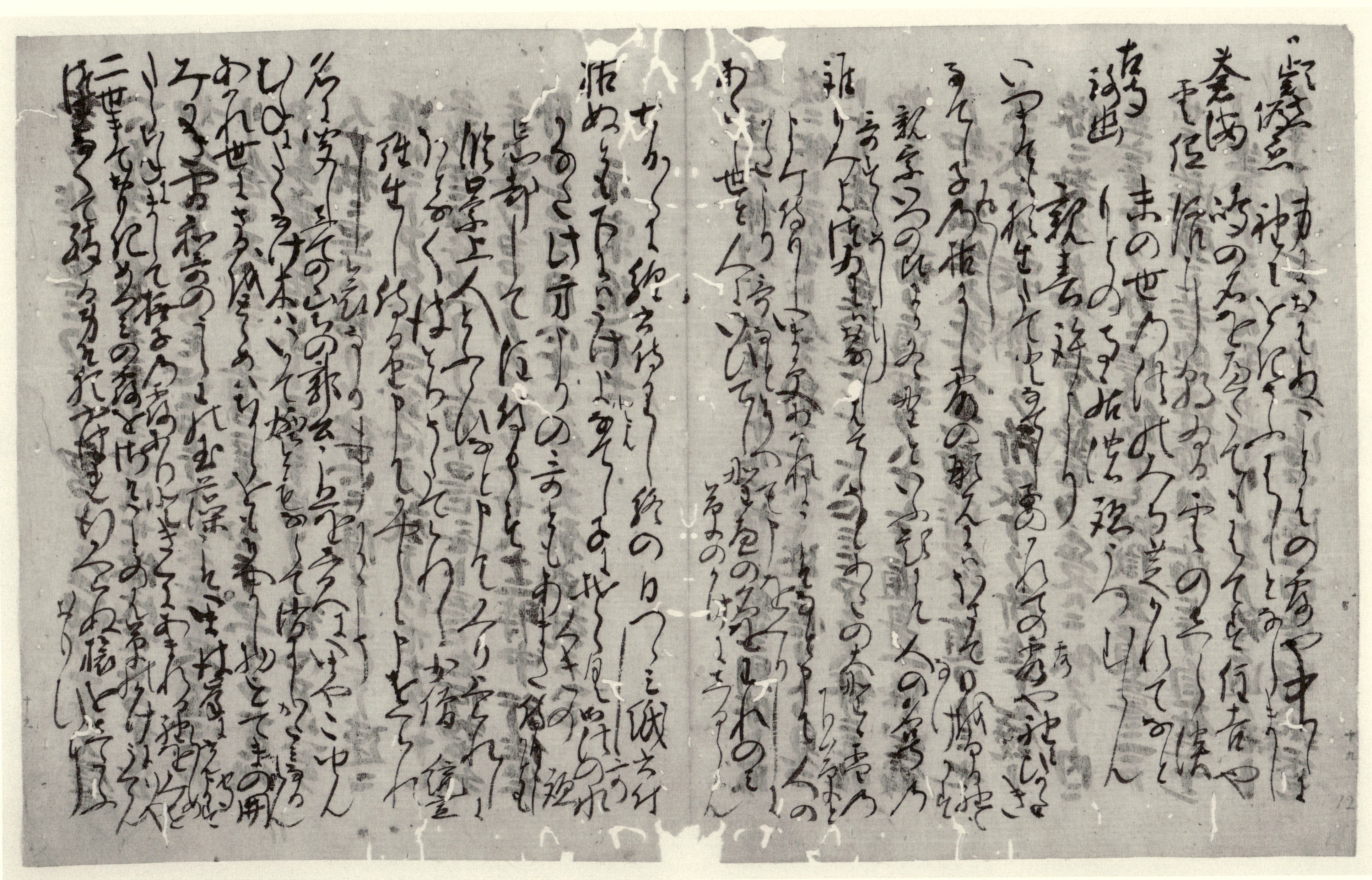

（12ウ）

（12オ）

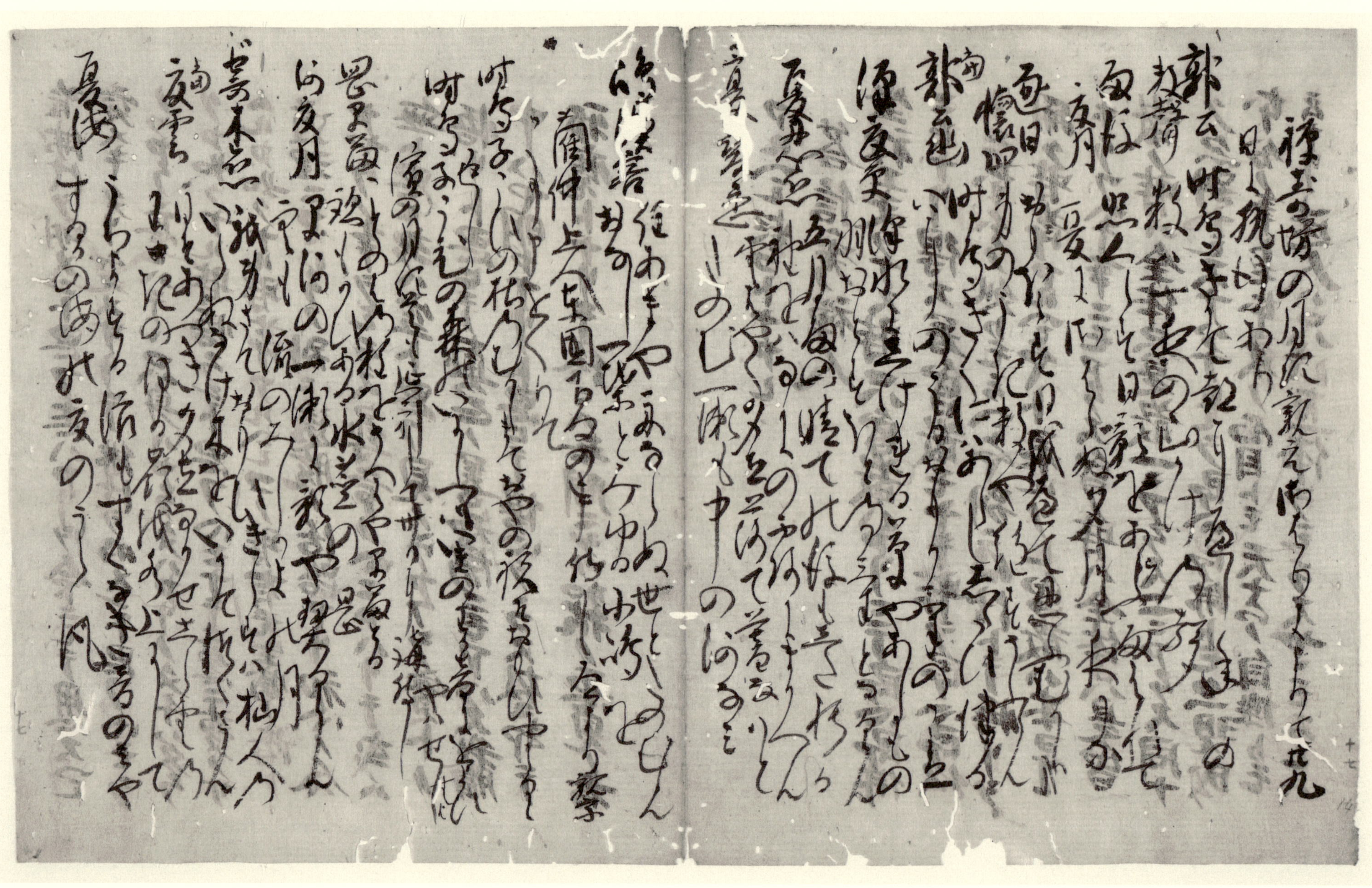

（13ウ）　（13オ）

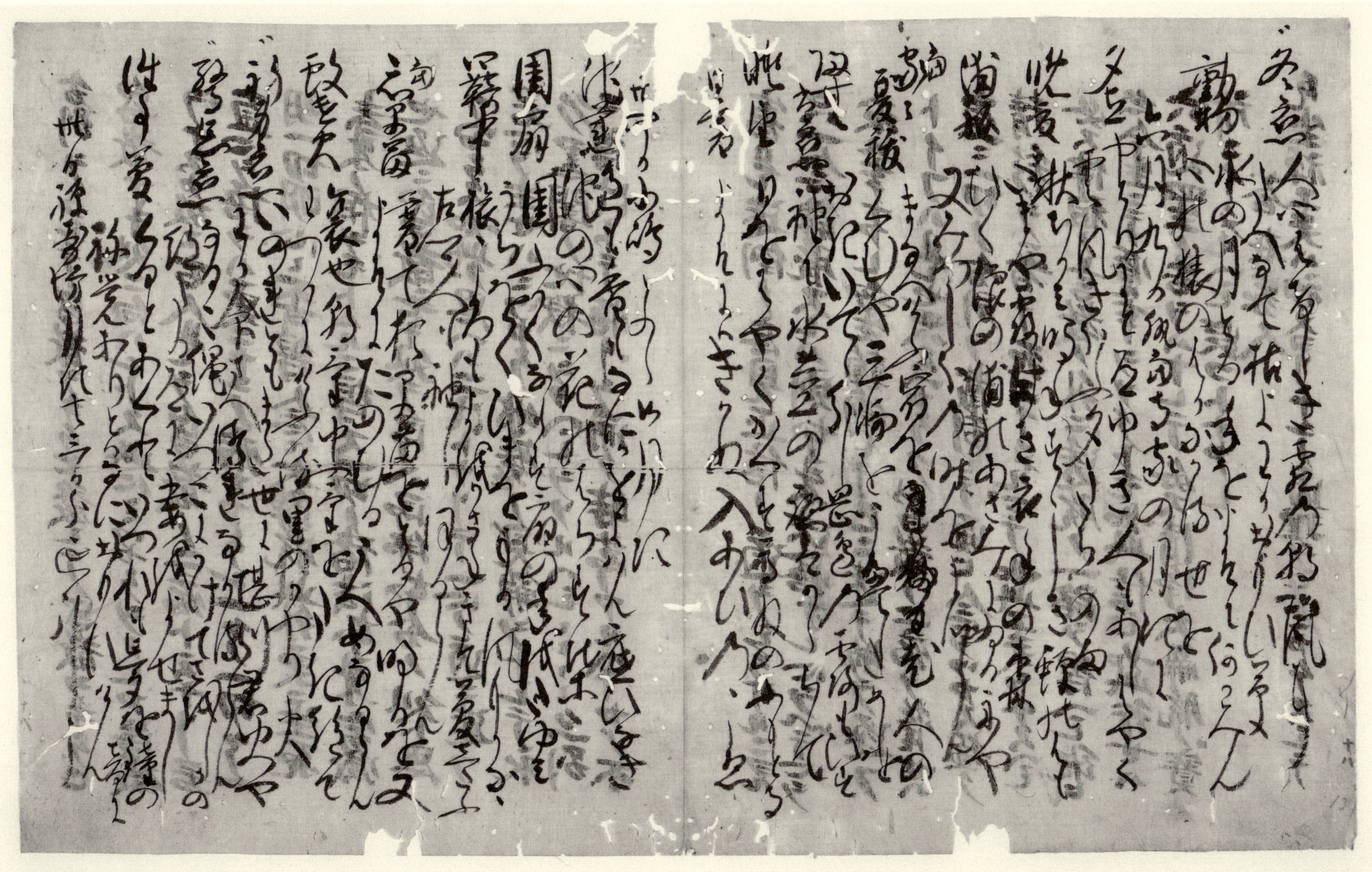

（14ウ）　（14オ）

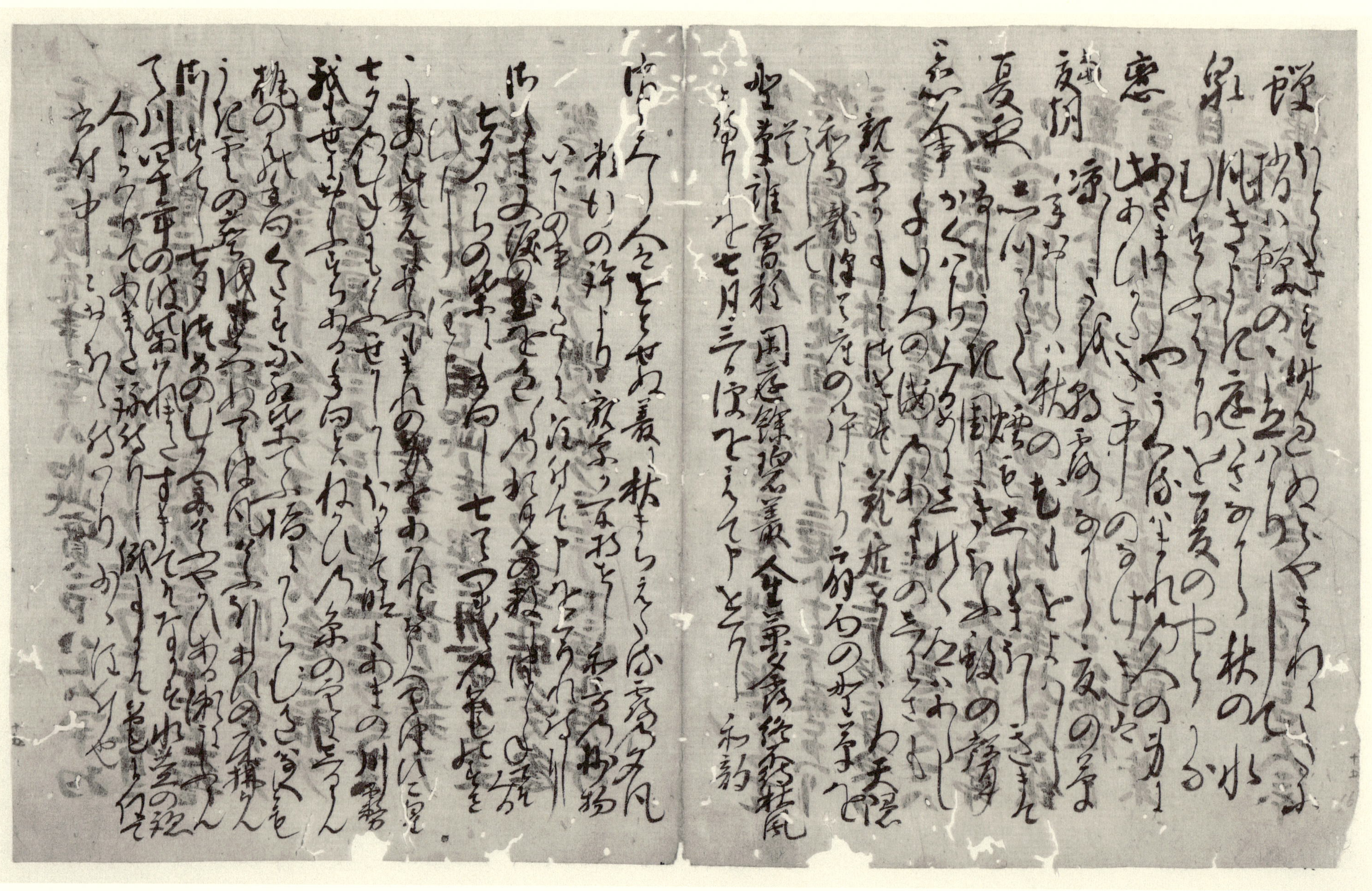

（15ウ）　（15オ）

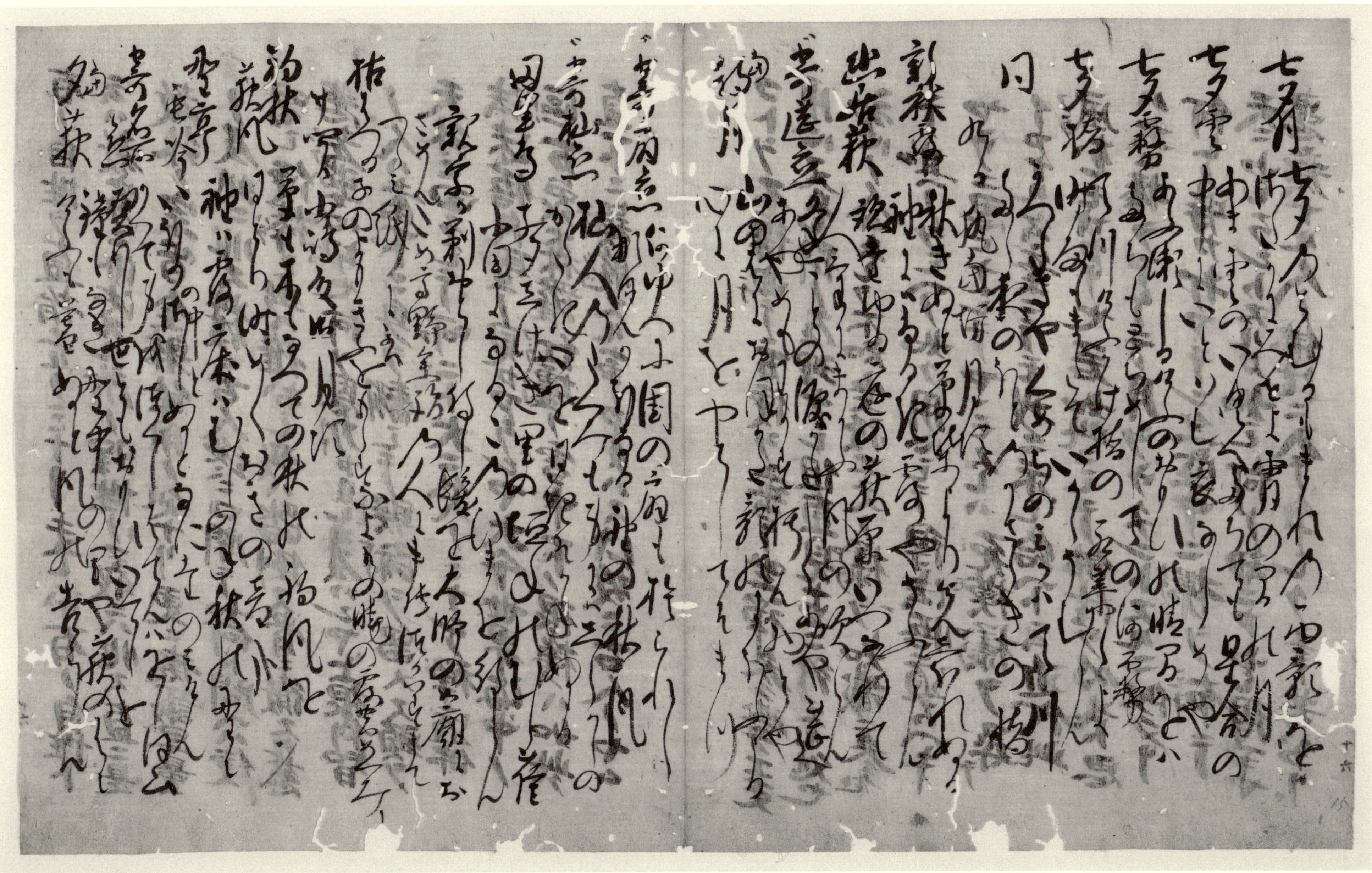

（16ウ）　（16オ）

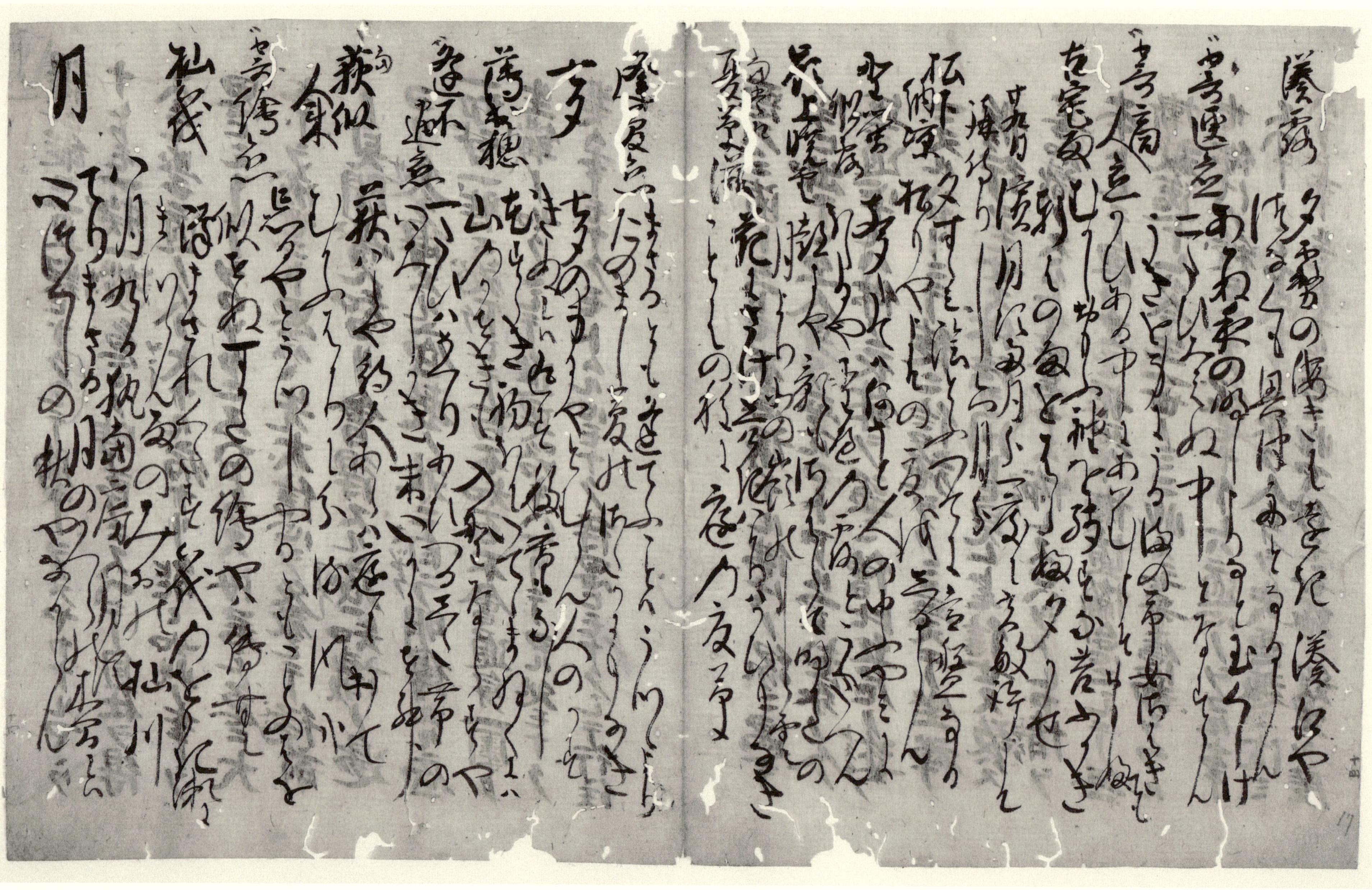

（17ウ）　（17オ）

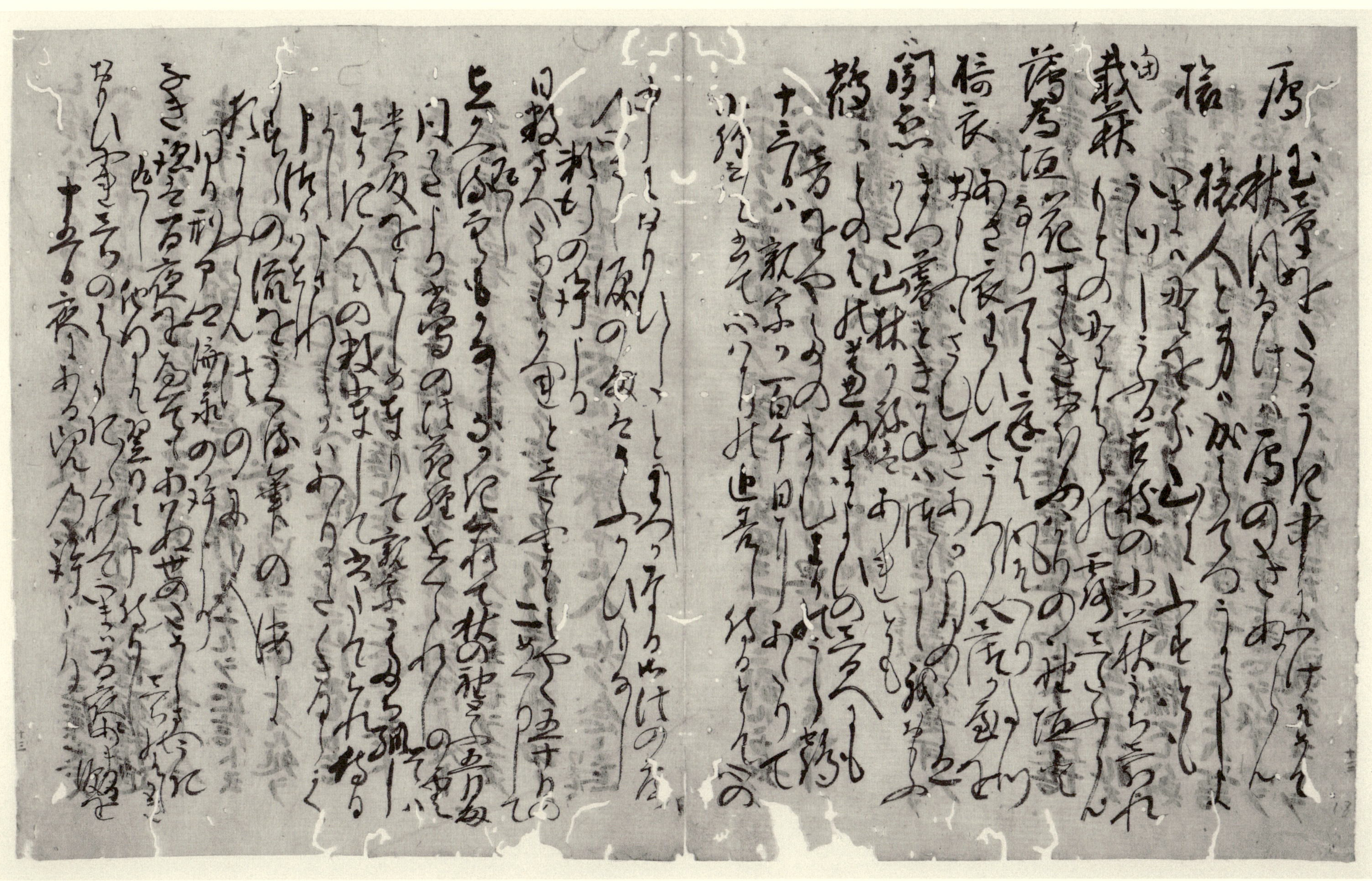

（18ウ）

（18オ）

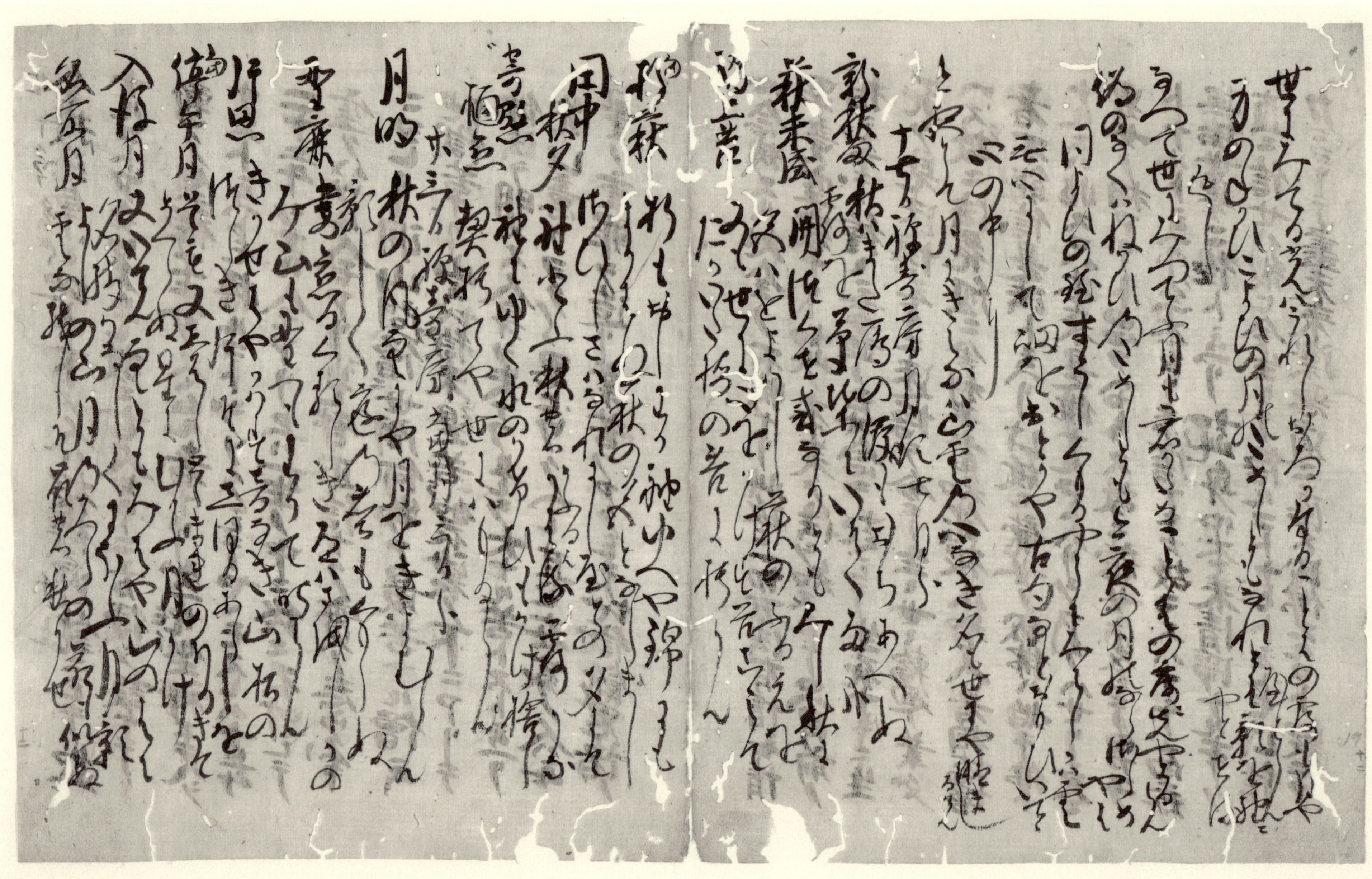

（19ウ）　（19オ）

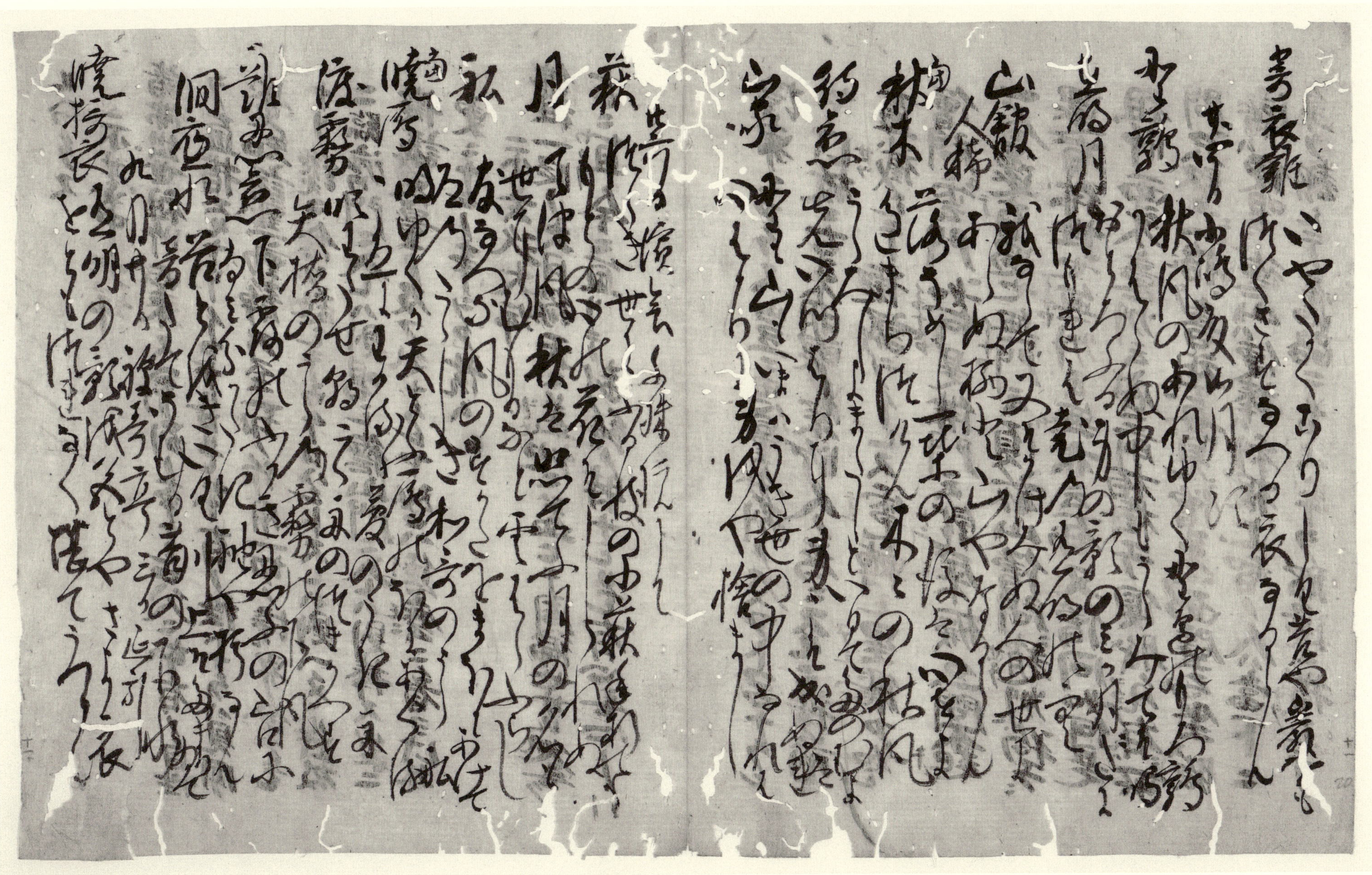

（20ウ）　（20オ）

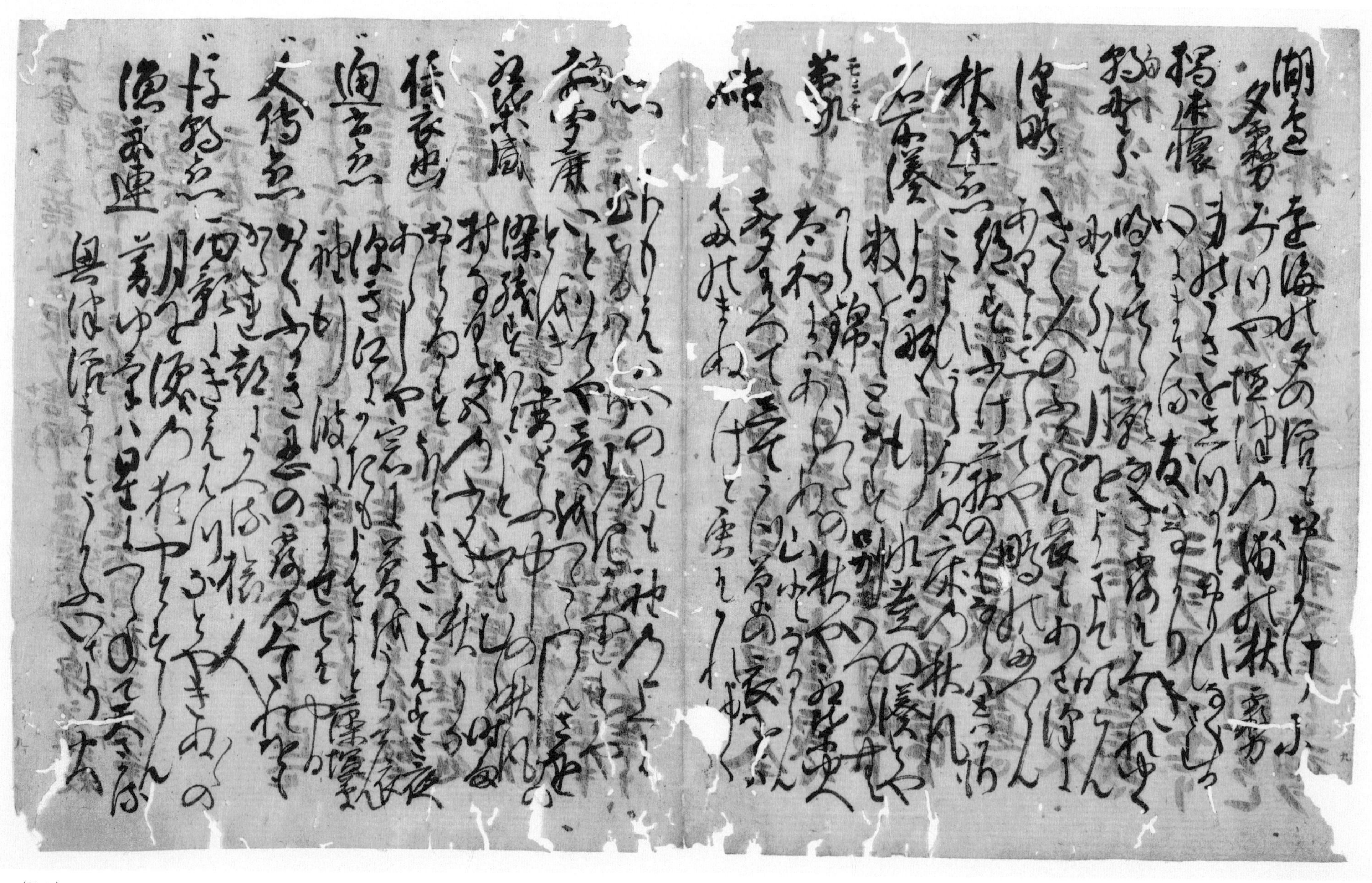

（21ウ）　（21オ）

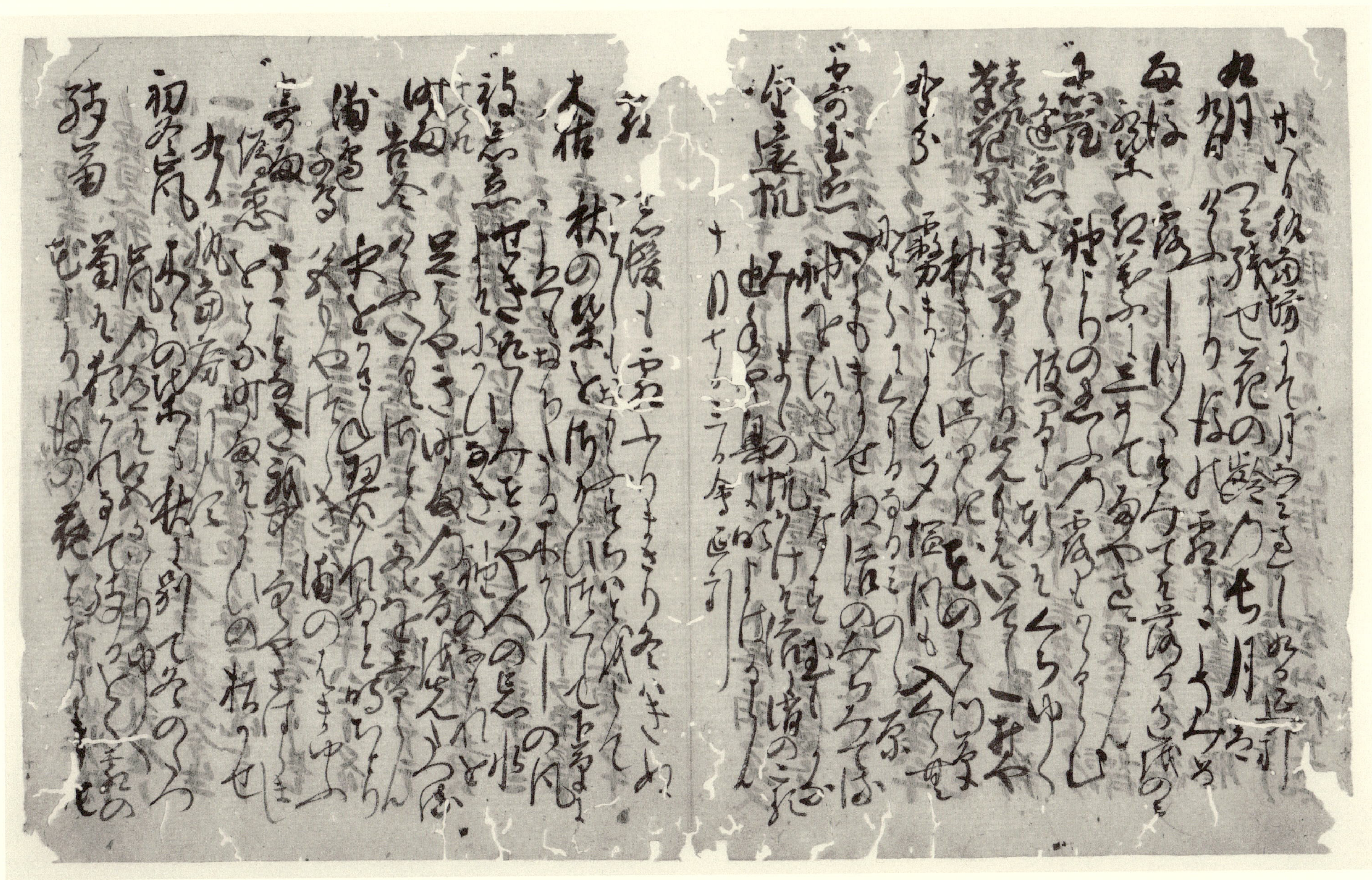

（22ウ）　（22オ）

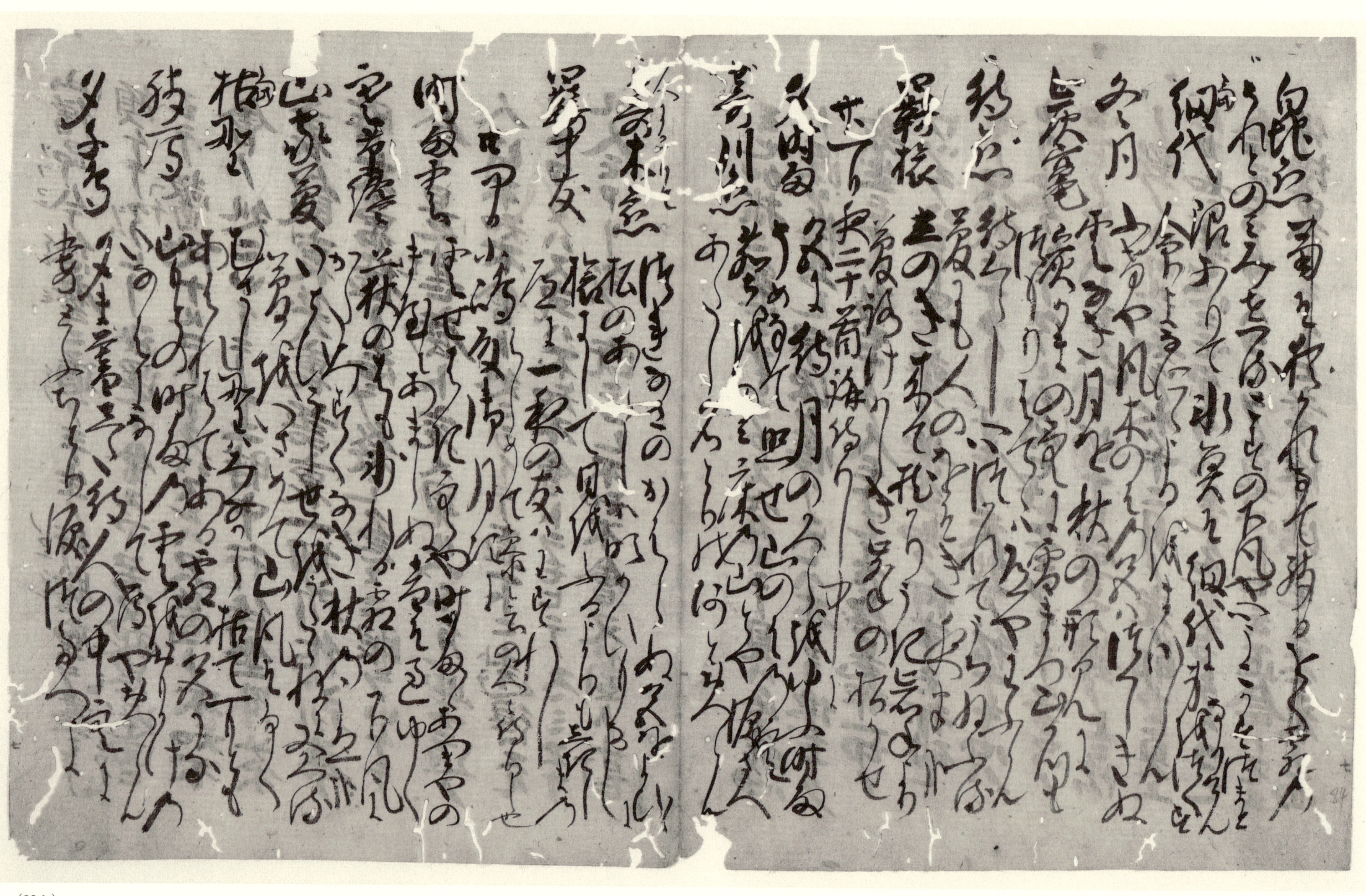

（23ウ）　（23オ）

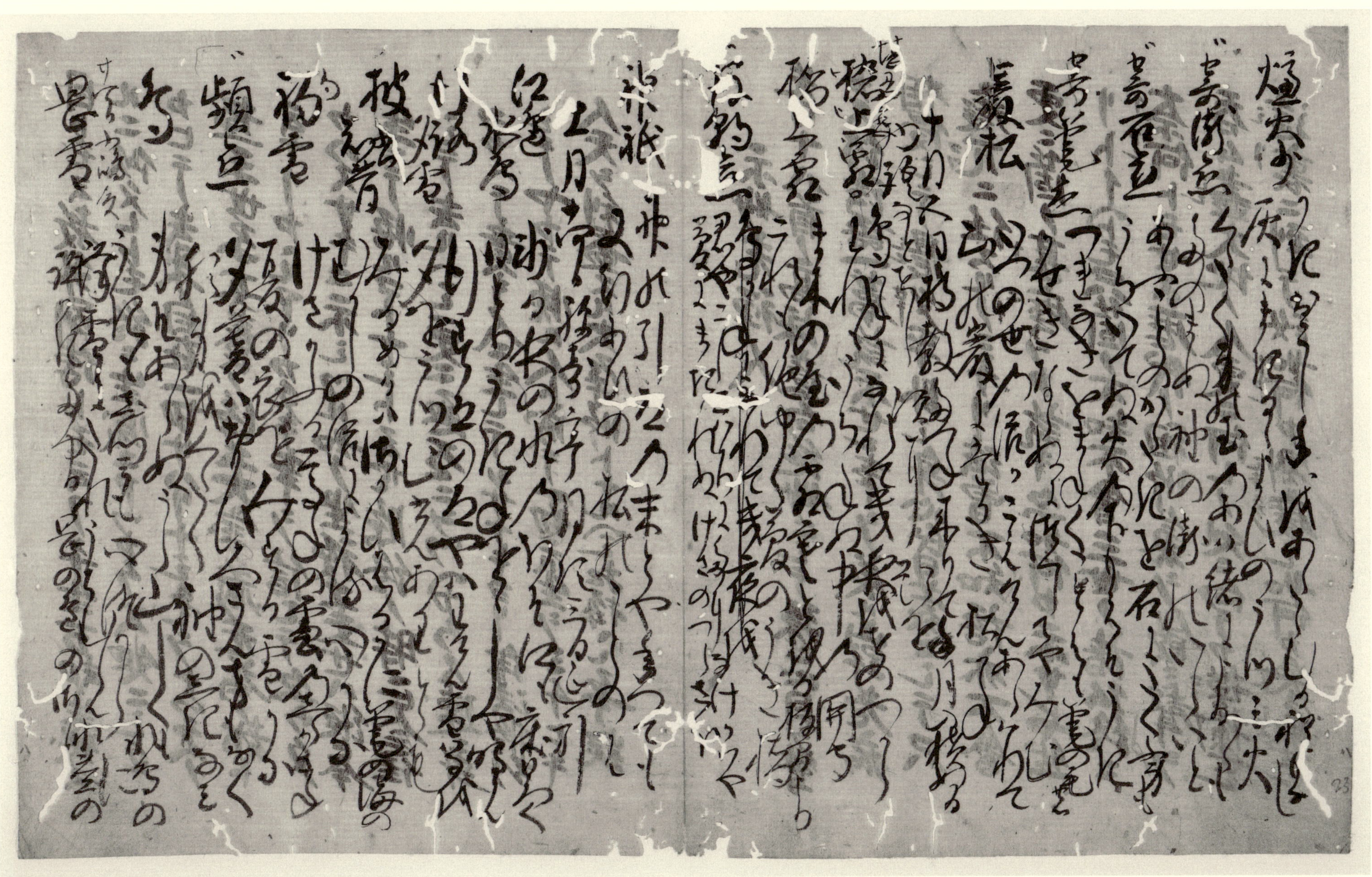

(24ウ)　(24オ)

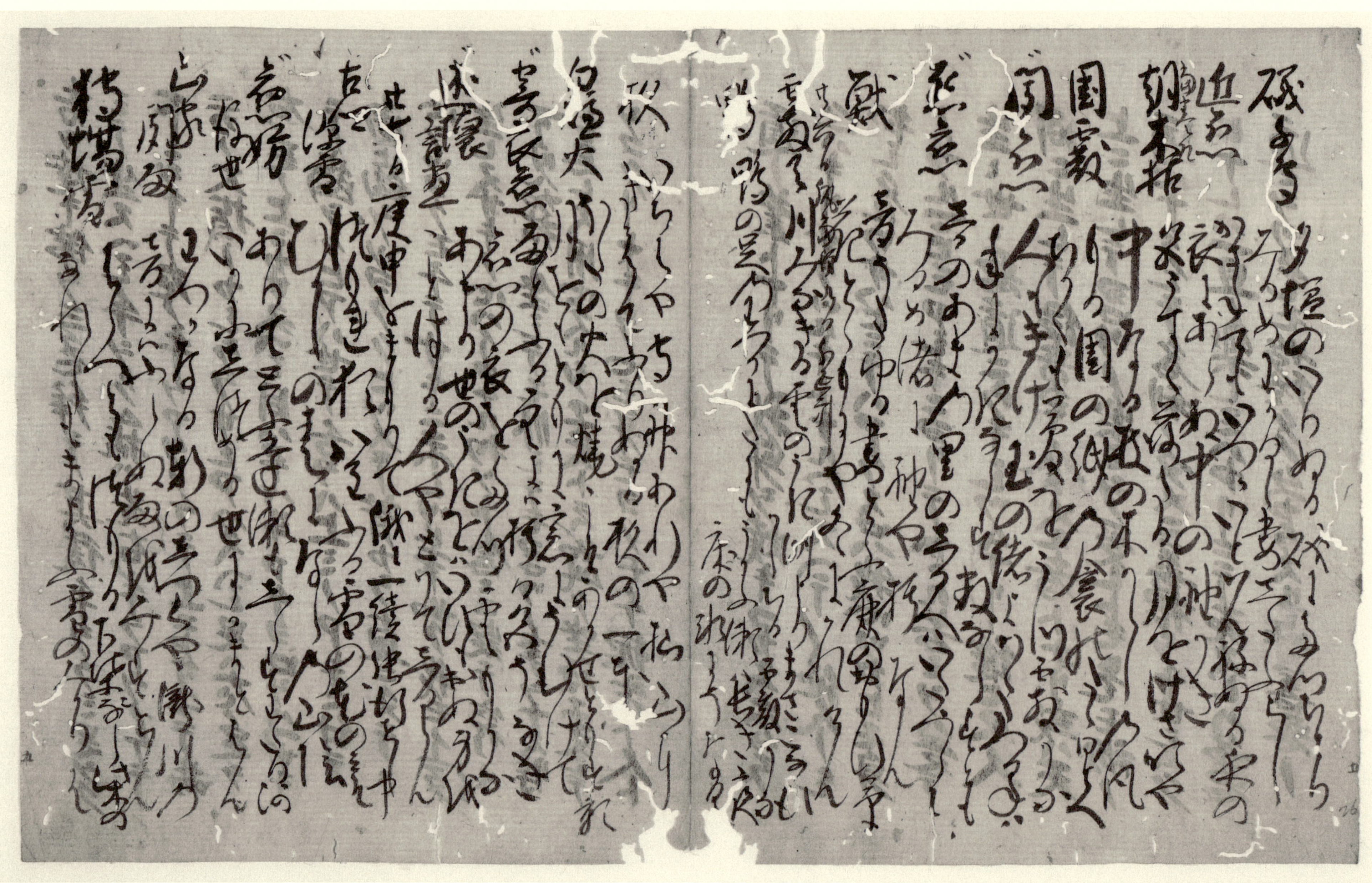

(25ウ)

(25オ)

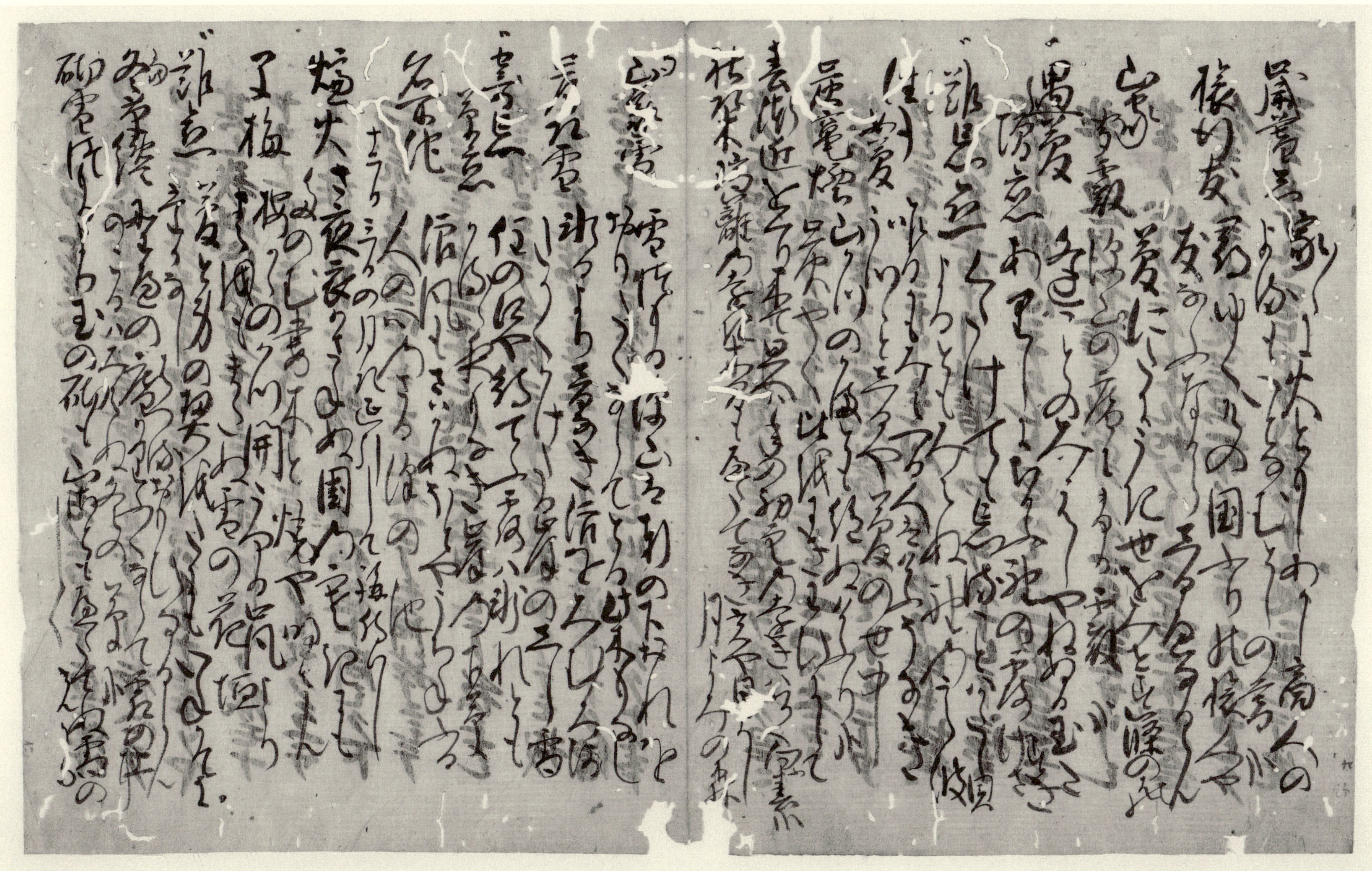

（26ウ）

（26オ）

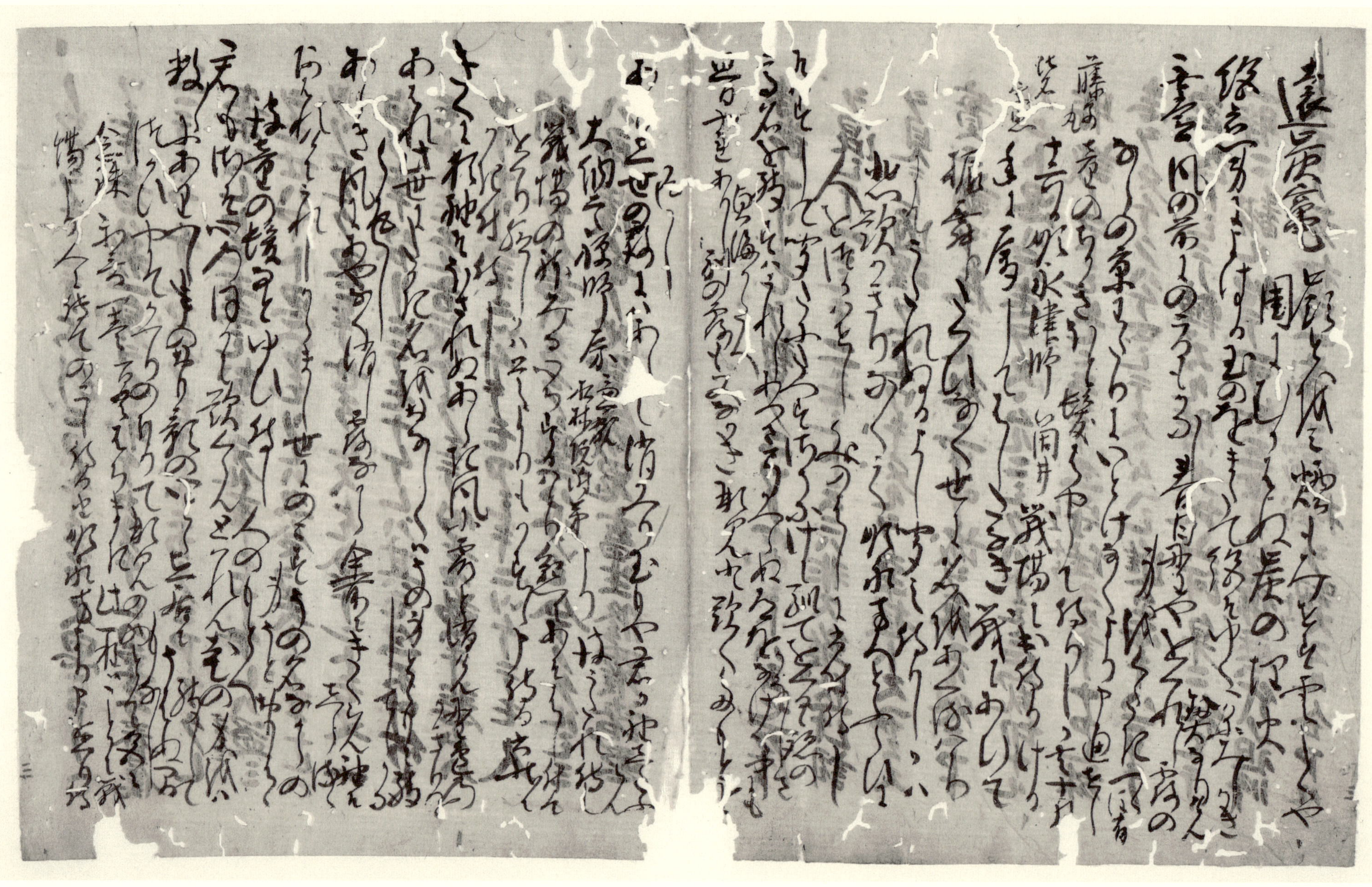

（27オ）　　（27ウ）

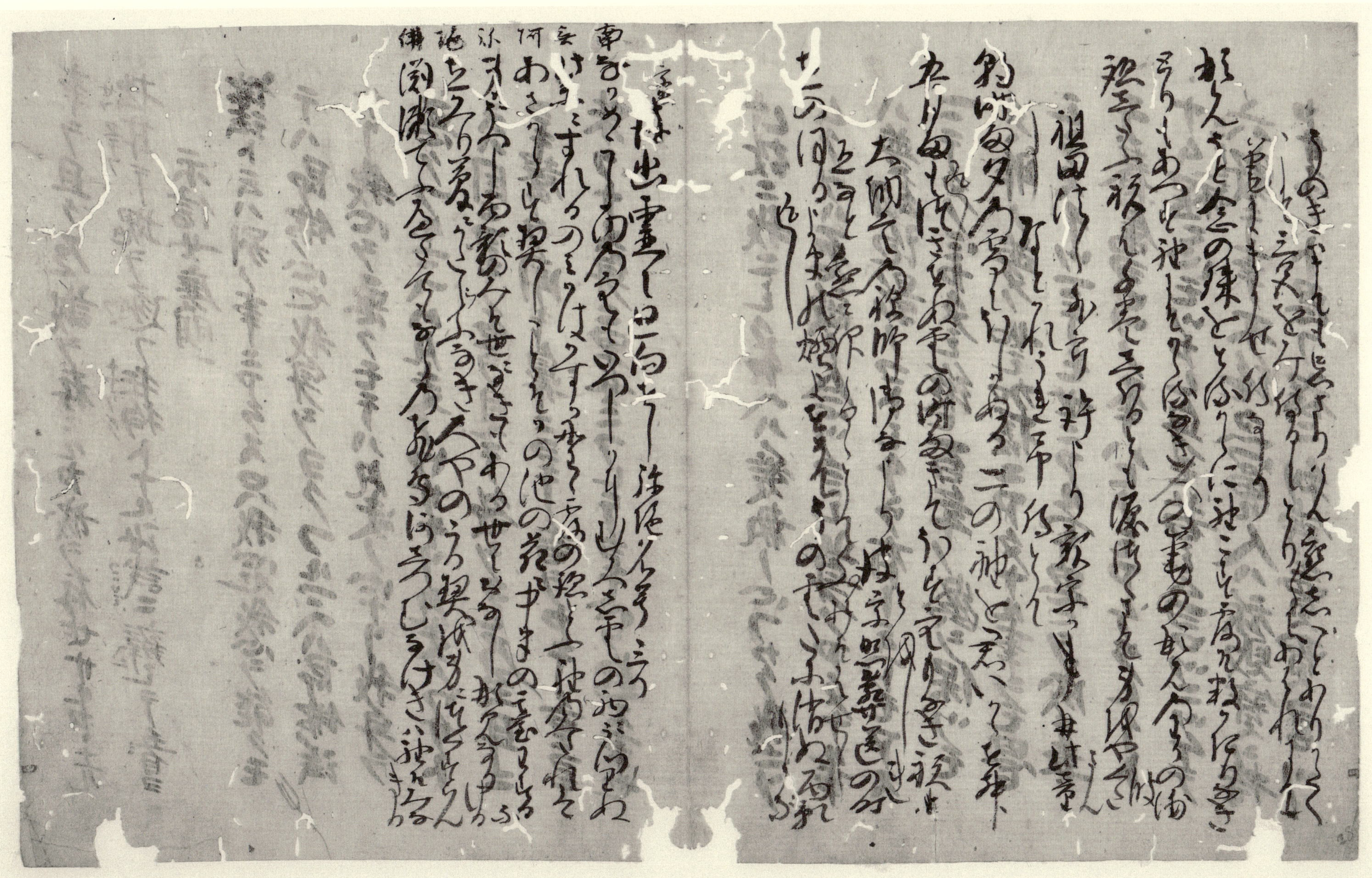

(28ウ)

(28オ)

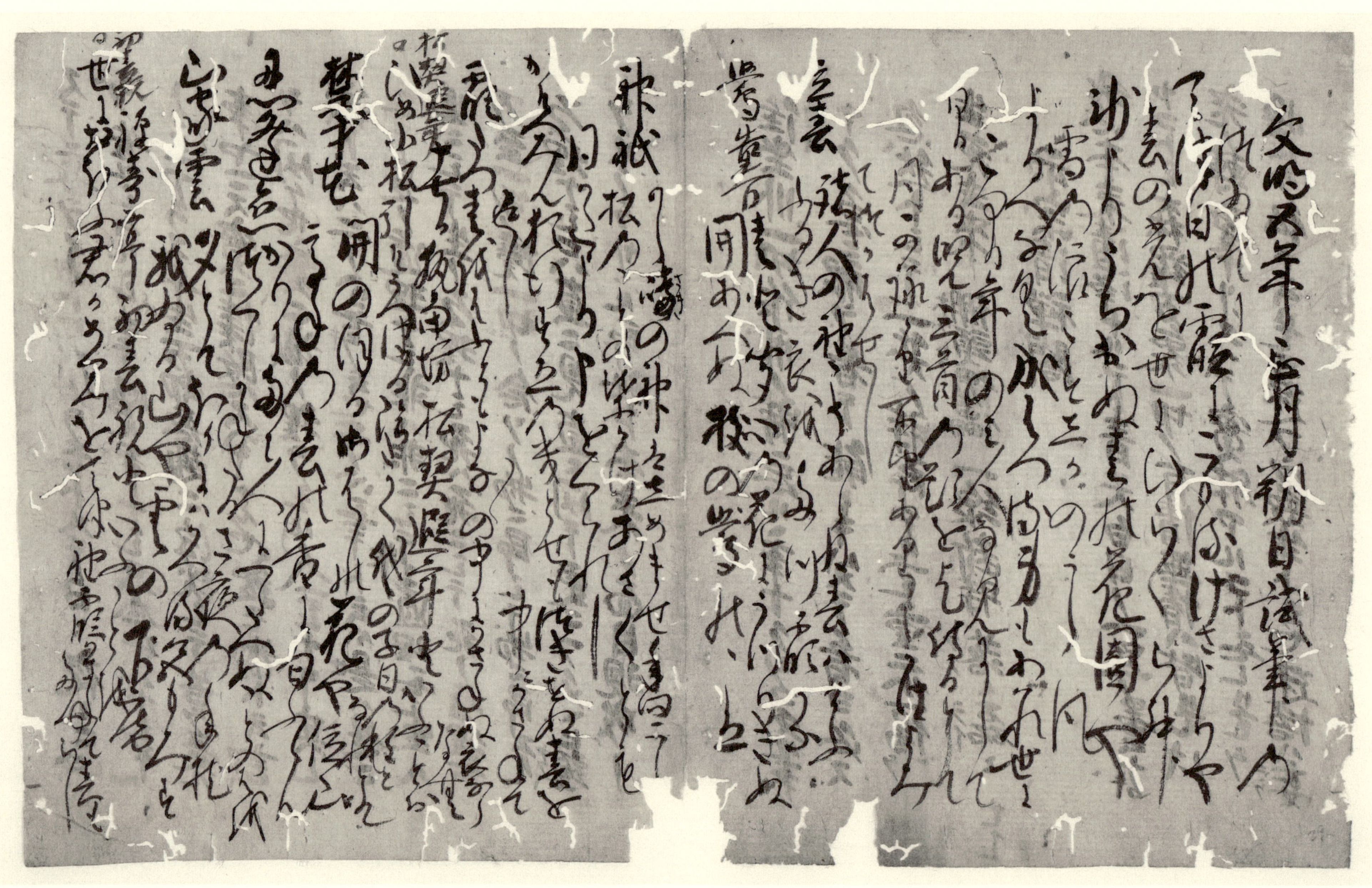

(29ウ)　(29オ)

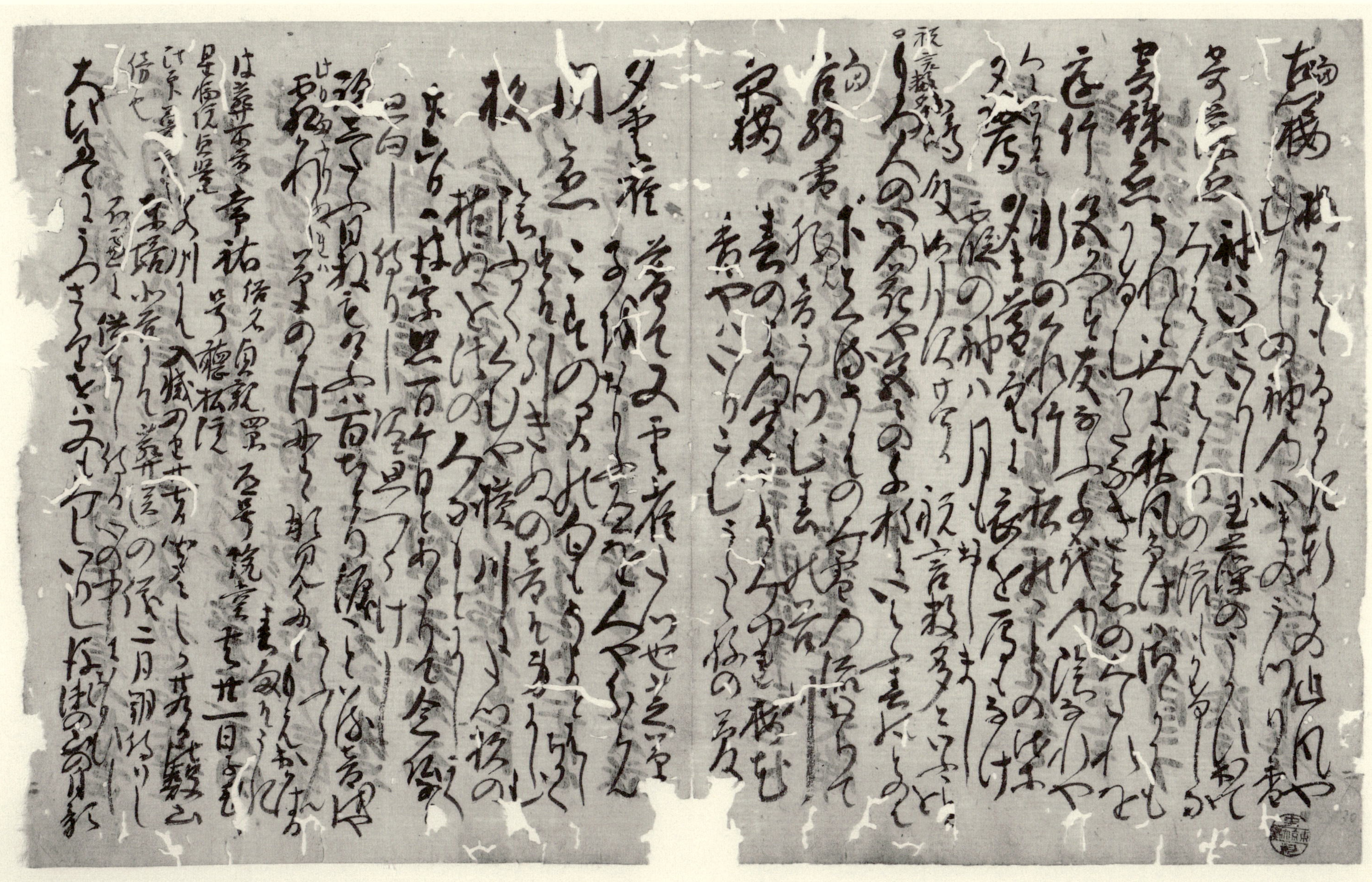

(30ウ)　(30オ)

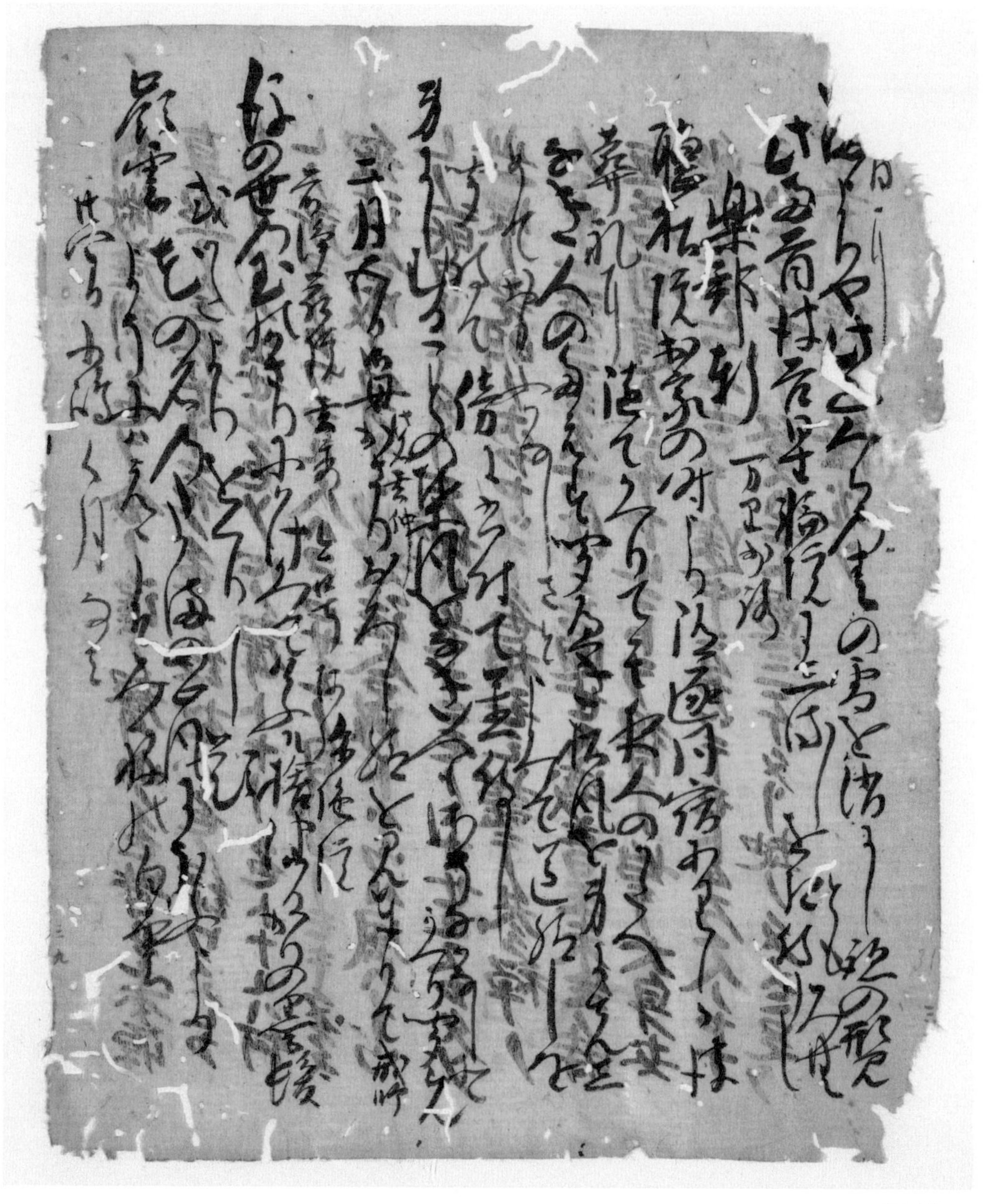

（31ウ欠）

（31オ）

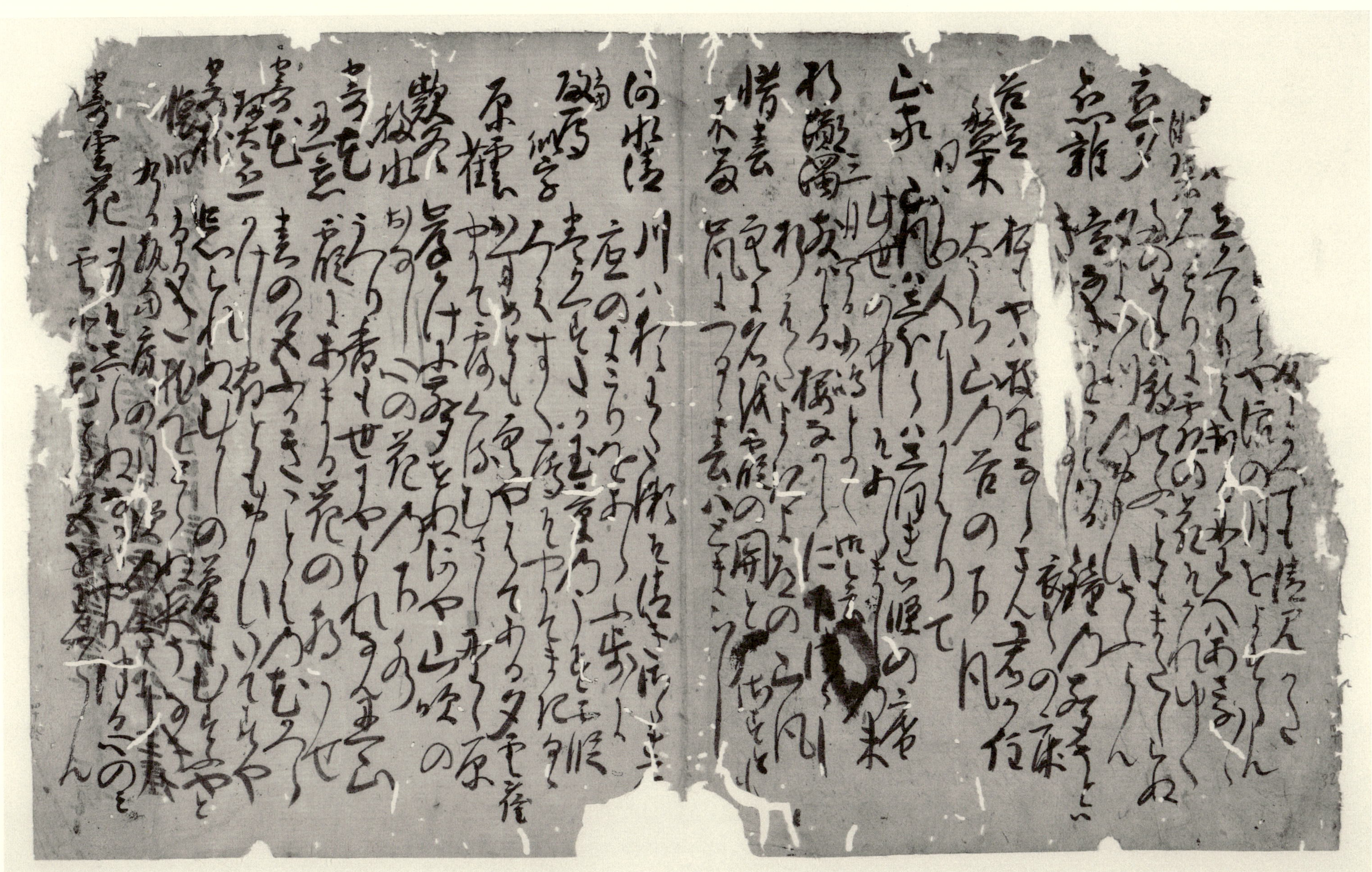

（32ウ）　（32オ）

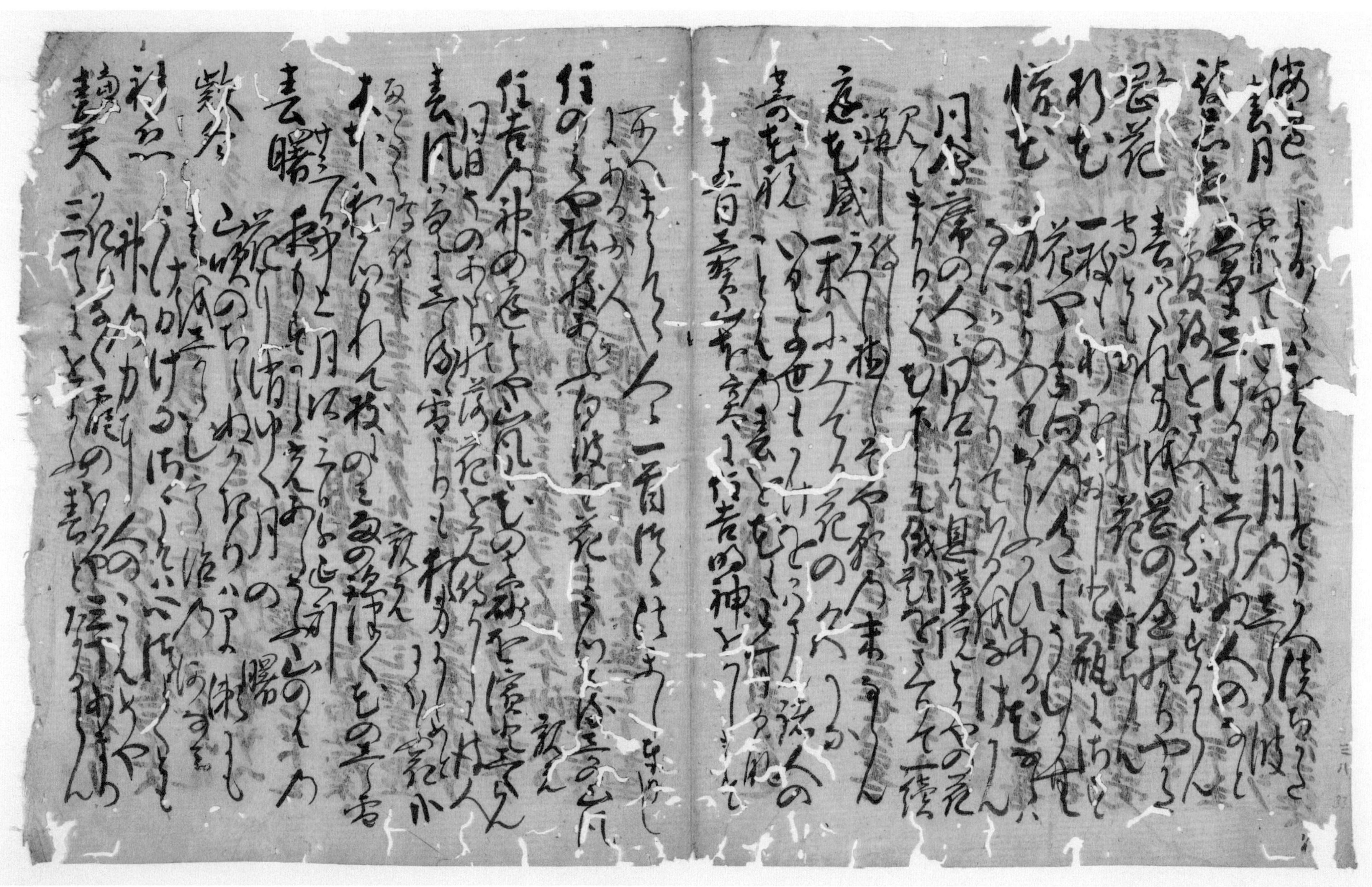

(33ウ)　(33オ)

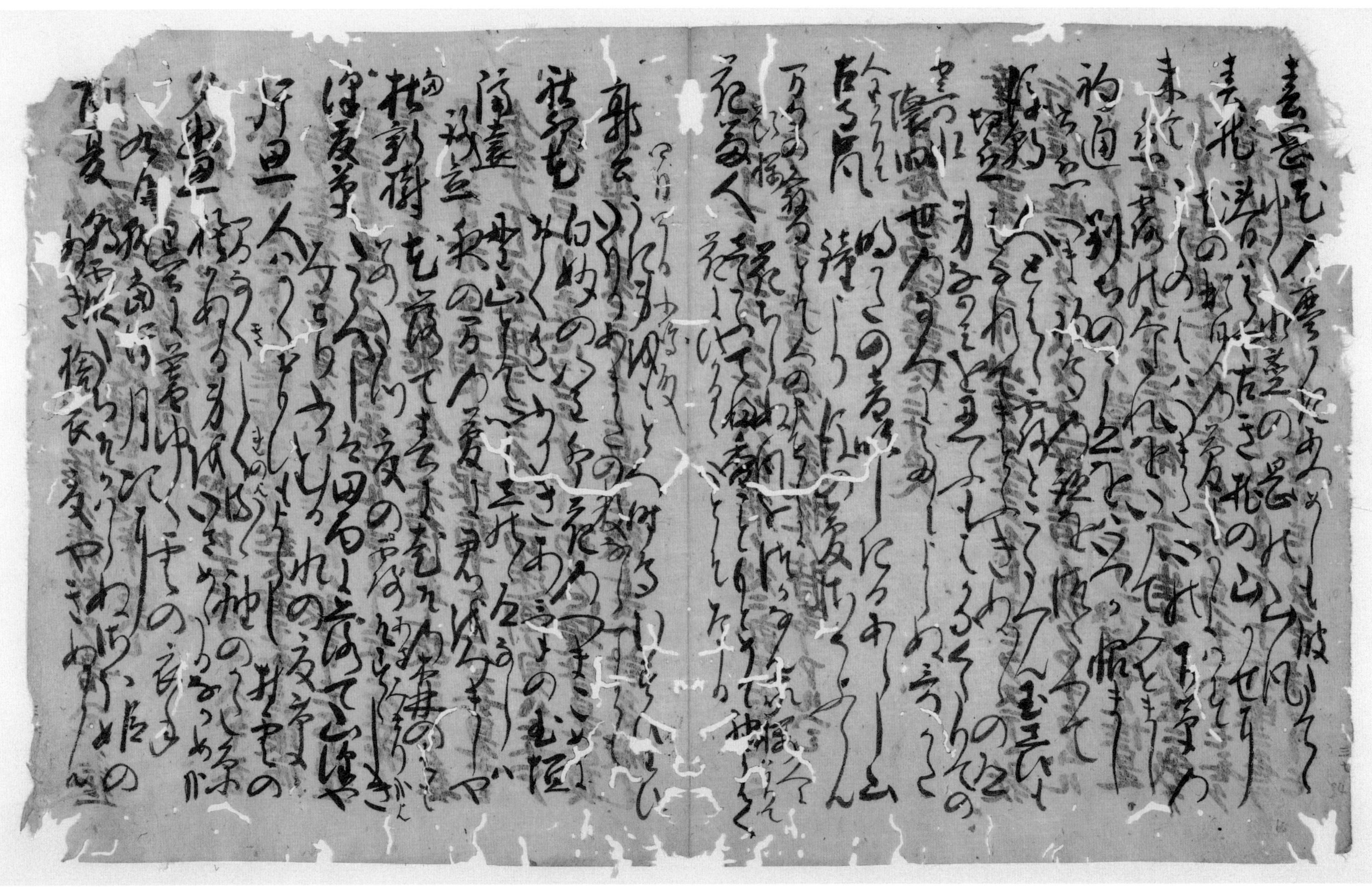

(34ウ)　(34オ)

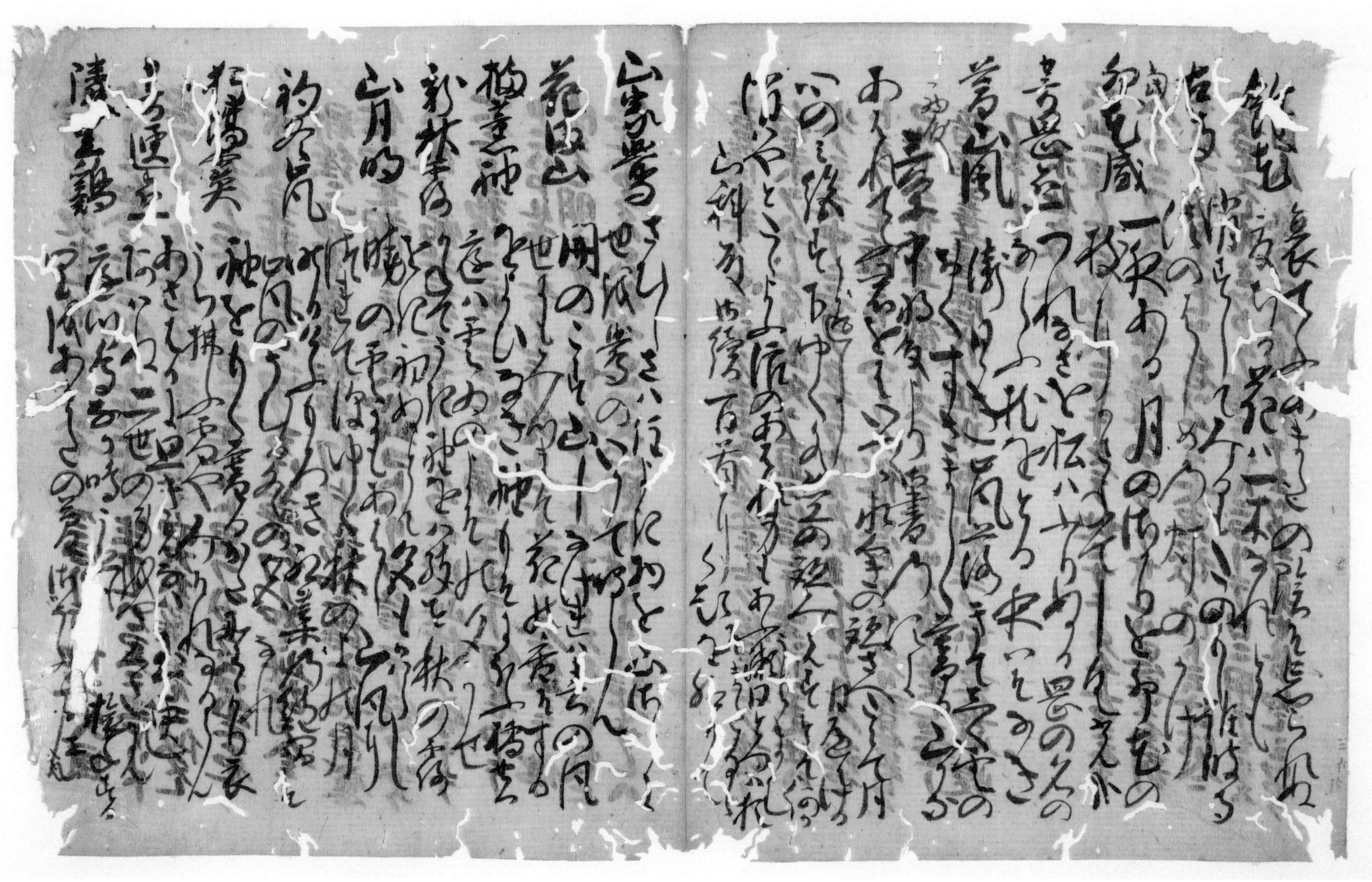

（35ウ）　（35オ）

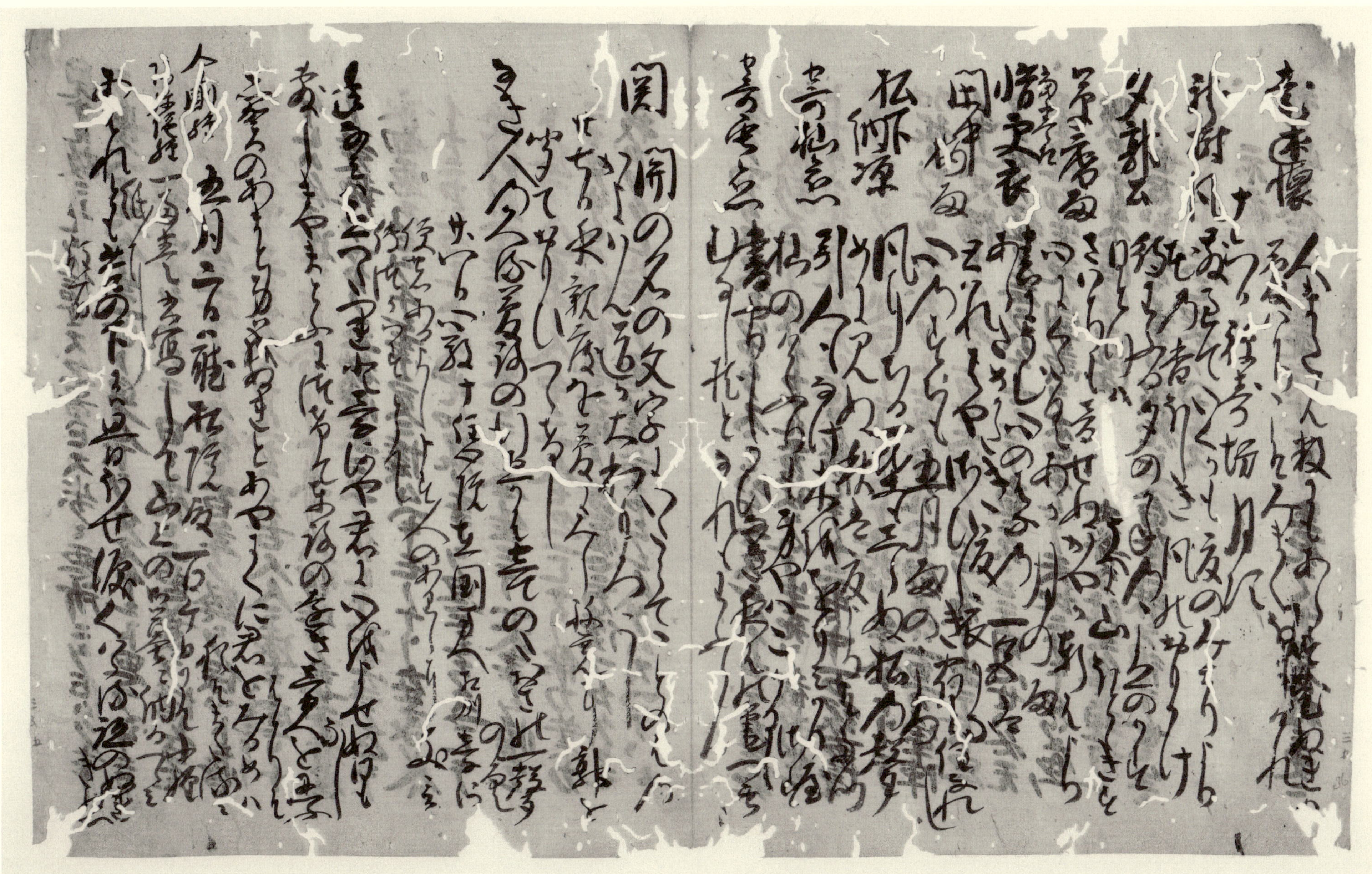

（36ウ）　（36オ）

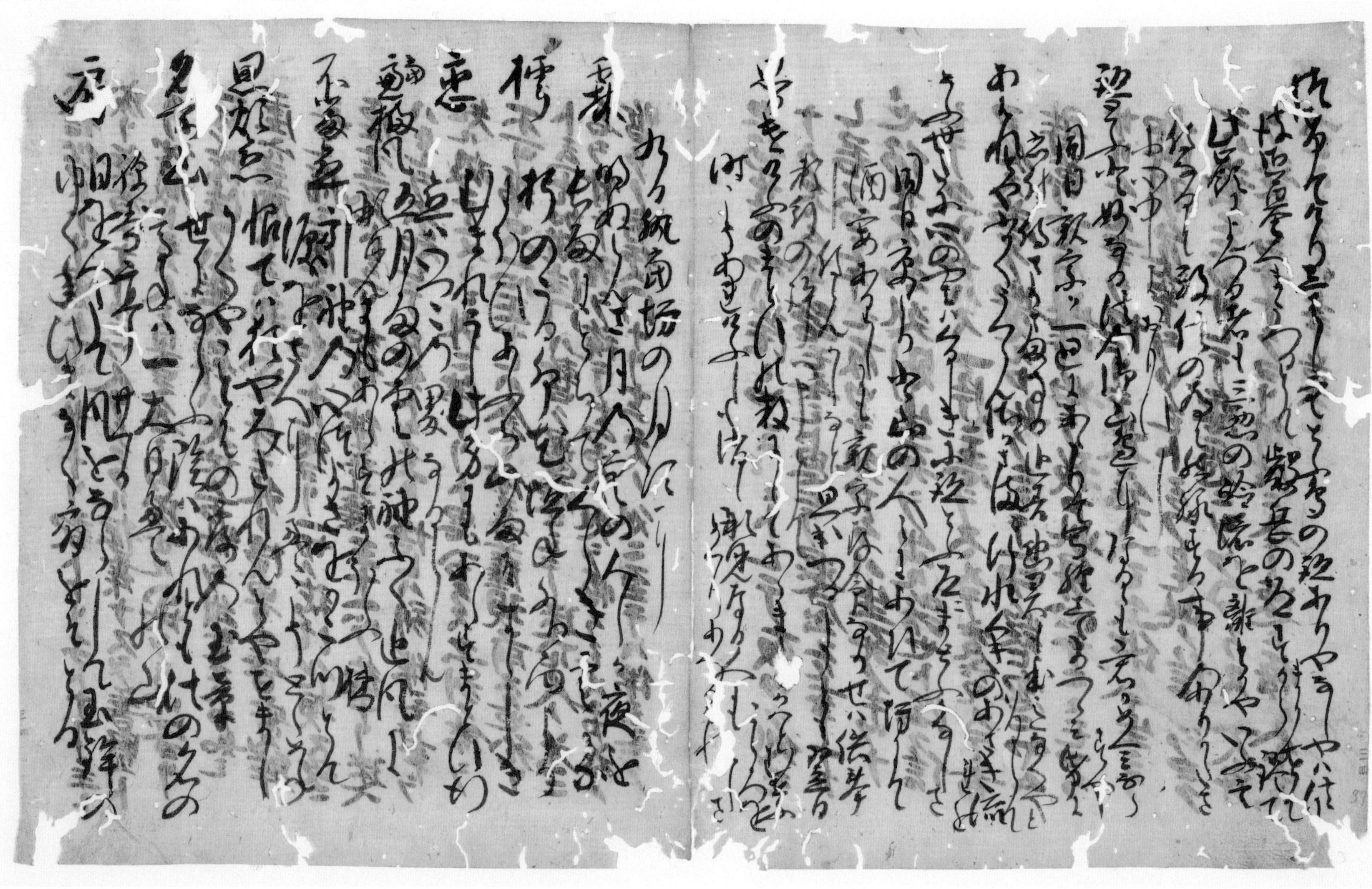

（37ウ）　　（37オ）

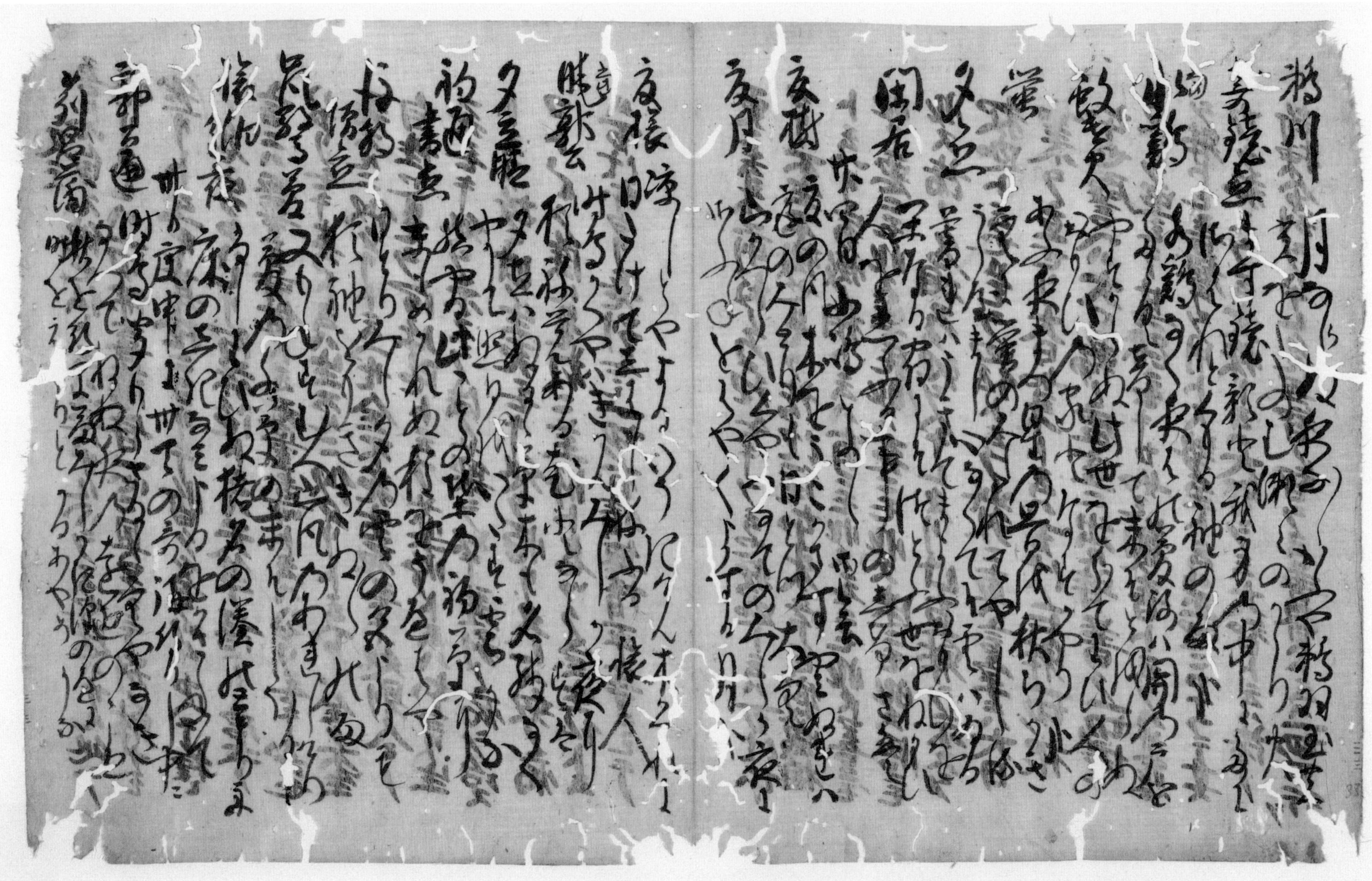

(38ウ)　(38オ)

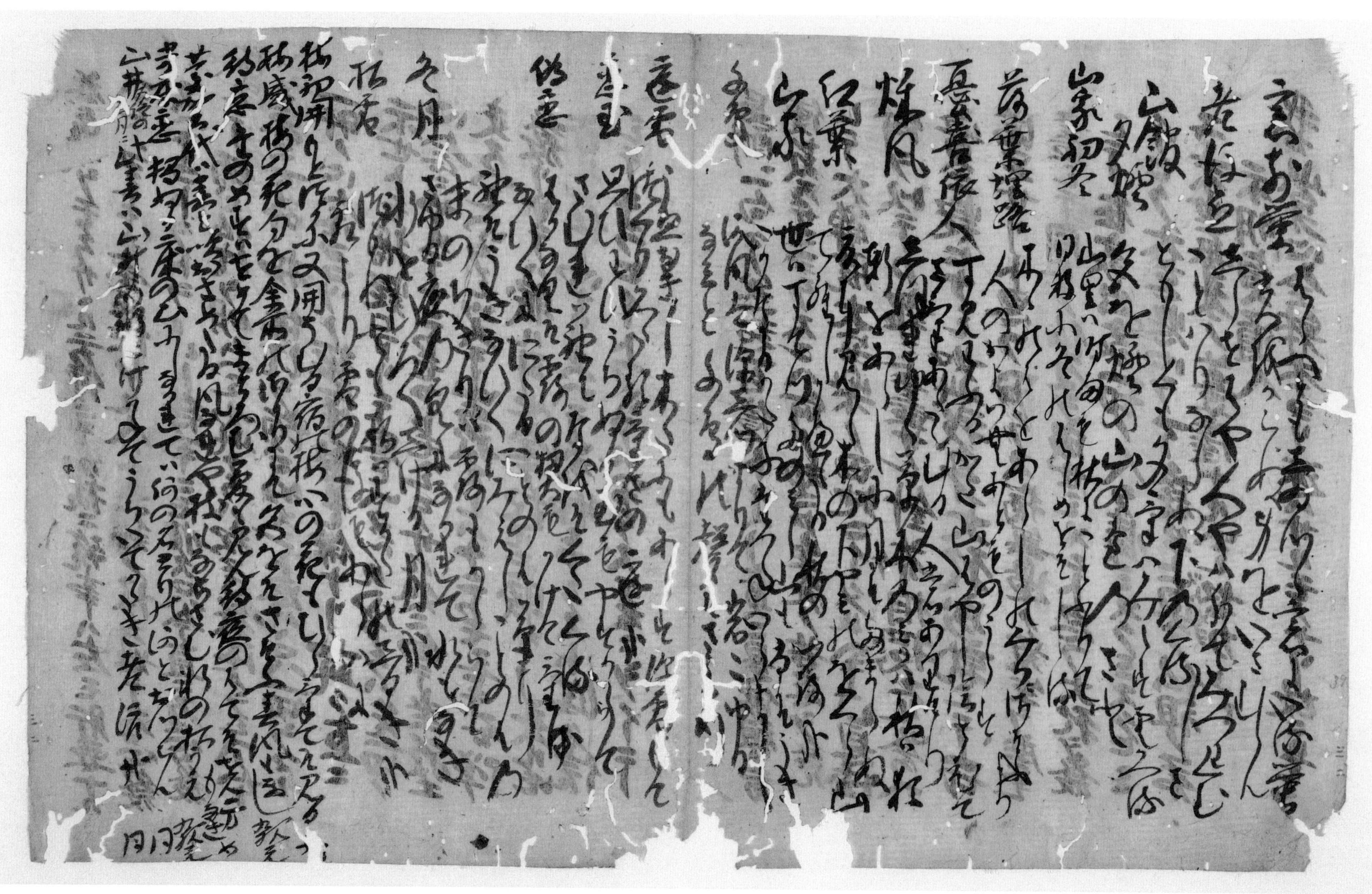

（39ウ）　（39オ）

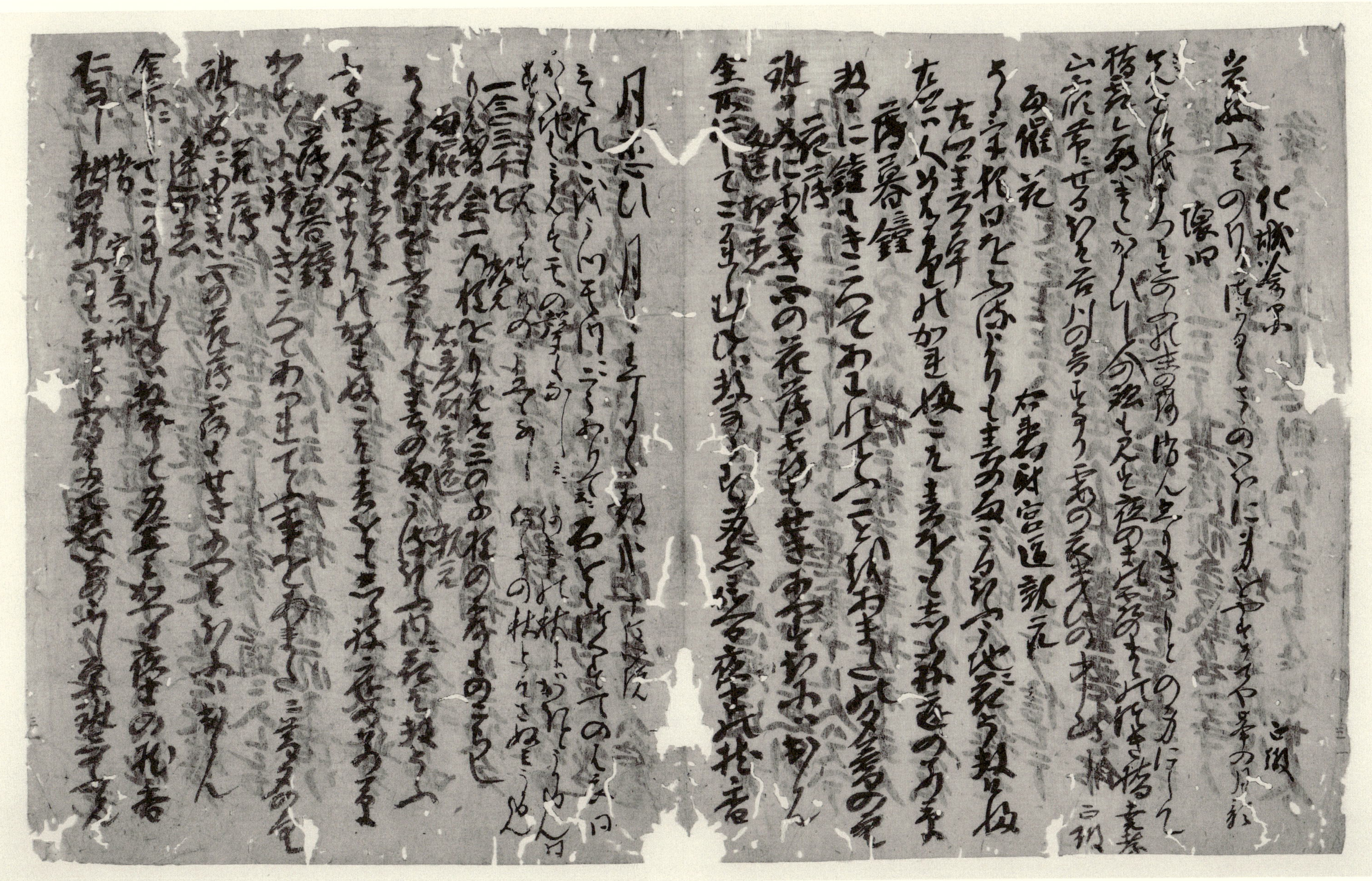

（40ウ）

（40オ）

(41ウ欠)

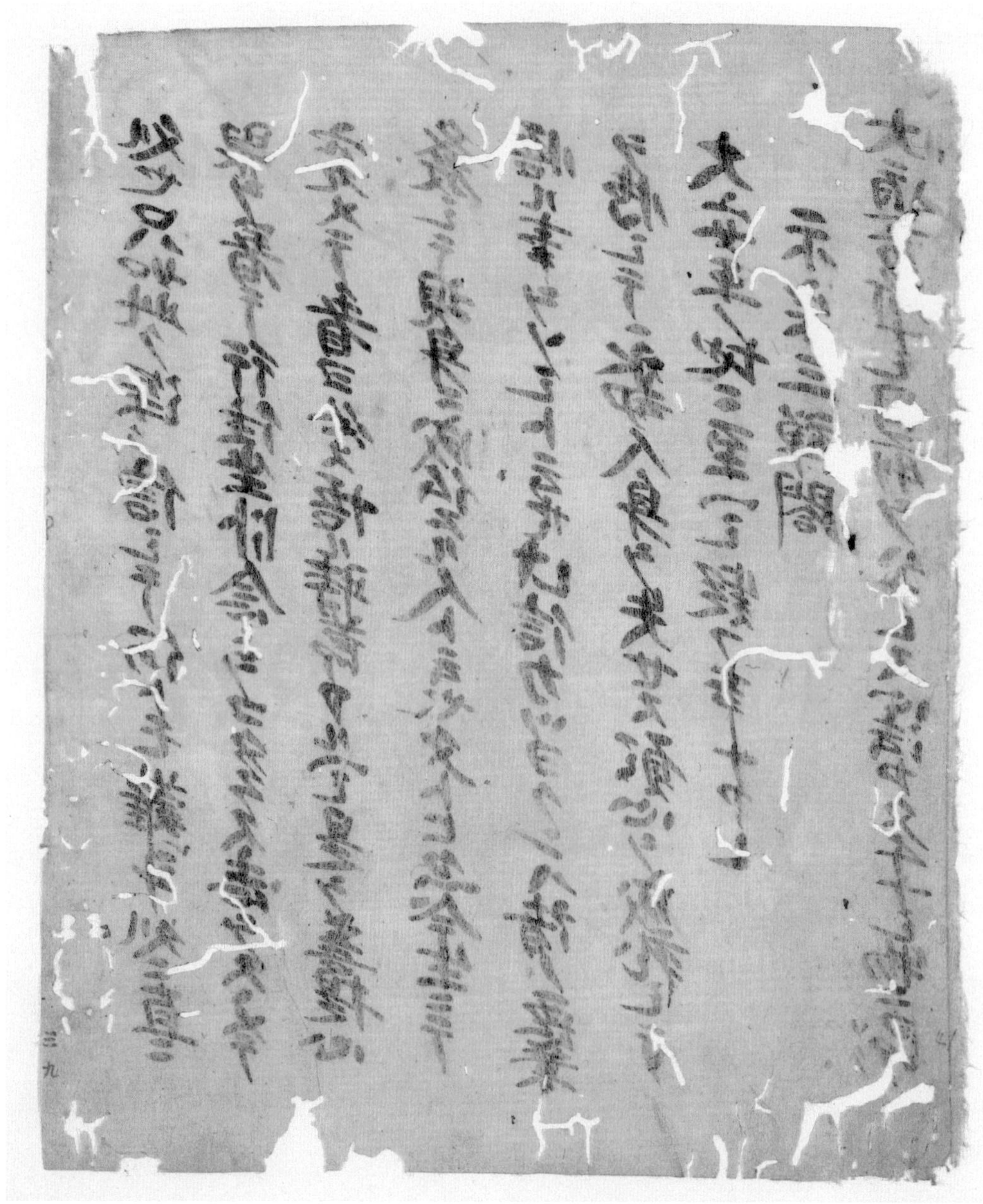

(41オ)

2

1

（1オ）

（1ウ）

58

61

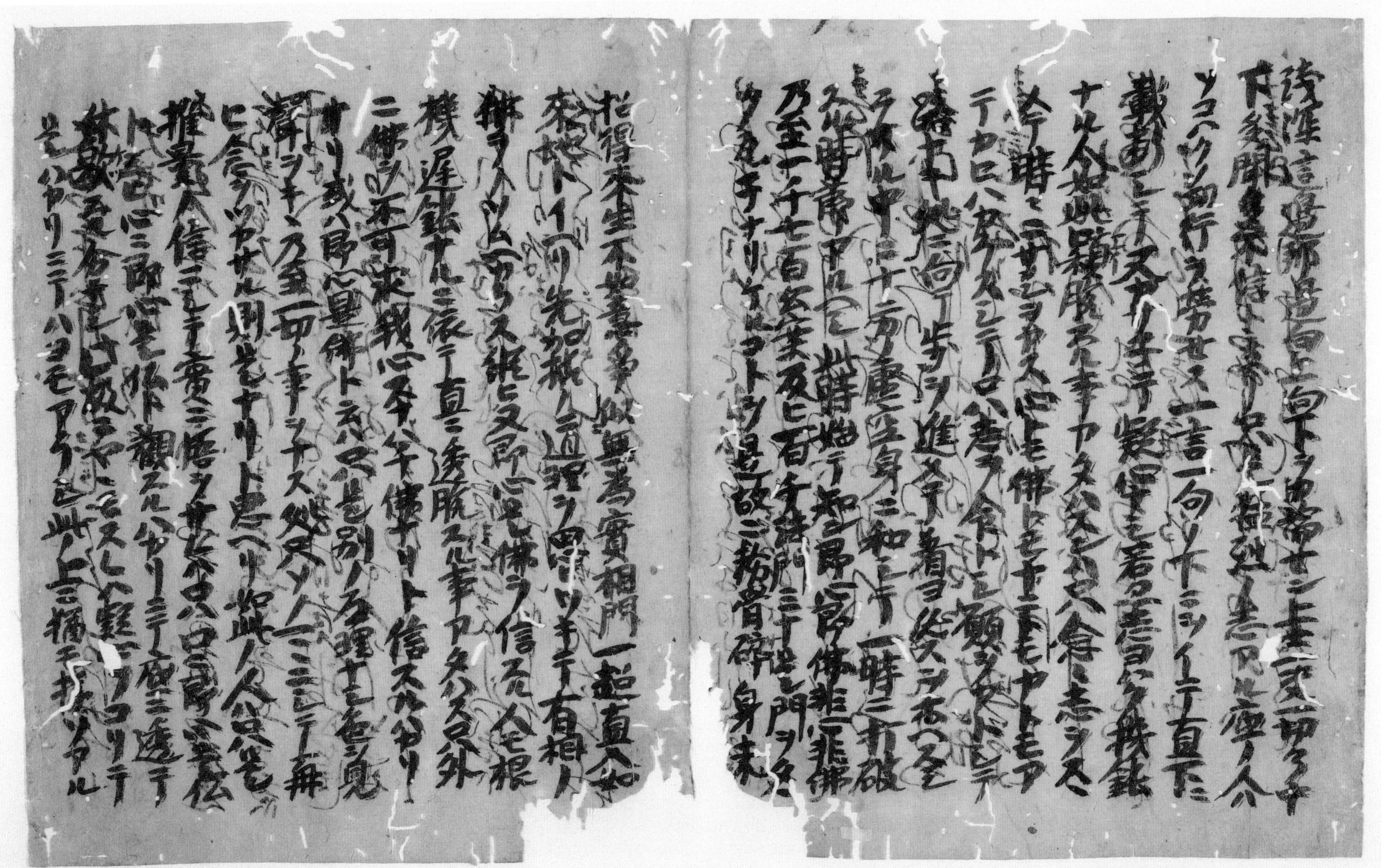

（2オ）

（2ウ）

60　　59

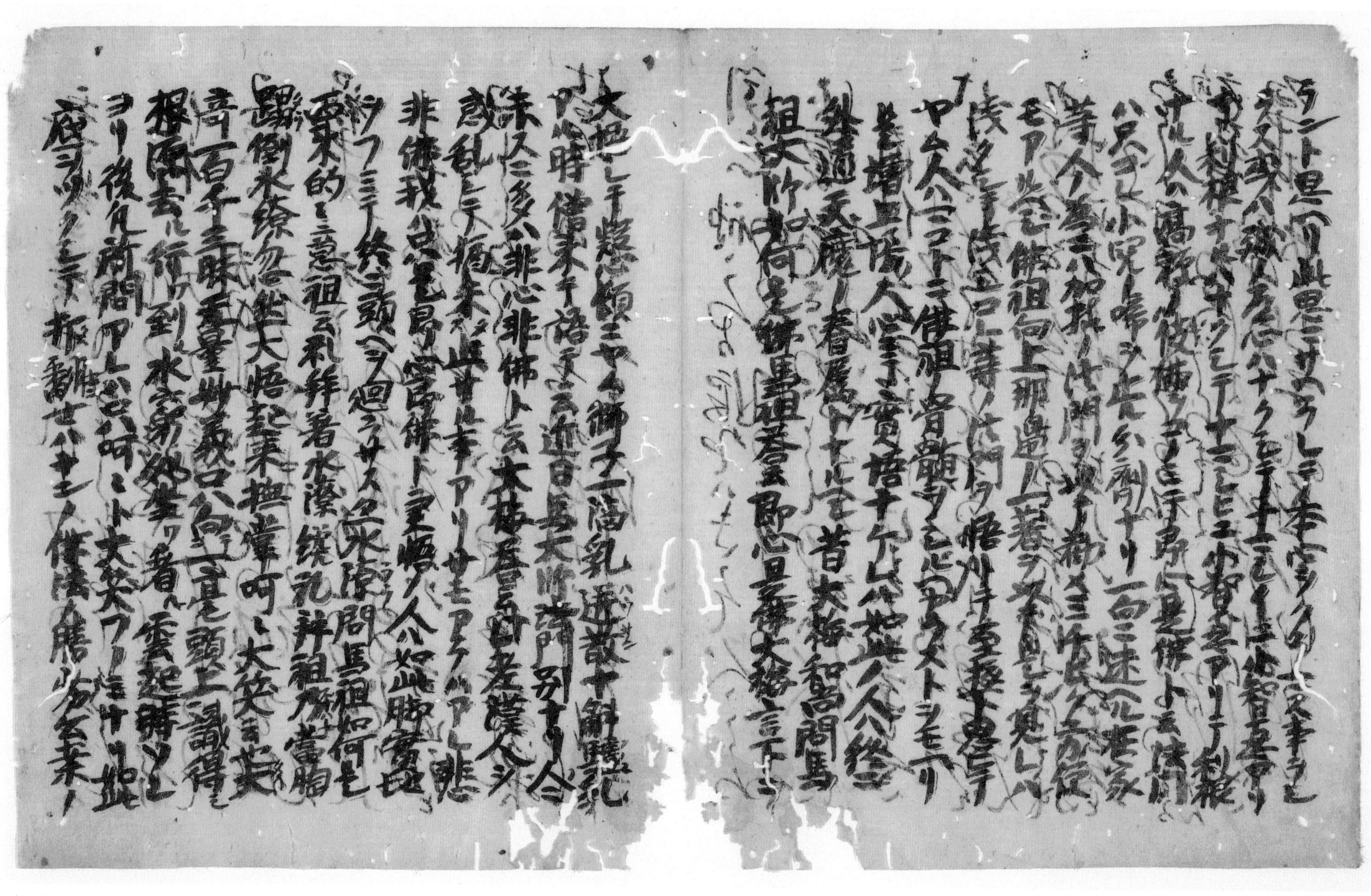

（3オ）　　（3ウ）

54　　57

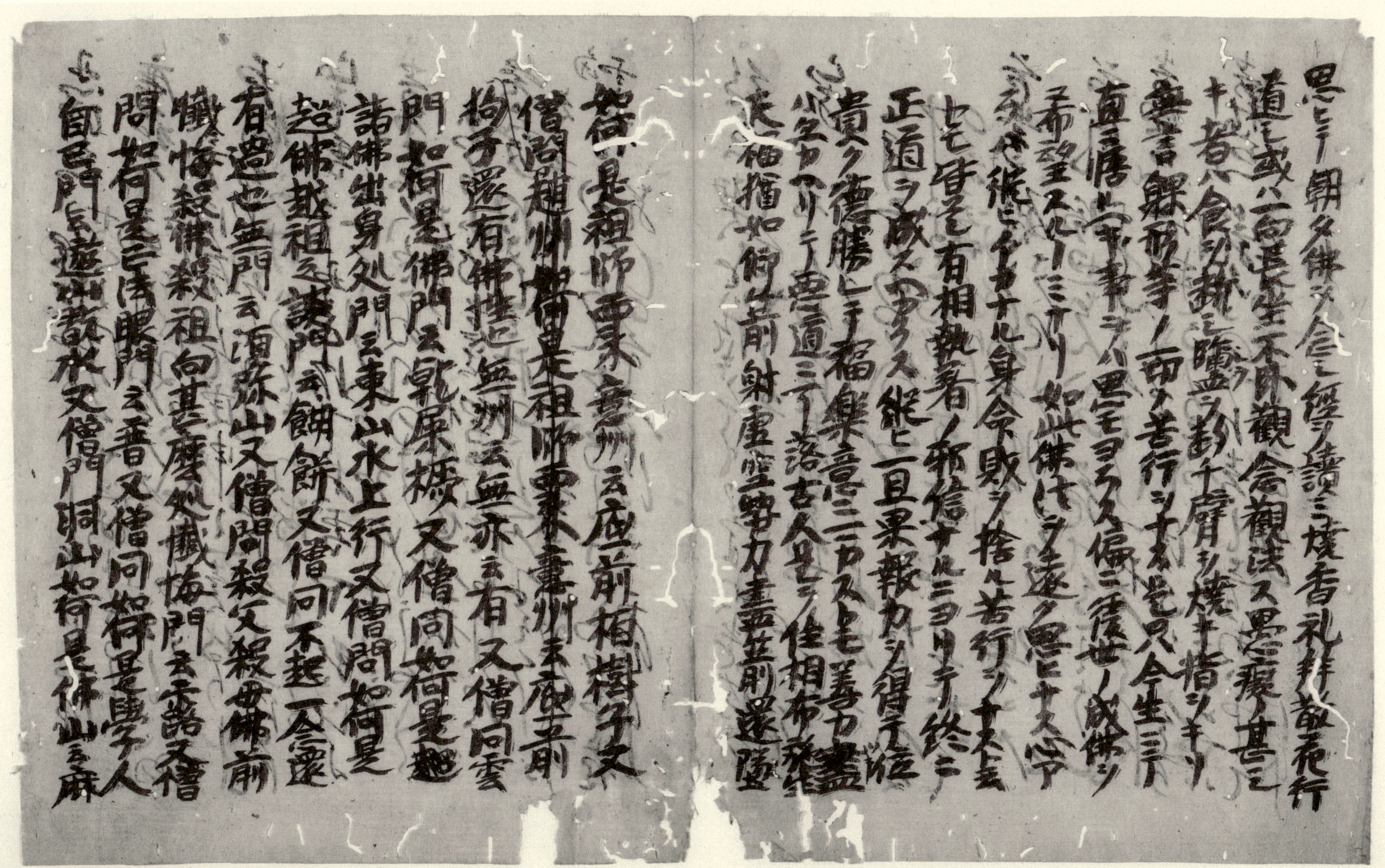

（4オ）　（4ウ）

56　55

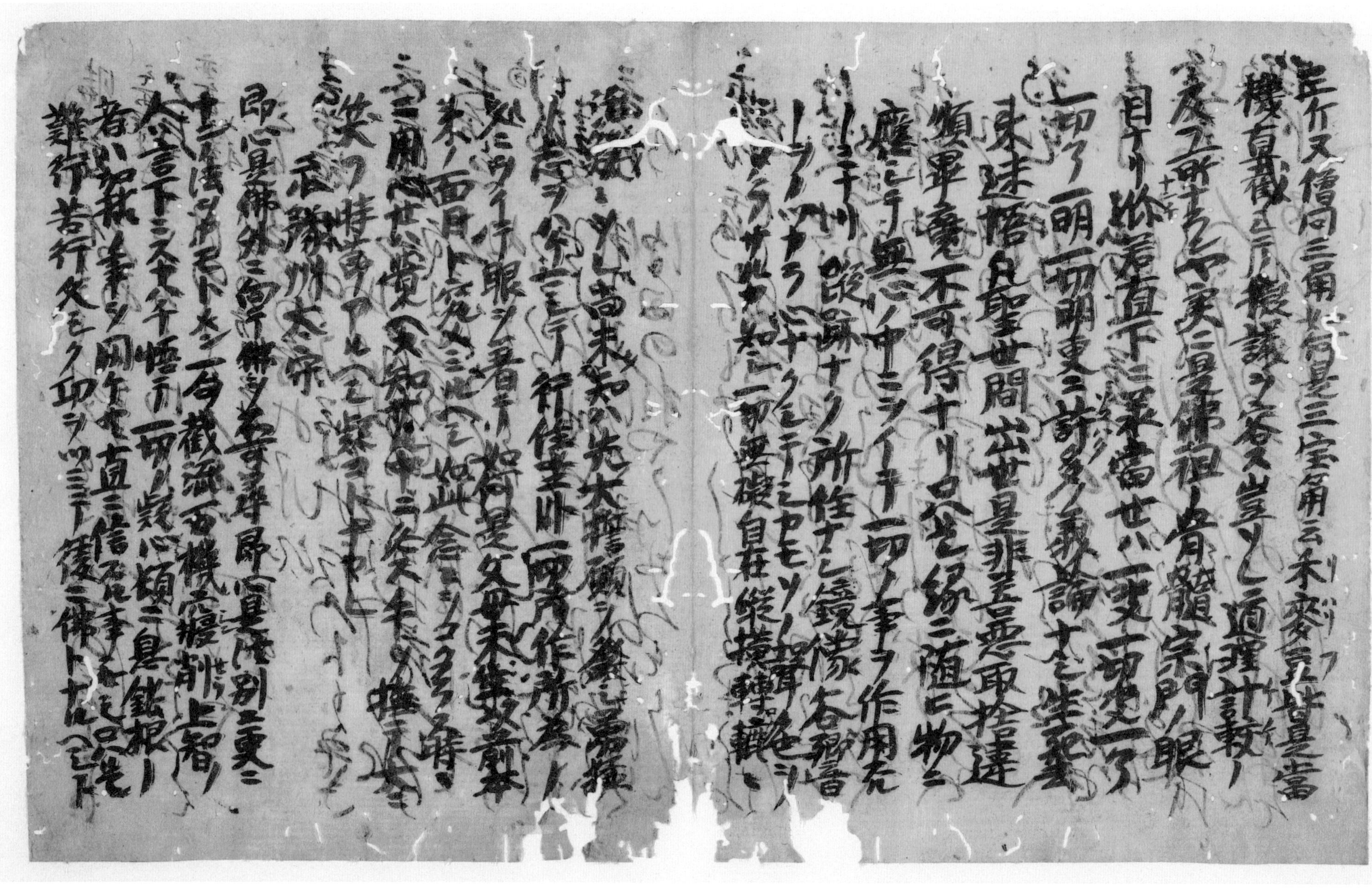

（5オ）　（5ウ）

52

53

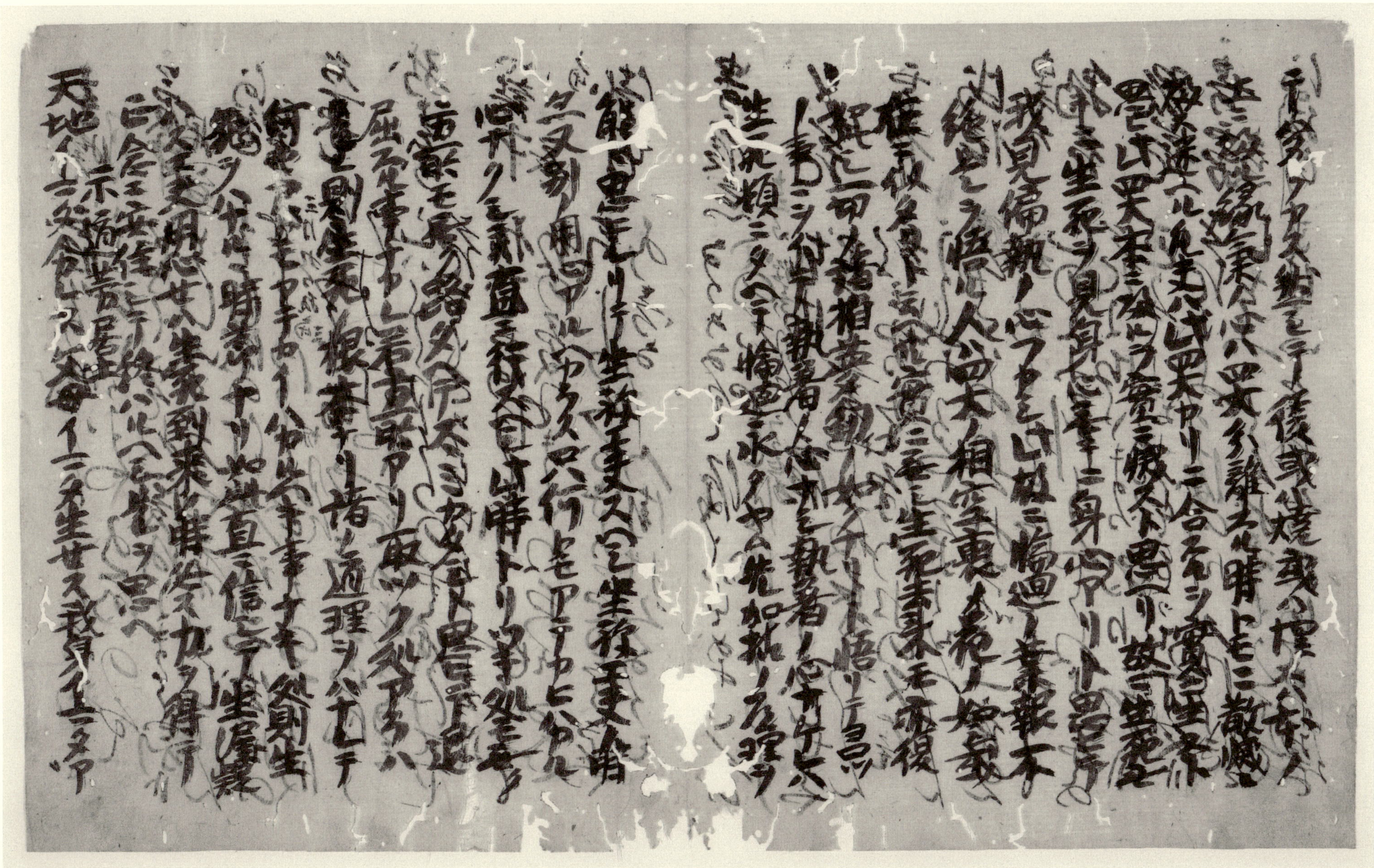

（6ウ）

（6オ）

44　　47

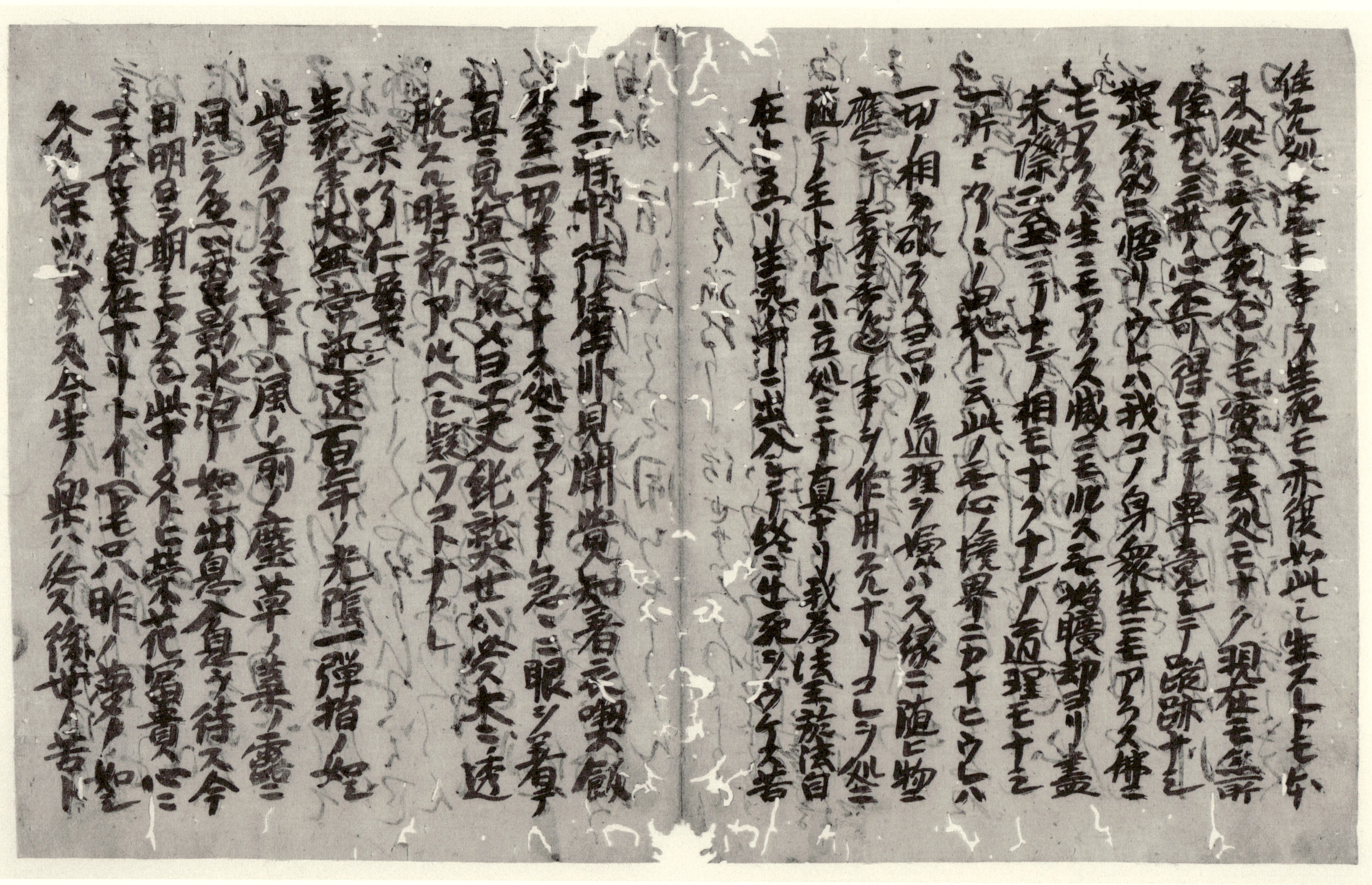

（7オ）　（7ウ）

46　　45

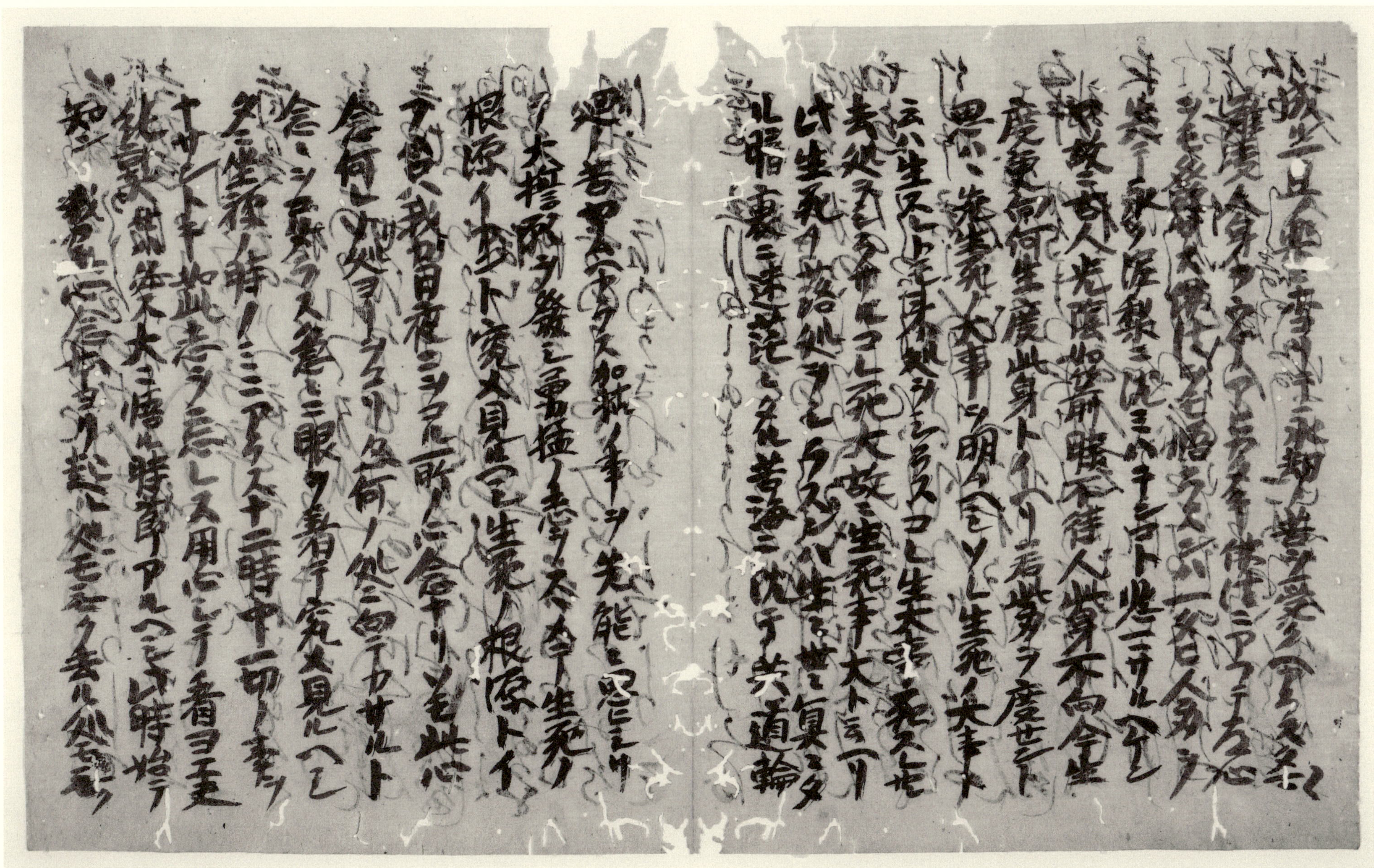

（8オ）　　（8ウ）

48　51

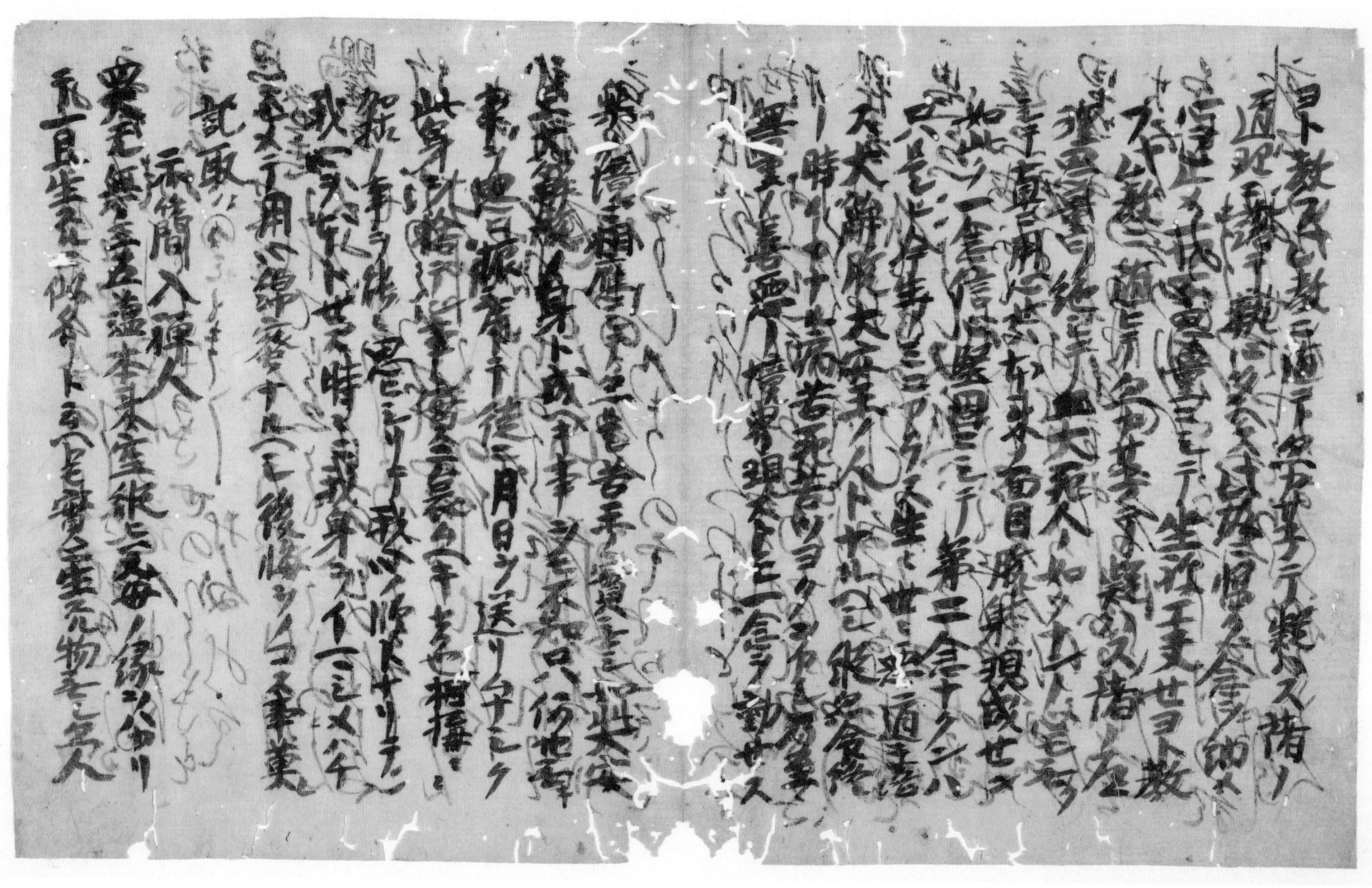

（9オ）　（9ウ）

50　　49

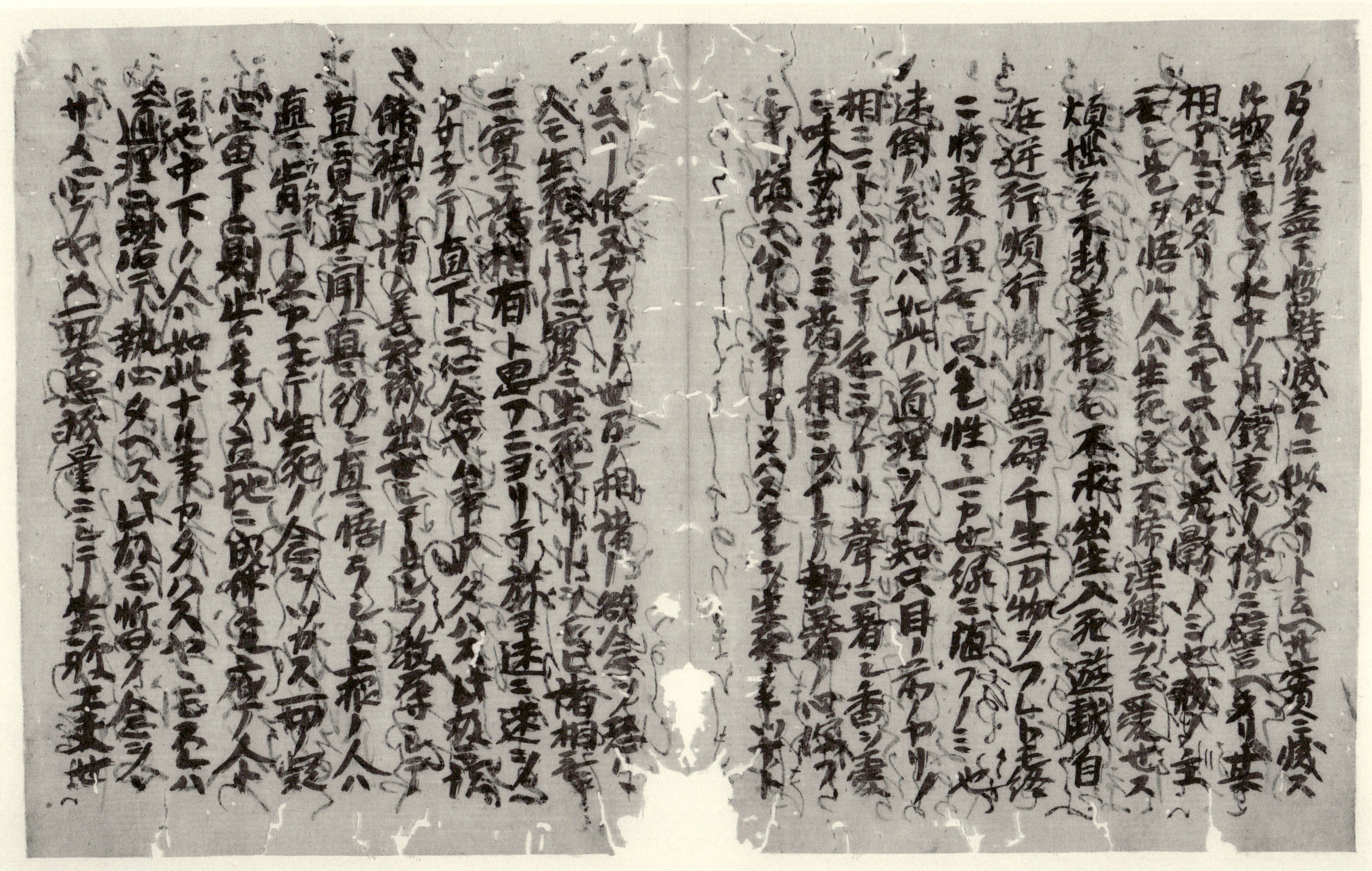

（10オ）　（10ウ）

40　　43

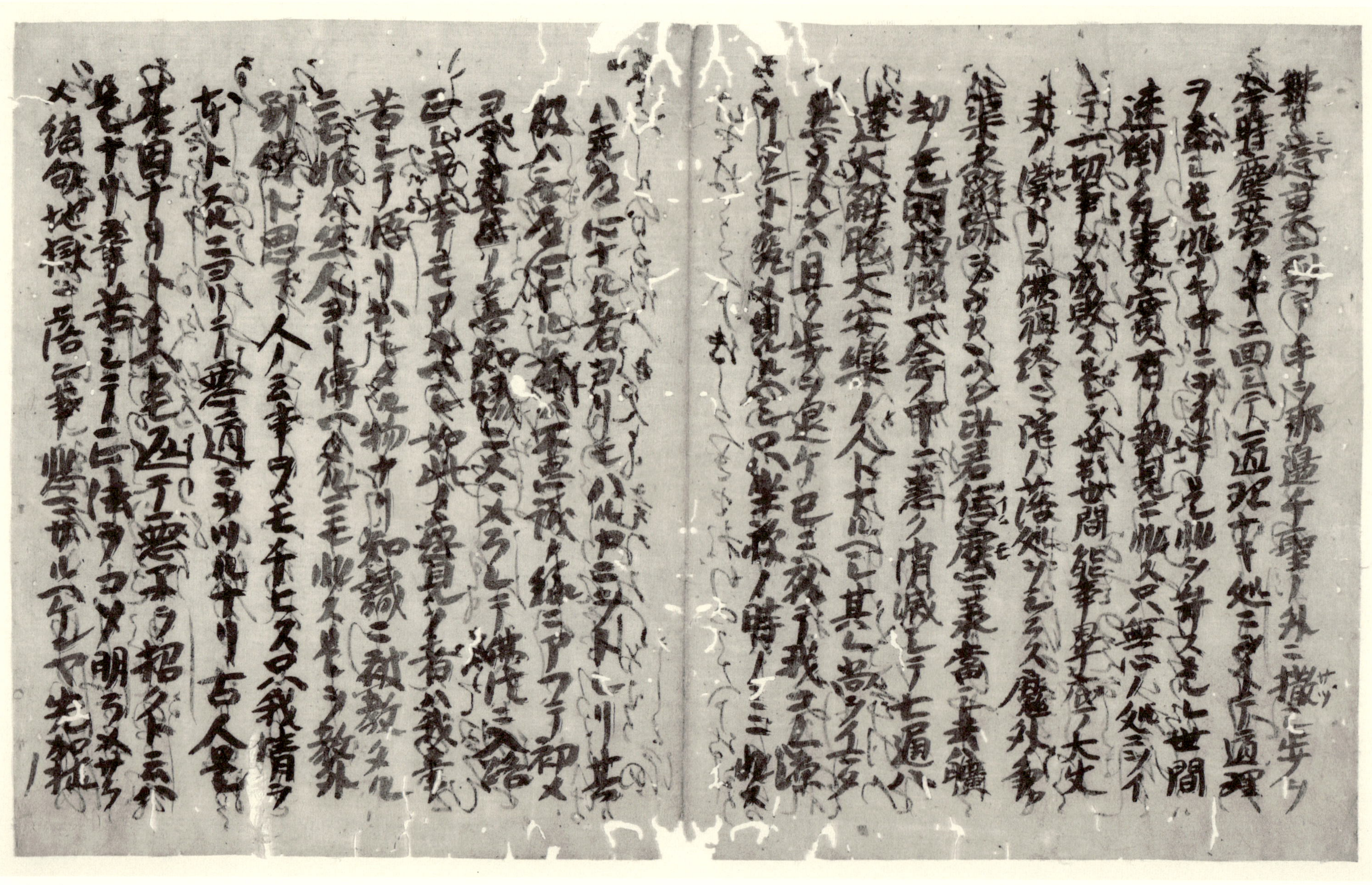

（11オ）　　（11ウ）

42　　41

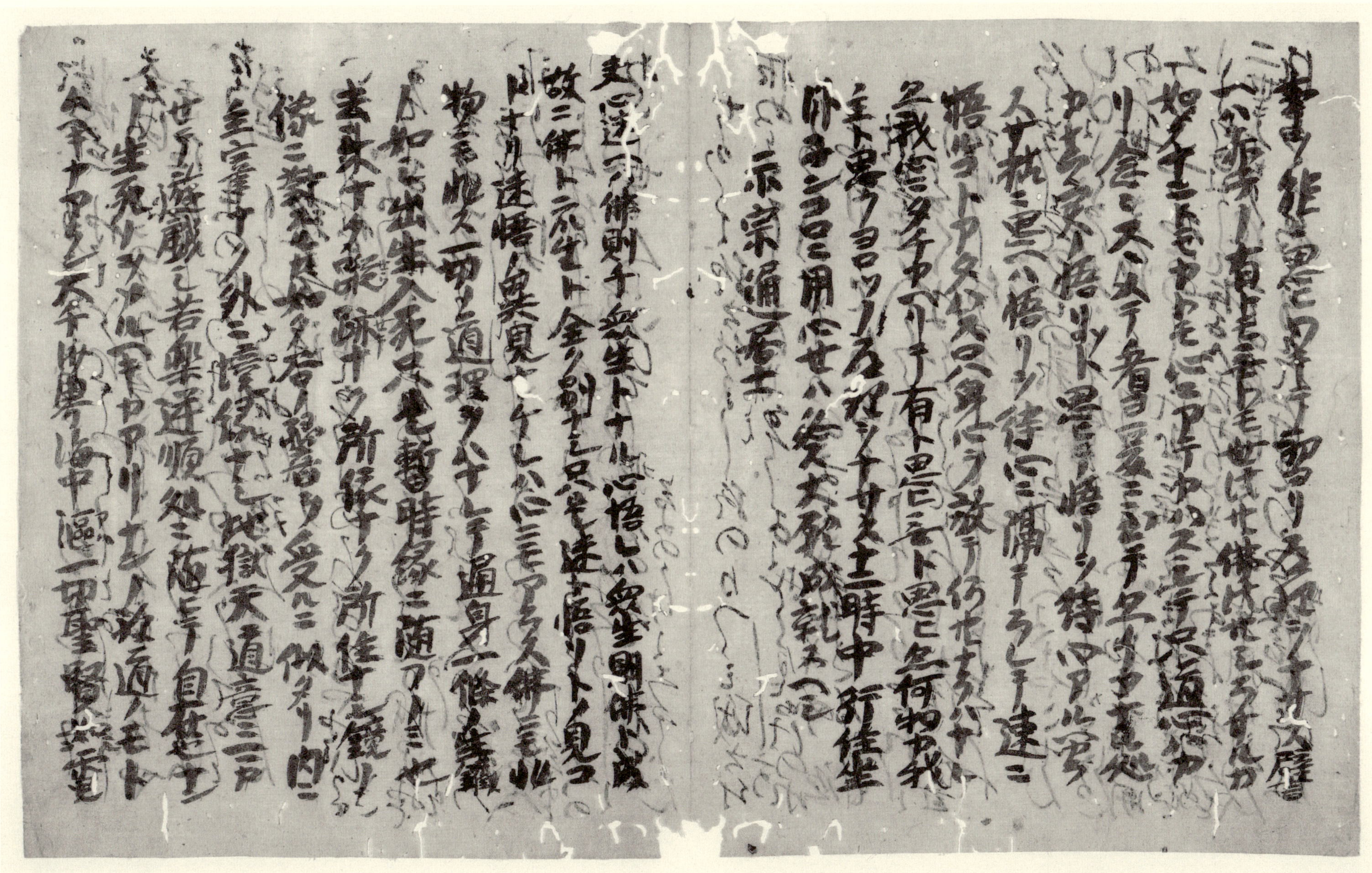

（12オ）　　（12ウ）

36　　　　39

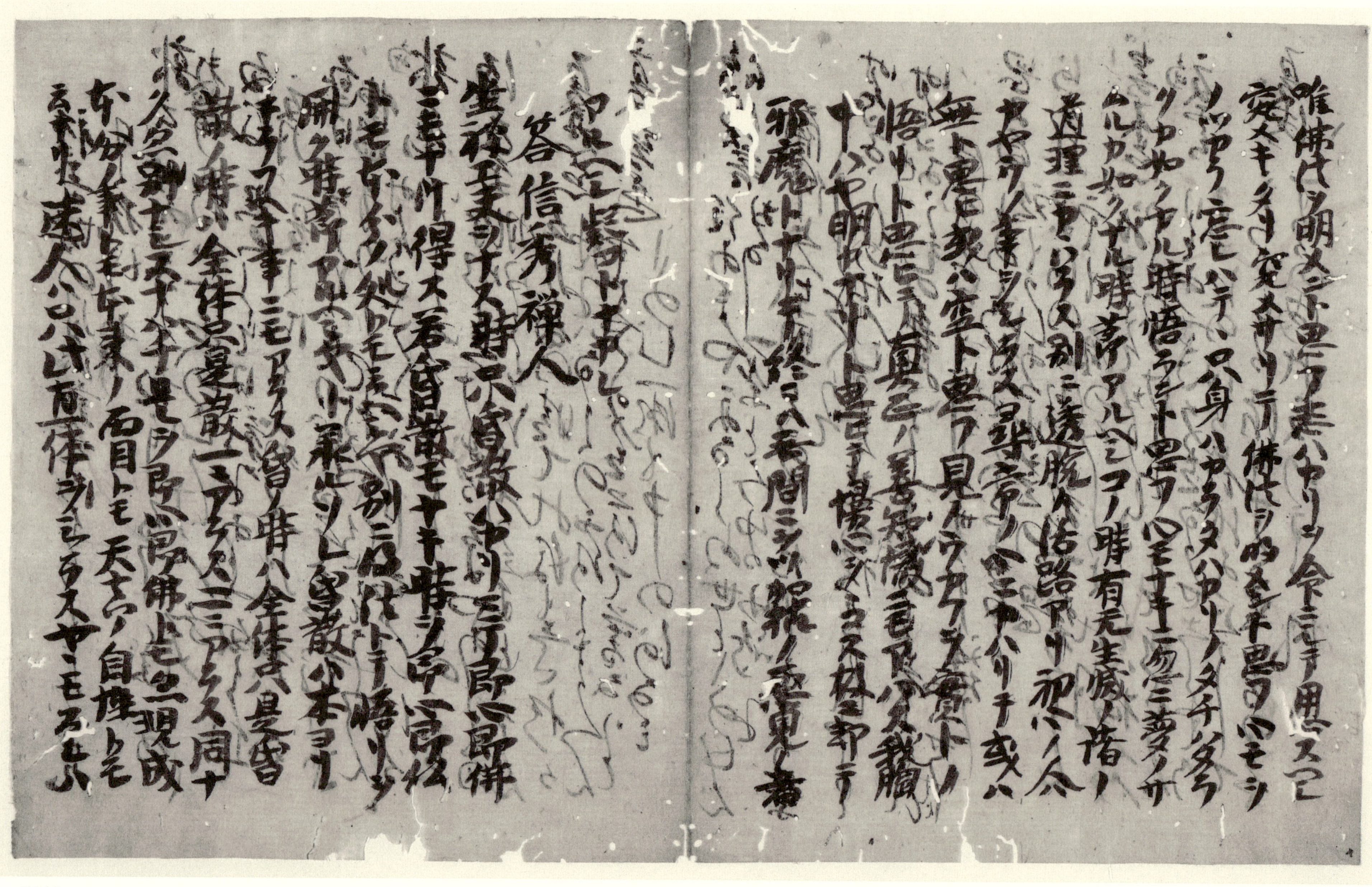

（13オ）　　　　（13ウ）

38　　37

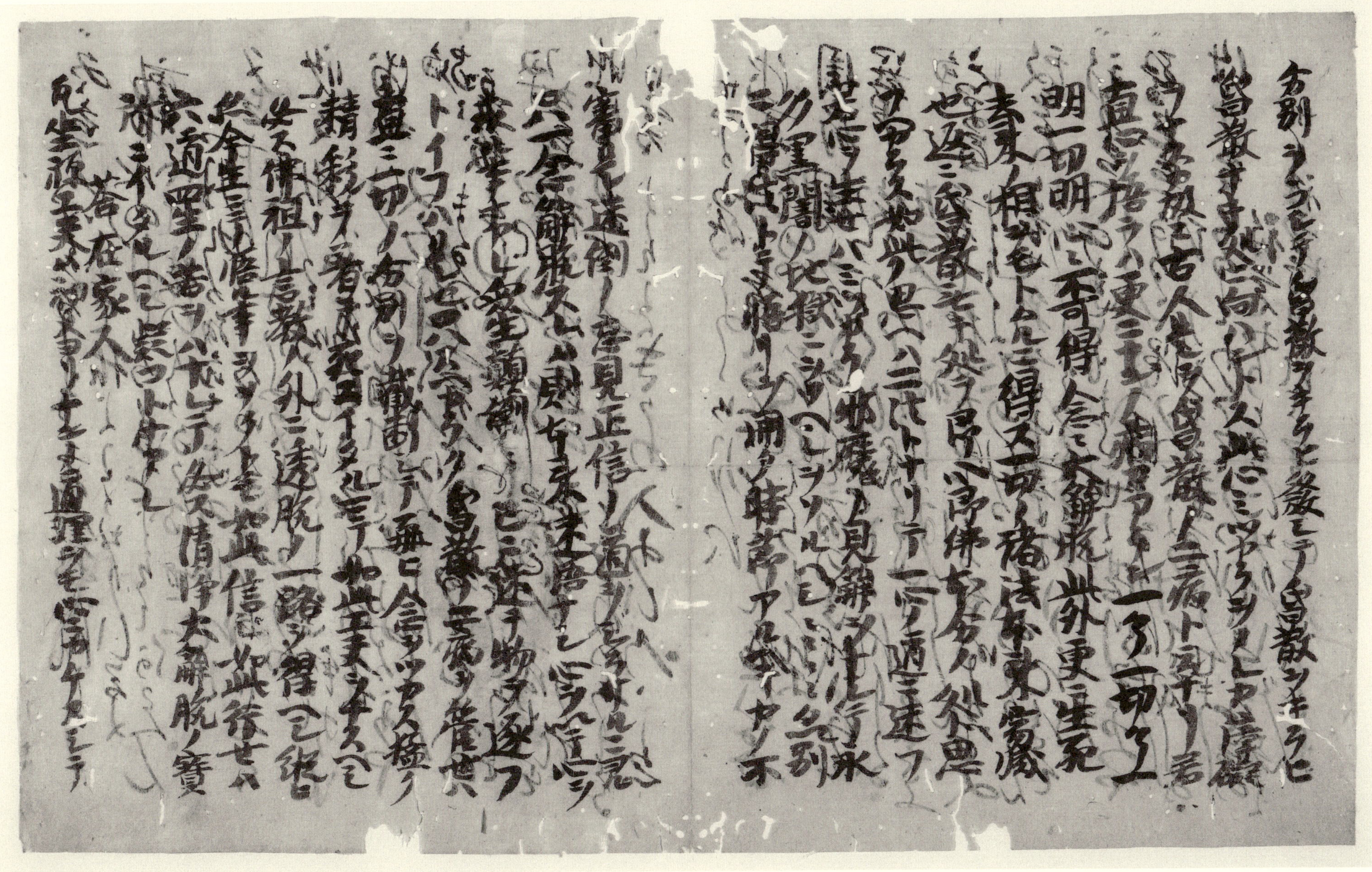

（14オ）　　（14ウ）

32　　35

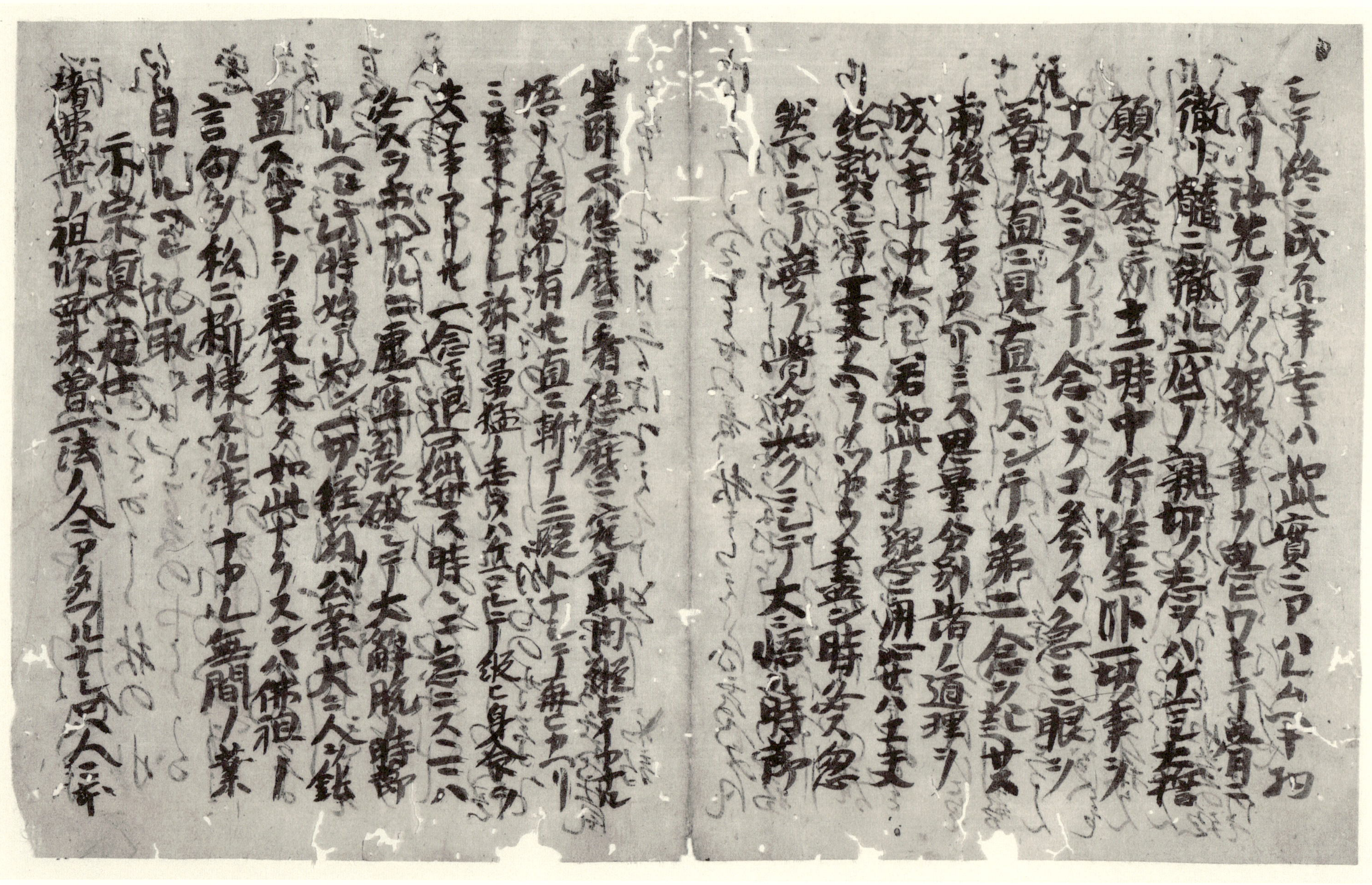

（15オ）　（15ウ）

34　33

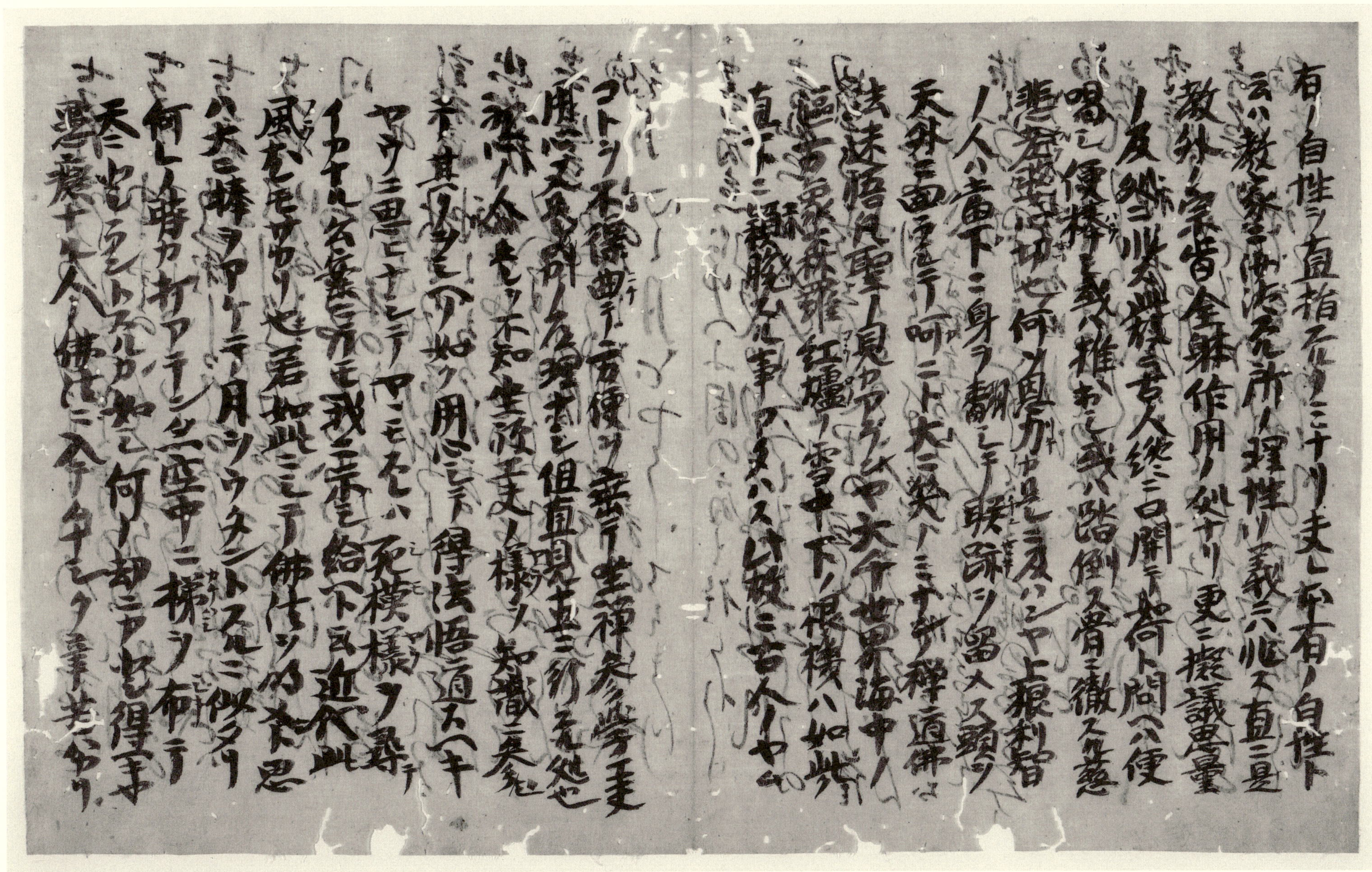

（16オ）　（16ウ）

28　31

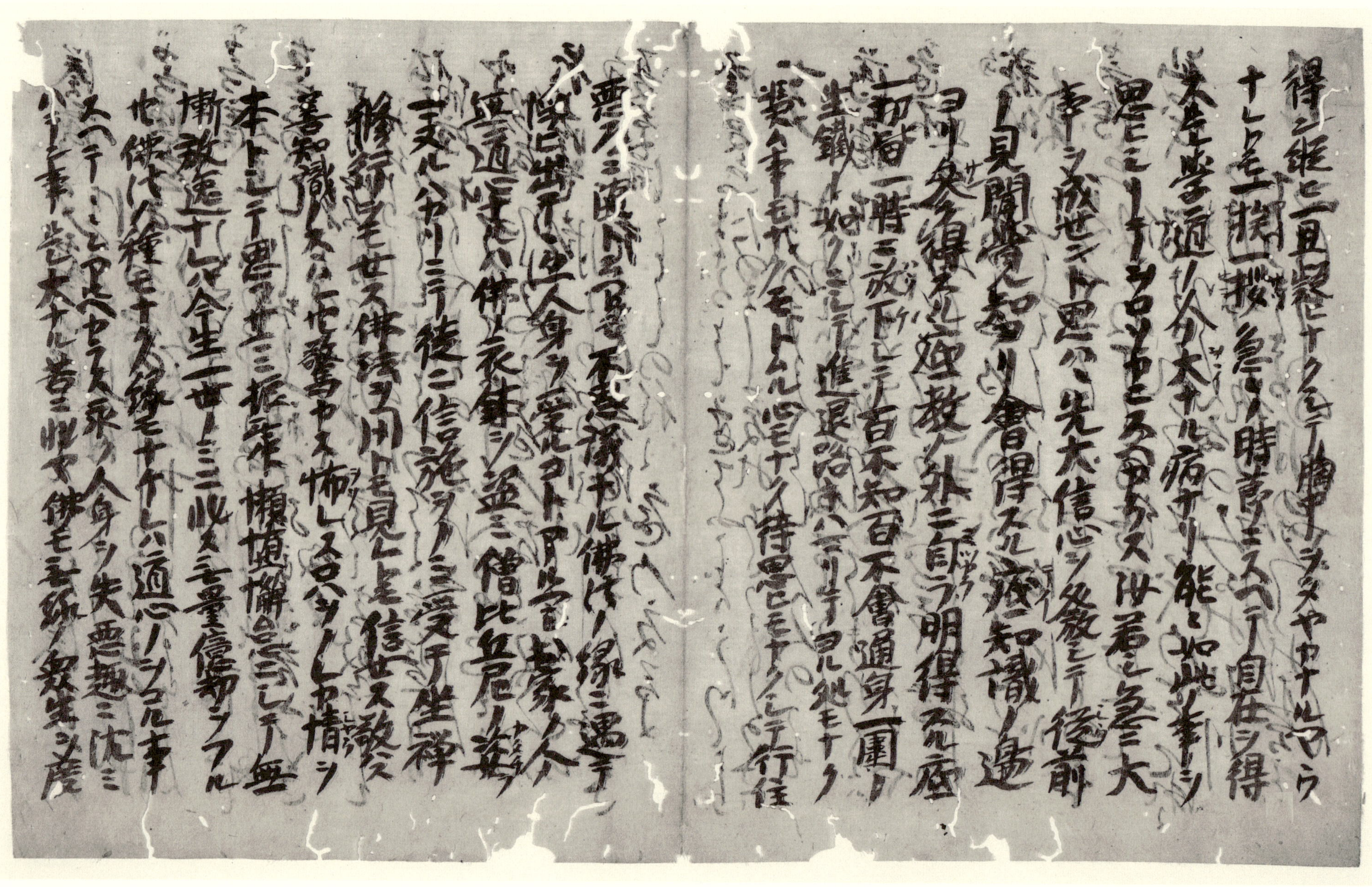

（17オ）　（17ウ）

30

29

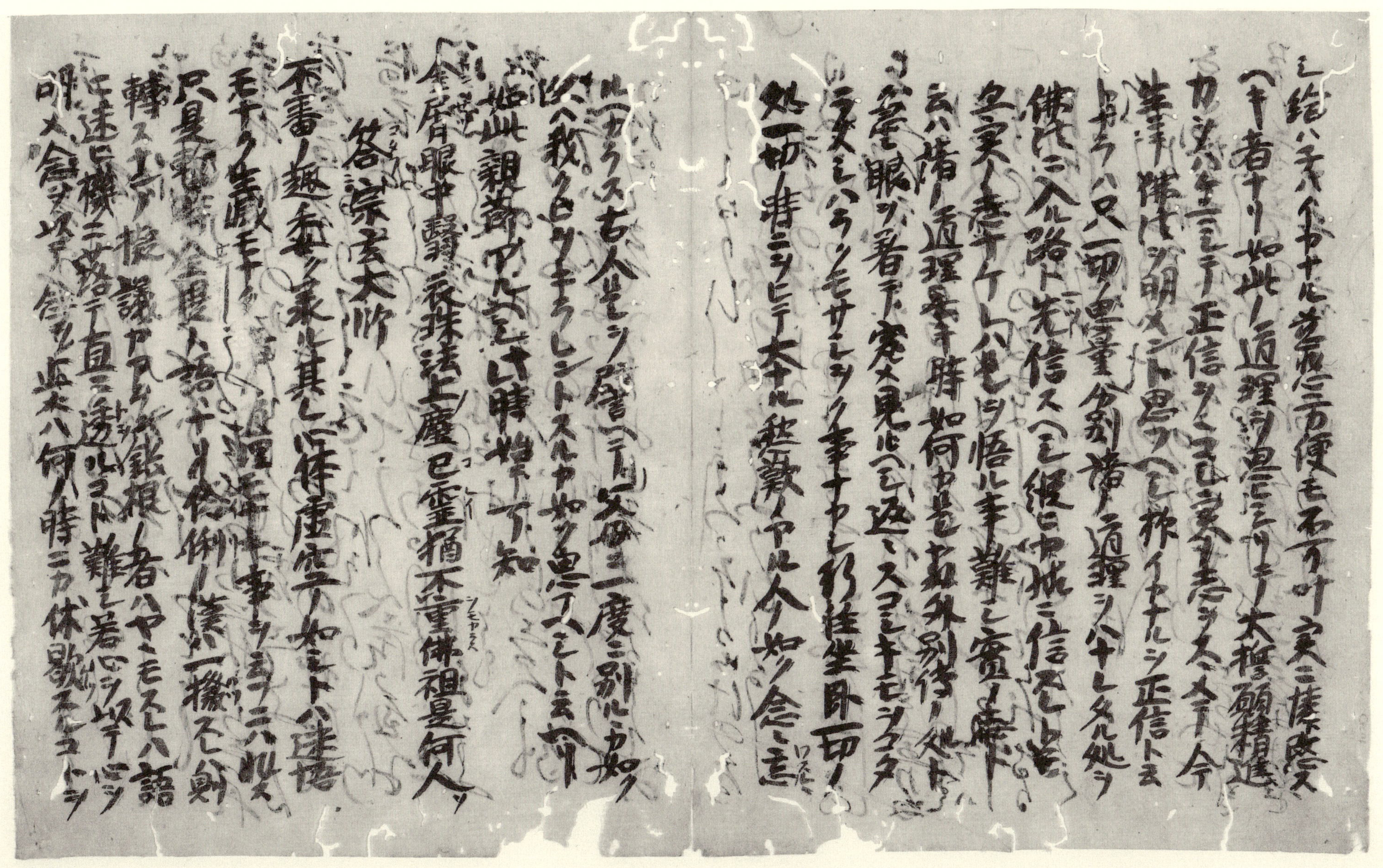

（18オ）

（18ウ）

24　　27

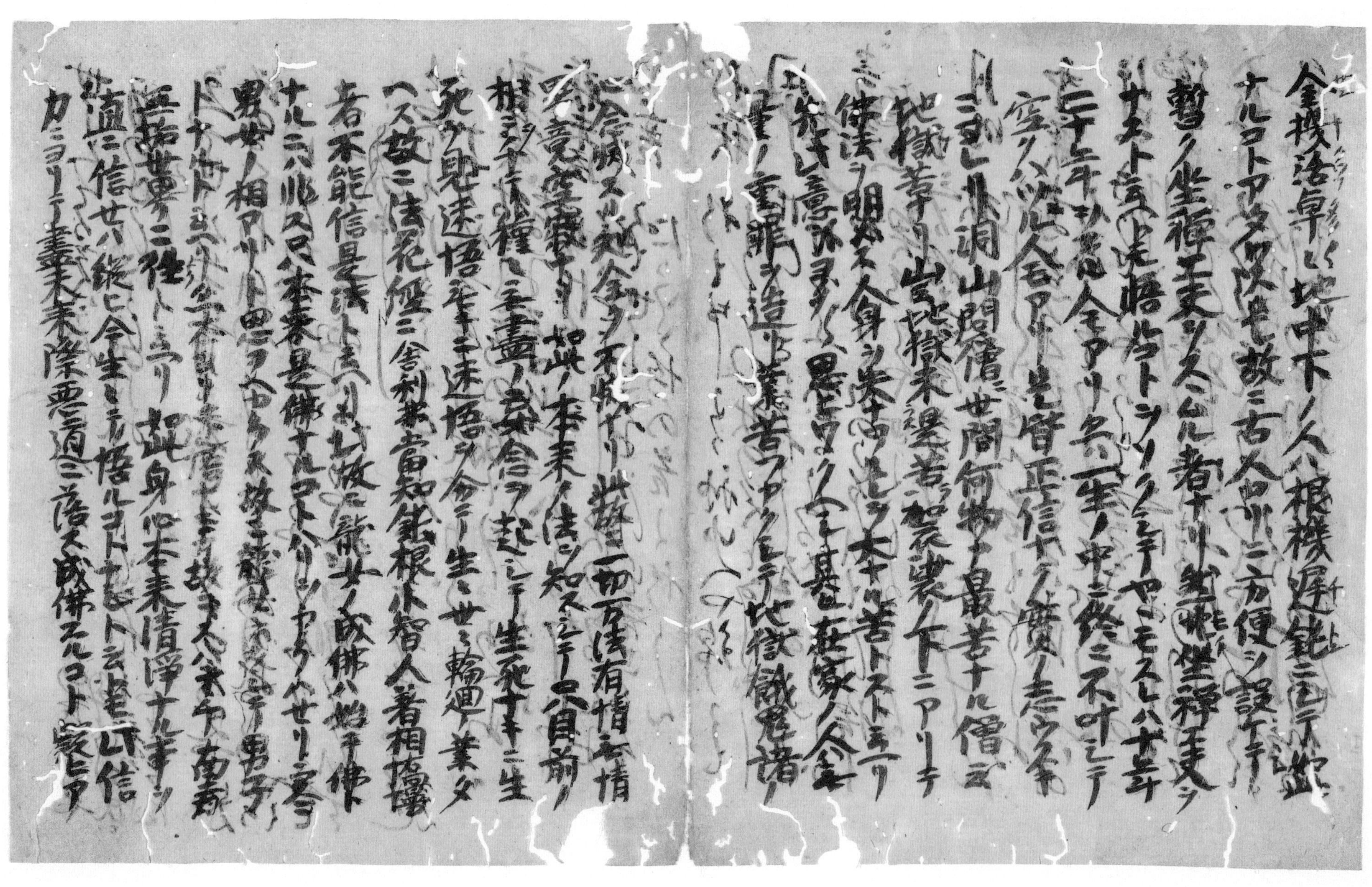

(19オ)　　(19ウ)

25　26

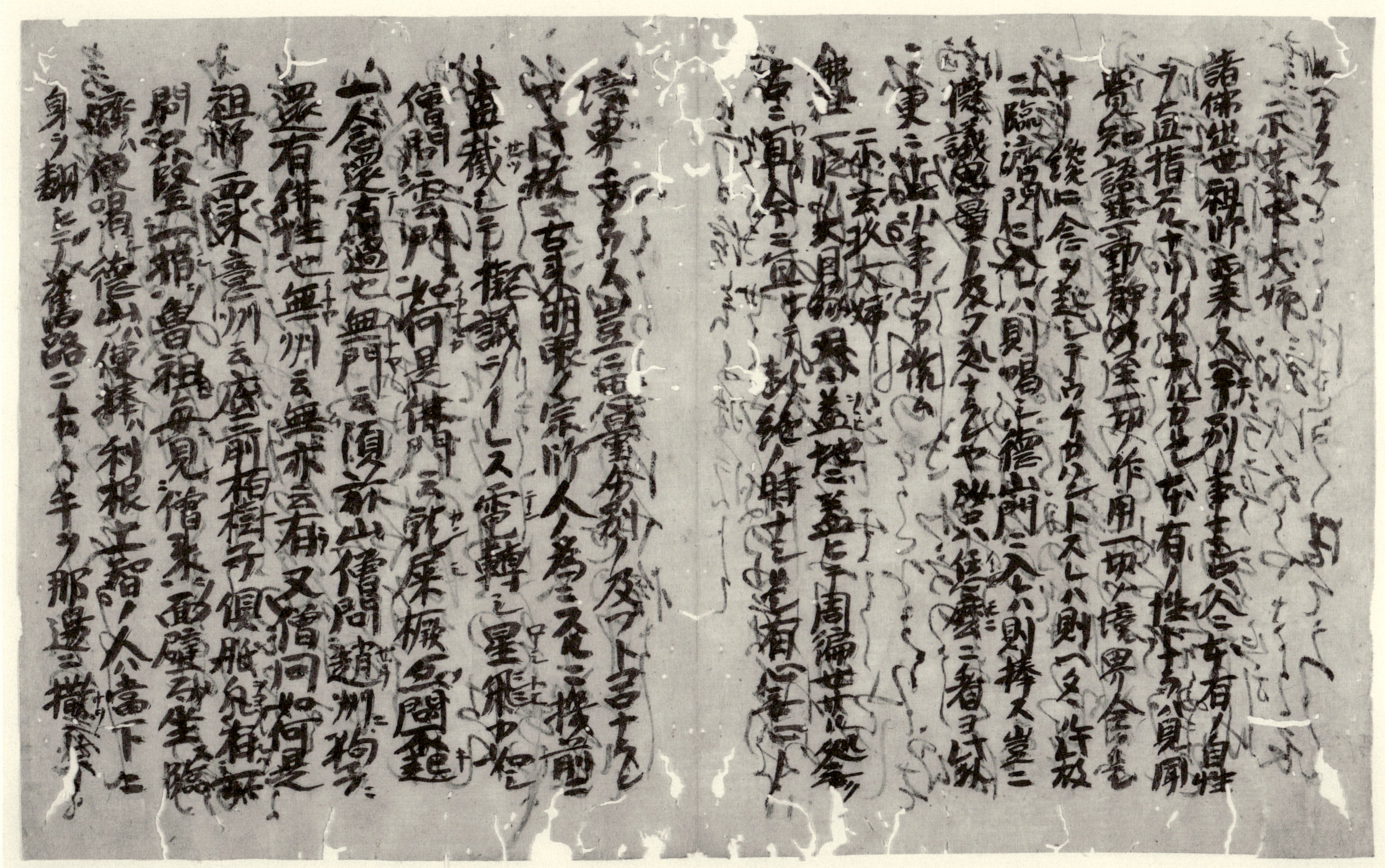

(20ウ)　(20オ)

20

23

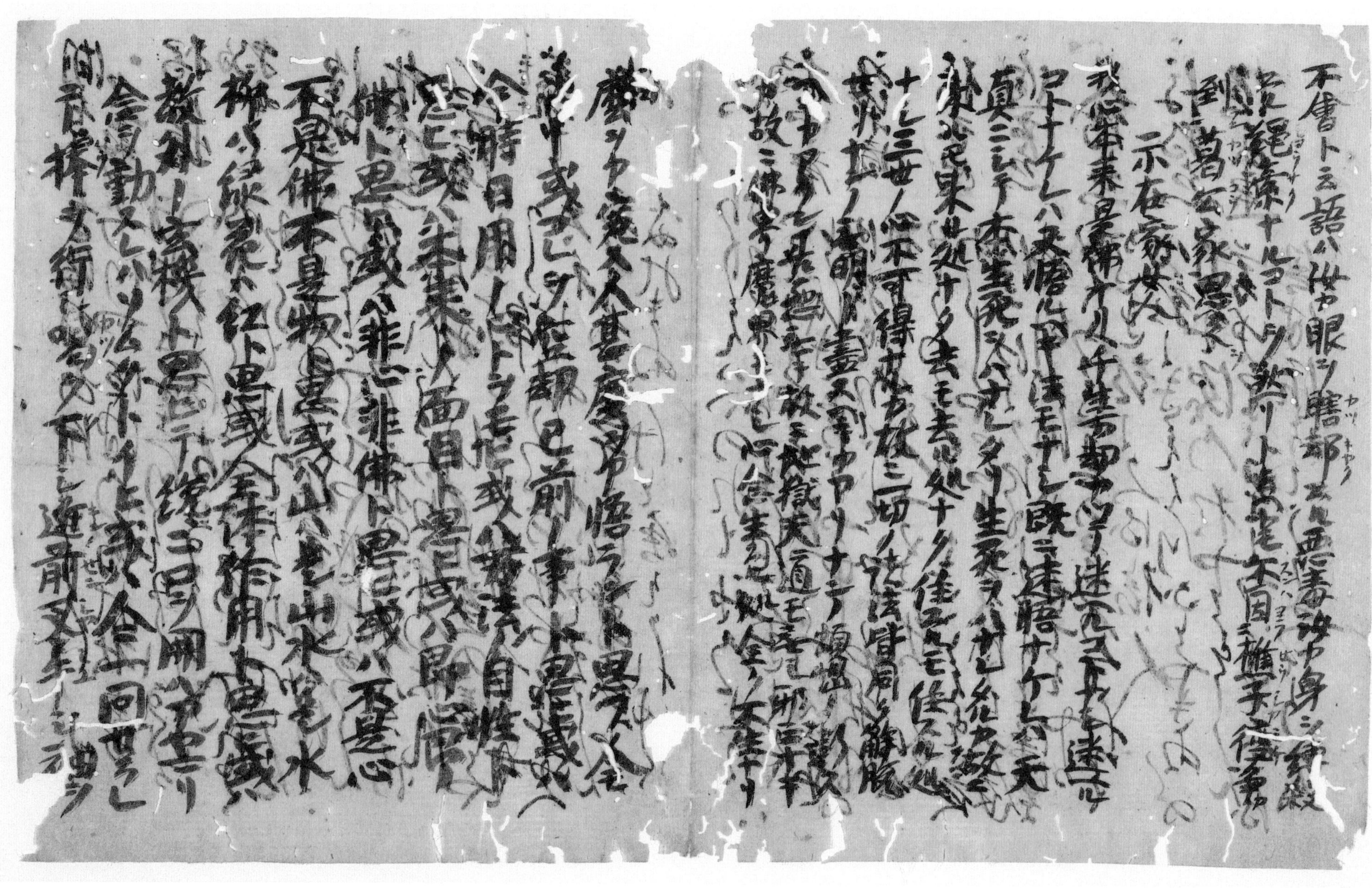

(21オ)

(21ウ)

21　22

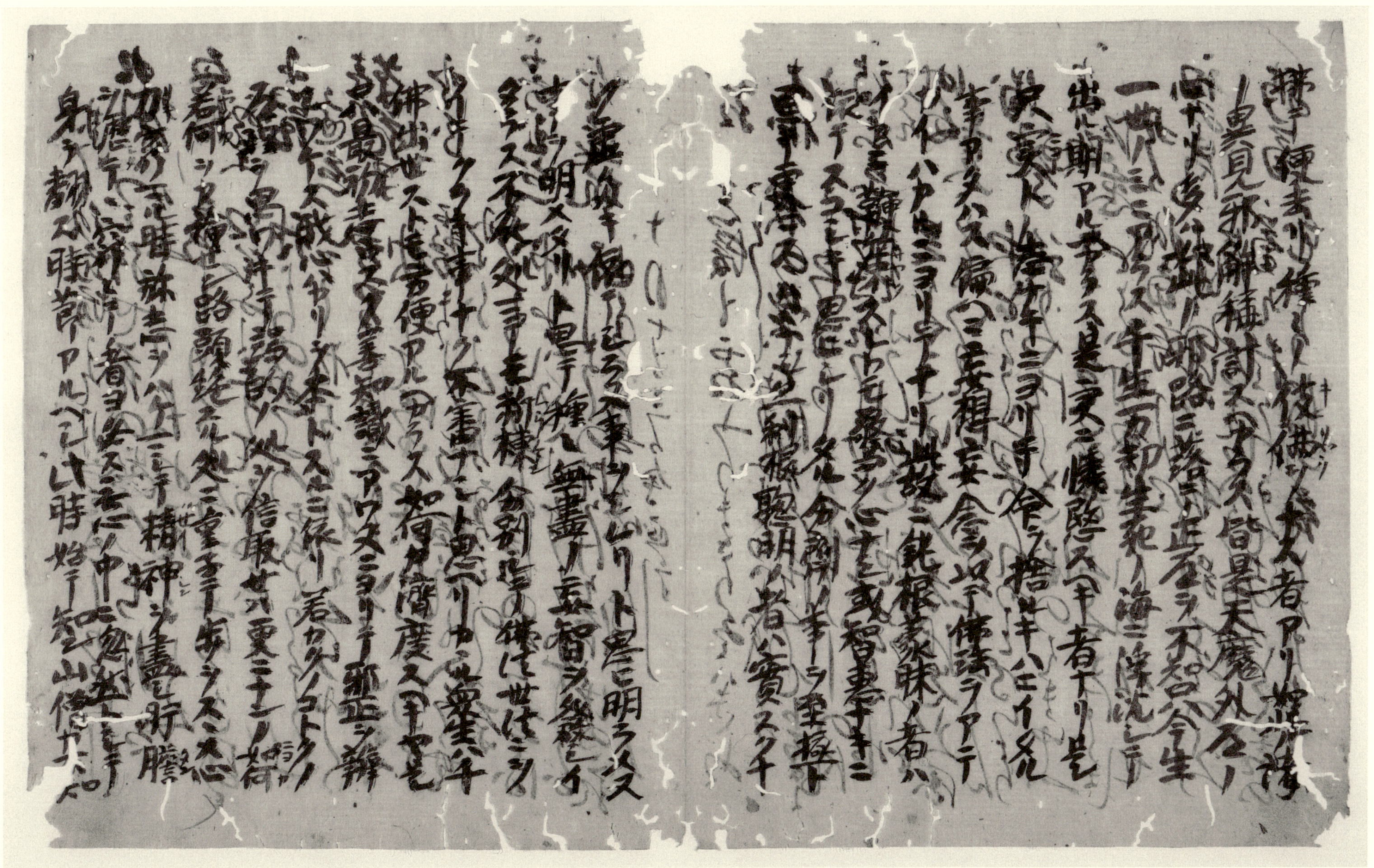

(22ウ)　(22オ)

16　　19

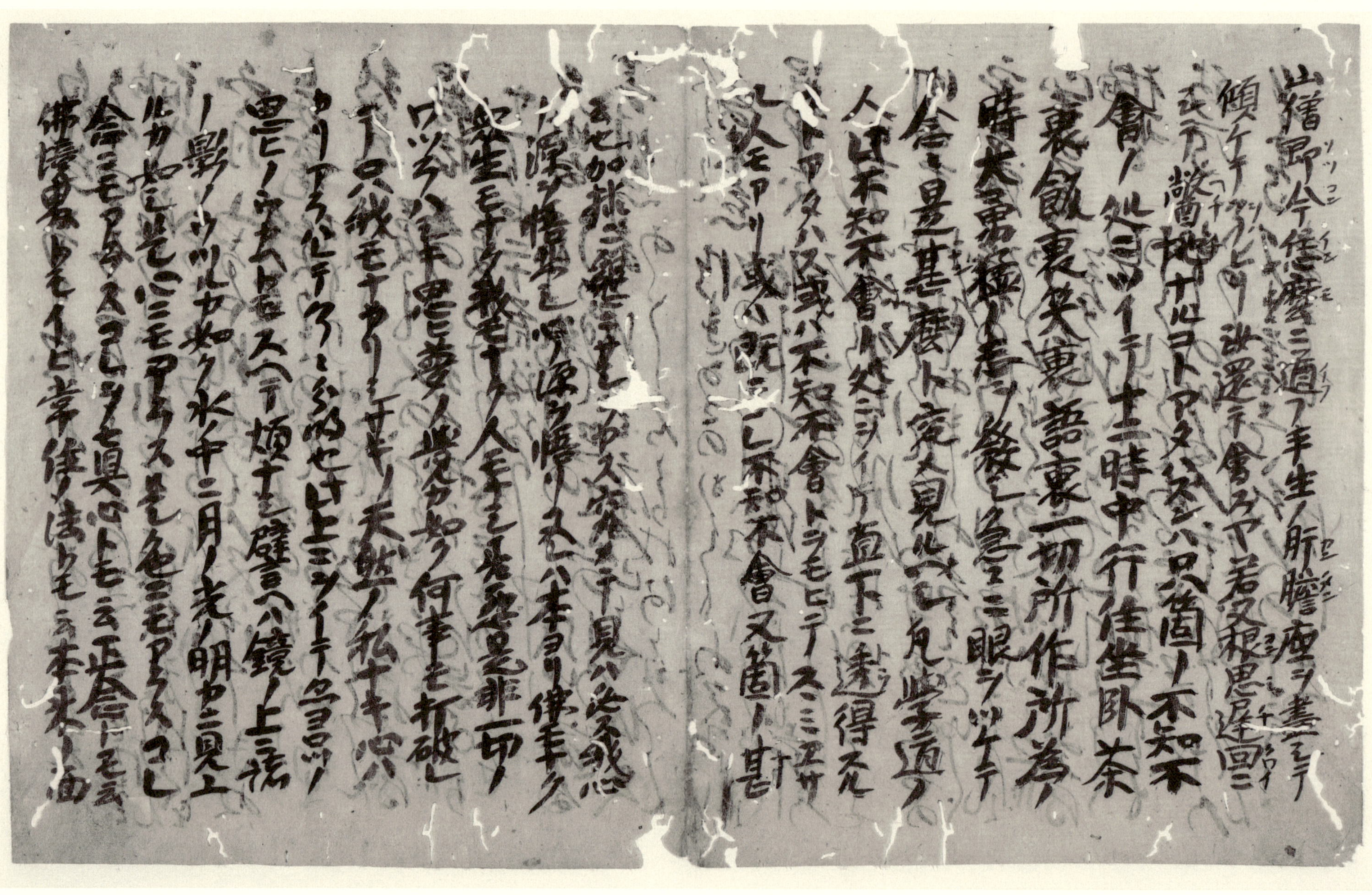

（23オ）　　（23ウ）

18　17

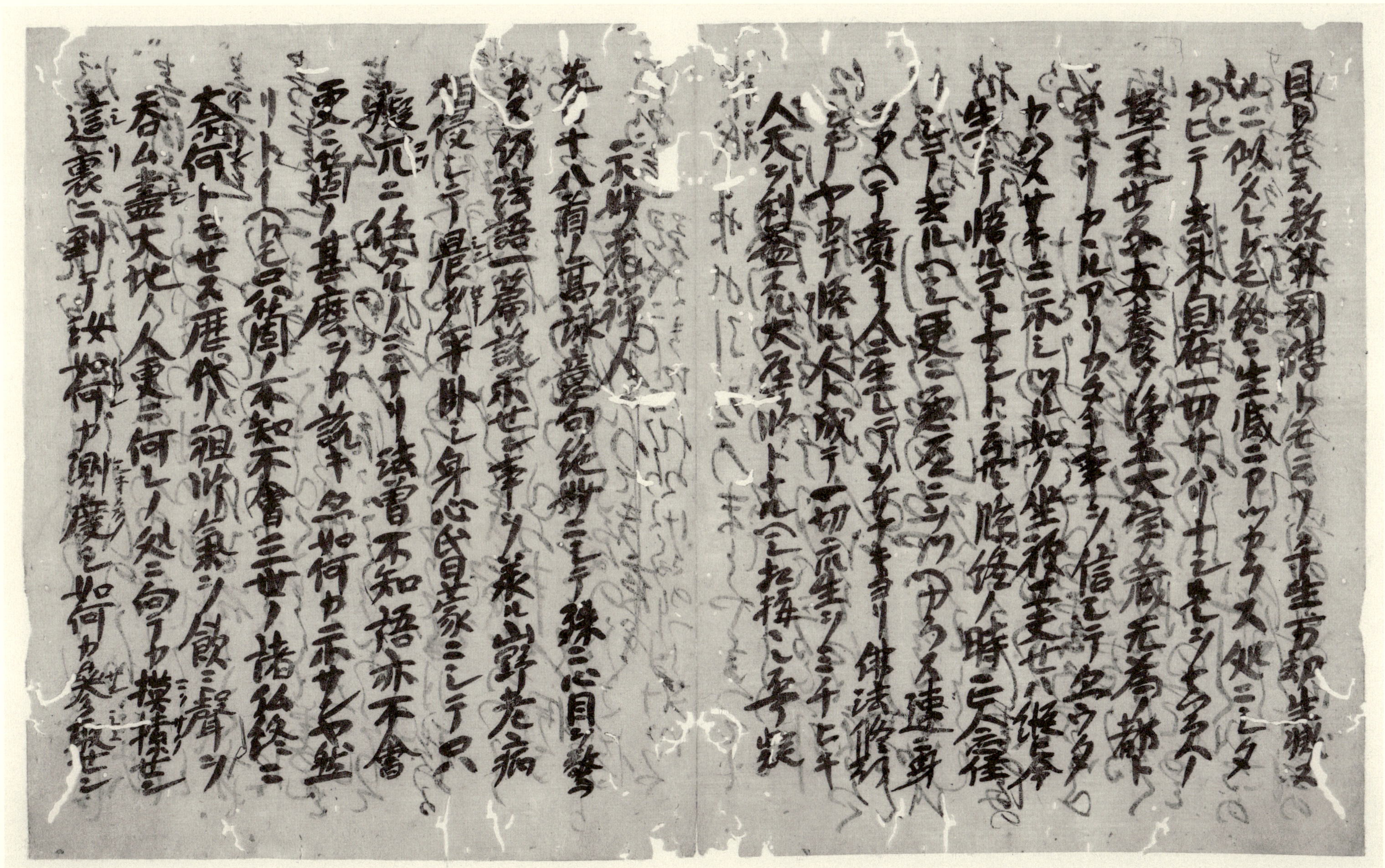

（24オ）　（24ウ）

12　　15

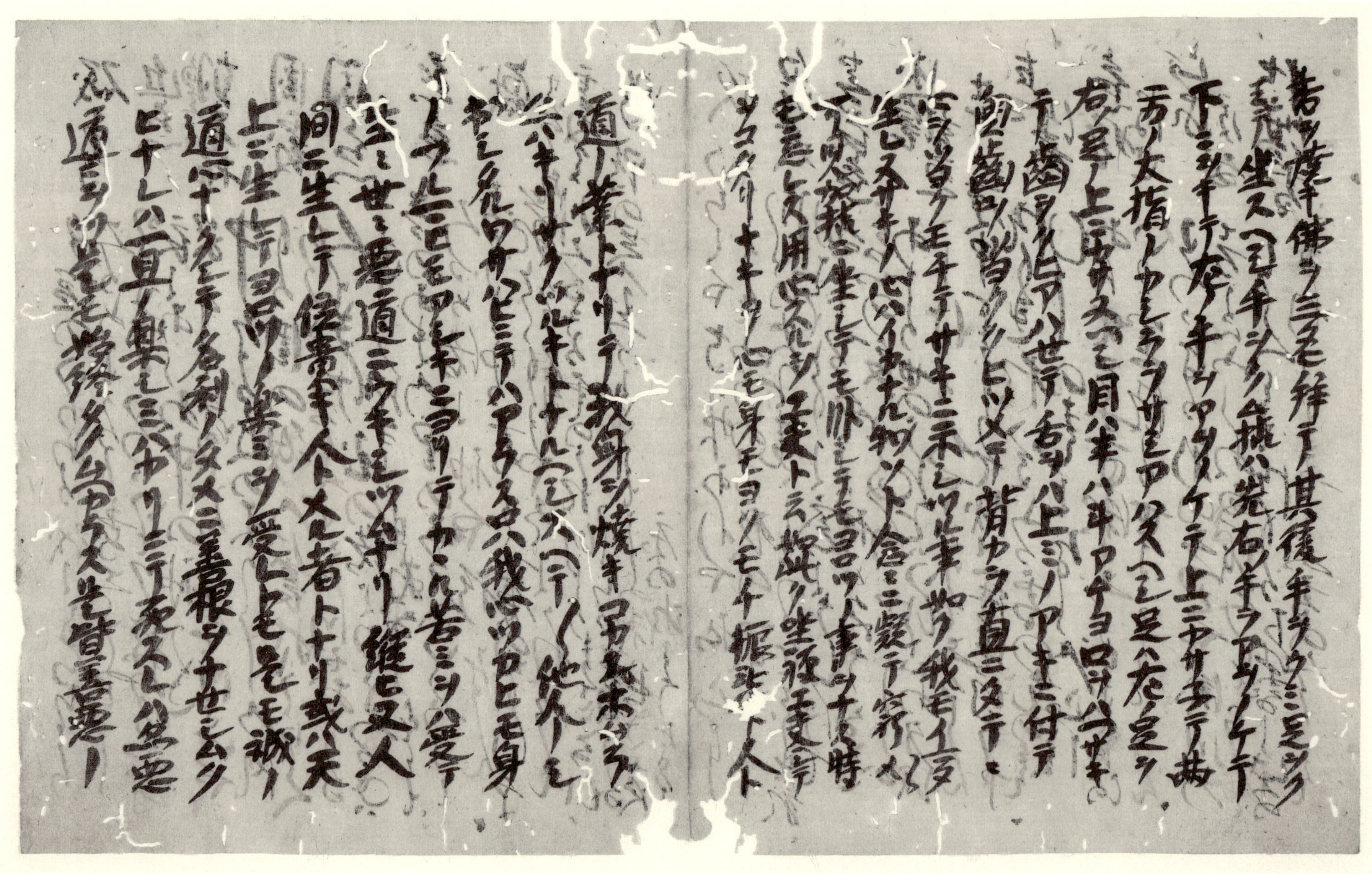

（25オ）　　（25ウ）

14　　13

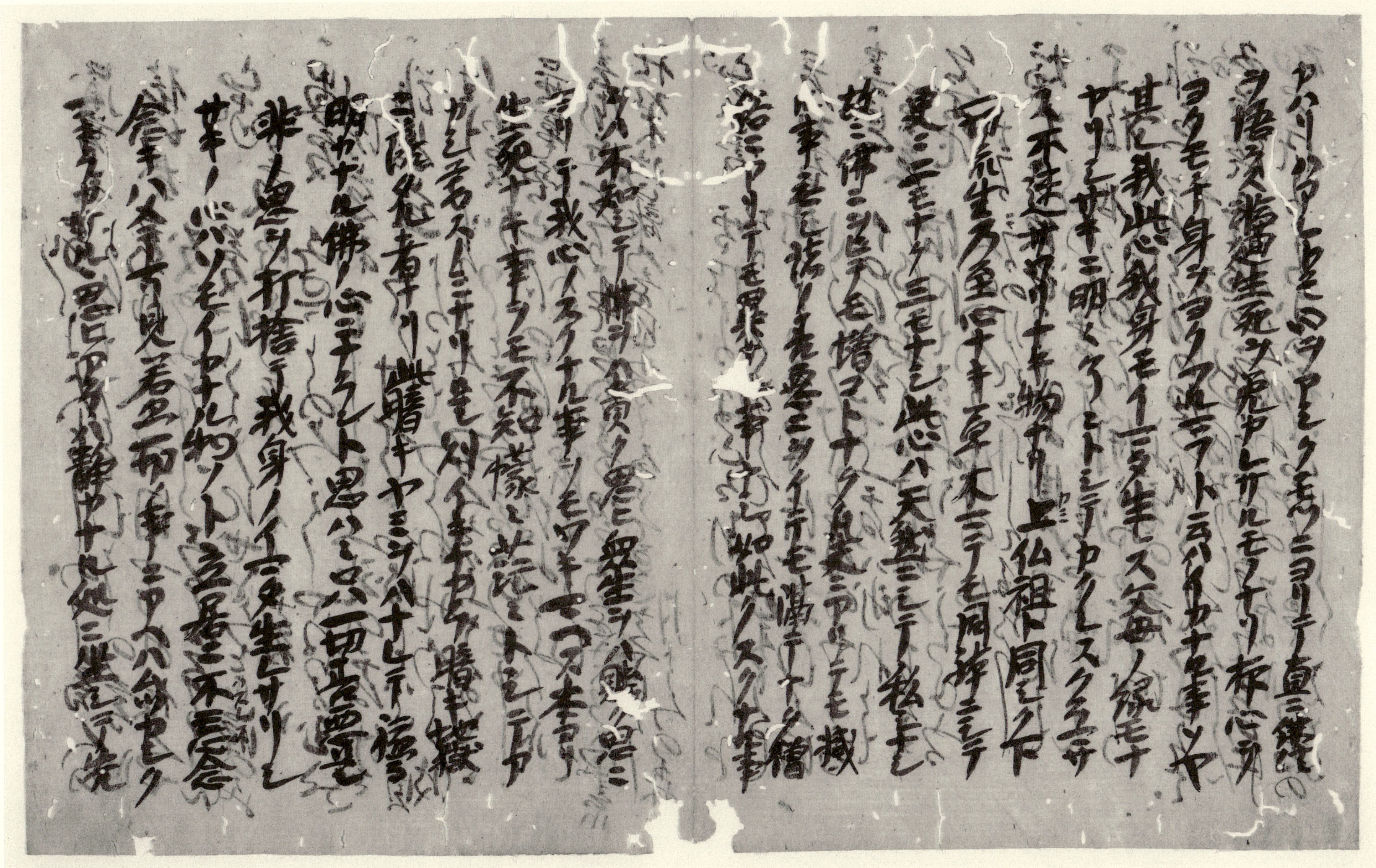

(26オ)　　(26ウ)

8　　11

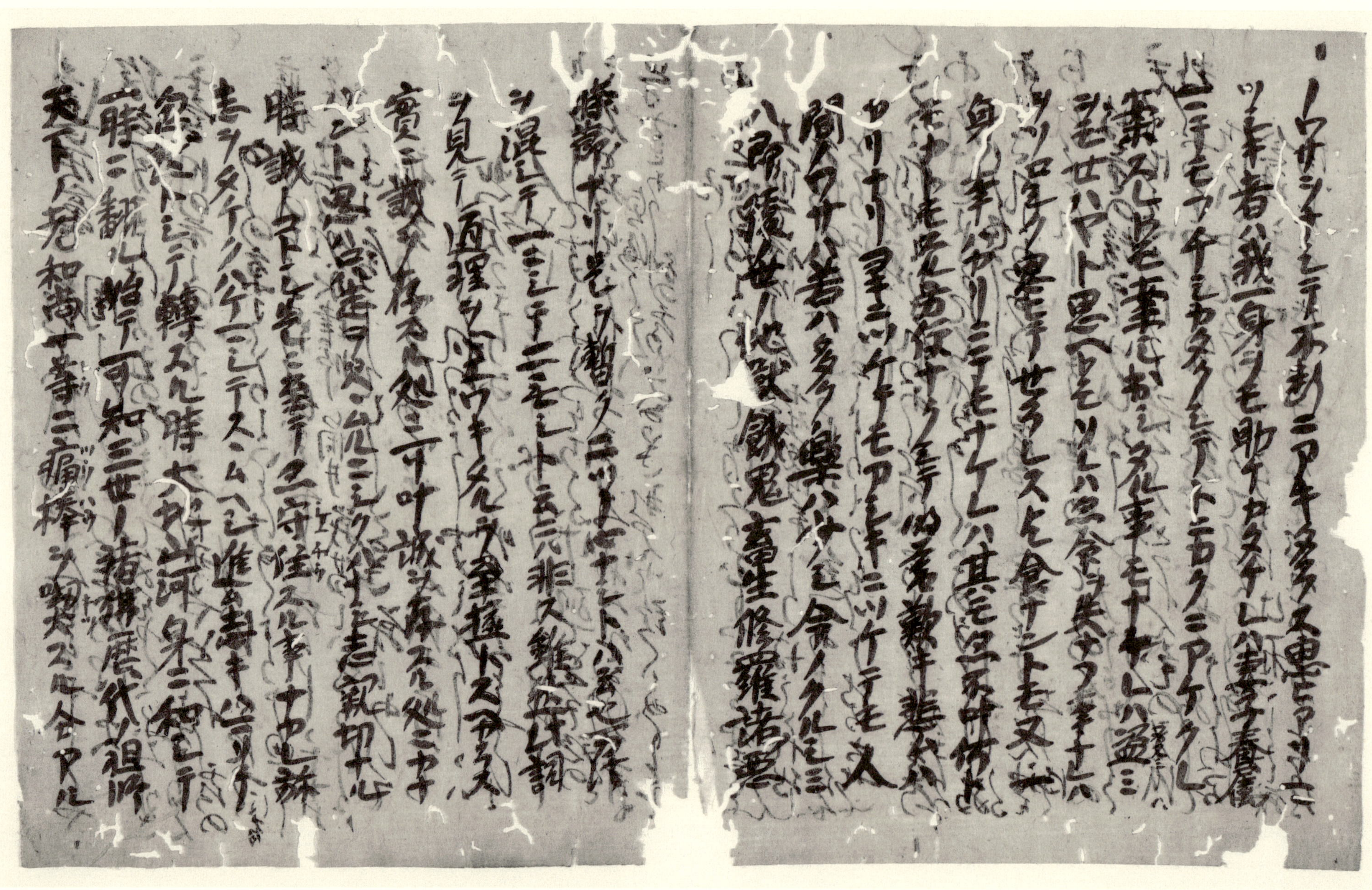

（27オ）　　（27ウ）

10　　　　　　　　　　9

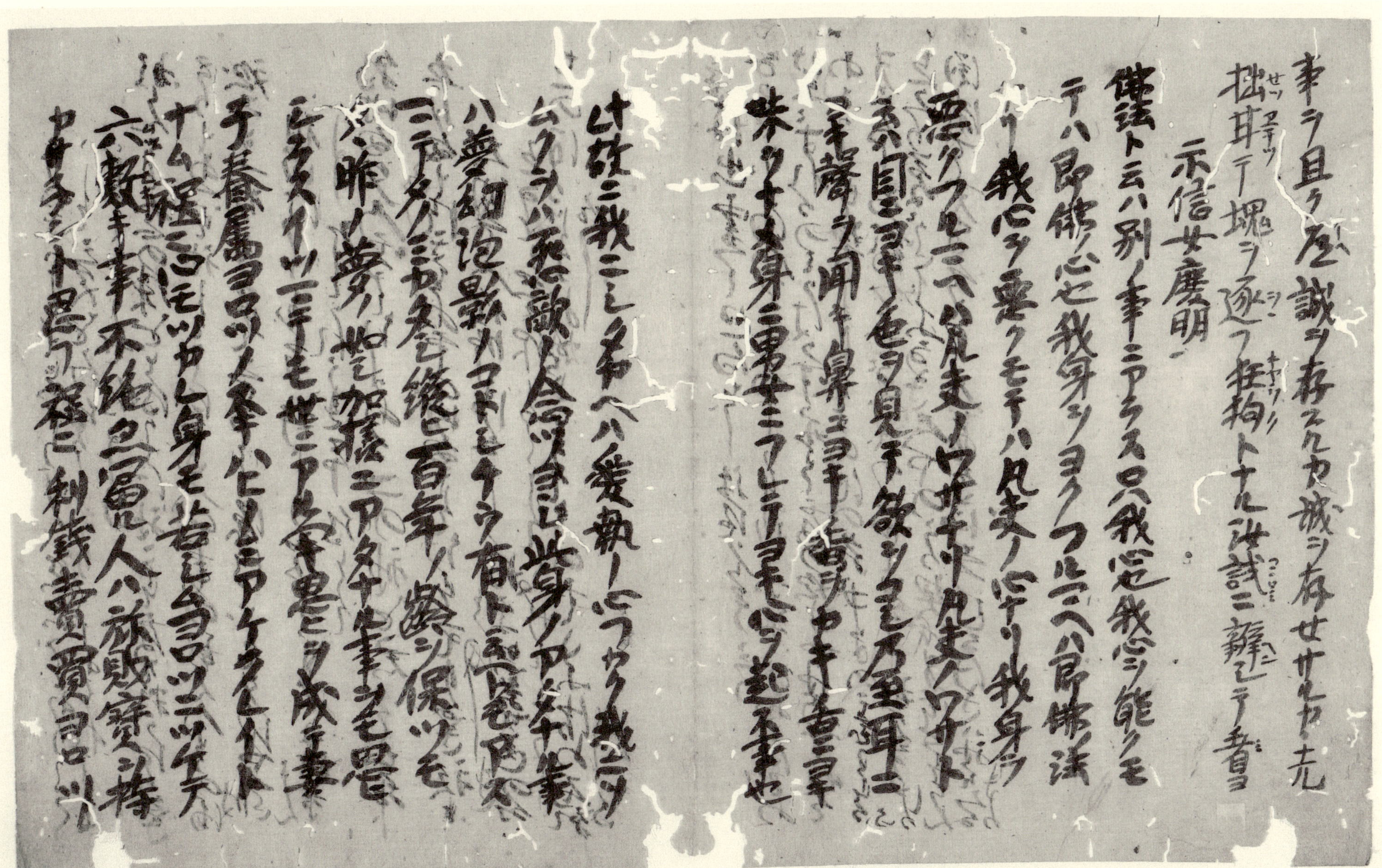

(28オ)　　　　　　　　(28ウ)

4

7

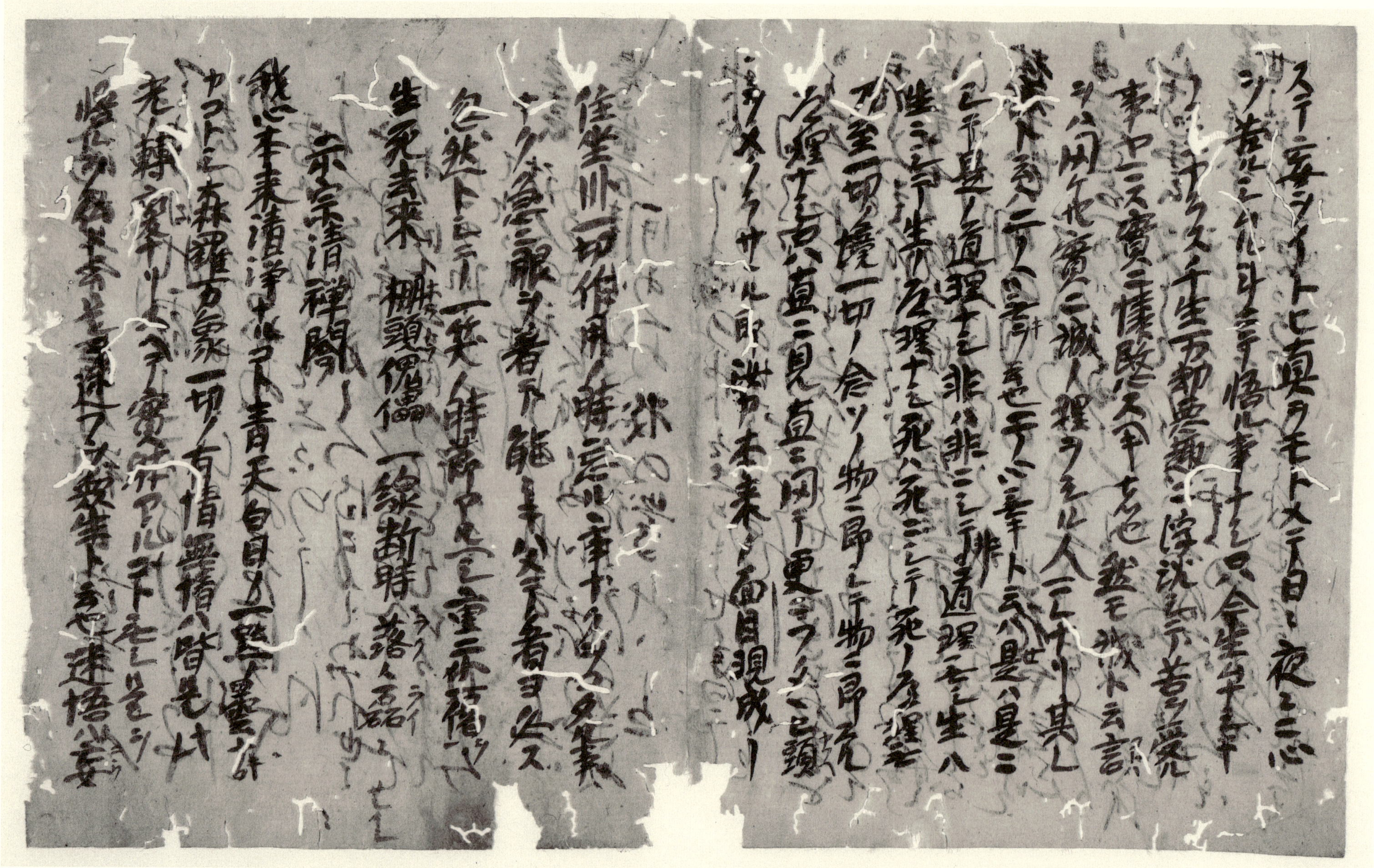

(29オ)

(29ウ)

6　　　5

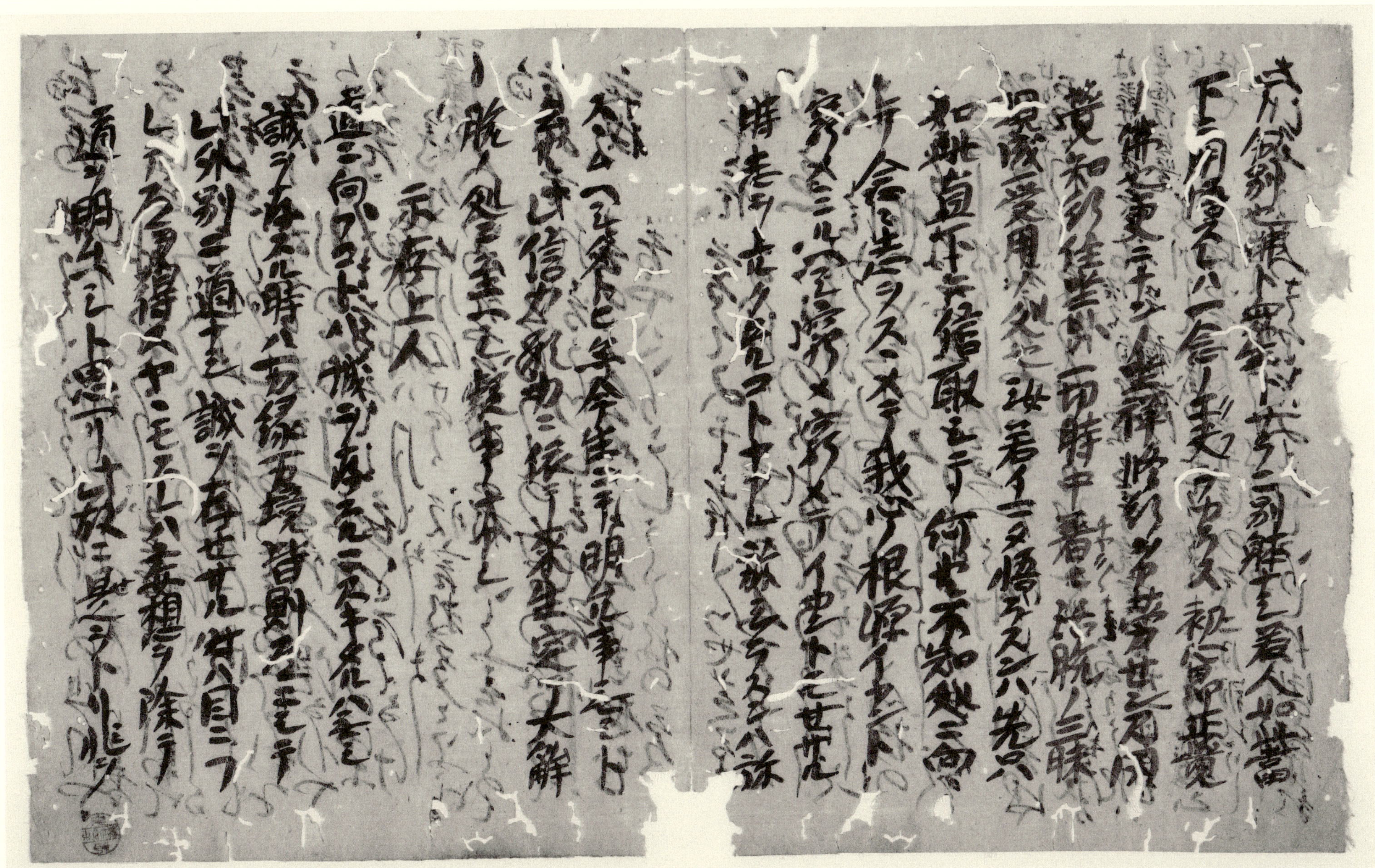

（30オ）　　（30ウ）

78

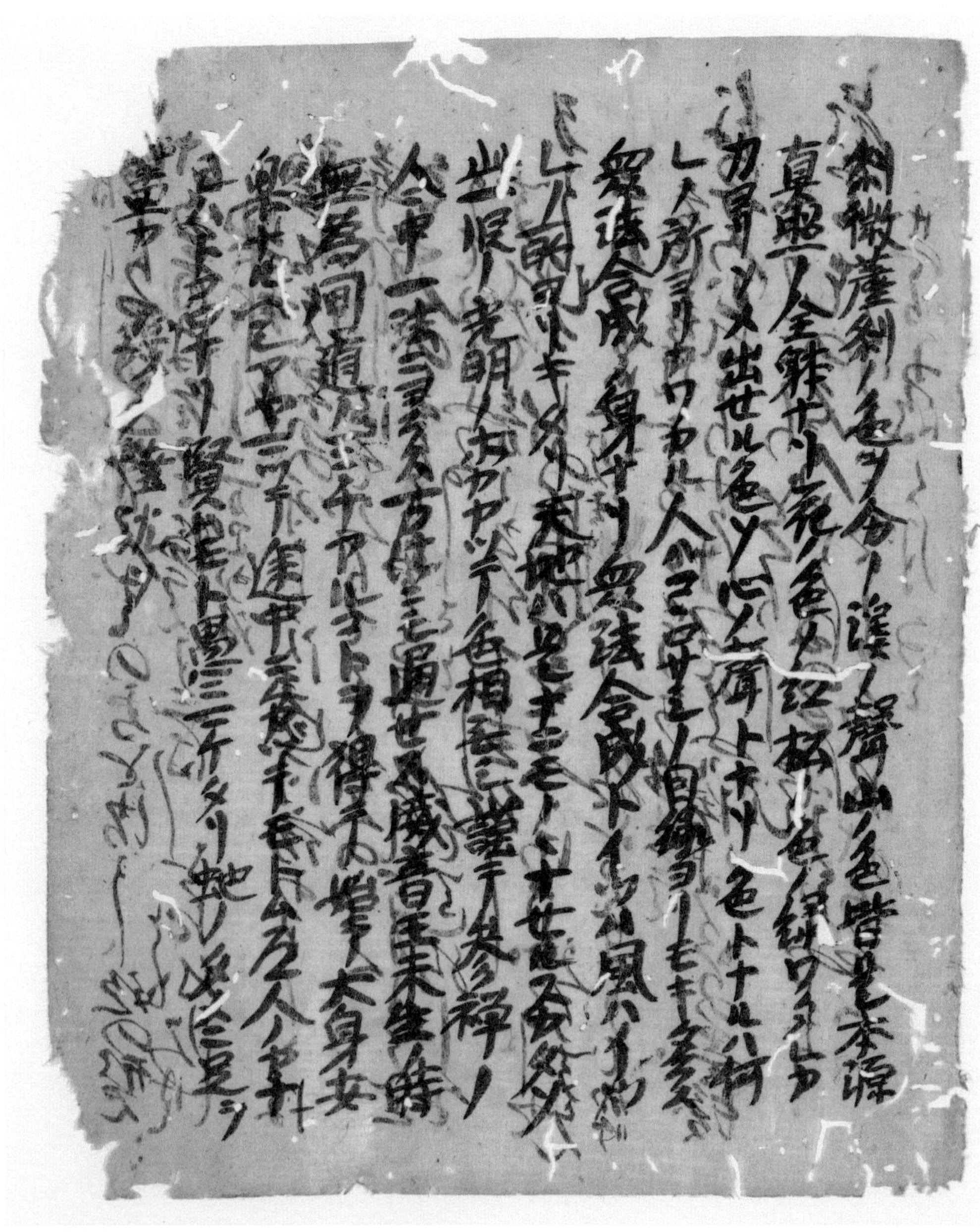

（31オ）

（31ウ欠）

80　　79

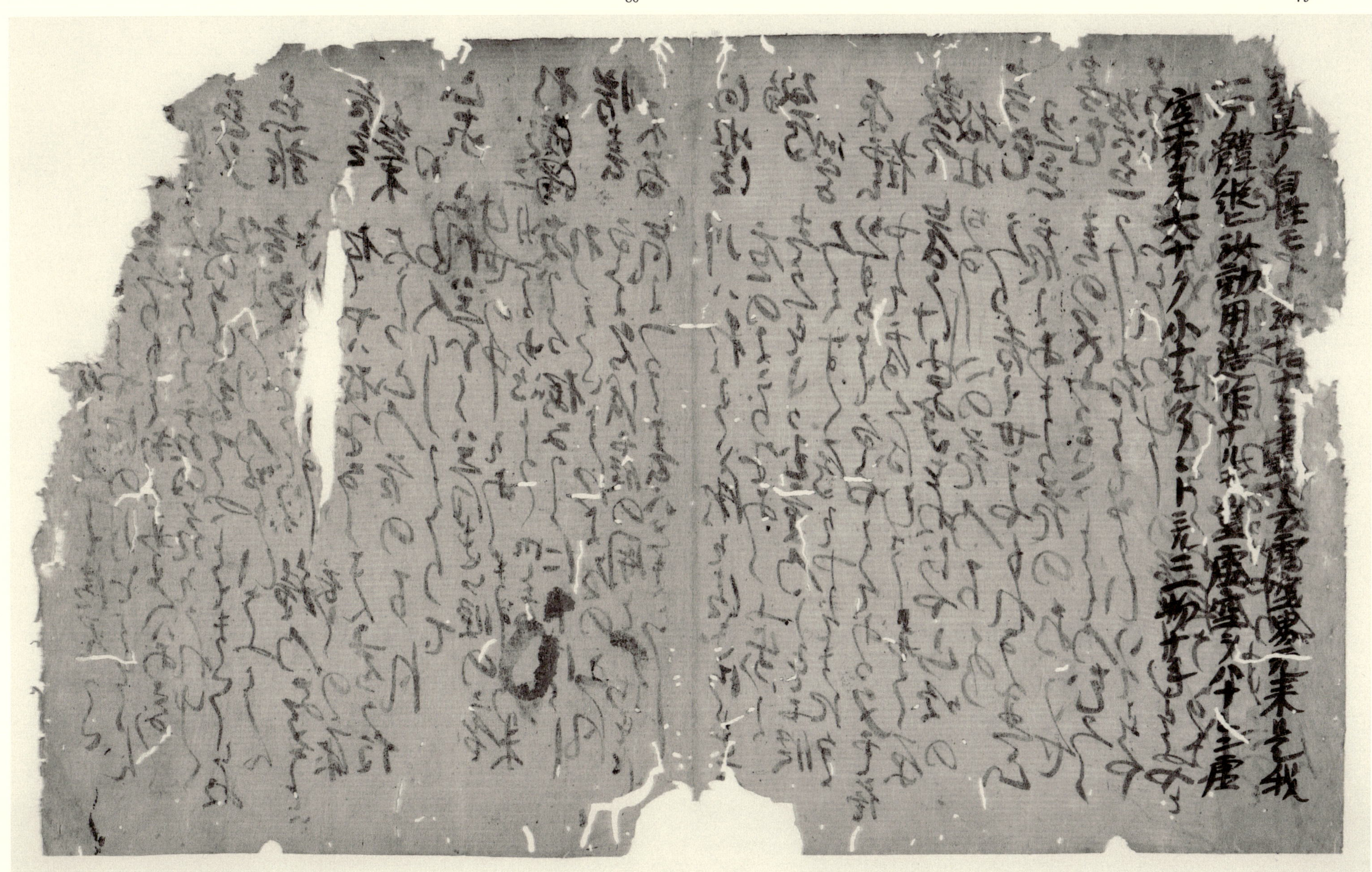

（32オ）　（32ウ）

74

77

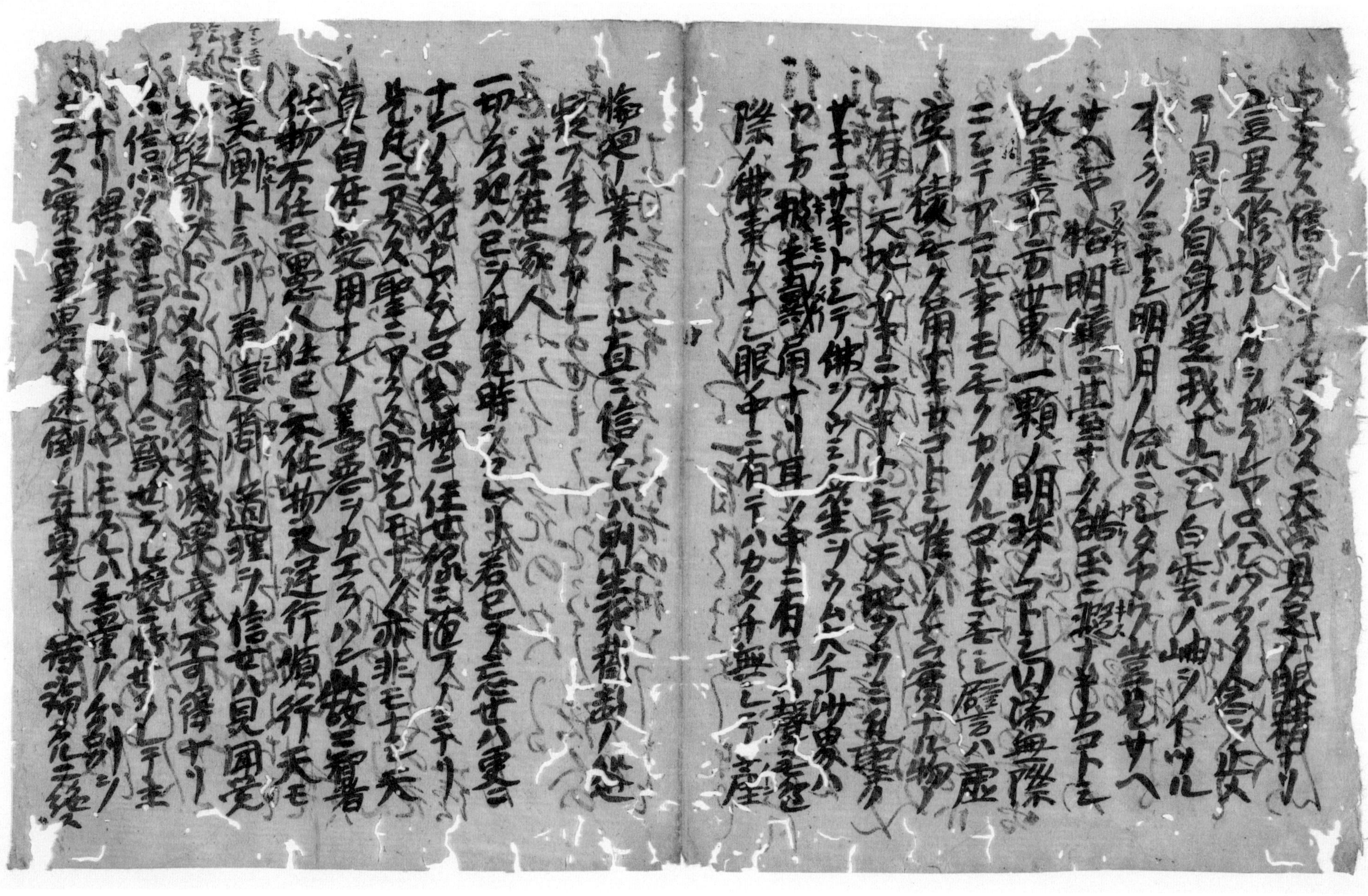

(33オ)

(33ウ)

76　　75

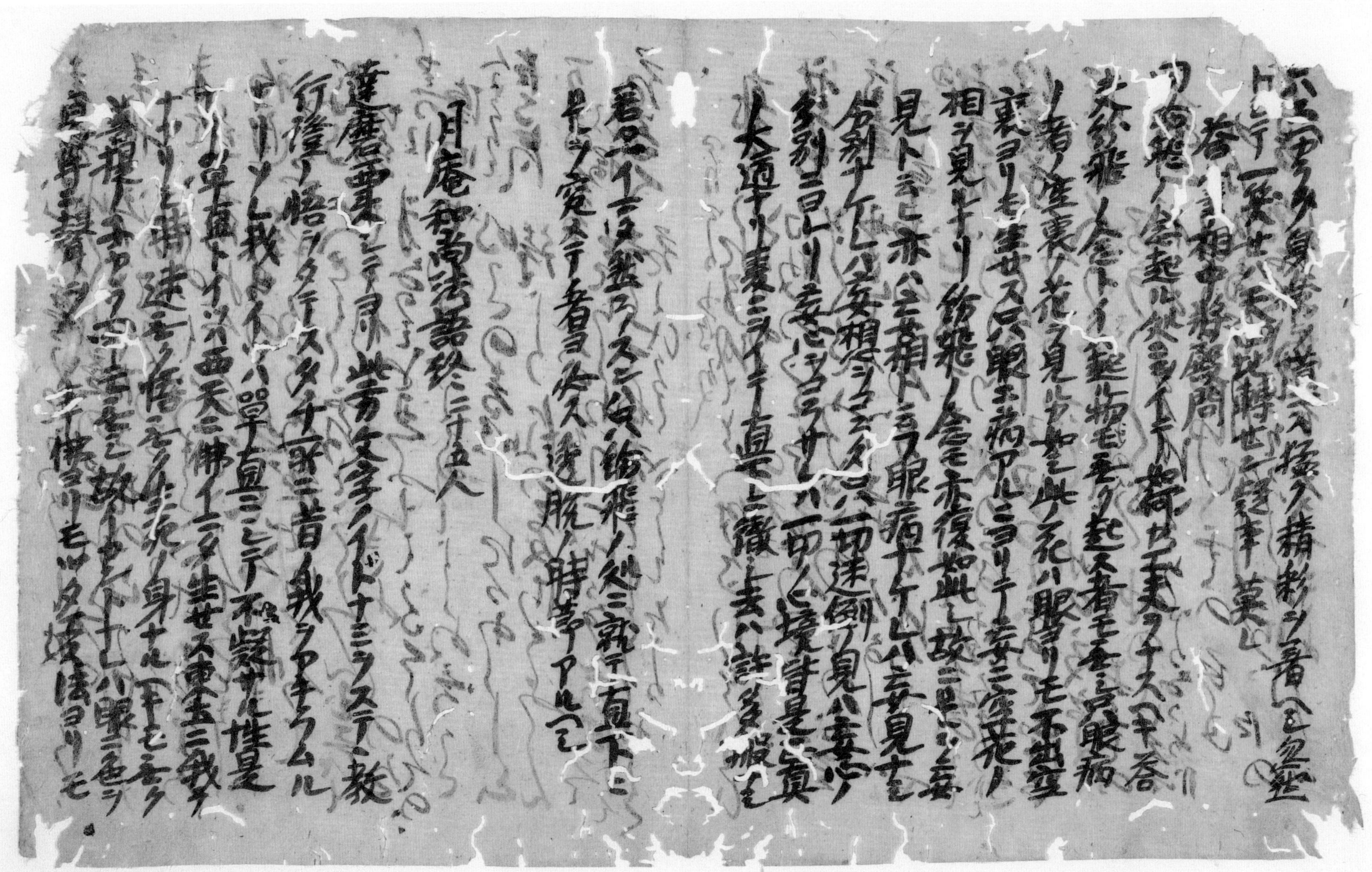

(34オ)　　(34ウ)

73

70

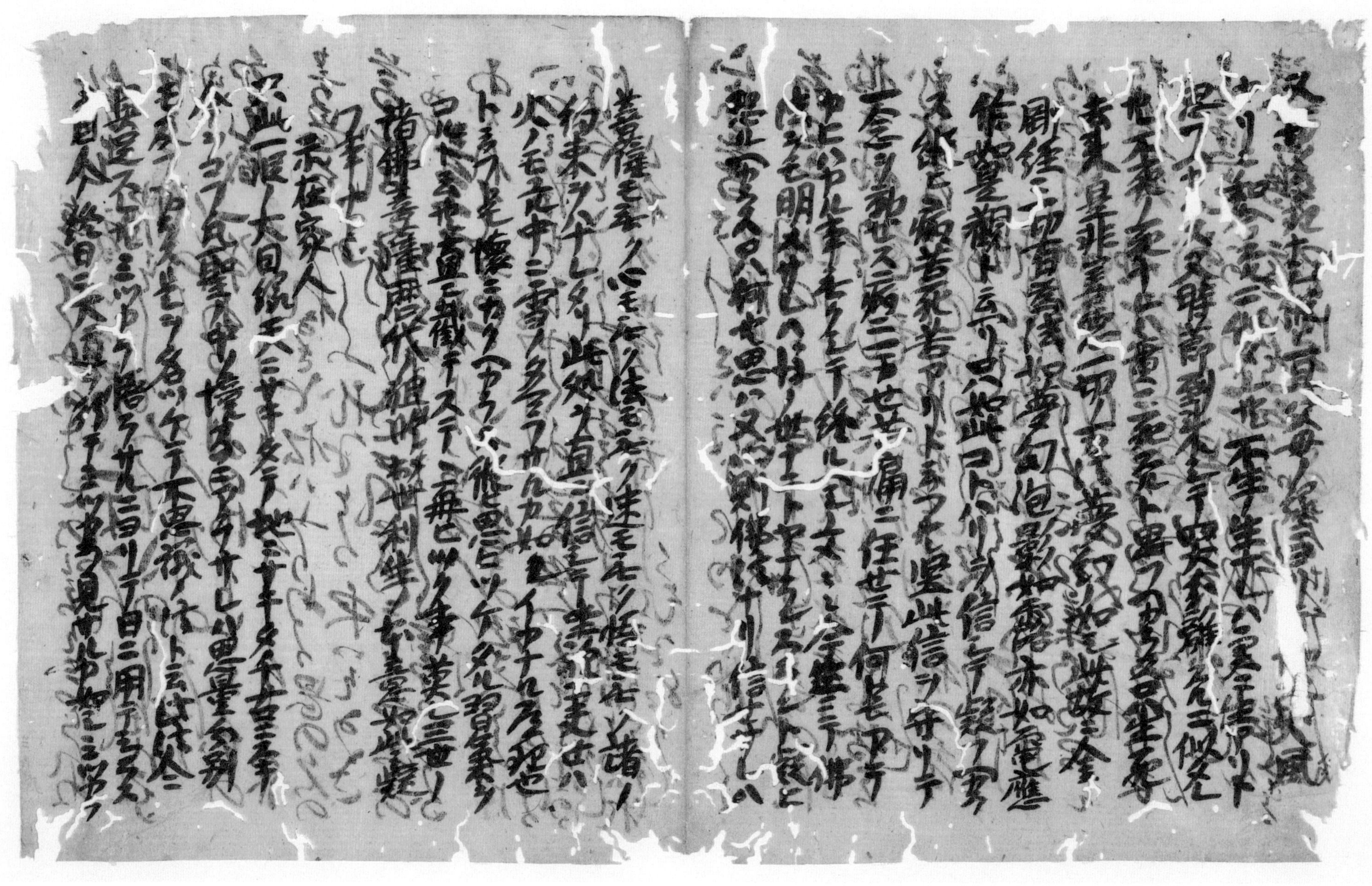

(35ウ)

(35オ)

72　　71

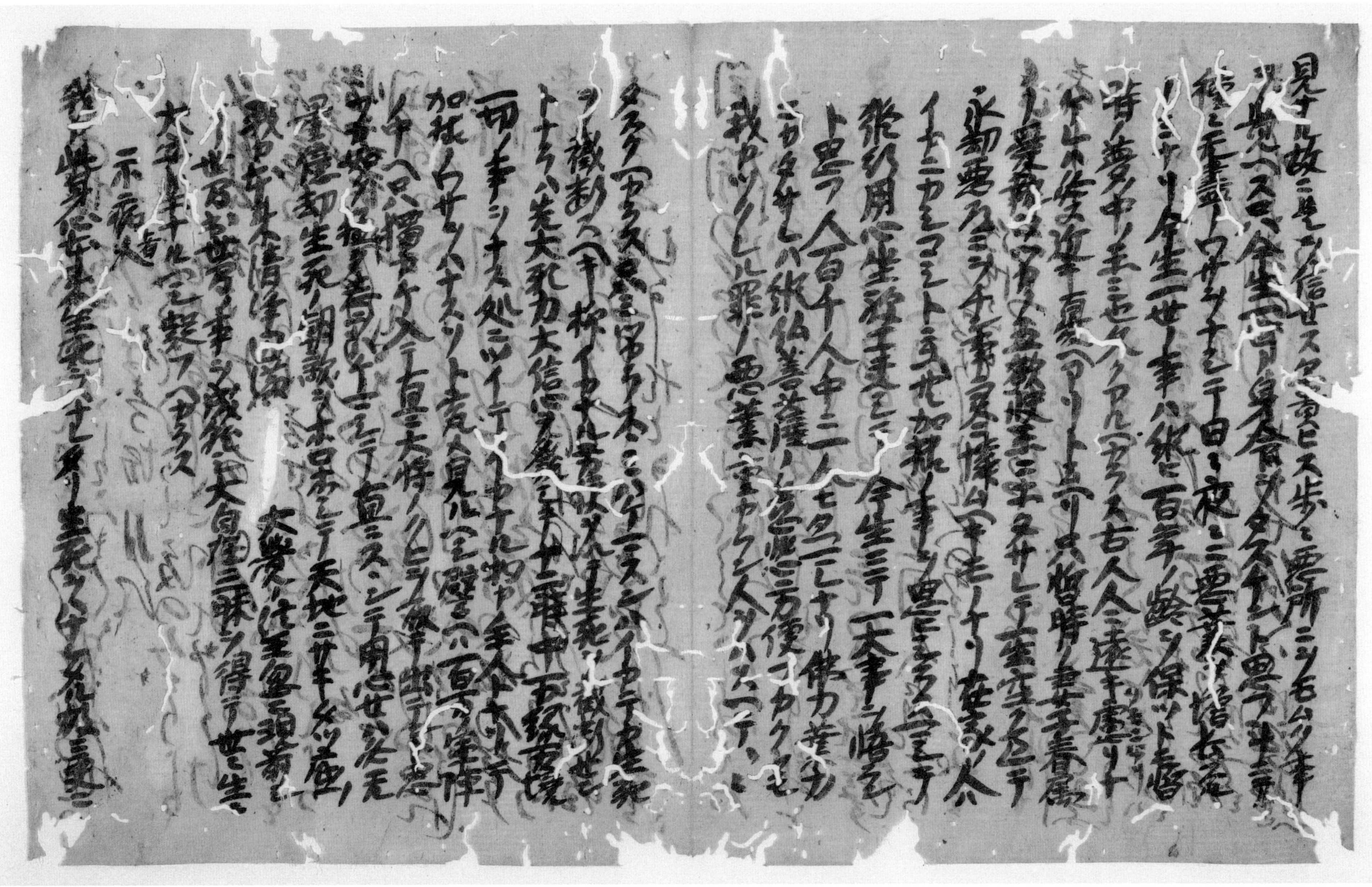

（36オ）　　（36ウ）

66　　69

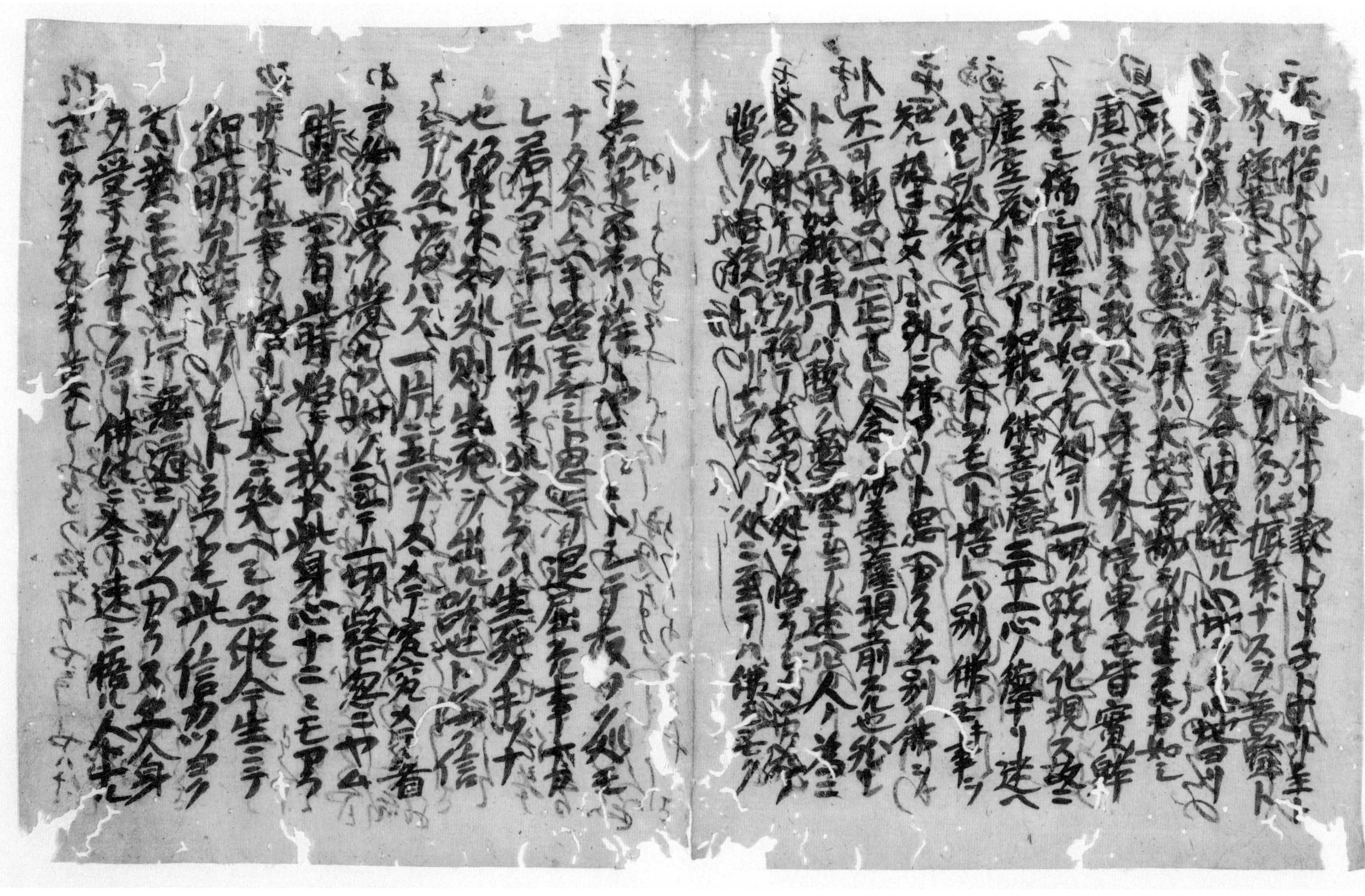

（37オ）　　（37ウ）

68　　　　　　　　　　67

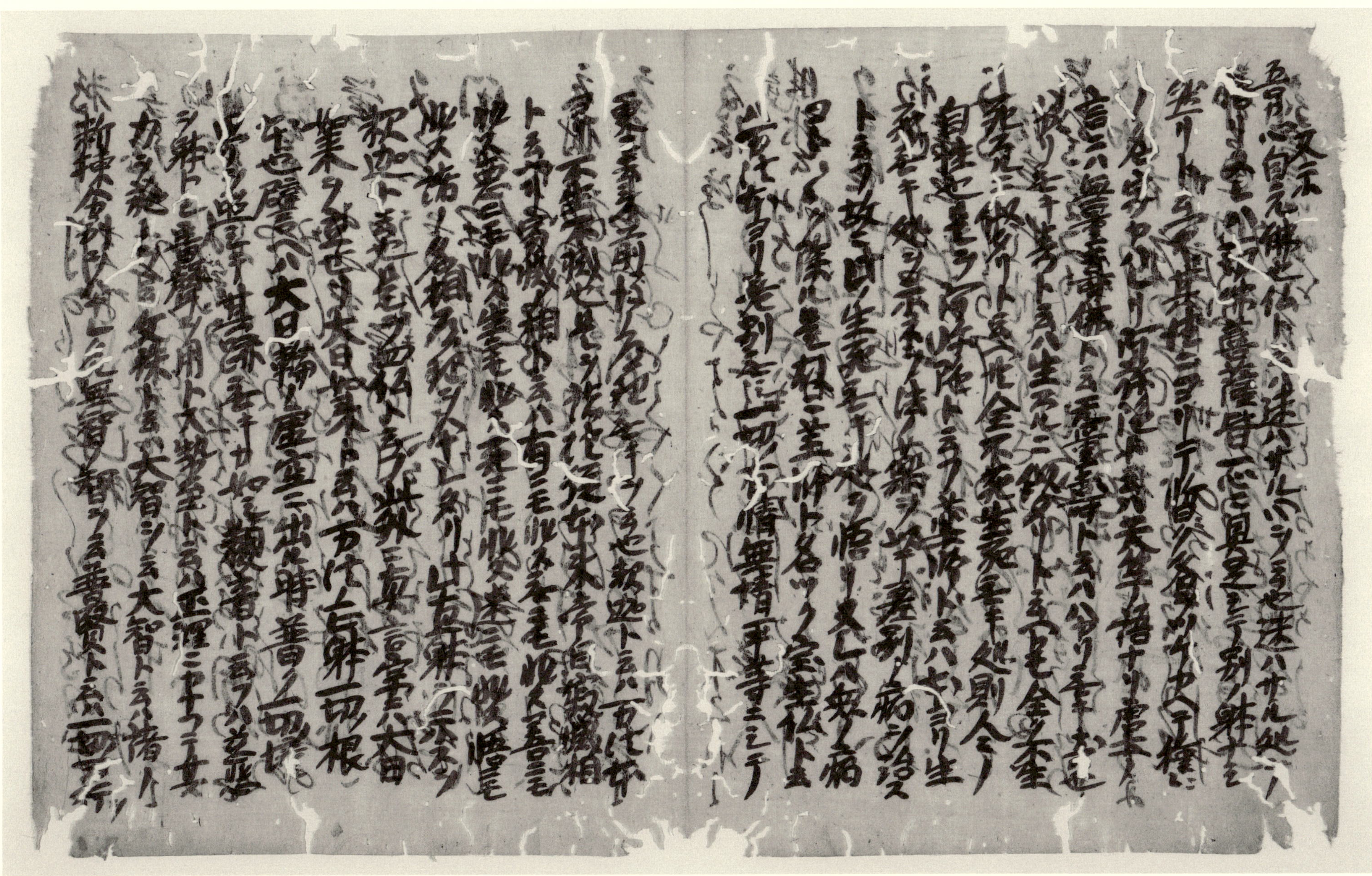

(38オ)　　　　　　　　　　(38ウ)

62　　65

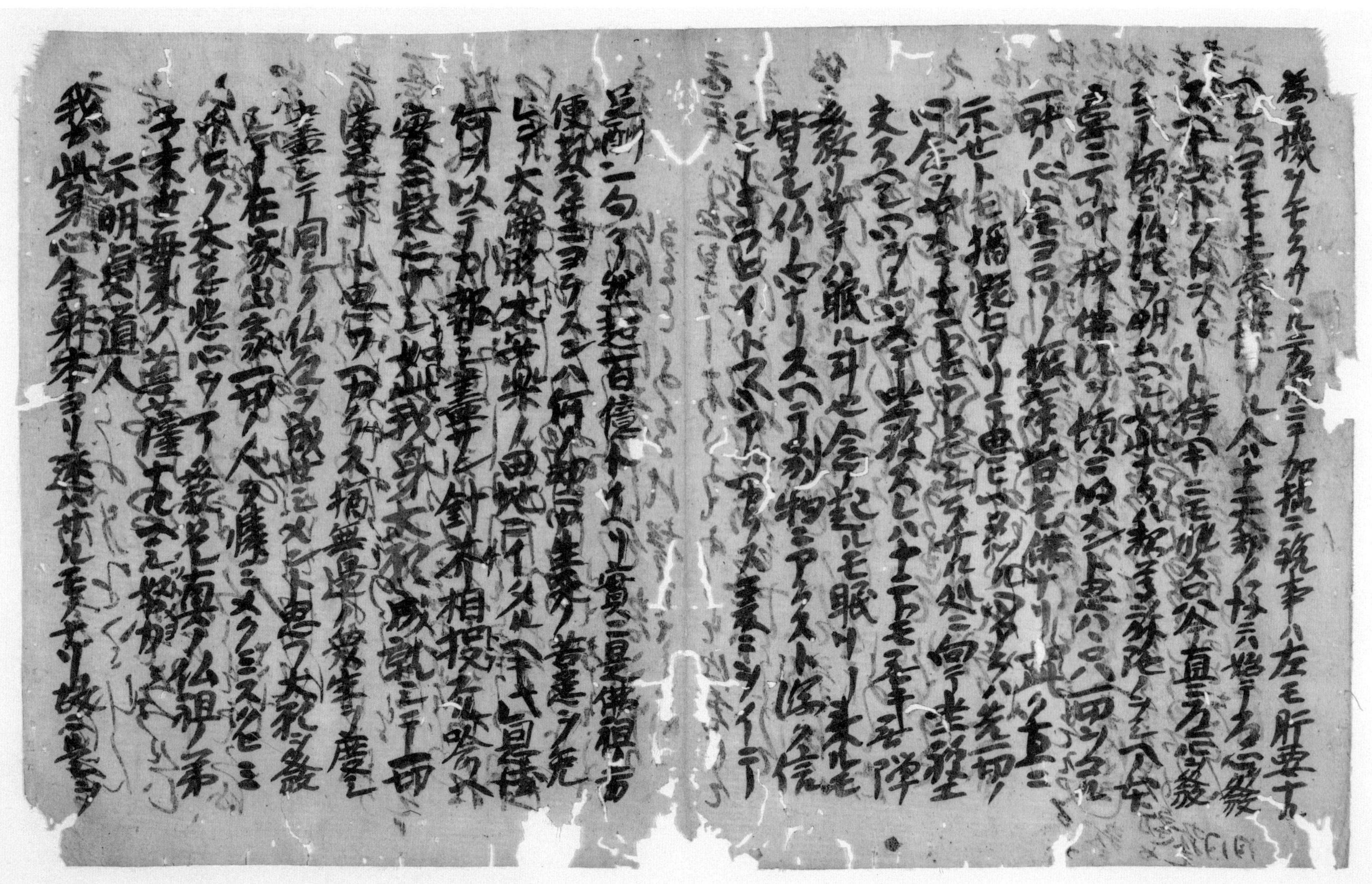

（39オ）　　（39ウ）

63

64

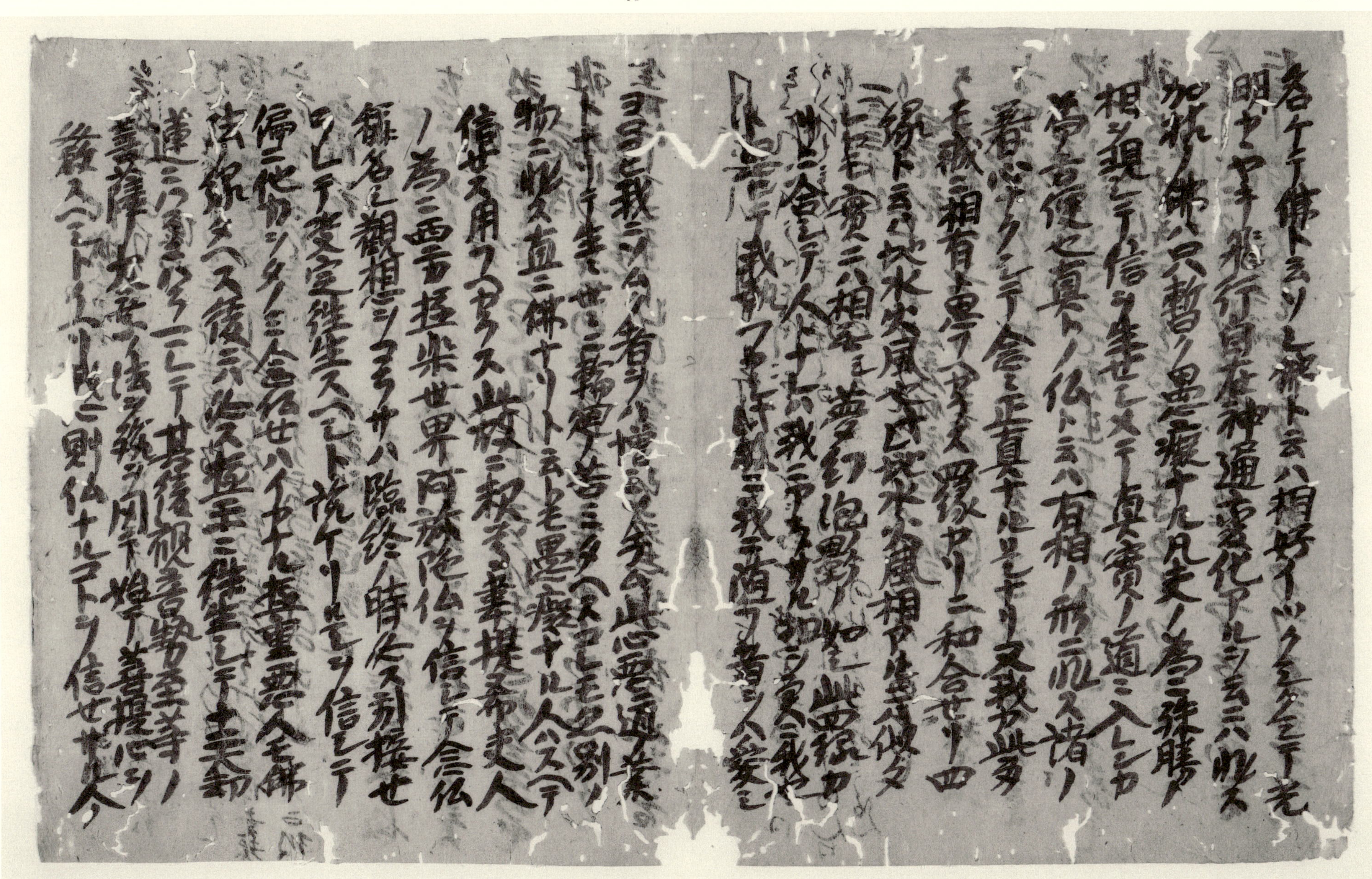

(40ウ)

(40オ)

3

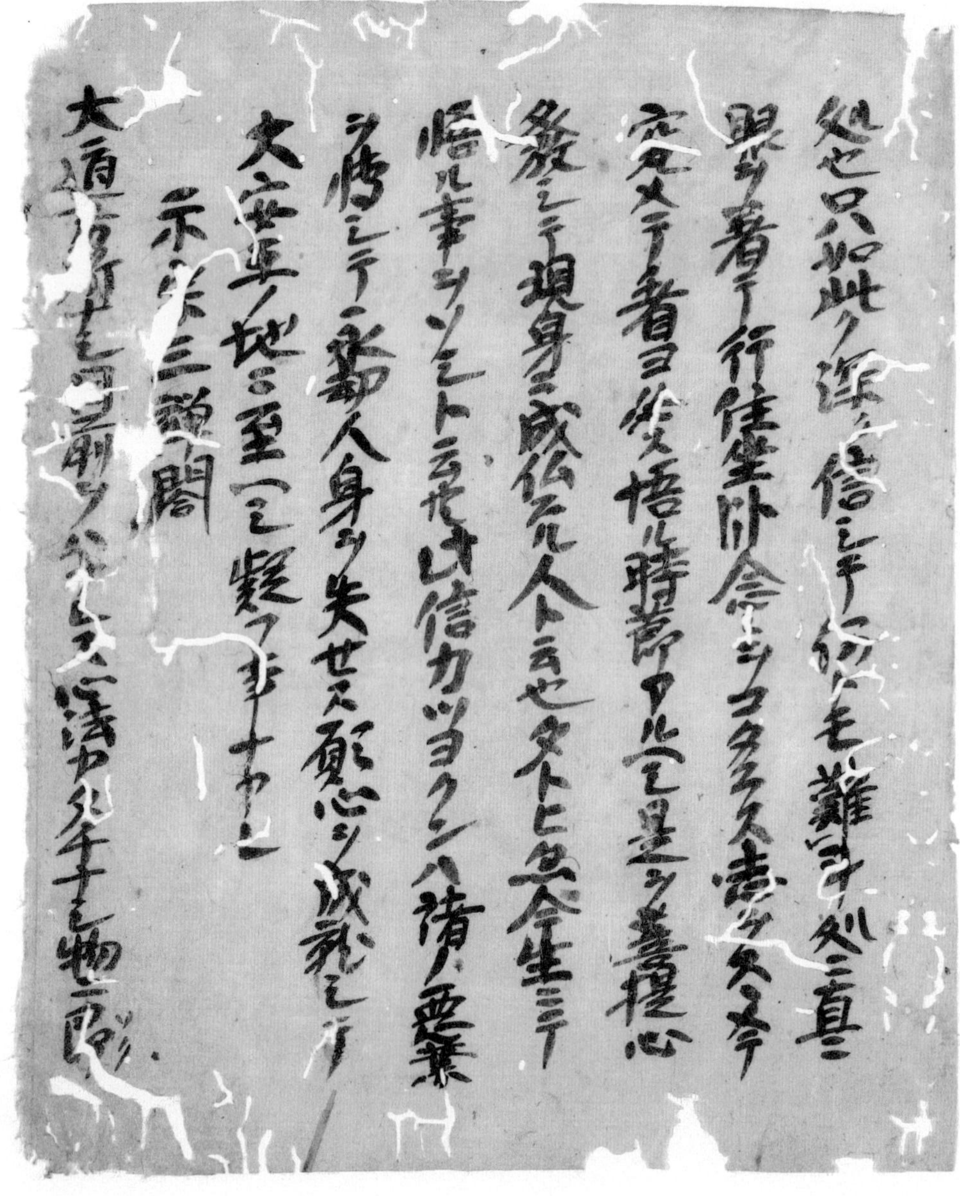

（41オ）

（41ウ欠）

蜷川親元書状

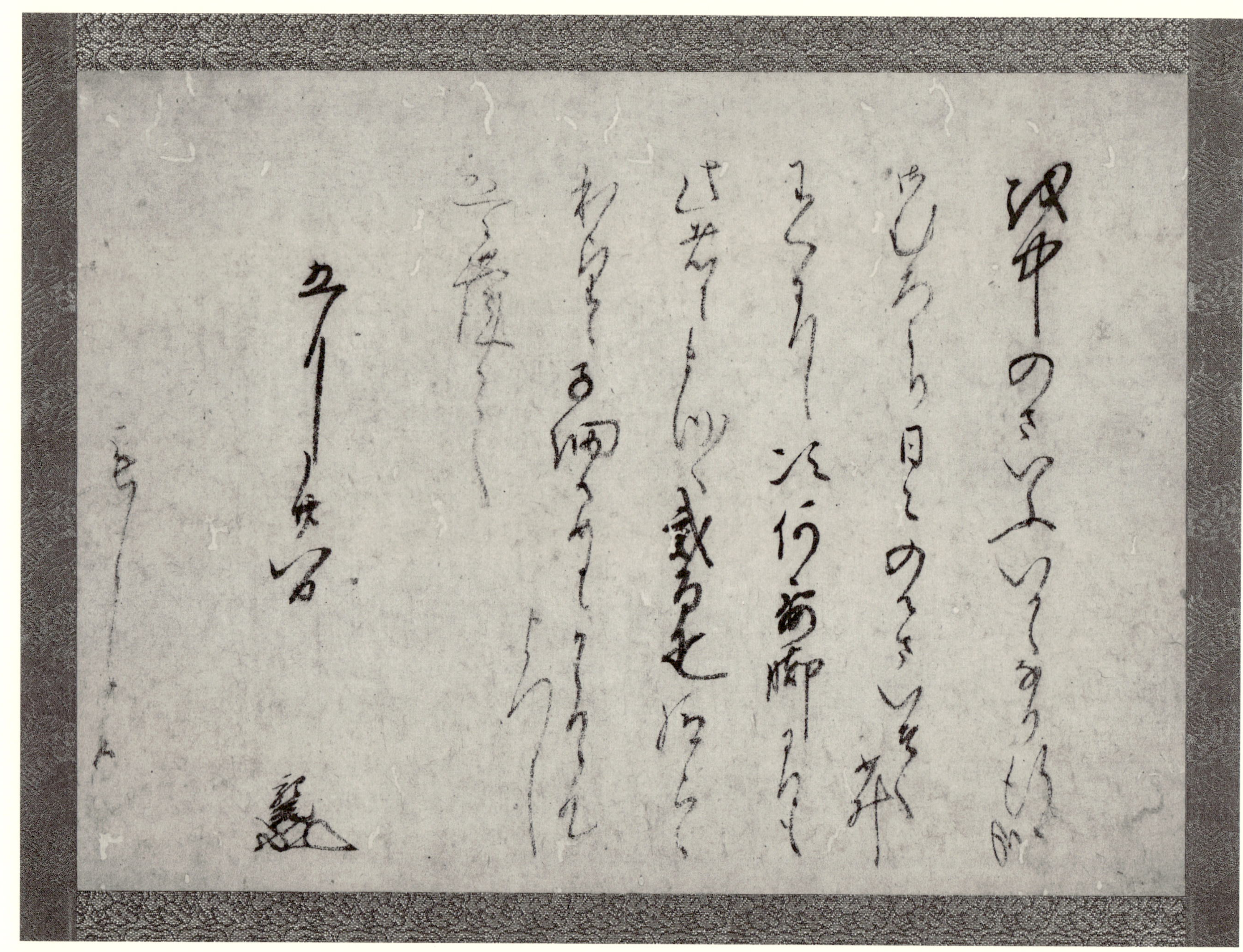

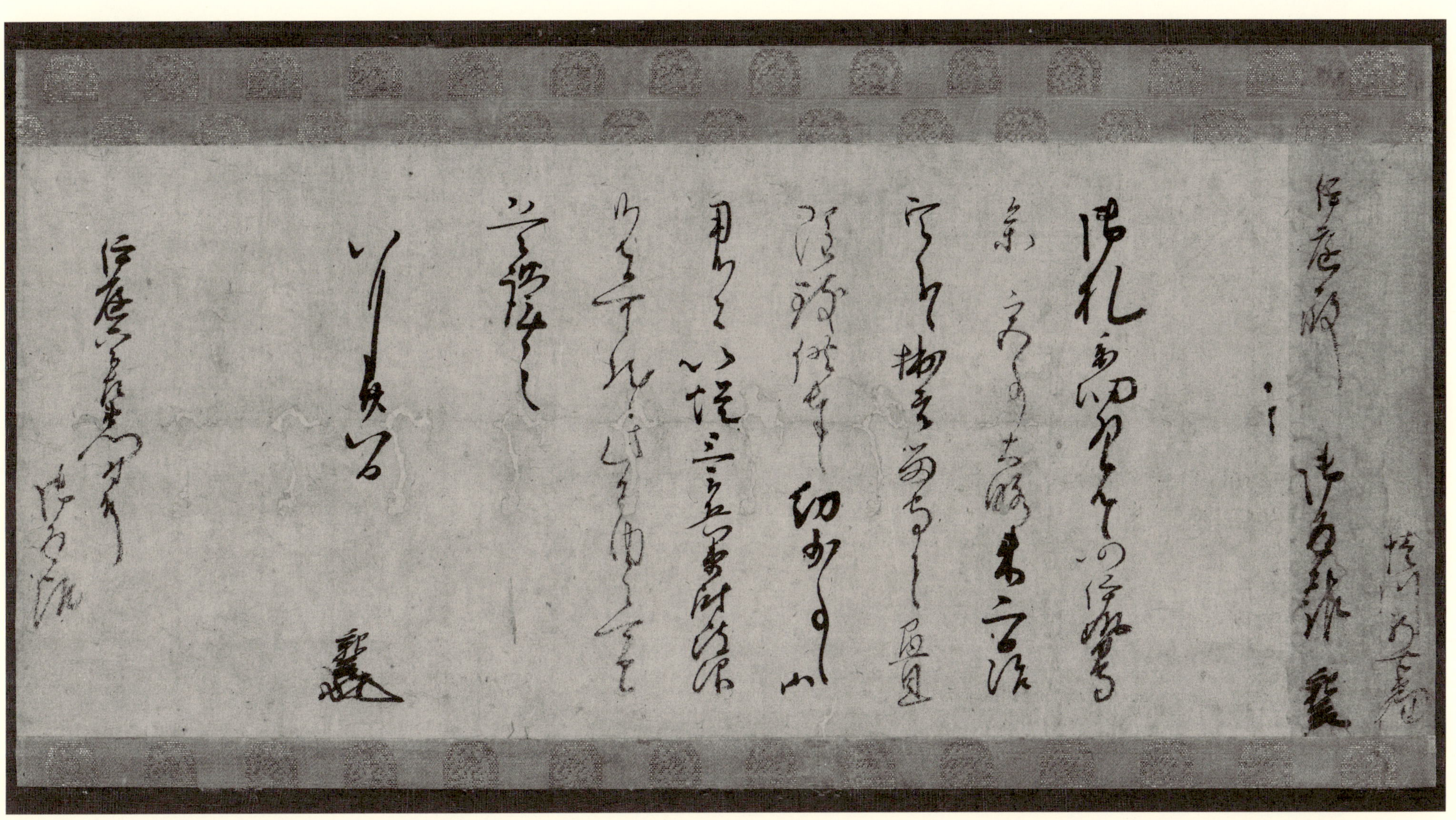

解説

足利尊氏奉納稲荷社詠八首和歌

一巻　紙本墨書　二八・七糎×一七五・四糎
室町時代　暦応二年（一三三九）十二月　貴〇〇三一―一

本紙三紙のうち、実性の詠八首和歌を第一紙（横四四・三糎）から第二紙（横五〇・五糎）途中にかけて記し、第二紙後半から第三紙（横四一・一糎）に暦応二年十二月中旬の跋、最後に尊氏の署判を載せる。花押の墨色は他と異なる。外題はないが、跋文から稲荷社への奉納和歌であり、詠者は三十六名、おのおの題詠七首と法華経歌一首の計八首を詠じたと判明する。本巻はそのうち一名の詠歌と尊氏跋からなり、全体の末尾が伝存したのか、詠者ごとに一巻として奉納しその一巻が伝存したのか、判然としない。跋文に奉納の趣旨は具体的には示されないが、暦応二年八月に後醍醐天皇が歿して、転換期にあることと関わるだろう。跋文のみ翻刻を最後に掲げる。

本巻は美麗に装飾されている。見返しは金箔に雲や草などを描き、本紙紙背にも銀で蝶や蜻蛉などの文様を散らす。本紙は天地に金線を引き、その上下に金銀砂子切箔を散らし、本紙全体に上下から薄い雲形（一・三紙は藍、二紙は朱）を付す。黒漆塗の箱入。一九六八年（昭和四十三）購入。

和歌を詠じている実性は、醍醐源氏日向守兼氏の孫で、父法印長舜も歌人として知られる。『続千載和歌集』・『続後拾遺和歌集』（一三二六年成立）に権律師として、『風雅和歌集』（一三四九年成立）からは法印として、『新後拾遺和歌集』まで入撰し、勅撰集にはあわせて十七首収録、『続後拾遺和歌集』では、父祖と同様に開闔を勤めた。ほか『臨永和歌集』（一三三一年頃成立）には権少僧都としてみえる。後述する『金剛三昧院奉納歌』にも五首収められる。井上宗雄氏は、『中世歌壇史の研究　南北朝期〔改定新版〕』（明治書院、一九八七年）三〇三頁で、二条派の法体歌人と位置づけている。

【尊氏の和歌奉納】

尊氏が寺社に奉納した和歌のうち作品として現存するものについて、『碧冲洞叢書』五八、未刊和歌資料集二「中世法楽和歌集」解題（井上宗雄氏執筆）、および井上氏『中世歌壇史の研究　南北朝期〔改定新版〕』、『新編国歌大観』十に従いつつ、改めて整理しておく。

1　続観世音経偈三十三首和歌　尊氏は、一旦九州に敗走する際、尾道浄土寺で観音像を拝し、再び京都を目指す途上の建武三年（一三三六）五月五日、浄土寺で観音を法楽するため諸人と和歌を詠じ、観音像の厨子に納めた。参加者は尊氏・直義ほか合わせて六名、計三十三首。袖に「尊氏（花押）」と署判する一巻が、浄土寺に伝来する。『広島県史』古代中世資料編Ⅳ浄土寺文書一号、また八二号参照。

2　尊氏以下五首和歌（住吉宝前）　奥に建武三年九月十三日夜の尊氏の署判がある。上洛して光明天皇を擁立して間もない頃にあたる。前半は「秋夜陪住吉社壇同詠五首和歌」と始まり月をめぐる題、参加者は尊氏・直義ほか合わせて十九名、各五首。後半は「秋夜陪住吉社壇法華経同詠三首和歌」と始まる法華経歌で、尊氏・直義ほか合わせて十一名、計三十二首。写本で伝わり、『碧冲洞叢書』五八（前掲）所収。

3　尊氏懐紙　長門忌宮神社（山口県下関市）に伝わる。和歌二首と詞書、建武四年十一月十五日

の日付に尊氏の署判がある。詞書に、九州敗走の際に「長門国神宮皇后之社壇」に参詣し、帰洛ののちまもなく静謐を得て法楽和歌を奉納するとみえる。上島有氏『足利尊氏文書の総合的研究』写真編（国書刊行会、二〇〇一年）一一二号に掲載。写は『長門住吉百首』に付載される。

4　春日社頭公武和歌　建武三年六月の序文、ついで「春日陪春日社壇同詠七首和歌」と始まり各人七首ずつ、参加者は尊氏・直義ほか合わせて十二名、最後に暦応二年十二月日の奉納の奥書があり、尊氏が花押を据える。奥書には、軍陣での発願で、建武三年十月に始め、整備しえていないけれども奉納する、とある。序文を勘案して入洛頃の発願となろう。原本は穂久邇文庫所蔵、近藤喜博氏「足利尊氏の春日社奉納和歌について」（『芸林』一六—二、一九六五年）に紹介される。近藤氏の紹介によると、本紙の料紙は『足利尊氏奉納稲荷社詠八首和歌』と同じかと思われ、奉納時期もほぼ同時期であり、注目される。

5　金剛三昧院奉納歌　はじめに三宝院賢俊の序歌、ついで「南無釈迦仏全身舎利」かな十二字の文字題を十回繰り返して百二十首、百二十枚の短冊を継ぐ。尊氏は巻頭歌など十二首、直義は巻軸歌など十二首、参加者は総勢二十七名。紙背に『宝積経要品』を書写し、経文の最後に、康永三年（一三四四）十月八日、直義の奥書を載せる。高野山金剛三昧院に奉納され、現在は尊経閣文庫所蔵で国宝。翻刻は続群書類従など。MOA美術館に、康永三年十月十日、尊氏の署判のある和歌懐紙（一首）があり、高野山を詠んでこの奉納の折とされる。なお、この年十二月十五日、直義と斯波高経は、長門忌宮神社に和歌二首を奉納し、懐紙が伝わる（『大日本史料』同日条、直義のものは前掲上島氏著書掲載）。西山美香氏「『高野山金剛三昧院短冊和歌』奉納」（『武家政権と禅宗』笠間書院、二〇〇四年、初出二〇〇二年）参照、尊氏懐紙の写真も載せる。

6　松尾社法楽歌　冒頭に、観応二年（一三五一）九月十一日、近江醍醐寺で霊夢があり、法楽のため披講したと記し、尊氏の署判、ついで「秋日陪松尾社壇同詠神祇和歌」と題して、尊氏・義詮ほかあわせて十一人、十一首を載せる。『諸家文書纂』一一にまとまった写があり『後鑑』所引。史料編纂所架蔵影写本『東文書』（松尾社家）には、懐紙の一部や奉納の際の氏兼書状（十月十八日付）がみえる。『大日本史料』同日条参照。

7　北野社百首和歌　「奉納北野社百首和歌」とはじまり、現存七十四首。権大納言尊氏、冷泉為秀、卜部兼好、須賀清秀ほかあわせて十一名だが、伝不詳の人物がおおく、偽書の可能性も残る。写本で伝わり、『碧冲洞叢書』五八（前掲）所収。

【稲荷社への奉納】

実例から知られる奉納の時期は、入洛後間もなく、後醍醐天皇死去の後、康永三年末など、ある程度特徴付けることが出来そうである。また『足利尊氏奉納稲荷社詠八首和歌』は、他と比べて、三十六名という人数の多さ、そして和歌総数の多さで際立っていることに気づく。

和歌集の詞書には、時期は不明ながら、尊氏や直義が寺社に奉納したなかの一首と記すものもある。上記寺社のほか、尊氏では、賀茂社（新拾遺集一四一三、新編国歌大観番号）、直義では賀茂社（新千載集九六三）、日吉社（新千載集一〇〇四、新拾遺集九三、光吉集複数）、若宮（光吉集二九〇）などが確認される。尊氏らの奉納先には、京都近郊の住吉・日吉のほか、稲荷・北野・賀茂の名が挙がり、なぜその社に奉納されたかはおのおのに即して慎重に検討する必要があろう。

稲荷社への奉納は、『光吉集』（一五三）に「左兵衛督直義卿稲荷社奉納歌に雪」、『風雅和歌集』（二一一二）に「左兵衛督直義稲荷に奉納し侍りける十首歌の中に月を」などがみえ、尊氏の暦応二年末の奉納のほかにも事例は確認される。足利将軍家と稲荷社の関係は、あまり注目されてい

ないが、すでに上島有氏が紹介されているように、伝来文書には、尊氏文書三点・義詮文書一点があり、いずれも内容豊かである（同氏『足利尊氏文書の総合的研究』第一部第一章など、国書刊行会、二〇〇一年、初出一九七八年）。うち元弘三年（一三三三）五月十日付「高氏」書下は、「稲荷五社御供米所」への狼藉を止める内容で、日付は、六波羅探題勢が近江番場で自害した翌日に当たる。すでにこの時、尊氏と稲荷社との間に関係が生じていたことを窺わせる。また、義詮の文書は、延文二年（一三五七）正月二十八日付、自筆といわれる願文で、尊氏の歳厄を払わんとする内容となっている。同日付の願文は、他に祇園社宛のものが確認される（『大日本史料』同日条参照）。祇園社は、将軍御師が設けられ、尊氏が願文を奉納する（すでに指摘されているように、先に5で触れた直義・斯波高経の忌宮神社和歌奉納と同日である）など、尊氏と密接な関係を保っている。稲荷社はそれと同等の扱いを受けている点、注目され、尊氏の稲荷社への和歌奉納も、この脈絡の上で理解する必要がある。

【跋文翻刻】

夫当　帝邑之東南、有神山／之突兀、蓋稲荷山是也、　明神之／垂霊跡也、緬始和銅之暦、
白鳥／之表奇瑞也、可比陳宝之祠、冥／感太速、孰与空谷答声、玄応／不欺、奈何止水写貌、
是以為驚／幽道之聴、而達至精之誠、勧／三十六人之尊卑、呈三十一字之／篇什、各詠七首
之題目、又加／一品之経文、何唯白麟赤雁之／歌、薦於郊廟、振鷺玄鳥之頌、／供於烝嘗而
已哉、所慣者八重／垣之遺風也、其志形言、所祈者／大八洲之理世也、我願盍満、然／則　蓬
闕之花、　茨岫之月、花／月恣億載之景焉、虎戎之風、／鯢桓之波、風波収万里之外矣、／
于時暦応己卯臈月中旬、聊記梗概、奉納廟壇云爾、
　征夷大将軍正二位行権大納言源朝臣（花押）

（山家浩樹）

〔追記〕

久保木秀夫氏は、「散佚歌集切集成　増訂第一版」で、「伝世尊寺行尹筆七社切」を集成して、「足利尊氏諸寺社法楽和歌」と名づけている（科学研究費補助金研究成果報告書『古筆切をはじめとする散佚歌集関連資料の総合的調査・研究』二〇〇八年）。

源経氏歌集

一帖　紙本墨書　二二・九糎×一五・六糎

室町時代（十五世紀）　貴二一―一

細川業氏（経氏）のものと推定される歌集。史料編纂所所蔵本は、いま確認される唯一の伝本である。一九五〇年（昭和二十五）購入。村田正志氏や井上宗雄氏などによって分析が加えられている（参考文献参照）。先行研究に従って概要を述べたい。

史料編纂所本は、外題・内題ともになく、箱を失っているため、一見したところ誰の歌集かわからない。二首に「新後拾遺」という朱の注記があり、当該歌は『新後拾遺和歌集』（至徳元年［一三八四］成立）に「源経氏」の作として収録されているため、ようやく経氏の歌集と判明する。『新後拾遺和歌集』には経氏歌がもう一首あり、『新続古今和歌集』（永享十一年［一四三九］成立）には『源経氏歌集』に収録される三首を含む四首の経氏歌が収録される。体裁は綴葉装。表紙に金銀泥で雲霞や秋草を描き、見返しに金箔を、裏表紙裏に銀箔を張った壮麗な装丁となっている。奥の遊紙（本紙最後の丁）ウの喉部分に、現状で「墨付六十八枚紙数六十二枚」と読めそうな注記があるが、重ね書きされ、最後にどの文字を書いたのか、判断は難しい。

春・夏・秋・冬・恋・雑に部立され、三百九十七首を載せる。夏歌の途中、一七丁と一八丁の間に落丁があり、一七丁最後の歌は前半のみとなっている。折数からみて欠落は一紙である。

源経氏は、吉良氏にあてる説もあったが、細川経氏（はじめ業氏）に比定された（参考文献1）。業氏の名では『新拾遺和歌集』（貞治三年［一三六四］成立）に一首採録される。細川顕氏の猶子で、細川和氏の実子（清氏の弟）という。顕氏は、『風雅和歌集』以下、五種の勅撰集に採録される武家歌人でもあった。業氏の官途は、陸奥八郎四郎、兵部大輔、陸奥守。文和二年（一三五三）から和泉守護として確認され、延文五年（一三六〇）に顕著な活動を示す。応安三年（一三七〇）には引付頭人としてみえ、以後、引付の衰退とともに所見は断続的となるが、明徳二年（一三九一）にも在職が確認される（小川信『足利一門守護発展史の研究』吉川弘文館、一九八〇年）。応安元年、将軍義満の元服に細川一族として理髪役を勤め、永和元年（一三七五）、義満の和歌会始に、御子左為遠・為重等らと列席している（『花営三代記』）。『源経氏歌集』の詞書には、「右京大夫（細川頼元）来て歌よみ侍しに」（二八丁ウ）「武蔵守（細川頼之）御子左大納言家にて七百首歌よませ侍し時」（三八丁オ）とあり、細川宗家との交流を窺わせる。

『源経氏歌集』には、あわせて六種の点が加えられており、その主は奥の覚書・奥書で判明する。まず覚書によると、

墨・右合点　「故宗匠　為遠」　御子左為遠（永徳元年［一三八一］歿）　六十七首

A朱・右合点　「今宗匠　為重」　御子左為重（至徳二年［一三八五］歿）　七十四首

B朱・左合点　「摂政殿　二条」　二条良基（嘉慶二年［一三八八］歿、永徳二年摂政に）　三十一首

墨・左合点　「四辻殿　于時大納言」　四辻善成（応永九年［一四〇二］歿、応安三年大納言に）　百九十七首

C星（朱円点）　「花町中書王」　太田氏は、花町宮邦省親王の子廉仁王とする　二十五首

そして「御点外御自撰」とある。影印では、朱墨の別が付けにくいので、朱点に右記のようなA

BCの符号を付し、上部に注記した。

ついで、「依／台命之重、加円点訖、／樹下散人（朱印「耕雲」）」と奥書がある。台命は、ふつう大臣の命で、ここでは将軍義持（内大臣）の命を指す。耕雲（花山院長親）が、将軍義持の命で円点を加えたことになる。

　円点（墨）　「樹下散人」　耕雲（永享元年［一四二九］歿）　三十九首

「樹下散人」という署名は珍しい。耕雲および耕雲と義持との関係については、次の『耕雲紀行』で言及する。このほか、「新後拾遺」という朱注記が二箇所にある。

これらの点は、本文書写とどのような前後関係にあるだろうか。まず、耕雲の点は、奥書から本文書写の後に加えられたと判断され、実際に、朱注記「新後拾遺」の余白に存することなどが確認される。覚書にみえる他の五点は、本文が書写されたのち、点が各人によって次第に加えられていったのか、あるいは点は書写よりも前に与えられ、本文書写と同時に点も転写されたか。「御点外御自撰」という表現を尊重すると、点を得た歌を中心に自撰して本歌集が成立した様子が伺われ、後者の可能性が高いと判断される。為遠・為重は『新後拾遺和歌集』の撰進の中心であるが、朱注記「新後拾遺」には両名の点はなく、現状の点は両名が加えた点そのままではないことを窺わせる。

次に書写者について。村田氏は経氏自筆の可能性を指摘され、覚書部分は追記とされた。井上氏は、覚書に「御自撰」とあるので、本人ではなく、子息あたりの書写とされる。本文と覚書部分は筆致が似ており、自筆である可能性は低いかと判断される。

また、本文には判詞や添削が加えられている。判詞は「我と身と二候、不審候、不レ可レ苦候」（三七丁オ）、「此駒不審候、つらきも又うれしきにや、うつるとたのむに候哉」（四九丁オ）。訂正は数箇所あり、「しら露の玉しく池の」→「しら露を玉とあさむく」（一七丁オ）、「ちきりをきし」→「ことの葉の」（四九丁オ）など、ほとんどは添削と思われる。福田氏は解題で、判詞を耕雲筆とされた（参考文献4）。筆跡は本文と異なるようにみえ、その可能性は高い。三七丁の判詞は、「不審候」と書いた後に「不可苦候」と書き加えたことになろうか。添削は本文と同筆のようにみえるものが多く、その場合、点と同じく既存のものを忠実に写したことになる。添削された作品にも諸人の点が加えられている。

（山家浩樹）

〔参考文献〕

1　村田正志「源経氏歌集」（村田正志著作集五『国史学論説』、思文閣出版、一九八五年）
2　井上宗雄「源経氏集」（『中世歌壇史の研究　南北朝期〔改定新版〕』、明治書院、一九八七年）
3　久保田淳『私歌集大成』七、中世Ⅴ・補遺の解題（明治書院、一九七六年）
4　福田秀一『新編国歌大観』七、私家集編Ⅲの解題（角川書店、一九八九年）

耕雲紀行

一帖　紙本墨書　二三・〇糎×一六・三糎
室町時代　応永二十六年（一四一九）春　貴四一—二

『耕雲紀行』は、応永二十五年（一四一八）九月、耕雲が、将軍足利義持に随行して伊勢神宮に参詣した際の歌日記である。翌年春、清書され、義持に進覧されたと思われる。

史料編纂所に耕雲自筆と目される一帖を所蔵する（一九二四年登録）。綴葉装、表紙本紙共紙。外題・内題ともにない。木箱に納められ、箱蓋裏の付箋に「耕雲紀行」とみえて、この史料名で通用している。蓋裏付紙には蔵書印も捺され、小杉榲邨氏旧蔵と判明する。他に写本はほとんどない。翻刻は神宮司庁編『大神宮叢書』「神宮参拝記大成」（西濃印刷、一九三七年）、『神道大系』「参詣記」（新城常三校注、神道大系編纂会、一九八四年）に収録され、近年、関連史料とともに、『大日本史料』応永二十五年九月二十三日条（第七編之三十一）にも収録された。稲田利徳氏によって詳細な注釈が加えられている（参考文献5）。

以下、内容の特徴、著者耕雲について、耕雲自筆本、将軍義持と関わる耕雲作品、といった項目を掲げ、説明を加えたい。

【内容】

義持は、生涯に二十回ほど伊勢参宮を行っている。まとまった記録として、『耕雲紀行』のほか、応永三十一年、飛鳥井雅縁による歌日記『室町殿伊勢参宮記』、応永三十年、広橋兼宣による日記別記『義持公参宮記』がある（山田雄司「足利義持の伊勢参宮」『皇學館大学神道研究所紀要』二〇、二〇〇四年）。『耕雲紀行』と雅縁の紀行文は、体裁が同じために似通っている。あえて差異を見出すと、『耕雲紀行』は、道中の様子を具体的に記述する箇所が多く、また耕雲自身の述懐が目立つ。反面、義持はあまり登場しない。冒頭に「相府」より随行を命じられ、最後に歌日記作成の「台命」を受けており、内大臣義持およびその命を指すが、このほかに義持は現れない。雅縁の場合、参詣途中で義持の宿所に参上し、山田ではそれまでの道中の詠歌を上覧するよう命じられるなど、義持に随行しての紀行という側面が強く出ている。耕雲と義持の接触が少ないのは、耕雲が法体であるためであろうか。

耕雲は九月二十一日、義持に先行して出発し、二十六日に自庵に帰っている。日程は、他の記録に見える義持の行動とほぼ一致する。路次の様子では、休憩や宿泊の場所、守護による饗応の記事がまず目を引く。二十一日昼は、草津で守護六角氏（満綱）が出迎え、耕雲は阿弥陀堂で休んだ。夜は水口に泊まり、京極高数の出迎えをうけている。二十二日の宿泊地は伊勢安濃津の念仏導場で、守護土岐世安康政の饗応があった。なお、豊久野を通って安濃津にいたるルートは史料上初見で、以後このルートが用いられたという。二十三日は山田泊、帰路は往路同様、二十四日安濃津、二十五日水口に宿泊している。往路、伊勢雲出で人馬混雑にあい、帰路の大津では混雑のなかにも、規制を行ったのか荷馬は少なく、また将軍参詣の折は関所の通過が容易で、帰路の逢坂関には関守もいなかった、など、通行の様子が窺えて面白い。路次の名所・旧跡を歌に詠むにあたり由緒を語る段もあり、鈴鹿姫と田村丸の戦闘、鈴鹿姫の投げた立烏帽子に関わる伝承は、鈴鹿御前伝説の一形態を伝え、ほかにも夜這いの松に関わる伝説など、貴重な記事も多い。

耕雲自身についての情報としては、このとき七十歳を越していたこと、脚気に冒され起居かなわない状態を養生して参詣したこと、これまで二度、伊勢参詣していること、丹後久世戸参詣に随行したことなどが判明する。久世戸智恩寺参詣は応永二十一年八月、義持の参詣への随行と思われ、耕雲が天橋立で漢詩を作り、禅僧が和韻したのもこのときとみなされる（『大日本史料』同月二十二日条参照）。なお、耕雲が随行した事例として、応永二十四年八月の義持南都下向も挙げられるが、典拠は『和漢旧跡幽考』（『後鑑』所引）や『東大寺八幡宮縁起』追記（史料編纂所架蔵写真帖による）などで、真偽の判断は難しい。『耕雲紀行』から知られる耕雲の伝記情報として、ほかに、二十年前に石山寺に参詣し一夜過ごしたこと、長谷寺に参籠して霊夢を感じ、素願を成就したことなども興味深い。

のち文明五年（一四七三）八月四日、甘露寺親長は、「耕雲参宮記」などを焼田某に遣わしている。『耕雲紀行』を指す可能性が高く、流布の一端を伝える。

【耕雲】

耕雲は花山院長親の号、長親は南朝に伺候して内大臣となったのち出家して禅僧となる。和歌をはじめ和漢の学問に造詣深く、将軍足利義持に重用された。永享元年（一四二九）七月、八十余歳で死去している。その生涯や作品については、岩佐正氏・村田正志氏・岩橋小弥太氏・福田秀一氏（参考文献参照）をはじめ、おおくの研究で解明が進んでいる。先行研究に従ってその概略を記すこととする（前期四名の研究に依拠する際は典拠を省略する）。

生涯をたどる前に親兄弟などについて。祖父師賢は後醍醐天皇の信任を受け、父家賢は南朝勢力が後退しつつある延文二年（一三五七）正月頃、南朝に参じている。長親は、南朝を支える家を出自としている。天授元年（一三七五）、長慶天皇のもと、長親らとともに千首を詠進した師兼は、長親の兄弟であると確定した（久保木秀夫「宮内庁書陵部蔵『法門四十七首和歌』翻刻と解題」『中世近世の禁裏の蔵書と古典学の研究　研究調査報告二』同研究プロジェクト、二〇〇八年）。早世した兄長賢のほか、長親と同じく法燈派の禅僧で明に渡った簡中元要も兄弟である。子息には、聖無動院宗意、法燈派の禅僧伯巌殊楞などが確認される。

南朝伺候の時期、長親の活動はほぼ和歌集に窺いうるのみである。正平二十年（一三六五）の『内裏三百六十首歌』（『新葉和歌集』収録歌によって判明）にはじまり、伝存する『三百番歌合』『五百番歌合』、そして先の千首詠進、弘和元年（一三八一）奏覧の勅撰集『新葉和歌集』と繋がる。官途は、新中納言、左衛門督、右近大将とみえ、元中六年（一三八九）には内大臣（『耕雲千首奥書』）であった。「芸巣」という号を称していたことも判明している（前掲久保木論文）。

長親が出家した時期は明らかでないが、南北朝合一ころか。三光国師孤峯覚明の弟子となる。諱は明魏、耕（畊）雲と号したことは諸史料にみえ、字は子晋であろう（『蔗軒日録』文明十七年九月十八日条参照）。この頃孤峯は死去しているので拝塔嗣法であり、師事したのは孤峯の弟子聖徒明麟とされる。孤峯の師は無本覚心であり、耕雲は法燈派に属する禅僧であった。

惟肖得巌は、耕雲の弟子元沢兌蔵主のもとめに応じて耕雲の寿像に賛を寄せており、耕雲の伝記を伝える（『東海璚華集』二、『五山文学新集』二所収）。出家ののち「京北妙光、京東如住、皆祖曾仁祠也、往来其間、将終老焉」とあり、北山妙光寺と東山如住院を行き来した。妙光寺は、長親の四世の祖師継が弘安年間に、無本覚心を開山として別業を禅寺とし、聖徒明麟も住持した。一方如住院は、北朝に仕えた花山院通定が、応永二年出家に際して華頂の別業を禅院としたとみなされ、あるいは耕雲を請じたかと思われる。耕雲の居所は「白川の東、花頂山の奥」（『耕雲口

伝』)、「当時花頂辺居住」(『看聞日記』応永二十三年十一月九日条)とみえ、また『耕雲紀行』では「花頂の草廬」に帰っている。「如住道人」と呼ばれており(『大日本史料』応永二十一年八月二十二日条参照)、本拠地は東山花頂門跡の奥にあった如住院であろう。耕雲を指すとき「耕雲庵」と表記する例もままある。耕雲庵は『扶桑五山記』などに南禅寺の塔頭としてみえるが、はじめ如住院に設けられた庵室で、のち独立して位置づけが変化したとみなすのが自然であろう。また同じく南禅寺に属する聖徒明麟の塔頭禅栖院に住したという所伝もある(『耕雲口伝』文安五年[一四四八]奥書)。

足利将軍家との関わりは諸史料にみえる。初見は義満の晩年で、義満の歌に耕雲が批点を加えている(『教言卿記』応永十四年十二月二十四日条)。最後は義持死後まもない頃、巷間流布する話の実否を耕雲に尋ねて三宝院満済に報告しようという記事。義持は夢想和歌を耕雲に遣わし、耕雲は子息を切望しても叶わない様子を詠んだ内容に返歌しなかった、という(『満済准后日記』応永三十五年二月七日条)。記録に見える義持との関わりは先行研究に詳しい。

耕雲の学芸への造詣は多岐にわたるが、和歌の実作と理論、源氏学、漢学に代表される。自筆として伝存する作品、義持と関わる作品はのちに項を改めて述べることとし、それ以外の作品を紹介しつつ簡単に整理する。

和歌は、二条家流を汲む。祖父・父のみならず祖母、母の作品も伝わるという環境に加え、宗良親王の薫陶を受けて、晩年には諸人の添削を行ない、歌壇を主導するひとりとなった。歌論として応永十五年頃成立した『耕雲口伝』(『続群書類従』所収)があり、前述したように伝記史料ともなっている。また、『古今集聞書』は、『古今和歌集』の注釈書で、歌学における耕雲の位置を理解する上で重要である(片桐洋一「耕雲の「古今集聞書」」『中世古今集注釈書解題』三、赤尾照文堂、一九八一年)。

祖父・父は、源氏学にも著作があり、『源氏物語』関係和歌も目立つ(寺本直彦「南朝歌壇における源氏物語受容」『源氏物語論考　古注釈・受容』風間書房、一九八九年)。耕雲も晩年に、注釈書など『源氏物語』に関わる著作を数種類残している。後掲のほか、『源氏物語』中の難語に漢字をあてて意を示した『和漢字源通釈抄』がある。武井和人氏「『和漢字源通釈抄』をめぐりて」(『中世古典学の書誌学的研究』勉誠出版、一九九九年、初出一九九四年)参照。『耕雲紀行』にも、『源氏物語』榊巻に言及した箇所がある。

儒学・詩論など中国から移入された学問にも、耕雲は明るかった。応永二十年四月から五月に、耕雲は等持寺で『孟子』を講じ、義持が聴聞している(『満済准后日記』)。書陵部本『孟子集註』奥書には、南朝時代の天授四年(一三七八)、耕雲が句分し音訓を付したとある(前掲久保木論文など参照)。太田青丘氏「中世前期歌学と中国詩学」(『日本歌学と中国詩学　改訂版』清水弘文堂書房、一九六八年、初出一九四三年、著作選集第一巻[桜楓社、一九八八年])によると、七百番歌合序(後述)や『耕雲口伝』には、『孟子』をはじめとする儒学(宋学)や滄浪詩話など宋代詩学の影響が色濃いという。

このほか、五十音について記した『倭片仮字反切義解』(『群書類従』所収)は、和漢の学識の融合であり、渡唐天神の最初の文献といわれる『両聖記』(同)は、さらに禅僧としての素養も相俟って成立した。

義持の時代、とくに応永十九年に称光天皇が即位して以降、南北両朝合一の条件破棄が明確になり、南朝皇族や支持する人々は、反幕府の態度を鮮明にしていくため、幕府にとって旧南朝勢力への対応は重要な政治課題であった。耕雲の登用は、その学識・文才によるとはいえ、旧南朝

勢力との繋がりという面は否定できないと思われる。耕雲が旧南朝勢力との繋がりを維持している事例として、たとえば、長慶天皇の子佐山宮尊聖に関する何事かについて、義持の意向を伺う件につき、耕雲が満済に連絡していることが挙げられる（『満済准后日記』応永三十二年十一月二十九日条、岩佐氏論考に言及がある）。耕雲と大内氏との関係も参考となる。『耕雲千首』（佐々木信綱氏旧蔵書陵部本奥書）、『古今集聞書』を大内盛見に、後掲する『雲窓賸語』（『耕雲百首』）を大内持世に、それぞれ書写して与えているが、大内氏は政治的にも南朝との関わりが深い。伊勢参詣にも、吉野と並ぶ旧南朝勢力の拠点である伊勢を牽制し統制を目指す、という意図が含まれていたと考えられ、耕雲の随行は一定の政治的な意味合いを含んでいたであろう。

【耕雲自筆をめぐって】

『耕雲紀行』を耕雲自筆であると判断する理由は、

1　『耕雲紀行』奥書は、花押が自然であり、自筆という感をうける。奥書の「応永」や「年」などを本文と比較すると、同筆と思われ、奥書と本文は一筆の可能性が高い。

2　『源経氏歌集』の奥書は、他にも所見のある印章が捺され、自筆という感をうける。この奥書の「台命」と、『耕雲紀行』本文の「台命」は、命の書き方が共通し、同筆である。

厳密には論拠は不確かだが、『耕雲紀行』本文・奥書、『源経氏歌集』奥書は自筆とみなして大過ないと思う。『耕雲紀行』は歌日記であるためか、以下に記す耕雲自筆と比較しても流麗な感を受ける。耕雲自筆の代表例と称しうるのではないか。

以下、耕雲自筆とみなされているものを列記する。

○原中最秘抄（名古屋市蓬左文庫所蔵）

一帖。『源氏物語』の注釈書で、題名は先行する注釈書『水原抄』の秘説をまとめたという意。源親行の原著に子孫が加筆して成立した。耕雲はその抄本を作成し、蓬左文庫所蔵本は自筆本と目され、奥書、和歌二首ののち、「畊雲山人明魏（朱印）」と記す。影印は『日本古典文学影印叢刊』一九所収、また蓬左文庫の図録（『蓬左文庫・源氏物語図録』一九七八年など）にもみえる。筆跡はたしかに『耕雲紀行』に似る。

○仙源抄（京都大学図書館所蔵中院家本）

一帖。長慶天皇撰述で、『源氏物語』の難語を並べて注釈を付けたもの。伝本おおく奥書も多岐にわたるなか、和歌一首と「畊雲山人跋」とのみ記す一群があり、うち中院家本は、古くから耕雲自筆と伝えられる。和田英松氏は、『耕雲紀行』などと筆致同一とみて自筆と判断している（『皇室御撰之研究』仙源抄項、明治書院、一九三三年）。京都大学図書館からインターネット公開されている画像を見ると、筆跡はたしかに『耕雲紀行』に似る。岩坪健氏「『仙源抄』の系統」（『源氏物語古注釈の研究』和泉書院、一九九九年、初出一九九八年）参照。

○『源氏物語』の注記等

『源氏物語』伝本には、最後に耕雲の和歌と署判を有する一群があり、耕雲本と称される。うち、曼殊院所蔵の零本三帖（蓬生・関屋・薄雲）では、跋歌・署判と傍注の一部の筆跡は、前掲『仙源抄』などと比較して、耕雲自筆と判断され、あるいは耕雲本原本の可能性も指摘されている（堀部正二「和漢字源通釈抄と耕雲本源氏物語」『中古日本文学の研究』教育図書、一九四三年）。史料編纂所架蔵影写本「曼殊院文書」五に巻首・巻末が収められ、署判は「畊雲山人明魏題」（蓬生）・「耕雲山人明魏（花押）」（薄雲）・「畊雲山人明魏（花押）」（関屋）となって

いる。また、東洋大学図書館所蔵の玉鬘・乙女残巻一冊も、本文と注記等の筆跡が異なり、体裁も曼殊院本と似通っていて、曼殊院本のつれの可能性があり、その場合、跋歌・「畊雲山人明魏題」という署判と傍注の一部は耕雲自筆となる（伊井春樹「東洋大学図書館所蔵『源氏物語』玉鬘巻について」『源氏物語論とその研究世界』風間書房、二〇〇二年、初出一九八七年）。なお、天理図書館所蔵（保阪潤治氏旧蔵）零本二帖（薄雲・朝顔）は、本文は鎌倉中期を下らない筆跡であるが、跋歌・署判と傍注の一部が耕雲自筆としての推定度が高いとされる（曽沢太吉『天理図書館善本叢書』源氏物語諸本集一の解説など）。しかし、伊井春樹氏は、本文・注記等を検討して、注記は耕雲のものでなく、自署でもないとする（「耕雲本『源氏物語』薄雲巻の性格」『源氏物語論とその研究世界』、初出一九八七年）。従うべきであろう。

○衣奈八幡宮縁起（和歌山県日高郡由良町　衣奈八幡宮所蔵）

上下二巻。下巻末の応永九年季夏の奥書に「耕雲野衲明魏拝書」とみえ、詞書は耕雲の作と判明する。耕雲自筆と思われる原本は、残念ながら下巻末尾を欠くため、奥書部分は江戸時代の詞書写本で知られるのみとなっている。奥書は長文で、耕雲と法燈派の拠点由良興国寺、および耕雲が師事したといわれる聖徒明麟（孤峯の弟子）との繋がりを明示する。『和歌山県史』中世史料二に、現状を反映した翻刻と絵画部分の写真を載せ、翻刻はほかに『神道大系』神社編紀伊・淡路国にも収録。参考文献2参照。

○霊巌寺縁起（国文学研究資料館所蔵）

一巻。本文の最後に応永元年（一三九四）十月二十七日の書とある。署判はないが、別筆で耕雲の筆と記され、耕雲自筆とみなされている。和歌山県有田郡広川町名島に、能仁寺という、孤峯覚明を開山とする法燈派の大寺があった。霊巌寺は、能仁寺から奥にあたる奇巌怪石の霊境に設けられた寺院で、縁起によると、縁起成立の前年頃に寺観を整え、前掲の聖徒明麟が霊巌寺と名付けている。聖徒は能仁寺に住し、山城妙光寺に移った後に寺名を付している。この縁起は、出雲雲樹寺蔵の写本（史料編纂所架蔵謄写本）で知られていたが、近年、原本と目される一巻が出現した。

○日御碕社造営勧進記（島根県出雲市大社町　日御碕神社所蔵）

一巻。和歌三首と比較的短い序文からなり、「沙門明魏拝書（朱印「耕雲」）」、「龍集庚子仲夏廿有六日也」、次に将軍義持ほか六名の署判がある。庚子は応永二十七年に比定される。史料編纂所架蔵写真帳「日御碕神社文書」七・影写本「日御碕神社文書」九所収。翻刻は『神道大系』神社編出雲・石見・隠岐国などに収録。

○雲窓賸語（耕雲百首）（穂久邇文庫所蔵）

一帖。藤川百首題による百首。奥書に「畊雲老衲（花押）」と署判する。将軍義持の命で詠じ、書写して大内持世に与えた本が伝存する。応永二十一年頃の作と推定されている。彰考館所蔵『耕雲百首』は別内容。『新編国歌大観』一〇所収。楢崎宗重氏「花山院長親自筆本・雲窓賸語について」（『国語と国文学』三一―八、一九五四年）参照。

○〈参考〉耕雲歌巻

長文の序と和歌五首、跋歌一首からなり、序は歌論として注目される。唯一の伝本と思われる書陵部所蔵水野家旧蔵本は、自筆の面影を伝えるが模写とされる（参考文献4）。

【将軍義持の命に関わる作品】

『耕雲紀行』も『源経氏歌集』への加点も、将軍義持の命をうけて行っている。以下、義持の

命を受けて行なった著述・書写などを列記する。

○詠十五首和歌（宮内庁書陵部所蔵）

義持は、応永二十一年（一四一四）二月二十三日より、北野社に参籠する。耕雲は「応二蓮府鈞命一」じてその宵に「陪二台筵一」し、話は和歌に及んだ。耕雲は帰宅後、「なむてむまむたいしさいてむしむ」の十五字から始まる十五首を詠む。二十八日、義持は、飛鳥井雅縁と冷泉為尹に、同様の手法で詠進するよう命じ、これらの和歌を見た後小松上皇も、十五首を義持に進上している。一連の和歌は伝存し、義持の命による詠進の実例となっている。関連史料を含め、『大日本史料』応永二十一年二月二十三日条に収録される。

○雲窓賸語（耕雲百首）（自筆本として前掲）

奥書に「此百首依二征夷府厳命一凌二老屈一所レ詠也」とあり、義持の命による詠進とみなされる。応永二十一年頃の作と推定される。

○耕雲千首（平瀬亀之輔・三七雄旧蔵本など）〔書写〕

南朝天授二年（一三七六）、長慶天皇のもと内裏千首が催され、花山院長親も翌年春詠進、「耕雲千首」として伝わる。多くの伝本のうち、平瀬本の奥書には、「応永廿五年春、依二　台命一書写之者也、／畊雲山人明魏判」とあり、応永二十五年、耕雲が義持の命により書写したことがわかる。井上宗雄氏『中世歌壇史の研究　南北朝期〔改訂新版〕』（明治書院、一九八七年）七一〇頁参照。

○日御碕社造営勧進記（自筆本として前掲）

文章では明示されないものの、耕雲の和歌等のあとに「征夷大将軍（花押）」と義持の署判があり、義持とのかかわりの中で成立している。応永二十七年の作と比定される。

○御成敗式目追加〔加点〕

鎌倉幕府の追加法令集のうち、内閣文庫所蔵の一本『御成敗式目追加単』（外題、一七九―一四二、甘露寺家旧蔵）には、耕雲の奥書がある。「此書為レ救二乱離之余弊一、一旦定二人心之覇術一也、今依二　台命一加二朱墨之点一之次、詠二一首和歌一以写二感情一云」、和歌ののち「耕雲山人明魏拝書」と署名する。義持の命により、加点していることがわかる。ただし、この本には加点はみられない。

同じ奥書をもつ写本は他にもある。いくつかの追加法令集を集積した群書類従本『御成敗式目追加』（巻四〇〇）と比較すると、耕雲奥書本は、類従本が冒頭に引用した追加法集と同内容ながら、やや注記が少ない。類従本の冒頭部分は、南北朝前期に成立した世尊寺行尹自筆本に依拠し、耕雲奥書本をその対校に用いており、耕雲奥書は、類従本には「一本跋云」として引用されている。『群書解題』同項（上横手雅敬氏執筆）参照。

○源氏物語（自筆本として前掲）〔注記など〕

耕雲本の成立は、高松宮家本桐壺の奥書に「今迫二台命之重一、粗陳二臆説一、毎篇各詠二和歌一首一、以括二其枢要一、蓋擬二史記索隠述賛一云」とあり、明らかとなる。耕雲は、義持の命で、「臆説」を記し、各巻の内容を詠み込んだ和歌を付した。この奥書ののち、巻ごとに異なる和歌と署名が記される。のちの転写の奥書から、耕雲本は禁裏に納められたこと、本文は清水谷実秋の筆、注記は耕雲と飛鳥井雅縁の筆、和歌などは耕雲自筆であったことが判明する。耕雲本については、池田亀鑑氏「耕雲本の成立とその特質」（『源氏物語大成』七第二部第七章、中央公論社、一九五六年）に詳しく、その後も研究が重ねられている。

○原中最秘抄（自筆本として前掲）〔抄本作成〕

自筆本奥書（前掲書による）に、「今依二台命一芟二夷其繁辞一、撮二取其典要一、以便二後学之観覧一、仍詠二和歌二章一、以擬二跋語一云」とみえ、義持の命により抄本を作成したことが判明する。群書類従本は抄本なので、この奥書を有する。

○仙源抄（自筆本として前掲）〔書写〕

前に自筆本『仙源抄』項であげた和田氏や岩坪氏の論考によると、諸本のうち、和田英松氏旧蔵本（塙本、焼失、史料編纂所架蔵謄写本による）など二本には、和歌と耕雲署名のまえに、『仙源抄』の内容や書写・和歌詠進の事情を述べた文を付す。「今依二台命一、拭二老眼一繕写之畢、因詠二一首一、以擬レ跋云(カ)」とみえ、この文章に信を置くならば、義持の命により書写したこととなる。岩坪氏は本文分析を行い、この奥書を持つのは、別系統の本に耕雲本系の注釈を追記した際、奥書も転写したためとする。現存する自筆本とは別種の奥書であり、耕雲書写本は二部あったことになる。群書類従本もこの奥書を有するが、この本は『仙源抄』と『類字源語抄』の合成である（岩坪健「『類字源語抄』の諸問題」前掲書、初出同じ）。

○源氏小鏡〔書写〕

『源氏大鏡』と並ぶ『源氏物語』の代表的な梗概・注釈書で、異本は極めて多い。成立は南北朝期かと推測されている。書陵部所蔵『けんしのちう小か丶み』（外題）の冒頭に「せうちやうゐんとのへ／こう雲しん上」、また広島大学所蔵『源氏物語聞書』（外題）の冒頭にも「源氏小鏡　勝定院殿　耕雲進上之」、類似の記載は他にもある。勝定院殿は義持を指す。耕雲が作成して義持に進上したというよりは、耕雲が書写、もしくは増補して進上したとみなされる（寺本直彦「源氏小鏡作者説の吟味（上）—主として耕雲撰説について—」『源氏物語受容史論考』風間書房、一九七〇年、初出一九六六年）。ただし、勝定院殿は義持死後の称号であり、耕雲・義持に仮託された可能性は否定しえないだろう。

○源氏最要抄

『源氏小鏡』を基礎とした梗概書。簗瀬本第一冊末に、「是者、応永廿三年四月十五日、自勝定院殿後小松拂雲被尋申源氏之抜書也」とある。「拂雲」は耕雲の誤写とみなされ、耕雲が義持の命によってこの書を作成したと解釈する可能性を残す（伊井春樹「『源氏最要抄』と『源氏小鏡』」『源氏物語注釈史の研究』桜楓社、一九八〇年、初出一九七三年）。

○〈参考〉七百番歌合序（宮内庁書陵部所蔵）

義持の伯父にあたり、在俗のまま幕府に重きをなした満詮と関わる作品である。満詮は、応永二十一年冬、自邸小河殿で、十四人が百首づつ詠ずる和歌会を催し、耕雲を判者とした。翌年二月四日、耕雲は七百番歌合としてまとめて醍醐寺三宝院満済に進め、満済は満詮に見せている（『満済准后日記』）。耕雲の記した歌合序が残っている。歌論として注目される。翻刻は『大日本史料』応永二十一年是冬条に収録。

（山家浩樹）

〔参考文献〕

1 岩佐正「耕雲小論」（『国語と国文学』一一—一・二、一九三四年）
2 村田正志「花山院長親と衣奈八幡宮縁起絵巻」（村田正志著作集一『増補南北朝史論』思文閣出版、一九八三年、初出一九四九年）
3 岩橋小弥太「耕雲明魏」（『国語と国文学』二八—一一、一九五一年）
4 福田秀一「花山院長親の生涯と作品」（『中世和歌史の研究』角川書店、一九七二年、初出一九七一

年）

5　稲田利徳「「耕雲紀行」注釈」（一）～（五）（『岡山大学教育学部研究集録』一〇五～一〇九、一九九七～九八年）

飛鳥井雅縁譲状

一巻　紙本墨書　三二・〇糎×一三〇・〇糎

室町時代　正長元年（一四二八）九月二十七日　貴二一―一七

飛鳥井雅縁が、死の数日前、子息雅世に宛てた所領の譲状と、そこに記される尾張国の所領の相伝経過を記した系図、各一紙、計二紙からなる一巻。奥に「寛政六十為二一巻一」とみえ、外題「雅縁卿御筆端譲渡／奥尾州」、印は「月明荘」（反町茂雄氏）。木箱に入り、函ウハ書「飛鳥井雅縁譲状」。本書所収『飛鳥井雅親消息案』『飛鳥井雅康消息』などと一具で、成巻事情と史料編纂所入手の状況は他の解題に譲る。

雅縁は、飛鳥井家を歌鞠の家として興隆した。雅家の子、はじめ雅氏・雅幸。永和年間（一三七五～七八）から公武歌会に参加し、晩年、とくに応永二十四年（一四一七）に冷泉為尹が死去したのちは、堂上歌人の第一人者となり、地下歌人に属する耕雲とともに歌壇を主導した。正長元年（一四二八）十月二日、七十一歳で歿。応永二十六年九月、伏見宮貞成親王は、名月歌会を催し、秀歌への加点と歌合の判定を耕雲に依頼する。だが加点の少なさや耕雲の判定に納得できず、あらためて雅縁に依頼、結果に満足している。雅縁晩年の歌壇の状況をよく示す挿話となろう。

雅縁は将軍義満に重用され、それを背景に地位を向上させた。義満主催の行事につねに参加し、出家する際には義満邸で剃始をなして宋雅という法名を与えられ、義満死後、「鹿苑院殿を悼める辞」を草している。関係は将軍義持にも継承され、義持の死後八ヶ月で雅縁も死を迎える。将軍義教は、雅縁の死去の前に「遺跡并当道事」を子の雅世に安堵した（『薩戒記』十月九日条）。のち、雅世は義教の家司として活躍する。

【譲状】　第一紙　三一・二糎×五七・八糎

譲状にみえる所領は、当知行とあり、この時点では実態を保った領有であった可能性が高い。各々について、今泉淑夫氏の論考（参考文献）で検討がなされている。角川書店・平凡社の地名事典などの情報を加えて、これらの所領と飛鳥井家との関係を改めて整理しておく。

○越前国田中郷地頭職一円ほか

福井県丹生郡越前町田中あたり。天王川が日野川に合流する地点にあり、水運の拠点となっていた。下河去村は現鯖江市川去町あたり、田中のすぐ南で、もと天王川上流に位置したという。後者は、中世史料では他に確認されないようである。

1　雅縁は応永三十四年二月、越前に下向し「御社」に参籠した（『宋雅道すがらの記』）。この社は、田中郷総社の八坂神社（現越前町天王）とされる。今泉氏論考参照。

2　田中荘半分は、南朝後亀山天皇の孫小倉宮聖承の所領で、将軍義満・義持の安堵を受けていた。永享七年（一四三五）三月、飛鳥井雅世が本領であると主張したため、雅世に返付されている（『満済准后日記』同月四日条）。

3　本書所収『飛鳥井雅親消息案』文明二年（一四七〇）七月六日付には、「北国知行分」の不知行が記され、当所の可能性が高い。

4　文明十五年頃、越前守護朝倉氏は、田中荘年貢を飛鳥井雅親に渡すよう、幕府から命じられている（『蜷川家文書』一三六・一三七・一三八）。

○尾張国竹鼻和郷地頭職・小熊本郷
岐阜県羽島市竹鼻町・小熊町あたり。小熊町は竹鼻町の北隣といいうるほど両者は近接している。墨俣川渡河点にあたる交通の要所であった。

5　康正二年（一四五六）の造内裏段銭納入にあたり、「竹鼻和郷并小熊保」は「飛鳥井殿家」が負担している（『康正二年造内裏段銭并国役引付』）。

6　『飛鳥井雅親消息案』文明二年七月六日付には、「尾州五千疋」がみえ、雅親の収入となっているように読みうる。当所からの収入を指す可能性が高い。

7　（参考）文明四年六月、広橋綱光は、天皇の綸旨で尾張知行分を安堵されており、狐穴とともに「小隈」が含まれる（『親長卿記』同月十一日条）。当所小熊と思われる。狐穴は、現羽島市竹鼻町狐穴。

8　飛鳥井雅親は、康正二年、小熊保を建仁寺祥雲院に「売寄進と号して沽却」し、長享年中に到って鷲見氏が祥雲院から買得した。しかし、飛鳥井氏は小熊保に違乱している（『古今消息集』七所収年未詳六月十二日土岐政房書状写）。

9　本書所収『飛鳥井雅康消息』卯月十六日付には、一所懸命の地「竹鼻」が有名無実だと記される。

譲状にみえる所領は地頭職である点が大きな特徴となる。武家奉公に対する給恩もしくは安堵という性格を含んでいると見做される。4にみえるように、幕府を頼って年貢納入を実現しようとする背景となろう。また、2では、南北朝合一の条件を前提に北朝・幕府から経済上の援助を受ける南朝皇胤の所領と重なり、田中荘（郷）がもと幕府の可処分地で、公家や皇族に給与された所領であったと窺える。また7では、飛鳥井家と同じく将軍近仕の公家広橋家の所領と重なりをみせるのも興味深い。

8によると、康正二年に小熊保を禅院に売却したにもかかわらず、6によると、小熊保に限定は出来ないとはいえ、文明二年に尾張の所領から収入を得ているらしい。禅院への売却は、飛鳥井側の主張では売寄進、すなわち一部寄進、一部売却の契約であり、あるいは、一部売却は事実上の代官補任で、年貢の一部を祥雲院から受け取る契約だったかもしれない。のち祥雲院から鷲見氏に転売されても、飛鳥井氏は権利を主張している。先祖供養の費用に充てる寄進を兼ねていたので、飛鳥井氏は転売先に権利を主張したとも考えうるけれども、一部売却が事実上の代官補任であったならば、転売は代官交代と同義になるので、飛鳥井家が年貢を受け取る権利は継続することになろう。

【相伝系図】　第二紙　三一・二糎×四二・七糎

竹鼻和郷・小熊郷の相伝系図は、足利義氏から派生する吉良氏の俗系のうえに朱書されている。義氏から吉良長氏の娘恵観（孫）へ、恵観の甥にあたる嫡流の吉良貞義に戻り、その妻空妙へ、貞氏夫妻の娘如勝へ、そして飛鳥井雅縁へと継承される。如勝はあるいは雅縁の母かと思われ、また吉良氏系図としても興味深い。相伝では当主に近い女性に継承されている点が注目される。建長六年（一二五四）九月二十六日、吉良長氏の「二女」が京都真如堂に「尾張国竹鼻和并小熊本郷地頭職」を寄進しており（永正十二年［一五一五］十二月日　真如堂領諸国所々目録『真正極楽寺文書』、『大日本史料』第九編之五所収）、相伝系図の裏付けとなる。吉良氏系図の上に相伝を記し、譲状に添付した理由は、おそらくはこの所領が足利氏由縁であることを強調するためであり、飛鳥井氏

が足利将軍家との関係を基盤に置こうとする姿勢のあらわれといえよう。

飛鳥井氏には、鎌倉幕府下でも、大江広元、金沢実時らと姻戚関係を結び、系図に見える土御門顕方らと同じく関東に祇候するものもいた。雅縁は足利一門の斯波氏、とくに義将とも近しく、武家との関わりは将軍家にとどまらない。吉良氏との関わりもこのような武家との交流のなかで理解する必要があろう。

尾州竹鼻和并小熊郷相伝之系図也　以朱図之、

＊点線は朱書を表す。

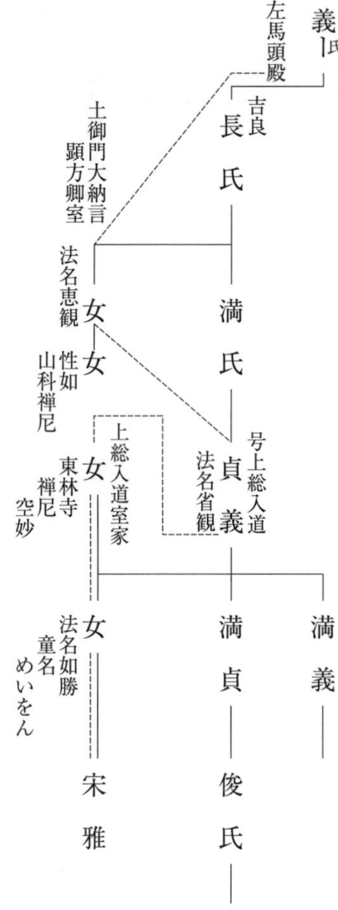

（山家浩樹）

［参考文献］

今泉淑夫「文明二年七月六日付飛鳥井雅親書状案をめぐって」（『日本歴史』三六九、一九七九年）

飛鳥井雅親消息案

一巻　紙本墨書　二七・〇糎×一〇五・五糎
室町時代（十五世紀）　貴〇二―一九

室町時代中期の公卿、飛鳥井雅親（一四一七～一四九〇）の自筆書状案。寛政六年（一七九四）九月、飛鳥井雅威（一七五八～一八一〇）が二通を貼り継いで巻子に仕立てたもの。表紙は、厚手の斐紙の打曇（上下とも鼠色）で、見返しはその裏。八双は竹。外題は雅威の筆にかかり、打付書で「雅親卿賢筆 御消息 去月廿七日」と記す。本紙は、楮紙四紙からなり、全紙に裏打が施される。黒木頭切軸があり、軸付紙最奥の下方には「寛政六九、為一巻、」という雅威の墨書がある（挿図1）。また第四紙における雅親の署名のちょうど裏側（裏打紙上）に朱方印「月明荘」一顆が捺されている。

挿図1

表紙および本文各料紙の横寸法は左の通りである（単位糎）。

表紙	二一・一
第一紙	四四・七
第二紙	一六・七
第三紙	二一・五
第四紙	二二・六
軸付紙	三五・四

第一紙から第三紙にかけて一通目が、第四紙に二通目が記されている。一通目は添削が多く、土代と呼ぶべきものだと思われる。第三紙の右端（第二紙との紙継目の下）には墨線および文字の痕跡が認められるが、この墨線は見せ消ちにかかるものと思しく、第二紙および第三紙の法量、さらには、第三紙の冒頭の「憚入候」の三文字が抹消されていることと考え合わせれば、第二紙と第三紙とは本来一紙であったが、文案の修正のなかで抹消した部分を切除し、あらためて貼り継いだものだとみることができるだろう。すなわち、一通目は本来二紙にわたって記されたものであった可能性が高いわけである。

雅親は、歌鞠両道を家業とする飛鳥井家の家風をよく伝え、同家で初めて権大納言にまで昇った人物である。祖父雅縁（法名宋雅）の時から、同家は幕府と深い関係を有し、歌道家として枢要な位置を占めていた。雅親も、父雅世（法名祐雅）が撰者を務めた最後の勅撰集『新続古今和歌

集』の撰集に若くして参画し、二十代前半で五首の入集を果たすとともに、応仁・文明の乱で頓挫した二十二番目の勅撰集（いわゆる寛正勅撰）の単独撰者に挙げられた。さらに、『新続古今和歌集』入集者で最も遅く歿したのは雅親なので、最後の勅撰歌人と呼ぶこともできる。蹴鞠についても公武において師範を務め、残した伝書も少なくない。応仁・文明の乱前は、京都にあって将軍足利義政に親昵し、乱後は近江柏木に退隠しつつも歌鞠両道の権威として公武の尊崇を集めた。文明五年（一四七三）五十八歳で出家。法名は栄雅。子女には、雅康（実は弟）、雅俊、遣迎院定意、室町殿女房藤大納言局、一条政房室大納言局、近衛政家妾新造、本願寺光助（順如）室、紀俊連室等がいる。『大日本史料』第八編之四十、延徳二年（一四九〇）十二月二十二日第四条にはその薨去が立項され、併せて伝記史料が収められてある。

一通目は、文明二年七月六日付、二通目は同年八月廿九日付で、ともに伝奏広橋綱光を介して足利義政に意を達せんとしたものだと考えられる。一通目は、実弟で養嗣子になっていた雅康が困窮しているので、雅親の差配下にあった近江柏木郷内山村三郷および尾張国内の知行分五千疋、ならびに雅康が望めば摂津今南荘をも譲り、さらに北国の知行分を回復した場合は適宜分与する意思を示し、それについて雅康の意向を確認することと義政の了承を得ることを依頼したものである。二通目は、義政の意を伝えた綱光の書状に対する返書で、摂津の所領について雅康が望まなかったこと、そして、義政も同所について現状の維持を示持していることを詳細に伝えてくれたことを謝している。本件についても、今泉淑夫の研究があり、関連史料を挙げて考察がなされているので、詳しくはそちらに譲りたい。なお、両通とも『大日本史料』第八編之四十、二八七～二八九頁に釈文を収めてある。

最後に伝来について述べよう。本書および前掲『飛鳥井雅縁譲状』、次掲『飛鳥井雅康書状』は、いずれも弘文荘、反町茂雄の蔵印である「月明荘」印が捺され、史料編纂所においては一九三五年に登録がなされている。あたかも『弘文荘待賈古書目』五号（一九三五年）に掲載されており（雅縁・雅親・雅康の順に六五～六七番）、この目録によって購求したものだと知られる。同号にはほかにも、九月十日付飛鳥井（雅親）充転法輪三条実量（禅空）書状（六四番）および文明十四年三月における飛鳥井雅親の授受文書案（六八番）が掲載されており、飛鳥井家の旧蔵にかかると判断される文書は五点にのぼる。これらは、大正年間に松浦伯爵家（旧肥前平戸藩主）に所蔵されていたことが知られるので、あるいは一九三四年十一月の東京美術倶楽部における同家の売立てで弘文荘が落手したものと思われる（この時の入札目録には掲載されていないので、反町茂雄『一古書肆の思い出』二［平凡社、一九八六年］九八頁に記述のある別室の雑品のうちであろうか）。

史料編纂所の購求した以外の二点（六四・六八番）は、現在はいずれも早稲田大学中央図書館に架蔵されている。すなわち、『飛鳥井雅親自筆来書留並書状案』（ヌ六―九〇九九）および三条実量書状（『荻野研究室収集文書』のうち、早稲田大学蔵資料影印叢書『古文書集』二所収）であり、釈文はそれぞれ『大日本史料』第八編之四十、二九一～二九五頁、同三七四頁に収める。なかで三条実量書状に加えられた後補にかかる表紙外題の筆跡は、史料編纂所架蔵の三点のそれと同一であり、さらに奥に貼り継がれた一紙には、外題と同一の筆跡で記された以下の識語を載せている（挿図2）。

此一巻者、転法輪右府実量公法名禅空、応仁元出家、文明五年被薨、／消息也、雅世卿・雅親卿両代之門弟、年

月日、／古今和歌集被伝授、於伝授者、尭孝法師相伝ト云々、永享年中、雅世卿新／続古今集被撰集之時、和歌所之参会衆之／
内也、此度為一巻、尤可令秘蔵者也、
寛政三年春　　雅威

すなわち、寛政三年春に飛鳥井雅威が表装を加えて巻子に仕立てたわけである。これによって、史料編纂所架蔵の三点を寛政六年九月に表装したのも雅威であったことが明らかになる。そのような目で見ていくと、東京大学教養学部所蔵（第一高等学校旧蔵）『飛鳥井家和歌関係資料』全七軸（一部を『大日本史料』第八編之四十に収める）や早稲田大学中央図書館所蔵伊地知鐵男文庫本『飛鳥井雅親卿消息』（文庫二〇―三七六、釈文は『大日本史料』第八編之四十、三〇二頁）など、雅威の整理にかかる飛鳥井家旧蔵文書は少なくないようである。

（末柄　豊）

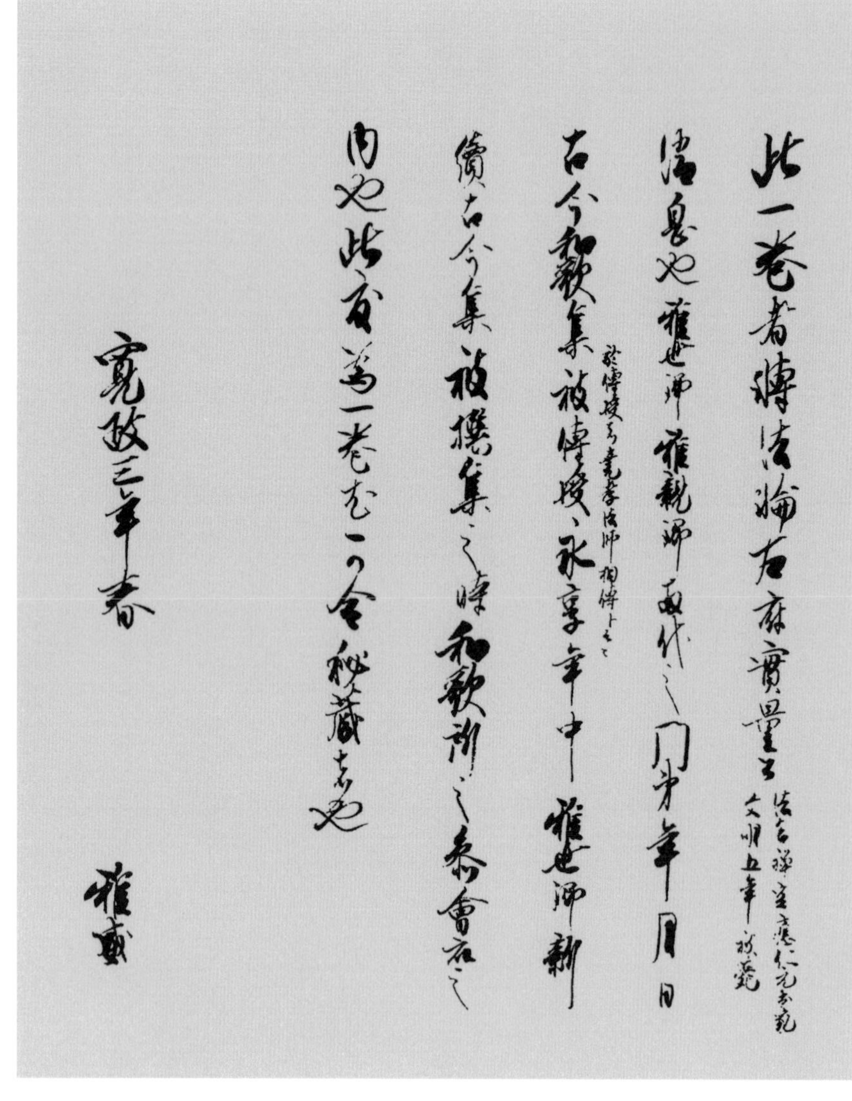

挿図2

【参考文献】

今泉淑夫「文明二年七月六日付飛鳥井雅親書状案をめぐって」（『日本歴史』三六九、一九七九年）
井上宗雄『中世歌壇史の研究　室町前期〔改訂新版〕』（風間書房、一九八四年）

飛鳥井雅康消息

一巻　紙本墨書　二七・二糎×一八五・五糎
室町時代（十五世紀）　貴〇二―一八

室町時代中後期の公卿、飛鳥井雅康（一四三六〜一五〇九）の書状三通を貼り継いだもの。うち二通は首尾が揃っているが、一通は裏紙奥の切封上書部分のみの断簡であり、実質的には二通だと考えてもよい。装訂は、『飛鳥井雅親消息案』とほぼ同一であり、表紙は、厚手の斐紙の打曇（上下とも鼠色）で、見返しはその裏。八双は竹。外題は飛鳥井雅威の筆にかかり、打付書で「雅康卿御筆　御消息　雖自最前」と記す。本紙は、楮紙五紙からなり、全紙に裏打が施される。黒木頭切軸があり、軸付紙最奥の下方には「寛政六九、為一巻、」という雅威の墨書がある。また本紙第五紙の最奥に朱方印「月明荘」一顆が捺されている。なお、伝来については、前掲『飛鳥井雅親消息案』を参照。

表紙および本文各料紙の横寸法は左の通りである（単位糎）。

表紙	二〇・六
第一紙（第一通本紙）	四四・二
第二紙（第一通裏紙）	四六・二
第三紙（第二通）	六・三（断簡、裏紙奥ウハ書のみ）
第四紙（第三通本紙）	四三・一
第五紙（第三通裏紙）	四五・七
軸付紙	二五・五

雅康は、雅世の子。雅親より十九歳年少の弟で、遅くとも宝徳二年（一四五〇）十五歳の時までには雅親の養嗣子になっていた（『康富記』宝徳二年正月二十三日条）。寛正三年（一四六二）雅親が四十六歳にして男子（のちの雅俊）に恵まれたことで、以後は微妙な立場となるが、雅俊を養嗣子に立てるとともに、文明五年（一四七三）雅親が出家したのちは公武歌壇において指導的な役割を果たし、蹴鞠にも堪能を示した。ただし、経済的な困窮から在国することが多かった。文明十一年（一四七九）には権中納言に任ぜられたが、同十三年に未拝賀のままこれを辞した。

そして、文明十四年二月四日、近江松本（現滋賀県大津市内）において突如出家し、人々の驚きを誘っている。法名は宋世、二楽軒（ついで二楽院）と号した。この出家は、経済的な困窮のなか、雅俊に歌鞠両道の師範を譲渡することで、廷臣という身分を離れて地方との往還のなかに活路を見出そうとしたものであった。雅親の歿後、蹴鞠の伝授をめぐって雅俊と一時対立したこともあったが、やがてこれを克服し、老年に至るまで歌鞠両面で都鄙にわたる活発な活動をみせた。

家庭的には不遇なことが多く、長享三年（一四八九）八月十六日に二十六歳の妻を喪い（『親長卿記』同日条）、明応四年（一四九五）六月二日には、歌鞠に天賦の才を示した嫡子雅種が元服からわずか四箇月後、弱冠十七歳にして赤痢で病死してしまう（『後法興院記』『実隆公記』『親長卿記』同日条）。さらに同年十二月十日には江南院龍霄（万里小路春房）の室となっていた三十一歳の息女が産褥に歿し（『親長卿記』同月六日・十日条）、文亀三年（一五〇三）十二月には加賀にあった息女

にも先立たれている（『再昌草』）。また、永正二年（一五〇五）には、広橋兼顕の猶子として興福寺修南院に入室していた子息盛円が寺僧を殺害して出奔したため、放氏の憂き目に遭った。

ただし、同年には、六十二歳の時に後添えとの間に儲けた頼孝が、三条西実隆の周旋によって雅康の「一跡」を継承して元服を遂げ、歌鞠にも才能の片鱗を見せている。雅康はそれから四年後に病死するが、最後まで案じていたのは頼孝の行く末であった。死歿からちょうど二ヶ月後、姉小路済継が実隆のもとに雅康の遺書というべき一紙を持参したが、これは雅康が臨終の間際に実隆に充てて記したもので、「頼孝事可加扶持之由」が記されていたという（『実隆公記』永正六年十二月二十六日条）。

本書は三通の書状を貼り継いだものだが、署名に注目すると一・二通目は宋世、三通目は雅康とあり、三通目のみが出家前のものだと知られる。三通目の釈文は、『大日本史料』第八編之四十、二八九～二九〇頁に収めてある。その裏紙最奥の端書（重紙の状態では本紙端裏の位置にあたる）は、受け取った側によって書き入れられたものなので、そこに見える「御方」は雅康を指すといえる。御方とは、一家内において親が生きている場合に子を指す言葉であり（親が出家しても子は「御方」と呼ばれる）、雅康を単に「御方」とだけ記したのは雅親だと考えてよい。充所の平田は飛鳥井家の青侍平田三河守であろう。つまり、実質的には雅康から雅親に充てられた書状なのである。このことは、飛鳥井家旧蔵という伝来からも首肯されよう。内容を簡潔に述べるならば、雅康が雅親に対して窮困を訴え、助成を求めたものである。

一・二通目の充所は「南殿」と見えるが、これは邸第が自邸の南側に隣接する者に対する呼称であった。伝来および一通目の内容から判断して雅俊に充てたものと判断できるので、雅俊邸と雅康邸とは南北に隣接していたことが知られる。二通目は本文を欠くので措くとして、一通目は未翻刻なので、以下にその釈文を掲げることにしよう。

雖自最前可申事候、例／式無沙汰にて、于今打過候、抑／愚老か遺跡事、々新申候へき／に
非す候へとも、祝言ハ事旧候ぬ、／不期明日候間、今日吉日之間／令申候、毎事々憑入申外
／更無他候、あちや一子か事ハ、／何様にも、御養育候て、人ニなされ候／ハヽ、生々世々厚
恩是ニ不可過候、／侍従行末遠々可奉公事候、／庶子一分にて可相随事、代々又／此分ハ、竹
鼻事、一所懸命地／候へとも、如御存知有名無実の躰候、／され共別にハ何をたのむへき／
そにて候、以此在所不相替様候ハヽ、／可為本望候、
一、母か事も同前候、一世事ハ以此儘／堪忍候ハてハにて候、此間も此内にて／一年千疋充の割
分にて候、不相替／可有御憐愍候、
一、納言・東殿是又ありかひなき事／共にて候へとも、不及力者共候、一世ハ／可御覧届候、自
余之子共事ハ、／愚老一世中ニ何方々へもと存計候、／後々儀も旁ニ付て事やすき様／にと、
涯分可致了簡候心中候、／来五月辺北国修行ニ出ハやと／思給候間、此御返事を披見候て、／
可成安堵之思候、猶連々可申合候、／吉日候間、且申候也、恐々謹言、
卯月十六日　宋世
（切封ウハ書）「南殿　宋世」

まず、「愚老か遺跡事」とあるので、最初の部分では雅康の継嗣について記されていることがわかる。雅康は「明日を期さず」と言い、その晩年のものであることが窺われ、翌五月には北国に

下る予定だと記しているので、五月初旬に越後に下っている永正元年（一五〇四）に書かれたものだと知られる（『後法興院政家記』同月四日条、『再昌草』）。とすれば、遺跡とは頼孝に他なるまい。果たして、頼孝が永正二年に元服する以前に名乗っていた幼名は阿茶丸（『実隆公記』永正二年四月十九日条）なので、文中に「あちや一子か事」とあることと対応する。

したがって、この書状の眼目は、頼孝について雅俊に後見を依頼し、庶子の割分として尾張竹鼻和郷（『飛鳥井雅縁譲状』参照）が維持されることを望んだものだといえる。すなわち、晩年の雅康にとっての最大の懸念が頼孝の行く末にあったことをよく示すものとなっているわけである。同時に、頼孝の母や二人の女子についても、扶助を求めているが、それ以外の子女については、自らの存命中に何らかの処置を施すつもりであることを述べている。

雅康の女子としては、先述の早世した二人以外に安禅寺栄久庵に入って尼僧となったものが知られるが（『言継卿記』天文十三年三月九日条）、納言・東殿にあたる者か否かはわからない。頼孝の母は、雅康の死歿から十年経っても近衛尚通室（徳大寺維子）に瓜を贈った所見があるので（『後法成寺関白記』永正十六年七月一日条）、雅俊の庇護を得て長らえることができたようだ。頼孝は、大永二年（一五二二）までには土佐畑に下向しており、土佐一条家に参じたものらしい。翌年まで実隆との贈答が確かめられるが、以後は史料上の所見がない。雅康の死歿から、わずか十三年、その遺跡は実質的な断絶を迎えたといえるだろう。

（末柄　豊）

〔参考文献〕

今泉淑夫「文明二年七月六日付飛鳥井雅親書状案をめぐって」（『日本歴史』三六九、一九七九年）
井上宗雄『中世歌壇史の研究　室町前期〔改訂新版〕』（風間書房、一九八四年）
井上宗雄『中世歌壇史の研究　室町後期〔改訂新版〕』（明治書院、一九八七年）

蜷川親元筆百首和歌

一冊　紙本墨書　二七・二糎×二二・〇糎

室町時代（十五世紀）　貴四四―一七

蜷川親元の百首和歌。自筆本。転写本は知られず、孤本である。袋綴冊子、薄茶地に金糸で織出した文様を市松文様状に配した裂表紙で、銀切箔散しの貼題簽に「百首和歌　親元筆」と書す。見返しは、唐草文様型押しのある総金箔貼の料紙。前後に一丁ずつ遊紙を加えるが、前の遊紙の左上方に「蜷川新右門親元　詠草風替物一冊名乗有之」と記す琴山の極札を貼付する。本紙は楮紙の素紙十紙からなり、半葉毎十二行前後、一首一行書き（末尾の三から七文字は下部改行）。首題に「詠百首和謌　堀川院題」とあるとおり、堀川百首題による百首和歌である。

親元の定数歌としては、本書を含めて百首和歌二点が知られ、ともに古典文庫『中世百首歌』五において翻刻がなされている。本書以外の一点は、宮内庁書陵部所蔵日野本『先代御便覧』廿八（二六五―一一一三）に所収されるものなので、自筆で伝わるのは本書のみである。

本書の成立年次は不明だが、以下のような奥書がある。

此百首者、江州延寿寺善養坊事也、為当坊之少生達存連日稽古／被張行者也、被加拙者於人数一分、不能辞、仍／為勧彼人之、或看経之暇、或沈酔之内、以初／一念任筆之▨間、悉傍題越度不免外見者、一／身多幸之次、又述愚意両首記付候畢、

みかくへき若葉のすゑの光あれと／そふるへかりそもゝ草の露

敷嶋の神もましりて一度は／ひかりを見せよことのはのちり

親元

近江愛智郡に所在する延寿寺（現滋賀県彦根市稲里町）内の善養坊において、若年の僧侶たちが習練のために百首和歌を詠んでいた。親元も勧められて固辞すること能わず、ともに詠むこととなり、看経の合間や、酒宴後の余酔醒めやらぬままに詠んだものだという。すなわち、親元は同坊に滞在していたものと考えられる。親元が京都を離れて近江に滞在していた可能性が存在するのは、『蜷川親元詠草』の解題で述べたとおり、文正元年（一四六六）九月、いわゆる文正の政変の直後から、文明五年（一四七三）五月に上洛するまでの約七年間である。ただし、応仁二年（一四六八）閏十月から文明三年四月までは在京していたと考えられ、さらに、文明四年正月にはすでに坂本に滞在しており、以後上洛まで移動した形跡がない。したがって、延寿寺に滞在し、本百首を詠じた時期としては、文正元年九月から応仁二年閏十月までの二年間のうち、または文明三年四月以後のおよそ半年間のうちである可能性が高いといえるが、それ以上に絞り込むことはできない。

最後に、古典文庫の翻刻についていくつか気づいた点を記しておく（頭書の数字は歌番号）。

3　春霞思ひもかけす　→　春霞に思ひもかけす

13　ともなふ鴈の　→　友なふ鴈の

57　袖□□雲の　→　袖を□雲の

58　霜のみあ（□）らす　→　霜のみあ（か）らす

87　よとのうは水　→　よとのかは水

奥書　少生達□（為）（ミ）連日稽古　→　少生達存（為）（ミ）連日稽古

（末柄　豊）

［参考文献］

井上宗雄・小池一行編『中世百首歌』五（古典文庫、一九八六年）

蜷川親元詠草　紙背　月庵和尚仮名法語

一冊　紙本墨書　二六・二糎×二一・六糎

室町時代（十五世紀）　〇一三一―六

室町時代中期における幕府政所執事伊勢氏の被官蜷川親元（一四三三～一四八八、略伝は『蜷川親元書状』の解説を参照）の日次詠草。自筆本。転写本は知られず、孤本である。文明四年（一四七二）正月から翌五年五月まで、一年五ヶ月間の詠歌を収める。少なくとも一丁と半葉分の中欠が存在すると認められるものの、収録歌数は、親元以外の詠歌三十一首および親元の詠歌の重複五首を含めて五百七十八首（他に天隠龍沢の詩一首、心敬および親元の発句各一句、心敬の付句三句）にのぼっている。紙背には、南北朝時代の臨済宗大応派の僧月庵宗光（一三二六～一三八九）の法語を片仮名交じりに記した『月庵和尚仮名法語』（以下、『法語』と略す）がある。本来は、こちらが二次利用面であり、『蜷川親元詠草』（以下、『詠草』と略す）は紙背に残されたものであった。ただし、『法語』にも前後欠および中欠があり、都合五丁分（正しくは四丁および半葉二丁）の欠落が認められる。

親元の家集としては、このほかに島原図書館所蔵松平文庫本『道寿法師集』（『東常縁集』に合綴、『私家集大成』中世Ⅳ所収）が知られている。これも孤本だが、江戸時代前期の転写本で、おそらくは後欠である。題詠の四十七首を春夏秋冬に部類し、冷泉為広と暁（尭恵か）の評点が加えられてある。それ以外にも、百首和歌が自筆本と転写本でそれぞれ一種ずつ伝存する（本巻所収『蜷川親元百首和歌』参照）。しかしながら、親元の日次詠草は本書のみであり、自筆であること、および歌数の多さからみても、その史料的な価値はきわめて高いといえよう。なお、『詠草』の全文翻刻（初句索引を付す）は、『室町時代研究』二号に掲載されているので、併せて参照されたい。

書誌

二〇〇六年度、史料編纂所修補室において解体修理を行い、同所において付したと思われる後補の茶色染紙表紙を撤去するとともに、裏打紙を外すなど、『詠草』としての原装に近い装訂に改めた。結果として現状は、共紙原表紙、紙捻仮綴の袋綴冊子本一冊になっている。料紙は楮紙を素紙のまま用い、全四十一丁で、うち二丁は欠損して半葉のみ（うち一丁は『詠草』について墨付なし）である。外題は、表紙中央に親元自筆の打付書で「詠草於坂本（文明四年分／同五年分）（蜷川／新右衛門）、親元」と記されてある。「詠草」の文字の下の割書は、「詠草」の文字の中心と右二行の中間とが一致していることから推せば、「同五年分」の四文字はあとから加えられたものだと考えられる。内題はない。行数は一定しないが半葉毎十四行前後、和歌は一首一行書きと二行書きとが混在する。年替わりでは丁を改めている。全紙、紙背には『法語』が書かれてある。

さきに述べたとおり、本来の二次利用面は『法語』なので、おそらく近代に入ってから、『詠草』を表側に戻すため、再度の改装がなされたと判断できる。また、『法語』は『詠草』を単純に翻して袋綴冊子としていたわけではなく、一種の綴葉装の形態による二次利用を行っていた。さらに、『詠草』から『法語』へ、『法語』から『詠草』へ、という二度の改装を経るなかで、若干の欠落と錯簡が生じている。そのうえ、各紙詠草の面の両端（袋綴の綴じ代部分）には、一から四

○に至る小字朱書きの数字があり（ほかに鉛筆書きの算用数字があり、修補前の丁数を示している）、ある時点での丁数を示していると思われるが、現状の『詠草』の順番とは合致せず、内容から推定される本来の『詠草』の順番とも異なる。さらに復原できる『法語』の順とも一致しない。数字の表記が「四十」ではなく「四〇」のようにあることからすれば、近代の所為であり、結果としてある時点の錯簡状況を記録したものとみることができよう。以上のように、本書の装訂は、若干複雑な様相を呈しているので、少し詳しく説明しておきたい。

当初、親元は素紙をそのまま袋綴冊子にして『詠草』を書記したので、裏面は白紙のままであった。この白紙の面を二次利用して書写されたのが『法語』である。『法語』の表紙は、ちょうど『詠草』の表紙の裏面にあたるが、折目の右側の半葉に外題を書いてあるので、翻して袋綴にしてあったものと思われる。その外題は、表紙中央に打付書で「月庵和尚法語　裏ハ蜷川親元等歌」とあって、『詠草』が先行して『法語』が二次利用であることを端的に示すものになっている。だが、料紙を翻して折り返すことで袋綴に用いたのは表紙だけである。それ以外は、二枚の料紙を『詠草』の書かれた面同士を重ね合わせて半折して八面四丁の一括りを単位にして、白紙の四面に『法語』を書写していった。これを二十二括重ねて、劈頭に袋綴の表紙をのせ、折目側の右端から一糎程度に上下それぞれ二つずつ穴を穿けて（挿図1参照）紙捻で仮綴した状態が、『法語』としての本の姿であったと考えられる。

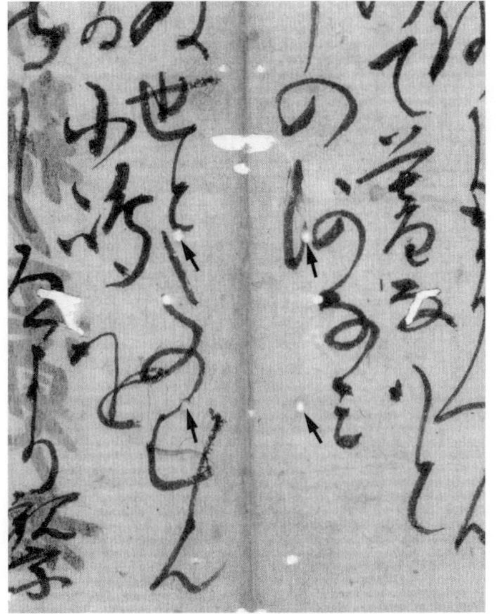
挿図1（13丁下部　綴穴痕を↑で示した）

具体的に例をあげてみよう。現状における『詠草』の第二丁および第三丁は、『詠草』の書記面同士を重ねて、第三丁を内側にして半折することで裏面を『法語』の料紙として用いていた。すなわち、第二丁は『詠草』時の折目とは逆方向に折られ、第三丁は『詠草』時の折目のままということになる。この時『法語』は、①詠草第二丁表（以下、2オのように表記）の裏面、②同3ウの裏面、③同3オの裏面→④同2ウの裏面の順に書写されることになった。詠草の面を糊で貼り合せるなど開披不能にした形跡は見られないので、『法語』を繰ると、法語①→詠草2オ→詠草3ウ→法語②→法語③→詠草3オ→詠草2ウ→法語④で目に入ったはずである。

そして、かかる装訂が選択された理由は、『法語』の表紙外題に「月庵和尚法語　裏ハ蜷川親元等歌」と記して、裏面の内容をも掲げていることを考えあわせるならば、『詠草』も披見できるようにしておくことに目的を有していた可能性が高い。ただし、『法語』の綴じ穴の位置からすると、『詠草』について折目をはさむ二行分は綴じ代のうちとなって、披見のできない場合も多く、さらに『詠草』の紙数順を崩して『法語』が書写されているので、『詠草』の保全に十分な配慮が払

われていたわけではないようだ。

また、二〇〇六年度に修補するまで本書の末尾に綴じ込まれていた全面に渋引のある一紙（挿図2）は、縦二六・四糎、横二二・八糎で、ほぼ本紙と同じ大きさである。しかし、上下とも左端の角が切除され、上部については折目痕も認められるので、端を折り込んで表紙に用いていたが、『詠草』に再改装する際に伸展して切り揃えられたものと考えられる。そして、これは、『法語』に加えられた裏表紙であったとみられる。

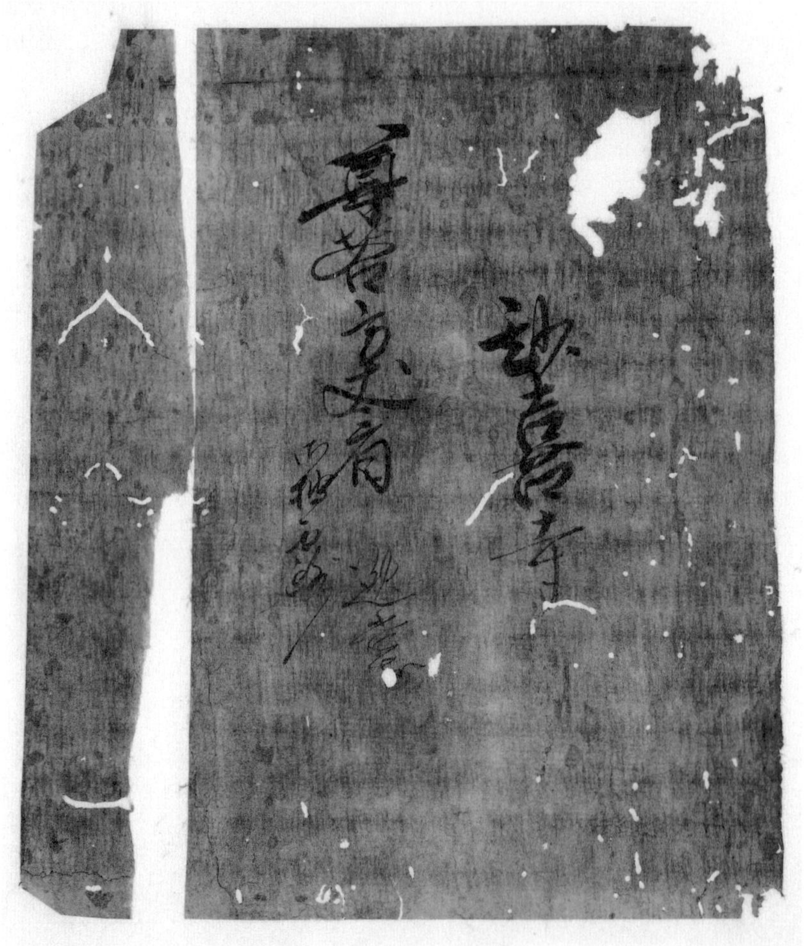

挿図2

『法語』を再度『詠草』に改装したのは、何時であったかはわからないが、本来の丁付等は加えられていないので、その際には内容から推定することで『詠草』の配列を復原したものと思われる。史料編纂所は本書を一九五〇年（昭和二十五）に購入したが、その後は茶色染紙の表紙を加えた以外、二〇〇六年度の修補に及ぶまで特に手を加えることはなかったようだ。このような経緯からすれば、修補前における『詠草』に少なからぬ錯簡が存在していたことも由なしとはしないだろう。

『詠草』の錯簡については、今回、内容に従って配列し直し、本書においては復原後の丁数によって標示することにした。そこで、これと修補前の丁数との対応関係をまとめたものが次頁に掲げた表である（表1）。なお、同表には、欠落の存在する箇所および存在する可能性のある箇所をも併せて示してある。

表1

修補前	現状	備考
1	1	表紙
2	2	
3	3	
4	4	
5	5	
（この間1丁欠）		
6	6	
9	7	
10	8	
7	9	
8	10	
11	11	
12	12	
14	13	
13	14	
16	15	
15	16	
17	17	
18	18	
19	19	
20	20	
22	21	
21	22	
24	23	
23	24	
26	25	
（この間欠あるか）		
25	26	
27	27	
28	28	
29	29	
30	30	
31	31	半葉のみ存す
32	32	
33	33	
34	34	
35	35	
36	36	
37	37	
38	38	
（この間欠あるか）		
39	39	
40	40	
41	41	半葉のみ存す、詠草墨付なし

まず、親元の経歴と照らして重要なことは、外題に「於坂本」の三字が加えられていること、すなわち、この詠草は親元が近江坂本に滞在していた間に詠んだ和歌を書き留めたものだということである。

親元は、寛正元年（一四六〇）六月、伊勢貞親が政所執事に任ぜられるとともに二十八歳で政所代に就任した。以後、将軍義政の側近としてその政務親裁を支えた貞親を補佐し、『政所内談記録』や『親元日記』などの記録を残している。文正元年（一四六六）九月、いわゆる文正の政変によって失脚した貞親が近江に逃れた際には、親元も政所代の職を離れたことが確実である。そして、貞親と同行したか否かは不明だが、親元もまた離京した可能性が高い。ただし、その動静について具体的に知るところはない。

応仁・文明の乱の勃発後、貞親は義政によって呼び戻され、応仁二年（一四六八）閏十月に政所執事への復帰を果たしている。おそらく、この時期には親元も在京していたであろう。しかし、文明三年四月、貞親は万里小路春房（のち江南院龍霄と称す）とともに京都を出奔し、近江朽木に移った。翌月、同所で出家を遂げた両名は、そのまま若狭に隠遁した。結局、貞親は京都に戻ることなく、文明五年正月二十一日、若狭において病歿する。五十七歳であった。この間、蜷川貞相（親元の従兄弟貞雄の子）は剃髪のうえ貞親に同道していたが（『親元日記』文明五年六月十一日条）、親元は離京したものの同行せず、少なくとも文明四年正月以後は近江坂本に滞在していたことが、この『詠草』によって明確に知られる。なお、親元が坂本に退隠したのは、幕府政所ないし伊勢氏と山門との密接なつながりを前提として理解すべきであろう。

そして、親元が京都に戻ったのは、文明五年六月八日のことであった。同十一日から伊勢貞宗（貞親の子、貞親の失脚後に政所執事を襲職）の許に出仕し、八月七日には政所代の職に復帰している（『親元日記』）。これを一年余遡る文明四年五月二日、京都で貞宗に仕えていた子息親宗が病死したという報に接した際、すぐにも駆けつけたいが「上洛かなはぬ身」なので、亡骸さえも目にすることができないという悲嘆を詠んでいることから、親元が坂本にあったのは、京都から離れて謹慎中というべき境遇にあったためだと知られる。

そして、先述した蜷川貞相も、親元とほとんど同じ時期に上洛して還俗を遂げ、貞宗の許に出仕を開始している。親元も、文明五年五月二日に貞親の百箇日に際して墓参し、それからほぼ一箇月後に上洛したのであり、両人の復帰が貞親の死歿を契機とするものであったことは間違いないだろう。ただし、文明四年正月中旬に蘭仲から「此春は出京すべきよし祝言」をうけ、「花の洛にいる春もがな」との返歌を詠んでいることからみて、同年の早い時期に京都に帰還できるとの期待を有していたとも思われるので、上洛を果たすことの困難さは、親元自身の予想をはるかに上回るものであったのかも知れない。

文明三年に貞親が再び出奔せざるを得なかったことからすれば、東軍（幕府と言い換えてもよい）を構成する有力大名内には貞親に対する強固な反発の存在していたことが想定される。そのなかで伊勢氏が政所執事として安定的に活動を継続するためには、なるべく貞親の影を排除することが必至であったに違いない。そのため、かつて貞親を支えていた有力被官たちは謹慎の状況に追い込まれたのであろう。貞親の死歿が彼らの復帰の契機となったことは、この想定を裏付けるものだといえる。

以上の経緯をかんがみれば、文明四年正月から同五年五月という『詠草』の残存期間は、すぐ

れて有意なものであると言わざるを得ない。おそらく文明三年のうちに坂本に落ち着いた親元は、新年を機に日次詠草を記しはじめ、上洛する前月まで継続して録していたということになる。そして、公務日記というべき性格を帯する『親元日記』の筆録が上洛後わずかに四日目から開始されており、親元個人に即すならば、日次詠草は日記を代位するものであった可能性が高い。ゆえに、親元の日次詠草として知られるのが本書だけだということは、単なる伝来上の偶然によるものではないと考えられるのである。

坂本における親元は、禅寿坊・山門執当真全・小島殿（慈鎮和尚御影堂）という三箇所における月次和歌会にほぼ毎月出席し（式日は、順に三日・九日・二十四日）、ほかに浜の月次会と称される会にも四度ほど出席していたことが知られる。すなわち、和歌を媒介とした坂本在住の山門有力者との交流によって退隠中の無聊を慰めていたことが、『詠草』の成立につながったということができる。

また、この間、親元は近しい者を三人も失っている。一人は、文明四年五月二日に二十三歳で病歿した子息親宗であり、いま一人は、興福寺松林院（院主兼雅の附弟兼親［のち貞就］は、広橋兼顕の猶子で、実は伊勢貞親の子）の侍となっていた藤若丸（法名宗照）という少年である。彼は、幼少の時から親元と親交を有していたが、同年十月十六日、南山城で戦死したのであった。これは、筒井順永に従い、西軍の主要メンバー大内政弘の部将である杉十郎が拠る山城大北城（現京都府精華町菱田）を攻めてこれを抜いたものの、来援した杉弘国に敗れて討たれたもので（『大乗院寺社雑事記』同日条）、親元はその三周忌に際しても金剛経を摺写して追福につとめている（『補庵京華前集』「書金剛経代不白」）。そして最後の一人が、同五年正月二十一日に病歿した主君伊勢貞親であった。

それぞれ歿したのは京都・南山城・若狭という、この時期の親元にとっては実際の距離とかかわりなく隔地といってよい土地であった。それだけに、『詠草』に収められている追悼歌も哀切なものになった。また、公武にわたる人士から親元に対して弔問の和歌が贈られたことで、平素における親元の交友を窺わせるものともなっている。

いまひとつ注意すべき点は、和歌の上に圏点の加えられているものがあることだろう。墨点が付されたものが六十二首、朱点の付されたものが二首、ほかに付句のうち一句にも墨点が付されている。墨点の付された和歌は一首を除いて恋の文字を含んだ題詠であり（ただし、恋の文字を含む題詠すべてに付されているわけではない）、例えば恋百首のごとき類聚を行う際に付加したものだと考えられる。朱点については、七丁裏一首目および十二丁表六首目に付されているが、後者は親宗の遺作であり、親元自身の詠歌ではなく、いかなる意図で付加されたものか不明と言わざるを得ない。

紙背

紙背の『月庵和尚仮名法語』については、「応永壬年八月」の刊記を有する五山版があり、川瀬一馬によると、わずかに龍門文庫と建仁寺両足院とに伝存するのみだという。ただし、後者は首部を欠くので、完本は前者のみである。しかしながら、前者については、川瀬の手になる解説を付した覆製が刊行されており、容易に全文を披見することができる。さらに、川瀬は触れていないが、月庵が開山となった伊予の最明寺（現愛媛県松山市北条上難波）にも完本が存在し、『愛媛県史』において全文が翻刻されている。したがって、内容については、これらの覆製・翻刻および

川瀬の解説に譲ることにする。なお、川瀬はこの解説のなかで、「応永壬年」に該当するのは同九年・十九年・二十九年の三回があるが、十九年の可能性が高いとしている。また、江戸時代には版本が広く行われ、これを底本とした翻刻も存在する。しかし、五山版と比較すれば錯誤の存することが明白であり、結局は五山版に就く必要がある。

本書と五山版との比較のため、最も短い「示慶中大師」（二二〇頁）について、上段に本書の、下段に五山版の釈文を示す。なお、五山版は句点を付しているのに対し、本書は付していないが、文字遣いの比較を容易にするため、仮に五山版に従って句点を付しておく。

【本書】

示慶中大師

諸仏出世。祖師西来。スヘテ別（テ）ノ事ナシ。只人ニ本有ノ自性／ヲ直指スルナリ。イカナルカ是本有ノ性トナラハ。見聞／覚知。語黙動静。乃至一切ノ作用。一切ノ境界。全ク是／ナリ。纔ニ念ヲ起シテ。ウケカハントスレハ。則ヘタヽル。此故／ニ。臨済門ニ入レハ則喝シ。徳山門ニ入レハ則棒ス。豈ニ／擬議思量ノ及フ処ナランヤ。汝只恁麼ニ（インモニ）看ヨ。此外／更ニナンノ事ヲカ説ム。

【五山版】

示慶中大師

諸仏出世。祖師西来。スヘテ別ノ事ナシ。只人ニ本有／ノ自性ヲ直指スルナリ。イカナルカコレ本有ノ性ト／ナラハ。見聞覚知。語黙動静。乃至一切ノ作用。一切ノ／境界。全ク是ナリ。纔ニ念ヲ起シテ。ウケカハントス／レハ。スナハチヘタヽル。コノ故ニ。臨済門ニ入レハスナハチ／喝シ。徳山門ニ入レハスナハチ棒ス。豈擬議思量ノ／及フトコロナランヤ。汝タヽ恁麼ニ看ヨ。コノ外更ニ／ナンノ事ヲカ説ン。

文字遣いに若干の相違があること、および傍訓の加えられていることを両者の差異として指摘することができるが、大きく異なるものではない。所収する法語にも出入りは認められず、本書が五山版に発する転写本であった可能性は小さくないように思われる。ただし、五山版の尾題は「月庵和尚法語終」とのみあって、本書（二三四頁）のように「二十五人」という小書きは付されていない。また、尾題以後に載せる跋文も本書独自のものであり、本書は直接に五山版を転写したものではなく、数次の転写を重ねたものであったとも考えられる。

先述したように『法語』の配列は『詠草』の配列とは直接関係していないので、その復原には内容に就くことが必要であるが、これは五山版との対照によって可能である。さらに、これによって『法語』の欠失部分の分量も推定することができた。『法語』として利用されていた時期には、丁の表裏に『詠草』と『法語』とが交互に出現する綴葉装であったため、『法語』本文を丁付によって標記することは却って混乱を招くことになる。そこで、今回『法語』本文については、半葉を単位として、現存する限りでの順序にもとづいて番号を付与したが、欠失した分量を含めて復原した順番および裏面に存する『詠草』の丁数との対応をまとめて示すことにする（表2）。

表2

番号	法語番号	詠草丁数
1	1	1ウ
2	2	1オ
3	欠	
4	欠	
5	欠	
6	欠	
7	欠	
8	欠	
9	3	41オ
10	欠	
11	4	29オ
12	5	30ウ
13	6	30オ
14	7	29ウ
15	8	27オ
16	9	28ウ
17	10	28オ
18	11	27ウ
19	12	25オ
20	13	26ウ
21	14	26オ
22	15	25ウ
23	16	23オ
24	17	24ウ
25	18	24オ
26	19	23ウ
27	20	21オ
28	21	22ウ
29	22	22オ
30	23	21ウ
31	24	19オ
32	25	20ウ
33	26	20オ
34	27	19ウ
35	28	17オ
36	29	18ウ
37	30	18オ
38	31	17ウ
39	32	15オ
40	33	16ウ
41	34	16オ
42	35	15ウ
43	36	13オ
44	37	14ウ
45	38	14オ
46	39	13ウ
47	40	11オ
48	41	12ウ
49	42	12オ
50	43	11ウ
51	44	7オ
52	45	8ウ
53	46	8オ
54	47	7ウ
55	48	9オ
56	49	10ウ
57	50	10オ
58	51	9ウ
59	欠	
60	52	6ウ
61	53	6オ
62	欠	
63	54	4オ
64	55	5ウ
65	56	5オ
66	57	4ウ
67	58	2オ
68	59	3ウ
69	60	3オ
70	61	2ウ
71	62	39オ
72	63	40ウ
73	64	40オ
74	65	39ウ
75	66	37オ
76	67	38ウ
77	68	38オ
78	69	37ウ
79	70	35オ
80	71	36ウ
81	72	36オ
82	73	35ウ
83	74	33オ
84	75	34ウ
85	76	34オ
86	77	33ウ
87	78	31オ
88	79	32ウ
89	80	32オ
90	欠	

なお、先に『法語』について句点が付されていないと記したが、わずかに以下の六箇所にだけ朱圏点による句切点の存在が認められる。

五（三〇ウ裏）四行目　着々活脱ノ三昧●
五（三〇ウ裏）五行目　現成受用ノ処也●
六（三〇オ裏）五行目　道ニ向フコトハ●
六（三〇オ裏）八行目　道ヲ得ス●
七（二九ウ裏）六行目　二ノ心無キト云ハ●
七（二九ウ裏）七行目　是ノ道理ナシ●

最後に伝来について触れたいが、現在のところ全く不明というより他ない。親元の日次詠草であるから、本来は蜷川家に伝来したはずであるが、『法語』の表紙外題下の「裏ハ蜷川親元等歌」という表記からは、『法語』に転用したのは同家の人物ではないと判断される。さらに、後補された裏表紙であったと思しき全面に渋引のある一紙（挿図2）に残る墨付は、以下の通りである。

妙喜寺
尊答方丈看　逸堂
御披露

これは書状の断簡（上書の部分）で、江戸時代のものと思われるが、禅宗寺院に伝存したことを窺わせる。おそらく、『法語』の書写も禅宗寺院においてなされたものであろう。

（末柄　豊）

［参考文献］

設楽薫「応仁の乱勃発前後における蜷川親元の動向」（『日本歴史』五四二、一九九三年）
末柄豊「東京大学史料編纂所所蔵『蜷川親元詠草』」（『室町時代研究』二、二〇〇八年）
阪本龍門文庫覆製叢刊之一六『五山版月庵和尚仮名法語』（龍門文庫、一九八四年）
愛媛県史編さん委員会編『愛媛県史』資料編　学問・宗教（愛媛県、一九八三年）

蜷川親元書状

蜷川親元は、永享五年（一四三三）に生れ、父は親当、長享二年（一四八八）五月二十五日、五十六歳で歿している。法名道寿、不白軒と号した。蜷川氏は伊勢氏の有力被官で、親当以来、伊勢氏が世襲した幕府政所執事の代官である政所代を相承した。寛正元年（一四六〇）六月、伊勢貞親が政所執事に任ぜられると、親元は政所代に就任した。文正元年（一四六六）九月の政変で貞親が失脚すると政所代を離れ、のち貞親歿後、伊勢貞宗のもと、文明五年（一四七三）八月に政所代に復帰する。日記や政所代の立場で記した引付など、数多の史料を残している。また連歌で名高い父親当（知蘊）と同様に、歌人としても知られ、宮道姓を名乗る。職務上から諸所にあてた書状は、単品として珍重され、巷間流出したものも多い。

○蜷川親元書状（登録名）
一幅　紙本墨書　本紙二五・九糎×三六・二糎
室町時代（十五世紀）　五月二十八日　貴〇八二五―三

一九八一年（昭和五十六）、弘文荘より購入。史料編纂所架蔵影写本『岩田佐平氏所蔵文書』（明治三十二年［一八九九］影写）にみえ、これを典拠に『富山県史』史料編Ⅱ中世の一〇〇九番として収録される。

この書状で、仁和寺御室からの盛んな催促によって、親元は宛所の某に対し、越中所領の割符（為替）がどうなったかを問い合わせ、遣わした使者にとりあえず二百疋渡すよう、依頼している。越中からの年貢で親元と御室が関わるものといえば、阿努荘のそれであろう。阿努荘は、関連史料の多い荘園で、主要なものは『氷見市史』三資料編一に収録される。応永十八年（一四一一）、将軍義満の母紀良子から、孫（義満子）で御室に入った法尊に進められる（『蜷川家文書』）。一方、将軍が権益を有する御料所としての面も維持し、伊勢氏の管理下で蜷川氏が担当した。蜷川氏の名字の地は、越中新川郡蜷川村と言われる。永享五年（一四三三）十月、御室は伊勢貞国に対し、阿努荘の年貢納入を催促しており、伊勢氏を介して御室に年貢が渡っていたと確認される（『仁和寺文書』）。

〔翻刻〕
越中のさいふいかゝなり行候哉、／御むろより日々の御さいそくめゐ／わくにて候、次何要脚にても／此者にまつ〳〵弐百疋給候へ、／本望候、子細御めにかゝり候て／申候へく候、／恐々謹言、
五月廿八日　　親元（花押）
進之候、

○蜷川新左衛門親元自筆書状（登録名）
一幅　紙本墨書　本紙一八・一糎×四四・八糎（もと掛紙四・六糎、書状本紙四〇・二糎）
室町時代　（文明十年［一四七八］）八月二十八日　貴一―二六

一九三二年（昭和七）、三上資金で購入。外題「蜷川新左衛門親元消息　八月廿九日　百七拾四番（印）」。付属品二点とともに、後補箱に収められる。付属品は、「蜷川新左衛門尉略伝」および古筆了仲の極書（一四・六糎×二・五糎）である。

近江守護六角高頼の在京代官伊庭貞隆に宛てて、九月二日に伊勢守が伊勢参宮し、親元は留守を預かること、子息親郷は同行するが、幼少なので用事のあるときは伊勢氏被官の堤元秀を介して伝えてほしい、と記す。該当するのは、文明十年の貞宗の参宮となる（『大日本史料』文明十年九月一日条参照）。将軍義持の参宮に随行した『耕雲紀行』では、六角氏は守護として休憩地で接待を行なっており、この書状も路次饗応に関わるかもしれない。『大日本史料』長享二年五月二十五日親元歿条に「蜷川親元消息」として図版とともに収録される。

〔翻刻〕（本文のみ）

御札委細拝見候、仍伊勢守／参　宮事、大略来二日治／定分候、拙者留守に候、愚息／雖致供奉候、幼少事候、御／用候者、以堤三郎兵衛尉被仰／候者可然候、此旨内々可申候、／恐々謹言、

八月廿八日　　親元（花押）

伊庭六郎左衛門尉殿

御返報

（山家浩樹）

［参考文献］

設楽薫「応仁の乱勃発前後における蜷川親元の動向」（『日本歴史』五四二、一九九三年）

解説執筆
末柄　豊
山家浩樹

撮影
谷　昭佳
中村尚暁

修補
髙島晶彦
中藤靖之
山口悟史

東京大学史料編纂所影印叢書 3　室町武家関係文芸集

2008（平成 20）年 5 月 20 日　初版発行　　定価 26,250 円（本体 25,000 円＋税 5%）

編纂者　東京大学史料編纂所
〒 113-0033 東京都文京区本郷 7-3-1

発行者　株式会社　八木書店
代表　八木壮一
〒 101-0052 東京都千代田区神田小川町 3-8
電話 03-3291-2961〔営業〕・2969〔編集〕
Fax 03-3291-6300
Web http://www.books-yagi.co.jp/pub

製版・印刷　天理時報社
製　　本　博勝堂
用紙（特漉中性紙）　三菱製紙

ISBN978-4-8406-2503-6